ETR Law Firm
廣信君達律師事務所 1993-2023

打通实现债权之路

债权清收处置法律疑难问题解析

广东广信君达律师事务所
债权保护法律研究中心 编著

广信君达法律实务丛书

法律出版社 LAW PRESS · CHINA
北京

图书在版编目(CIP)数据

打通实现债权之路：债权清收处置法律疑难问题解析／广东广信君达律师事务所债权保护法律研究中心编著. -- 北京：法律出版社，2023
ISBN 978－7－5197－7710－4

Ⅰ. ①打… Ⅱ. ①广… Ⅲ. ①债权法－研究－中国 Ⅳ. ①D923.34

中国国家版本馆 CIP 数据核字（2023）第 047661 号

打通实现债权之路
——债权清收处置法律疑难问题解析
DATONG SHIXIAN ZHAIQUAN ZHILU
—ZHAIQUAN QINGSHOU CHUZHI FALÜ YI'NAN WENTI JIEXI

广东广信君达律师事务所
债权保护法律研究中心 编著

责任编辑 王 斓
装帧设计 汪奇峰

出版发行 法律出版社
编辑统筹 法商出版分社
责任校对 王 丰 郭艳萍
责任印制 胡晓雅
经 销 新华书店

开本 710 毫米×1000 毫米 1/16
印张 26.25 **字数** 435 千
版本 2023 年 6 月第 1 版
印次 2023 年 6 月第 1 次印刷
印刷 天津嘉恒印务有限公司

地址：北京市丰台区莲花池西里 7 号(100073)
网址：www.lawpress.com.cn
投稿邮箱：info@lawpress.com.cn
举报盗版邮箱：jbwq@lawpress.com.cn
销售电话：010－83938349
客服电话：010－83938350
咨询电话：010－63939796

书号：ISBN 978－7－5197－7710－4
定价：98.00 元

编 委 会

序　言

人身关系法和财产关系法是民法的两个主要组成部分，而财产关系法主要分为物权法和债权法。物权法主要在于保护财产权不受侵犯，旨在维护财产"静的安全"；而债权法主要在于保护和促进财产的流转利用，意在维护财产"动的安全"。在商品经济高度发达、市场一体化和经济全球化的当今社会，财产的流转利用日趋频繁，其推动着社会经济的高速运转，而社会经济持续高速发展要求法律调整和保护的重心从财产的"静的安全"移向财产的"动的安全"，故现代法律对财产的关注已从归属到利用，即已由物权移向了债权，物权法和债权法的地位都十分重要，但从上述意义上来讲，债权法的重要性已超过物权法。

在现代社会中，债权比比皆是，到处都有着它的身影，在法院作出的裁判文书中，包括有关人身关系、物权关系的裁判文书中，可以讲，绝大部分都包含着债权的内容或与它有关。

债权的实现方式有多种，可以通过协商、和解、调解、仲裁、诉讼、执行、债务抵销、债权转让、债务重组、强制清算、破产重整等，但很大程度上或者根本上还是要通过执行或执行带来的司法威慑力来实现。在民事案件中，执行被视为实现公平正义的最后一道藩篱。

然而，长期以来，执行问题一直是困扰司法实践的老大难问题，不仅严重影响着当事人合法权益的最终实现，也严重影响着我国的司法权威和司法公信力。1999年，最高人民法院党组在致中共中央《关于解决人民法院"执行难"问题的报告》中将民事执行工作开展的问题总结为被执行人难找、被执行财产难寻、应执行财产难动、协助执行人难求四大难题。党的十八届四中全会提出，切实解决"执行难"，加快建立失信被执行人信用监督、威慑和惩戒法律制度，依法保障胜诉当事人及时实现权益。最高人民法院于2016年4月出台了《关于落实"用两到三年时间基本解决执行难问题"的工作纲要》，对基本解决执行难的总体思路、主要任务及组织保障提出了明确、具体要求。2019年7月,中央全面依法治国委员会印发《关于加强综合治理从源头切实解决执行难问题的意见》,要求从健全网络执行查控系统、完善失信被执行人联合惩戒机制、强化对公职人员的信用监督、加快社会信用体系建设等方面加快推进执行联动机制建设,强化执行难源头治理制度建设。近年来,随着最高人民法院执行体制机制改革的不断深化和社会信用体系建设的不断推进,“执行难”问题得到一定程度的缓解,但仍有一些痼疾难除,同时出现一些新的问题,要真正解决仍需进一步努力。

造成“执行难”的原因很多。既有法院方面的因素,如案多人少、执行不力、办案人员业务能力不强、办人情案等;也有当事人方面的因素,如申请执行人怠于申请执行、贻误执行时机,被执行人以各种手段转移财产、规避执行甚至抗拒执行,等等;还有其他因素,如部门保护、地方保护,部分人员、部门干预执行等。

除上述因素之外,执行过程涉及大量实践中认识不一的复杂、疑难法律问题,比如,被执行人夫妻或家庭共同财产的分割处置、划拨土地使用权、宅基地房的处置、代位执行、执行追加、执行异议之诉等。执行既要适用相关程序法,又要适用相关实体法,当前我国又缺乏一部更高层级、完整统一的民事执行法律,执行制度不完善,执行机制不健全。实践中执行方式不规范、方法不统一、裁量权随意性大,等等。这些也都是影响执行、造成“执行难”的重要原因。

针对提供债权及相关法律服务过程中碰到的有关不良资产、债权清收、债务重组、破产清算、跨境追收五个业务板块比较常见的疑难复杂法律问题,广信君达律师事务所债权保护法律研究中心组织中心律师,在繁忙的工作之余,结合自身的实践经验进行认真思考和文章写作,通过案例检索、对比研究等方法展开法律评析,提出自己的观点和意见,并给出合理的、有益的建议,最终所有案例分析文章汇编到一起,形成了这本有关债权清收处置律师实务专业著作。

法律的生命不在于逻辑,而在于经验。此书是广信君达律师事务所债权保护法律研究中心律师关于债权法律服务的经验总结,这些经验是弥足珍贵的。经验可以各自不同,也难以论是非对错,所谓“仁者见仁、智者见智”,但经验的展示和推广可以使想了解此方面内容的相关人士少走弯路。因而,无论是进行投资决策判断的债权投资市场参与者,还是提供债权清收处置法律服务的工作者,都可从此书中获得一些有益的参考和借鉴。

最后,期望广信君达律师事务所债权保护法律研究中心继续努力,组织中心律师多办经典案件、多总结多出版专业著作，与业界同人及有关人员分享实践经验；我国法治建设做出更大的贡献！

李　昊

2022年10月19日

于中南财经政法大学小南湖畔

前　言

在投资经济学上和投资领域中，根据投资的性质、方式等的不同，投资通常被划分为股权投资和债权投资。而在经济实践和法律实践中，基于投资人不同的经济目的、利益诉求和现实需要，这两种不同方式的投资会发生相互转变，股权和债权这两种不同的权利形态也会借助法律相互转换。在债权难以实现、作为债务人的公司或债务人持股的公司仍有发展潜力或投资价值等情况下，有的投资人会将自己持有的对债务人的债权转变成债务人公司的股权（所谓的“债转股”）或债务人所持公司的股权（所谓的“以股抵债”）。在股权投资失败、所投资金即将沉没等情况下，为避免或减少损失，有的投资人会根据事前已做好之安排（如担保设置、对赌协议）将自己所持有之公司股权转变成对相关主体（如公司实际控制人）享有的债权（所谓的“股转债”）。

在我国民法之下，“债”根据发生原因可分为合同之债、侵权之债、无因管理之债、不当得利之债等。在市场经济中，“债”可谓无处不在，其贯穿每个“人”的从生到死，牵涉每个“人”的衣食住行，遍布每个“人”的生活工作，跨越每个“人”的前世来生。在我国当下，“债”的规模和数量之巨，恐难有确切之统计，但从金融不良债权应可窥其一斑。根据普华永道近期发布的《2022 年中国不良资产管理行业改革与发展白皮书》，2021 年中国不良资产整体规模约为 5.88 万亿元，较 2020 年增加 6700 亿元，同比增长 12.86%。

有人认为，不良资产处置的逆经济属性、抗周期属性等市场属性决定了它是不会消失的生意，无论是市场火热还是市场萧条，不良资产处置的生意终究是不会终止的。近年来，全球经济环境更趋复杂严峻和不确定，国内经济发展也面临多重压力，加之疫情肆虐、此起彼伏，不少企业存续难上加难，另外，不良资产市场反倒愈加“热闹”。有人预言，不良资产有望开启财富洗牌新契机，预计未来 3 年内将有大量不良资产项目出现，不良资产或将迎来井喷时代。

因而,当今经济社会中的债权资源是非常丰富的,在相当长的时期内也可以说是因不断会有新生而不会枯竭的。

在当今法治社会,债权投资、交易、清收、处置从来都离不开法律,债权法律服务市场随着债权市场的不断发展而日益繁荣,债权清收处置法律业务也随之巨量增加。但因社会信用体系仍有较大空间需要完善,"执行难"问题将仍会长期存在,债权清收处置的难度加大,债权清收的周期延长、不确定性增加。而因法律服务人才大量涌入,法律服务市场竞争日趋加剧,甚至呈现白热化态势。债权端客户的结果导向日益强烈,造成债权法律服务从开始的按争议标的额正常固定收付费变为后来的半风险、全风险收费,预期收益的不确定性也大大增加。尽管如此,客户对法律服务质量的要求和预期并未降低,这就更加增加了律师提供债权清收处置法律服务的成本和难度,也对律师的专业能力、经验技巧提出了更高的要求和挑战。

上述种种因素造成债权法律服务市场呈现严重两级分化态势。一方面,早已介入债权市场的小部分法律"人",通过提供债权法律服务,与债权端或资金端合作,积累了丰富的经验、技巧、能力和资源,业务如日中天,赚得盆满钵满,有的甚至早已实现财富自由、成功上岸。另一方面,其他同样难以获得较为容易、较高收益法律业务,有想法或有兴趣从事债权法律服务的大部分法律"人"(尤其是刚刚步入法律社会的青年律师),由于缺乏经验、技巧、能力和资源,不得其门而入,或由于畏惧困难,对未来预期收益期望不高,选择中途放弃或择机才入,收益不高但成本不低,因而继续或重复着过往那种"表面看似华丽,背后实则艰辛"的工作和生活。

因而,当今法律服务资源也是非常丰富的,找到债权法律服务提供者应该来说并非难事儿,而具备一定经验、技巧、能力的合适法律服务提供者则可通过"传帮带"进行解决。

自1999年国家对口设立四大资产管理公司处置四大国有商业银行的不良资产以来,至今已逾20年。在这20多年中,作为与股权投资相对应的一种主要投资形态,债权投资一直上演着不俗的业绩,债权市场后端催生出了一条完整的交易处置产业链,也造就了一批成功的债权投资者和法律专业人士,越来越多的人也开始投身于债权投资市场及其法律服务。但在近几年债权投资市场的发展演进过程中,受整个市场环境和投资环境的影响,单靠"过手交易赚取差价"这种转手批发交易想要短期攫取巨额利益,已经变得日益困难。时代呼唤债权处置向纵深发展,债权投资市场对债权处置法律服务提出了更高更深层次的要求。国家信用体系的不断完善和司法执法环境的日趋向好，无疑为债权处置向纵深发展创造了良好的基础和条件，而债权端、资金端、服务端如不能实现有效对接和整合，将仍会严重影响到债权处置的效率和效果。

当今时代是个变革的时代、创新的时代、共享的时代。困则思变，不变则将会落后并会被淘汰。正是在这样的背景下，广信君达律师事务所债市后端法律研究中心（后更名为债权保护法律研究中心）三年前应运而生。中心主要整合了债权交易处置与清算破产两个领域的业务，按债权处置主要手段的不同划分成五个板块：不良资产板块、债权清收板块、债务重组板块、清算破产板块、跨境追收板块。中心是一个增强资源对接与整合的平台、增加业务机会与创收的平台、增进专业研习与交流的平台。组织出版专业书籍，以进一步提升律所和中心的品牌影响力，是中心的一项主要工作计划和工作任务，也正因如此，才有了本书的组织出版。

债权投资交易的目的不只是取得债权，而是通过债权清收处置获得收益，取得债权、达成再转让或重组意向、获得胜诉生效判决、完成申请执行人变更、查控到债务人的财产、启动强制清算或破产重整等，都只不过是离成功实现债权更近了一步，后面可能还要遇到不少的问题难题，碰到不少的戈壁浅滩，经历不少的曲折艰辛，要真正实现债权，赢得最后的胜利，登顶险峰看到最美的风景，还要不畏艰险、继续前行，否则前面的所有努力都将付之东流。为了帮助债权人、债权投资者、债权法律人及相关主体更好地解决债权清收处置道路上的问题难题，扫除可能的风险困阻，减少不必要的弯路，成功实现债权并获得收益，故将本书取名为“打通实现债权之路”。

与中心的五个业务板块相对应，本书共分为不良资产、债权清收、强清破产、债务重组、跨境追收五个部分，每个部分的文章大都采取以案评析的方式书写，其中所涉案例大都是中心同仁在提供债权及相关法律服务过程中办理过或碰到过的相应业务板块的具体或类似案件。作者围绕其中的问题难点，通过案例检索、对比研究等方法展开法律评析，提出自己的观点和意见，并给出合理的、有益的建议。

文章完成之后，中心组织进行了多轮评审，并要求作者进行了反复的修改调整，力求逻辑清晰、论据充分、观点明确，不会误导读者。然而，由于法律规范通常是原则抽象的，而社会实践往往是一般具体的，人的主观认识又是复杂多样的，加之时间较紧，作者知识、经验、能力和水平有限，本书及书中的文章难免会存在疏漏或不妥之处，就此也请各位读者朋友谅解，并请不吝批评指正。

如果本书可以对债权投资市场的参与者提供一点有益的启发或帮助，对有兴趣的读者产生一丝向上的触动或思考，则编写本书的目的也就达到了。

最后，在民事强制执行法出台之前，就以此书作为该法的一份献礼吧！也期望该法早日出台，大力助力打通实现债权之路！

广东广信君达律师事务所
债权保护法律研究中心
主任　王春平代书
2022年10月10日

目　　录

第一部分　不良资产

第二部分　债权清收

第三部分　强清破产

第四部分　债务重组

第五部分　跨境追收

打通实现债权之路

Chapter 1

第一部分　不良资产

债权转让是否以通知到债务人为必备生效条件

——以某债权转让合同纠纷案为例

王春平　黎月梅

一、案情简介

2010 年 6 月,A 供销公司与 B 贸易公司进行煤炭销售合作,由 A 供销公司向 B 贸易公司采购烟煤、白煤,数量 30 – 40 吨,再由 A 供销公司卖给 B 贸易公司推荐的客户 C 发电厂。合作后期,由于 C 发电厂迟迟不能按约结付货款,A 供销公司也未向 B 贸易公司结算相应的货款。

2011 年 9 月,A 供销公司和 B 贸易公司签订了《谅解备忘录》,明确:由于 C 发电厂违约造成双方困境,双方都有责任向 C 发电厂追讨货款。A 供销公司同意收到相应款额后,按 C 发电厂欠款总额中 B 贸易公司所占货款比例结付款额给 B 贸易公司,直至 B 贸易公司收到 A 供销公司应付其全部货款为止。

其后,A 供销公司以买卖合同纠纷为由向法院起诉 C 发电厂,请求法院判令 C 发电厂支付货款及逾期违约金。

2012 年 1 月,B 贸易公司私下与 D 能源公司签署《债权转让协议书》,将其对 A 供销公司享有的部分债权转让给 D 能源公司。

同月,D 能源公司向法院提起诉讼,要求法院判令 A 供销公司向其偿还债款。在前述案件审理过程中,A 供销公司以“未收到相关债权转让通知”为由,主张 B 贸易公司和 D 能源公司之间的债权转让对其不产生效力。D 能源公司随后撤回了起诉,连同 B 贸易公司一起向 A 供销公司发出债权转让通知之后,又重新向法院起诉,法院经审理后支持了 D 能源公司的诉请和主张。

二、问题难点

债权处置系一种高效、经济的资产处置方式，对经济的发展具有重要意义。但是，一些市场交易主体对债权处置的法律规定理解不深，对其中的法律风险认识模糊和把握不当，由此而引发的经济纠纷日益增多，并引起了广泛关注。

债权转让是否以通知到债务人为必备生效条件？对于债权转让人、受让人、债务人来说，债权转让的生效条件是否一致？如不一致，存在哪些区别？这些均是学界和实务中讨论较多的难点问题。

三、法律评析

1. 债权人转让权利的，应当通知债务人。未经通知的，该转让对债务人不发生效力，债务人享有对抗受让人的抗辩权，但是，这不影响债权转让人与受让人之间债权转让协议的效力。

原《合同法》第 80 条第 1 款规定："债权人转让权利的，应当通知债务人。未经通知，该转让对债务人不发生效力。"第 82 条规定："债务人接到债权转让通知后，债务人对让与人的抗辩，可以向受让人主张。"

《民法典》第 546 条第 1 款规定："债权人转让债权，未通知债务人的，该转让对债务人不发生效力。"第 548 条规定："债务人接到债权转让通知后，债务人对让与人的抗辩，可以向受让人主张。"

根据前述法律规定，债权人转让权利的，应当通知债务人。未经通知的，该转让对债务人不发生效力，债务人享有对抗受让人的抗辩权。但是，对于"未经通知债务人的，债权人与受让人之间的债权转让是否生效"这一问题，前述法律规定并未明确。

在《中国民法典释评（合同编通则）》中，王利明教授就《民法典》第 546 条提出了如下观点和意见："……如果将债权转让不同效力层面的关键点都系于债权转让通知，在内部层面上将使得诸多交易实践无法展开，在外部层面上则无法有效降低受让人事前调查和事中防范成本，显著降低了债权的流通性。因此，《民法典》第 546 条第 1 款规定的债权转让通知并不决定债权转让的时间，也不决定债权的最终归属，而仅仅是对债务人发生效力的条件……是否通知债务人不影响受让人对转让债权的取得。因此，本条对《合同法》上述条文进行了修改，以更为明确，在让与人和受让人之间的关系上，受让人取得转让债权不以通知债务人作为条件，债权转让合同效力不因未通知债务人而受影响。如果转让债权已经存在，则除非让与人和受让人另有约定，受让人在债权转让合同生效时即取得债权；如果被转让的权利是将来债权或者转让尚不具备转让性的债权，则在债权转让合同生效之后，转让债权成为现存权利或者具备可转让性时，受让人才取得债权。但是，为了保护债务人，债权转让未通知债务人，该转让对债务人不发生效力，即使受让人取得了债权，债务人也有权拒绝受让人的履行请求；债务人向让与人履行债务的，债权消灭。如果债权转让通知了债务人，则债权转让对债务人发生效力，此时债务人即对受让人负有履行义务。"①

在司法审判实务中，法院的主流观点与前述观点及意见是一致的（见表1）。

表1　关于"未经通知债务人，债权转让是否生效"的司法裁判观点

序号	援引来源	司法裁判观点
1	《民事审判指导与参考》(2017年第1辑，总第69辑)	通说认为，债权转让是让与人和受让人之间诺成性、不要式的合同，即让与人与受让人达成合意时即发生法律效力。 因此，债务人的意思表示并不影响债权转让成立或债权转让的法律效力，而法律规定债权转让的事实须通知债务人，应当理解为，在债权转让通知未送达债务人时，债务人对原债权人的清偿仍发生债务清偿之法律效果，而并不影响受让债权的新债权人合法取得受让债权之法律效果[1]
2	最高人民法院(2004)民二终字第212号民事裁定书	根据本案查明的事实，中鼎公司与东方公司广州办事处签订《债权转让协议》的当日，双方当事人又签订了先决条件约定的《管理服务商及资金账户监管协议》《债权质押合同》《连带责任保证合同》《服务及协助协议》《优先权及回购期权协议》。尔后，中鼎公司依约支付了首期转让价款165,683,698.8元。上述事实表明，双方当事人约定的主要生效条件已经满足。虽然中鼎公司与东方公司广州办事处未能及时向借款人和担保人发出有关标的债权质押的通知函，但是根据东方公司广州办事处事后发出的《债权转让及

① 王利明主编：《中国民法典释评（合同编通则）》，中国人民大学出版社2020年版，第399－400页。

续表

序号	援引来源	司法裁判观点
3		质押通知书》的内容看，标的债权质押的前提，是东方公司广州办事处将标的债权转让给中鼎公司，中鼎公司以标的债权作为质物向东方公司广州办事处提供质押担保。可以看出，中鼎公司与东方公司广州办事处在协议中约定的债权质押的通知义务，与债权转让的通知义务具有同等的法律意义。 故原审法院认定，向债务人发出债权转让通知并非债权转让协议的生效要件，东方公司广州办事处没有及时向债务人和担保人发出债权转让通知并不影响其与中鼎公司签订的《债权转让协议》的效力，也不能因此认为中鼎公司未取得本案债权
3	广东省高级人民法院(2017)粤民再300号民事判决书	第一，关于苏建华先后与李某堂、黎某和、黎某容签订的两份债权转让协议的效力问题。 2014年7月19日，苏某华与李某堂签订了《债权转让协议书》，该协议书的内容没有违反法律、行政法规的强制性规定，依法成立并生效…… 2014年6月13日，苏某华与黎某和、黎某容签订《债权转让协议》，该协议的内容也没有违反法律、行政法规的强制性规定，依法成立并生效…… 苏某华签订两份债权转让协议时，均未将债权转让的情况通知债务人连山县政府，苏某华仍享有对连山县政府的债权，故苏某华签订的两份债权转让协议均已成立并生效，但根据《合同法》第80条的规定，债权转让未经通知，对债务人连山县政府不发生效力
4	辽宁省高级人民法院(2020)辽民终314号民事判决书	二、关于大连银行没有履行通知债务人的义务是否影响受让人宏孚集团取得债权的问题。 大连银行上诉主张，债权转让合同是诺成性的，合同一旦成立，受让人宏孚集团即取得债权。宏孚集团认为，大连银行没有通知债务人，受让人宏孚集团没有取得债权。 对此，本院认为，《合同法》第80条第1款规定，“债权人转让权利的，应当通知债务人。未经通知，该转让对债务人不发生效力”。对于该条规定的债权转让通知的效力问题，司法实务界和学界都素有争论，属于民商事审判中的疑难问题之一。 法院认为，当让与人与受让人就债权转让的问题协商一致，债权转让合同成立并生效，由于债权转让协议为让与人与受让人之间的协议，具有相对性，不发生约束债务人的效力，受让人不能直接依据债权转让协议的有效成立而获得请求债务人给付的权利，只有通知债务人债权转让事实后，债权才实际转移为受让人所有。

续表

序号	援引来源	司法裁判观点
		因此,大连银行没有通知债务人的破产管理人,虽不影响其与宏孚集团签订的债权转让协议的效力,但宏孚集团未取得案涉债权
5	江苏省高级人民法院(2016)苏民再185号民事判决书	藤枝公司与蓝色天使公司之间签订的《铜箔供货和保底销售合同》《三方协议》《补充协议》《承诺函》可证明双方当事人之间的债权转让系双方真实意思表示,应认定双方的债权转让协议有效…… 在认定浩荣公司于2012年6月24日收到《债务转让暨催款通知函》复印件的情况下,结合藤枝公司2012年6月25日的回复,可以认定该通知对浩荣公司发生了法律效力。首先,该债权转让协议系藤枝公司与蓝色天使公司的真实意思表示,合法有效,至于由谁送达给浩荣公司,只是送达行为的实施主体问题,与债权转让协议本身没有关系。其次,虽然浩荣公司收到的是复印件,但其收到该复印件后,即发函与藤枝公司联系确认,藤枝公司在给浩荣公司的回复中,也未否认该协议的真实性,藤枝公司回复中的内容系其单方意思表示,不能否认其与蓝色天使公司签订的债权转让协议的效力。故可以认定北京市仁丰律师事务所寄送的《债务转让暨催款通知函》复印件,对浩荣公司发生了法律效力…… 根据《合同法》第80条规定,债权转让未通知债务人的,对债务人不发生法律效力……既然认定了北京市仁丰律师事务所寄送的《债务转让暨催款通知函》复印件,对浩荣公司发生了法律效力,则浩荣公司就应该向涉案债权的受让人,即蓝色天使公司履行支付剩余货款的义务
6	山东省高级人民法院(2016)鲁民终1228号民事判决书	关于债权转让协议的效力问题。法院认为,国网电力公司与长城公司之间系买卖合同关系,长城公司与泉兴银桥公司之间亦系买卖合同关系;国网电力公司认可其欠付长城公司货款,双方之间存在债权债务,而长城公司认可欠付泉兴银桥公司货款,之间也存在债权债务,长城公司将其对国网电力公司的债权转让给泉兴银桥公司并不违反法律规定,应为合法有效。 关于本案争议的债权转让对国网电力公司是否生效及生效时间问题。法院认为,《合同法》规定债权转让必须履行通知义务,是为了避免债务人重复履行、错误履行或加重履行债务的负担,立法目的是打破债权转让双方当事人与债务人之间信息不对称的僵局,在确保受让人的债权得以尽快实现的同时,不致使债务人履行错误。合同法对债权转让采取通知主义,但对通知方式没有明确规定,债权转让通知是形成权,只要债权人实施了有效的通知行为,债权转

续表

序号	援引来源	司法裁判观点
		让就应对债务人发生法律效力，以直接起诉方式履行债权通知义务，法律并无禁止。泉兴银桥公司于2013年12月以国网电力公司及长城公司为被告向一审法院提起诉讼，一审法院于2013年12月16日向国网电力公司送达了起诉状副本、开庭传票等诉讼材料，此时国网电力公司已经知晓了涉案债权转让事宜，应视为泉兴银桥公司与长城公司的债权转让通知到国网电力公司，该债权转让即对其发生法律效力

[1]杜万华主编、最高人民法院民事审判第一庭编：《民事审判指导与参考》（2017年第1辑，总第69辑），人民法院出版社2017年版，第175页。

综上所述，就债权人与受让人之间的内部关系而言，债权转让的生效不以“有无通知债务人”为前提条件，如符合法律规定的生效条件，债权转让生效；就债权人与受让人、债务人之间的外部关系而言，只有在依法通知债务人后，债权转让才对债务人发生效力。

需要说明和强调的是：最高人民法院《关于民事执行中变更、追加当事人若干问题的规定》第9条规定：“申请执行人将生效法律文书确定的债权依法转让给第三人，且书面认可第三人取得该债权，该第三人申请变更、追加其为申请执行人的，法院应予支持。”

前述司法解释没有将“通知债务人”列为“变更或追加为申请执行人”的前提条件之一，但是，这并不意味着在执行变更、追加程序中，可以突破《合同法》第80条、《民法典》第546条的限制。

依据“上位法优于下位法”的法律适用规则，《合同法》第80条、《民法典》第546条规定，应优于前述司法解释第9条进行适用。在相关的执行异议审判实务中，各地法院倾向于且会将“相关债权转让有无通知债务人”作为审查内容之一。

如广东省高级人民法院在（2018）粤执异4号案中的如下观点：“2017年10月18日，智鹏公司与电子公司签订债权与资产转让协议，智鹏公司受让执行依据确认的全部债权。电子公司于2018年2月13日向被执行人云浮电器厂、云浮财政局、云浮发改局送达债权转让通知书，通知了债权转让情况。智鹏公司在相关工商网、企查查等网站查询均无被执行人三电公司的登记信息情况下，按注册登记地址邮寄《债权转让通知书》给三电公司，邮政部门于2018年9月2日以‘原址查无此人’退回，可视为将债权转让情况通知了三电公司。”

据此，笔者认为，如通过债权让与方式取得相关执行案件下的债权的，在向执行法院申请变更或追加为申请执行人之前，仍应尽到善意的通知义务。

2. 法律未对债权转让“通知”的行为主体作出限定，无论是债权转让人通知，还是受让人通知，只要依法进行，均应被认定为已通知债务人。

前述《合同法》《民法典》条文均未明确规定“通知主体”应是何者。

参照下述司法裁判观点（见表2），笔者认为，为了保障债务人的合法权益，法律要求债权转让时应当通知债务人，但未对通知的行为主体作出限定，这可以反映出我国法律尊重并鼓励当事人意思自治，以充分调动市场主体从事交易的积极性。基于此，无论是债权转让人通知，还是受让人通知，只要依法进行，均不会对债务人造成不利影响，故在受让人通知债务人的情况下，若债务人以“债权人未通知相关债权转让”为由进行抗辩，不应获得支持。

表2　关于债权转让通知主体的司法裁判观点

序号	援引来源	司法裁判观点
1	《民事审判指导与参考》（2017年第1辑，总第69辑）	一种观点认为，上述法律规定的通知债务人债权转让事实的主体应当为债权转让人，在债权转让人没有进行通知的情况下，该债权转让对债务人不发生法律效力，因此受让人无权要求债务人为债务清偿。 另一种观点认为，虽然按照上述法律规定，债权转让通知的行为人应为债权转让人，但在可以确认债权转让真实性的前提下，亦不应否定债权受让人为该通知行为的法律效力。债务人是否知晓以及能否确认债权转让事实，是认定债权转让通知法律效力的关键。受让人直接通过起诉的方式向债务人主张权利，亦可认定为通知债权转让的一种方式。法院认为，第二种观点是正确的[1]
2	最高人民法院（2016）最高法民申2296号民事裁定书	法律对债权转让的通知方式并未限定只能由原债权人履行，兆博公司委托北京佐腾飞公司向国电酒泉公司履行债权转让通知义务并不违反法律规定。债权转让通知书到达国电酒泉公司后，兆博公司在未征得受让人北京佐腾飞公司同意的情况下不得撤销。故本案债权转让已经履行了通知义务，依法对债务人产生法律效力

续表

序号	援引来源	司法裁判观点
3	江苏省高级人民法院(2016)苏民再185号民事判决书	首先,该债权转让协议系藤枝公司与蓝色天使公司的真实意思表示,合法有效,至于由谁送达给浩荣公司,只是送达行为的实施主体问题,与债权转让协议本身没有关系。其次,虽然浩荣公司收到的是复印件,但其收到该复印件后,即发函与藤枝公司联系确认,藤枝公司在给浩荣公司的回复中,也未否认该协议的真实性,藤枝公司回复中的内容系其单方意思表示,不能否认其与蓝色天使公司签订的债权转让协议的效力。故可以认定北京市仁丰律师事务所寄送的《债务转让暨催款通知函》复印件,对浩荣公司发生了法律效力……
4	江苏法院网2013年12月20日发布的"某钢铁有限公司诉某机械公司债权转让合同纠纷案"点评	二、债权转让的通知主体分析。我国《合同法》对债权转让的通知主体没有明确的规定。笔者认为债权转让的效力关键是只要向债务人进行通知,债务人知晓债权转让的事实,债务人能知向谁履行义务就行。所以对于是由原债权人或债权受让人向债务人通知均是可行的。我们不能一味强调由原债权人还是受让人一方进行通知。债权转让协议经原债权人与受让人达成协议后,只要协议不违反法律规定,在两者就发生效力,这只是内部一种效力,但是要对债务人发生法律效力,则要经向债务人履行通知程序后,才能产生效力,如规定只能由一方履行通知的义务,则实践中可能出现由于履行通知义务的一方不能及时向债务人通知或故意不通知债务人,就会使得原有的债权处于一种不确定状态中,不利于债务人履行义务,原债权人或受让人的利益受到严重威胁,不利于交易有序、快速进行,阻碍了经济的正常发展

[1]杜万华主编、最高人民法院民事审判第一庭编:《民事审判指导与参考》(2017年第1辑,总第69辑),人民法院出版社2017年版,第175页。

需要说明和强调的是:关于"受让人通过直接向人民法院提起诉讼的方式向债务人主张权利,是否可认定为前述《合同法》《民法典》条文规定的'通知'方式之一"这一问题,在司法审判实务中曾存在较大争议。

早期,大部分法院持否定态度,但随着市场交易日趋活跃、债权转让通知制度日趋成熟,法院对此的态度有所转变,转为持肯定态度。如最高人民法院民事审判第一庭在《民事审判指导与参考》(2017年第1辑,总第69辑)中指出:"受让人通过直接向人民法院提起诉讼的方式向债务人主张权利的,亦可认定为通知债权转让的一种方式,在相关诉讼材料送达债务人时,该债权转让通知对债务人发生法律效力。"重庆市第四中级人民法院在(2013)渝四中法民终字第00244号案中评道:"受让人直接起诉债务人要求履行债务，应视为债权让与的一种通知方式。”

四、经验启示

债权转让可以起到鼓励交易、促进市场经济发展、提高市场交易活力的作用，更能响应现代社会经济交往活动对效率、便捷等方面日益增长的需求，允许债权的流转是必然且已成大趋势。债务人的意思表示不影响债权转让成立或债权转让的法律效力，但是，如债务人不清楚债权转让人和受让人之间已达成转让合意而误向债权转让人清偿债务的，无疑会增加不必要的纷争，因此，债权转让通知制度的设置十分必要。作为法律从业者，应当注意准确理解和区分债权转让对内、对外的生效条件，以更好地维护当事人的合法权益。

在处置金融不良债权过程中，金融资产管理公司如何有效保障地方政府等的优先购买权

——以某确认合同效力及优先购买权纠纷案为例

钟智芬

一、案情简介

2004年6月10日，中国AB资产管理公司某办事处（以下简称AB资产公司）自工商银行处受让对甲市机械厂（以下简称机械厂）享有的逾5000万元本金及利息的债权。

2007年11月5日，AB资产公司启动对债权进行处置。2007年11月20日，AB资产公司向机械厂发出《债权处置告知书》，询问其是否购买债权的意见。机械厂回函：机械厂有回购债权的打算和安排，正在向市政府国资委筹备资金，恳请AB资产公司降价处置，同时，为减小处置债权对企业职工安置带来的负面影响，希望不要公开处置债权。

2008年11月6日，甲市A房地产综合开发有限公司（以下简称A公司）公开竞得机械厂债权。

另查明，1991年10月17日，甲市政府批复同意组建甲市工业总公司（以下简称工业总公司）。1996年5月24日，市国资委批复同意工业总公司改造为工业（集团）总公司（以下简称工业集团），授权工业集团经营授权范围内的国有资产，持有成员企业的产（股）权，成员企业名单中载明有机械厂，但工业总公司未办理工业集团的工商变更登记手续。机械厂的企业国有资产产权登记证载明机械厂依法占有、使用国有资本1000万元，企业集团或企业管理部门为工业总公司，工业总公司作为出资人100%持有机械厂的国有资本。

2009年11月2日，工业总公司向乙省高级人民法院提起诉讼，认为AB资产公司将机械厂的债权拍卖给A公司，侵害了工业总公司的知情权和优先购买权，请求判令确认AB资产公司与A公司不良债权转让合同无效，并确认工业总公司的优先购买权。

乙省高级人民法院经审理认为："一、本案债务人机械厂占有、使用的国有资本全部由工业总公司持有，工业总公司作为经市国资委批准并依法注册登记的国有资本出资人，对机械厂不良债权应享有优先购买权，与本案所涉不良债权的转让存在直接的利害关系，工业总公司具备原告诉讼主体资格。二、AB资产公司虽多次与机械厂协商有关资产回购事宜，但均未明确通知工业总公司行使优先购买权。在工业总公司未表示放弃优先购买权的情况下，AB资产公司将不良债权转让给A公司，违反了国家相关规定，损害国家利益或社会公共利益，债权转让合同无效。"遂判决："（一）确认工业总公司对AB资产公司拥有的机械厂债权享有优先购买权。（二）确认AB资产公司与A公司《债权转让协议》无效。"A公司与AB资产公司均不服向最高人民法院提起上诉，经审理，最高人民法院驳回上诉，维持原判。

二、问题难点

优先购买权适用场景常出现在国有企业债权债务关系处置过程中，尤其是中国金融资产管理公司前期受让的债务人为国有企业的不良债权，彼时适逢中国各地各级各行业国有企业产权改革拉开序幕，合并、接收、托管等各种形式引发国有企业资产产权变动，产权变动及企业改革相关政策指令涉及人、事、财变动，对国有企业的管理工作提出较高要求。因此，类似本案例中债务人企业的主管部门发生变动但未办理工商变更登记手续的情形不在少数，由于公示信息缺乏或查询渠道局限，导致金融资产管理公司在处置转让债权资产过程中，判断有权行使优先购买权的主体存在一定困难或者认识出现偏差，导致告知行使优先购买权的书面通知送达对象错误或遗漏。本文案例中AB资产公司在优先购买权主体的判断上即属于遗漏情形。另外，AB资产公司向机械厂书面询问其是否购买债权的行为，是否产生已告知适格主体行使优先购买权的法律效力？即AB资产公司能否以其已与债务人多次沟通是否回购债权事宜，作为已履行通知优先购买权人义务的抗辩理由？

三、法律评析

(一)不良债权转让中优先购买权的相关规定及出台背景

为了防止在通过债权转让方式处置不良债权过程中发生国有资产流失,2008年7月财政部出台《金融资产管理公司资产处置管理办法》,其中第20条规定:“资产公司对持有国有企业(包括国有全资和国有控股企业)的债权资产进行出售时,应提前15天书面告知国有企业及其出资人或国有资产管理部门。”

为进一步保护国有资产避免流失,2009年3月最高人民法院又制定了《关于审理涉及金融不良债权转让案件工作座谈会纪要》(以下简称《纪要》),其中第4条规定:“为了防止在通过债权转让方式处置不良债权过程中发生国有资产流失,相关地方人民政府或者代表本级人民政府履行出资人职责的机构、部门或者持有国有企业债务人国有资本的集团公司可以对不良债权行使优先购买权。金融资产管理公司向非国有金融机构法人转让不良债权的处置方案、交易条件以及处置程序、方式确定后,单笔(单户)转让不良债权的,金融资产管理公司应当通知国有企业债务人注册登记地的优先购买权人。以整体‘资产包’的形式转让不良债权的,如资产包中主要债务人注册登记地属同一辖区,应当通知该辖区的优先购买权人;如资产包中主要债务人注册登记地属不同辖区,应当通知主要债务人共同的上级行政区域的优先购买权人。按照确定的处置方案、交易条件以及处置程序、方式,上述优先购买权人在同等条件下享有优先购买权。优先购买权人收到通知后明确表示不予购买或者在收到通知之日起三十日内未就是否行使优先购买权做出书面答复,或者未在公告确定的拍卖、招标日之前做出书面答复或者未按拍卖公告、招标公告的规定时间和条件参加竞拍、竞标的,视为放弃优先购买权。金融资产管理公司在《纪要》发布之前已经完成不良债权转让,上述优先购买权人主张行使优先购买权的,人民法院不予支持。债务人主张优先购买不良债权的,人民法院不予支持。”

《纪要》上述规定构成我国法院在审理涉及金融不良债权转让合同效力涉及政府等出资人优先购买权问题时的主要适用依据。

不良债权的处置是计划经济时期形成的历史遗留问题,是以政策性为主、法律性为辅的社会经济问题。《纪要》的出台背景、精神原则以及若干重要规则形成的脉络实质上反映了其背后蕴含的价值权衡及价值选择,即为最大限度地减少国有资产流失,实现私权处分与公共利益、金融债权与职工债权、市场竞争与国家干预、历史问题与现行法则等诸多价值的权衡目的，《纪要》明确了相关地方人民政府或者代表本级人民政府履行出资人职责的机构、部门或者持有国有企业债务人国有资本的集团公司对不良债权享有优先购买权。

（二）法院裁判思路和争议焦点

本案所涉债权是作为四大金融资产管理公司之一的AB资产公司较早以前从国有商业银行收购的、特定历史时期形成的不良债权，因此，处理本案纠纷不仅应严格适用《合同法》及相关法律、法规，还应符合《纪要》的有关精神，参照国家有关政策规定，重点审查不良债权的可转让性、受让人的适格性及转让程序的公正性和合法性，并根据《纪要》关于金融资产管理公司转让不良债权可能存在的11种无效情形之规定综合审查并认定不良债权转让合同效力。

本案争议焦点集中在三个方面：（1）工业总公司是否为案涉债权的优先购买权人；（2）工业总公司是否已经放弃优先购买权；（3）AB资产公司与A公司债权转让协议的效力如何认定。

焦点一：工业总公司是否为案涉债权的优先购买权人。

本案中，市国资委核发的企业国有资产产权登记证载明工业总公司是机械厂全部国有资本的实际持有人，证明了债务人机械厂占有、使用的1000万元国有资本全部由工业总公司持有，工业总公司作为经市国资委批准并依法注册登记的国有资本出资人，虽然未及时改造为工业集团，但这并不影响工业总公司履行出资人职责、行使出资人权利。因此，工业总公司对机械厂不良债权依法享有优先购买权，属于《纪要》规定的优先购买权人，是本案机械厂不良债权的优先购买权人，与本案所涉不良债权的转让存在直接的利害关系，依照《民事诉讼法》（已历经2012年、2017年、2021年三次修订）第108条的规定，工业总公司具备原告诉讼主体资格。AB资产公司主张机械厂国有资本的出资人不是工业总公司，但未举示相关证据予以证明，其抗辩理由缺乏事实依据，法院未予支持。

焦点二：工业总公司是否已经放弃优先购买权。

本案中AB资产公司自2004年受让债权到2008年拍卖转让债权历经四年，其间虽与机械厂进行了多次协商、洽谈及往来文函，并发布数次处置公告，但始终未采取书面或口头等通知形式与市政府、市国资委及工业总公司等优先购买权人直接联系，告知其债权处置的处置方案、交易条件以及处置程序、方式，最终通过拍卖程序转让债权时亦未通知优先购买权人行使权利，违背了《纪要》中规定的金融资产管理公司对优先购买权人的通知义务，而《纪要》中关于“优先购买权人收到通知后明确表示不予购买或者在收到通知之日起30日内未就是否行使优先购买权做出书面答复，或者未在公告确定的拍卖、招标日之前做出书面答复或者未按拍卖公告、招标公告的规定时间和条件参加竞拍、竞标的，视为放弃优先购买权”的规定，是建立在优先购买权人知悉债权处置的基础上。因此，本案中因AB资产公司未履行通知义务，优先购买权人并未知悉债权处置的具体方案，亦未参与债权处置过程，故从根本上丧失了行使优先购买权的可能。AB资产公司作为国家授权处置不良债权的专业金融资产管理公司，应熟知国家关于处置金融不良债权相关规定和政策的精神实质及操作规程，A公司与AB资产公司认为根据其发布的历次公告及机械厂数次回函内容，推定市政府、市国资委等优先购买权人知悉债权处置事宜并已放弃优先购买权的主张混淆了债务人回购债权及优先购买权人行使权利的本质区别，亦违反了《纪要》规定的通知义务，因此，法院未予支持A公司与AB资产公司的诉讼主张。

焦点三：AB资产公司与A公司债权转让协议的效力如何认定。

该问题的审查重点为转让程序的公正性和合法性。《纪要》规定，金融资产管理公司向非国有金融机构法人转让不良债权的处置方案、交易条件以及处置程序、方式确定后，应当通知国有企业债务人注册登记地的优先购买权人。《金融资产管理公司资产处置管理办法（修订）》第20条明确规定：“资产公司对持有国有企业（包括国有全资和国有控股企业）的债权资产进行出售时，应提前15天书面告知国有企业及其出资人或国有资产管理部门。”设定以上制度的价值取向在于，国有金融不良债权的剥离与处置，绝不仅仅是简单的商事主体之间的私权处分，而是巨额国有资产的流动与利益再分配问题。这种流动能否在公开公平公正的程序下进行，事关全体国民和国家的利益。因此，在不良债权处置过程中，尤其需要强调程序价值的意义，否则，制度的设计便因缺乏程序保障而失去实质价值，将对国家利益和社会公共利益造成根本损害。

本案中，AB资产公司在处置不良债权时未按规定尽到通知义务，存在程序瑕疵，而该瑕疵造成优先购买权人丧失行使权利的基础，使优先购买制度失去平衡各方利益的核心价值，对依照公开、公平、公正和竞争、择优原则处置不良资产造成实质性影响，可能导致国有资产流失、国有企业生存发展受阻、职工利益失去保障进而影响社会稳定等多种不利后果，背离了《纪要》设立优先购买权制度的初衷。按照《纪要》关于不良债权转让合同无效事由的认定中"转让不良债权公告违反《金融资产管理公司资产处置公告管理办法(修订)》规定,对依照公开、公平、公正和竞争、择优原则处置不良资产造成实质性影响的"相关规定,应当认定 AB 资产公司与 A 公司债权转让协议无效。

本案中亦涉及优先购买权人和善意第三人的利益如何平衡的问题。因不良债权处置有其特殊的价值取向,事关我国金融体制改革乃至国有资产管理体制改革目的能否顺利实现,不能单纯地以意思自治为由并以保护私权处分的名义来评断不良债权转让行为。《纪要》明确金融资产公司的通知义务即在于督促其按照公开、公平、公正和竞争、择优原则处置不良资产,确保国有资产安全,尽可能维护国有企业的生存与发展、保障职工的利益和稳定。AB 资产公司违反《纪要》规定,未通知优先购买权人,在与 A 公司缔约时亦未尽到谨慎和善意告知义务,因此,A 公司作为善意第三人可另案向 AB 资产公司主张损害赔偿。综上,最高人民法院驳回上诉,维持原判。

四、经验启示

(一)适用《纪要》关于优先购买权的有关规定的情形

《纪要》第 12 条规定,不良债权转让包括金融资产管理公司政策性和商业性不良债权的转让。政策性不良债权是指 1999 年至 2000 年上述四家金融资产管理公司在国家统一安排下通过再贷款或者财政担保的商业票据形式支付收购成本从中国银行、中国农业银行、中国建设银行、中国工商银行以及国家开发银行收购的不良债权;商业性不良债权是指 2004 年至 2005 年上述四家金融资产管理公司在政府主管部门主导下从交通银行、中国银行、中国建设银行和中国工商银行收购的不良债权。因此,"1999 年至 2000 年的政策性不良债权"或"2004 年至 2005 年的商业性不良债权"的债权转让程序应当严格适用《纪要》关于优先购买权的规定。主要原因是该两类不良债权绝大多数形成于 20 世纪 90 年代或 21 世纪初,涉及的主从债务人较多是国有企业,为避免国有资产在金融债权流转过程中出现不当损害国家、集体、职工利益的情形出现,最高人民法院特别出台《纪要》规定优先购买权制度,以规范此类金融不良资产在交易市场上流转,要求金融资产管理公司严格遵守并落实到位。截至目前,《纪要》实施已逾十年之久,出现不少判决金融资产管理公司因为未严格遵守规定导致债权转让出现瑕疵而引致赔偿责任案例,以致金融资产管理公司在后来新收购商业化不良债权时，为谨慎起见，仍会继续遵守《纪要》的规定，出售债权时仔细核查债务人的股权结构和出资人主体性质，以判断是否存在适用《纪要》优先购买权规定的情形。从笔者所观察的实践情况来看，目前金融资产管理公司新收购的商业化金融资产债权极少见国企成分的债务人，债务人几乎都是民营企业，实质上已不需要再适用《纪要》关于优先购买权的规定。

（二）有权行使优先购买权的主体

首先，优先购买权所涉债务人是"国有银行享有并已转让给资产公司的国有企业债务人（国有独资和国有控股的企业法人）"。因此，《纪要》规定有权行使优先购买权的主体是"相关地方人民政府或者代表本级人民政府履行出资人职责的机构、部门或者持有国有企业债务人国有资本的集团公司"。

其次，根据我国立法规定，国务院、省、自治区、直辖市人民政府，设区的市、自治州人民政府，分别设立国有资产监督管理机构。国有资产监督管理机构根据授权，依法履行出资人职责。除此，对于行政事业单位及其下属企业的国有资产、金融企业的国有资产、中央文化企业的国有资产，依法应由对应的各级财政部门进行监管。由此，基本形成了"国资委体系""财政部门体系"的二元监管主体体系。另外，部分事业单位（如高校）因存在特定主管部门，该类事业单位及下属企业的国有资产除接受财政部门监督外，还要受到相应主管部门（如各级教育部门）的监管。

最后，在如何准确判断哪些主体是优先购买权人问题上，《纪要》规定，转让单笔（单户）不良债权的，金融资产管理公司应当通知国有企业债务人注册登记地的优先购买权人；以"整体资产包"的形式转让不良债权的，如资产包中主要债务人注册登记地属同一辖区，应当通知该辖区的优先购买权人；如资产包中主要债务人注册登记地属不同辖区，应当通知主要债务人共同的上级行政区域的优先购买权人。

（三）采取哪种方式通知优先购买权人才被认为有效通知

最高人民法院在（2020）最高法民申3598号民事裁定书中认为，长城资产河北分公司仅在债权转让前于天津金融资产交易所网站上公告告知优先购买权人行使购买权，不能发生通知到具体优先购买权人的效力。另外，长城资产河北分公司主张其曾向优先购买权人发出过《催收公告函》，但法院认为该《催收公告函》上没有对案涉债权即将出售意思表示的内容，且行为发生在涉案债权转让一年之前，因此也不能视为已通知到具体优先购买权人。

根据笔者实践经验，建议采取书面形式以公证邮递送达方式告知优先购买权人转让债权的具体事宜(时间、地点、交易方式、交易条件等),要求其在限定的时间(须合理时长)内书面回复是否行使优先购买权,如未参与竞买,则视为放弃优先购买权,与此同时,还应以公开方式,比如官网、报纸上刊登资产处置公告,广而告知债权转让事宜,如此一来,可以最大限度在诉讼中举证证明已妥当通知相关主体行使优先购买权。

商业银行能否将不良债权直接转让给非金融机构

——以某债权转让合同纠纷案为例

向金波

一、案情简介

2014 年 5 月 5 日，A 银行与 B 公司（借款人）签订了《固定资产借款合同》，约定 B 公司于 2014 年 5 月 12 日一次性提款，并将借款转入其在 A 银行处开立的指定账户。2014 年 5 月 12 日，A 银行向 B 公司发放了借款 9000 万元。同日，为确保 2014 年 5 月 5 日 B 公司与 A 银行所签订的《固定资产借款合同》及补充协议项下借款人的义务得到切实履行，A 银行与 B 公司签订了《抵押合同》。

2019 年 5 月 6 日，A 银行与 C 公司签订《债权转让协议》，约定：A 银行将对 B 公司享有的剩余债权本金 5980 万元及至实际清偿之日止的利息（按年息 12.48% 计算，截至 2019 年 5 月 6 日尚欠利息 3,301,827.47 元）转让于 C 公司。

后因 B 公司不能清偿借款本息，C 公司以 B 公司为被告、以 A 银行为第三人诉至法院，被告 B 公司在答辩过程中抗辩称："依照我国法律，商业银行不能将不良债权直接转让给非金融机构，故《债权转让协议》无效。"

二、问题难点

本案中，被告 B 公司否认《债权转让协议》的效力，由此引发"商业银行是否可将不良债权直接转让给非金融机构"的问题，这一问题在司法实践中存在较大争议，也是本案中的一个难点。

三、法律评析

（一）司法实践中的不同观点

司法实践中，人民法院对于商业银行将不良债权直接转让给非金融机构的效力的认定，有两种截然不同的观点：

1. 在有关的司法案例中，人民法院认定商业银行将不良债权直接转让给非金融机构的社会投资者有效

在陕西棓煜兴生态农业开发有限责任公司、宝鸡市新东方置业有限公司等借款合同纠纷申诉案[（2021）最高法民申 2286 号]中，一审法院认为："被告棓煜兴公司与案外人长安银行股份有限公司宝鸡高新支行之间签订的《借款合同》《抵押合同》系双方当事人真实意思表示，不违反法律、行政法规的强制性规定，当属有效合同。中国银行业监督管理委员会《关于商业银行向社会投资者转让贷款债权法律效力有关问题的批复》规定：1. 对商业银行向社会投资者转让贷款债权没有禁止性规定，转让合同具有合同法上的效力……2. 转让具体的贷款债权，属于债权人将合同的权利转让给第三人，并非向社会不特定对象发放贷款的经营性活动，不涉及从事贷款业务的资格问题，受让主体无须具备从事贷款业务的资格。依据《中华人民共和国合同法》第七十九条规定：债权人可以将合同的权利全部或者部分转让给第三人。据此，原告受让案涉债权符合上述规定，案外人长安银行股份有限公司宝鸡高新支行与原告签订的《债权转让协议》亦无《中华人民共和国合同法》第五十二条规定的无效情形，故该协议应系双方当事人真实意思表示，不违反法律、行政法规的强制性规定，为有效协议，据此三被告辩称该协议系无效协议的辩解意见不能成立，一审法院不予采信。"

最高人民法院同意一审法院以上裁判观点，并进一步阐明理由："《关于商业银行向社会投资者转让贷款债权法律效力有关问题的批复》规定：1. 对商业银行向社会投资者转让贷款债权没有禁止性规定，转让合同具有合同法上的效力。社会投资者是指金融机构以外的自然人、法人或者其他组织。2. 转让具体的贷款债权，属于债权人将合同的权利转让给第三人，并非向社会不特定对象发放贷款的经营性活动，不涉及从事贷款业务的资格问题，受让主体无须具备从事贷款业务的资格。《中华人民共和国合同法》第七十九条规定，债权人可以将合同的权利全部或者部分转让给第三人。"

在另外一些案例中，人民法院明确厘清了转让具体的贷款债权不属于向社会不特定对象发放贷款。如在莆田市东南香米业发展有限公司、黄金龙票据付款请求权纠纷案[（2017）最高法民终389]中，最高人民法院认为：“《债权转让协议》是光大福州分行及涵江国投公司、秀屿国投公司、湄港新城公司之间的真实意思表示。该债权转让并不违反我国法律、行政法规的强制性规定。银监会在银监办发〔2009〕24号《关于商业银行向社会投资者转让贷款债权法律效力有关问题的批复》中已经明确指出，‘转让具体的贷款债权，属于债权人将合同的权利转让给第三人，并非向社会不特定对象发放贷款的经营性活动，不涉及从事贷款业务的资格问题，受让主体无须具备从事贷款业务的资格’。可见，东南香公司、黄金龙关于涵江国投公司、秀屿国投公司、湄港新城公司不具备金融债权受让主体资格的理由不能成立。”

2. 另一种观点认定商业银行将不良债权直接转让给非金融机构的社会投资者应属无效

在有些司法判例中，人民法院认定商业银行的贷款债权具有特殊性，属于在性质上不得转让的债权，受让该债权的主体必须满足特定的条件。如在浙江国联港务工程股份有限公司与杭州蓝海港务工程有限公司海事担保合同纠纷、船舶抵押合同纠纷再审复查与审判监督一案[（2009）浙海提字第1号]中，原一审法院认为：“根据《合同法》第七十九条的规定，债权人可以将合同的权利全部或部分转让给第三人，但该条又规定根据合同性质不得转让、按照当事人的约定不得转让或依照法律规定不得转让的除外。由贷款形成的债权及其他权利只能在具有贷款业务资格的金融机构之间转让，我国金融机构是属于许可证管理制度，虽然法律无明文规定非金融企业从商业银行受让贷款债权是否合法，但中国人民银行办公厅相关文件对此有禁止性规定。中国人民银行在2001年7月31日的办函〔2001〕648号《中国人民银行办公厅关于商业银行借款合同项下债权转让有关问题的批复》（以下简称《批复》）明确商业银行未经许可，不得将其债权转让给非金融企业。《中华人民共和国中国人民银行法》第四条第（五）项的规定，中国人民银行有权发布有关金融管理和业务的命令和规章。因此中国人民银行作为金融管理机构，其所作批复在业内具有规范的效力。另借贷业务等是经特许专属于金融机构的业务，根据贷款合同性质，也是禁止转让给其他非金融企业的，否则会使企业之间的借贷成为合法化。故本案蓝海港务工程有限公司受让民生银行杭州分行的贷款债权因违反《批复》而无效。由于蓝海港务工程有限公司的债权来源不合法，故其与浙江国联港务工程股份有限公司之间并不存在合法的债权债务关系，双方的《债务清偿协议》也依法无效。现蓝海港务工程有限公司向浙江国联港务工程股份有限公司主张债权，于法不符，不予支持。”

在再审程序中，浙江省高级人民法院认为：“根据《中华人民共和国合同法》第七十九条的规定，债权人可以将合同的权利全部或部分转让给第三人，但根据合同性质不得转让、按照当事人的约定不得转让或依照法律规定不得转让的除外。由于我国金融机构是属于许可证管理制度，中国人民银行在《批复》明确商业银行未经许可，不得将其债权转让给非金融企业。故蓝海公司受让民生银行杭州分行由于商业贷款而形成的债权无效。”

（二）笔者的意见

笔者认为，上述争议的产生，主要在于对中国人民银行办公厅《关于商业银行借款合同项下债权转让有关问题的批复》（银办函〔2001〕648 号，以下简称《中国人民银行 2001 批复》），以及中国银监会办公厅《关于商业银行向社会投资者转让贷款债权法律效力有关问题的批复》（银监办发〔2009〕24 号，以下简称《银监会 2009 批复》）认识的分歧上：

《中国人民银行 2001 批复》规定未经许可，商业银行不得将其债权转让给非金融企业，其理由为：“根据《合同法》第七十九条关于合同债权转让的规定，商业银行贷款合同项下的债权及其他权利一般原则上是可以转让的，但由于金融业是一种特许行业，金融债权的转让在受让对象上存在一定的限制。按照我国现行法律法规的规定，放贷收息（含罚息）是经营贷款业务的金融机构的一项特许权利。因此，由贷款而形成的债权及其他权利只能在具有贷款业务资格的金融机构之间转让。未经许可，商业银行不得将其债权转让给非金融企业。”

《银监会 2009 批复》明确规定商业银行可以将贷款债权转让给自然人、其他组织，以及金融机构和非金融机构法人，并规定转让具体贷款债权的行为属于债权人将合同的权利转让给第三人，并非向社会不特定对象发放贷款的经营性活动，不涉及从事贷款业务的资格问题，受让主体无须具备从事贷款业务的资格。

笔者认为，商业银行将不良债权转让给社会投资者，不存在法定无效情形的，应依法认定为有效。具体理由如下：

第一，应当根据原《合同法》、现行《民法典》等有关规定认定转让的效力。

商业银行所享有的不良债权也是普通的债权，其转让的效力应当适用原《合同法》第79条、现行《民法典》第545条等有关规定进行判断，原《合同法》第79条、现行《民法典》第545条第1款规定："债权人可以将债权的全部或者部分转让给第三人，但是有下列情形之一的除外：（一）根据债权性质不得转让；（二）按照当事人约定不得转让；（三）依照法律规定不得转让。"

商业银行将其不良债权转让给非金融机构的，目前尚没有法律或者行政法规对此作出明确的禁止性规定。因此，只要商业银行不良债权的转让不在上述禁止转让的情形之列，即应当认定转让行为有效。

第二，尽管《中国人民银行2001批复》中规定"由贷款而形成的债权及其他权利只能在具有贷款业务资格的金融机构之间转让，未经许可，商业银行不得将其债权转让给非金融企业"。但由于该批复在性质上不属于法律、行政法规，不能作为认定法律行为效力的依据。

第三，《银监会2009批复》改变了上述《中国人民银行2001批复》的观点，且国务院办公厅于2013年7月1日发布《关于金融支持经济结构调整和转型升级的指导意见》（国办发〔2013〕67号），该意见明确规定，支持银行开展不良贷款转让，扩大银行不良贷款自主核销权，及时主动消化吸收风险。

第四，最高人民法院在《对十三届全国人大三次会议第5510号建议的答复》中明确："为了实现鼓励交易，促进市场经济发展的目的，法律规定债权人可以将债权的全部或者部分转让给第三人。"

基于以上理由，商业银行将不良债权转让给社会投资者，不存在原《合同法》第79条、现行《民法典》第545条规定的"不得转让"情形，应依法认定为有效。

四、经验启示

由上述案例可知，在司法实践中，人民法院对"社会投资者收购商业银行不良债权的效力"这一问题存在不同的认定，一旦因此发生纠纷诉至人民法院，则判决结果具有一定程度的不确定性。鉴于此，在收购商业银行不良债权时，应针对该不确定性作出相应的约定，降低交易风险。

普通债权人直接通过报纸刊登债权催收公告，能否产生诉讼时效中断的法律效果

——以某金融借款合同纠纷案为例

许红学

一、案情简介

1997 年 6 月 24 日，某国有银行与某食品进出口公司签订了《进口开证授信额度协议》，该国有银行依约向食品进出口公司提供了融资款项 67 万美元。

2004 年 9 月 7 日，国有银行与某金融资产管理公司签订《债权转让协议》，将其对食品进出口公司上述债权转让给该金融资产管理公司，并于同日在报纸上刊登了债权转让及催收公告。

2007 年 3 月 8 日，金融资产管理公司与 A 公司签订《债权转让协议》，将其对食品进出口公司上述债权转让给 A 公司，并于同日在报纸上刊登债权转让及催收公告。

2014 年 12 月 11 日，A 公司在《山东法制报》上发布催收公告，向食品进出口公司催收上述债权。

2017 年 7 月 31 日，A 公司与 B 公司签订《债权转让协议》，将其对食品进出口公司上述债权转让给 B 公司，并将《债权转让协议》《债权转让暨催收通知》邮寄给食品进出口公司。

2018 年 1 月 10 日，因食品进出口公司拒不偿还 B 公司上述债款，B 公司向某中级人民法院起诉，请求判令食品进出口公司偿还 B 公司借款本息；由食品进出口公司负担案件受理费。

食品进出口公司辩称，B 公司的诉请已经超过法律规定的诉讼时效期间，法院

应不予支持。

一审法院经审理认为，国有银行与食品进出口公司签订的《进口开证授信额度协议》及涉案的债权转让协议均系合同当事人的真实意思表示，依法成立并生效。

在国有银行已依约向食品进出口公司履行了融资义务且将涉案债权依法转让的情况下，本案当事人的争议焦点为：2014 年 12 月 11 日 A 公司在《山东法制报》上发布催收公告是否构成诉讼时效中断；B 公司主张的涉案债权是否超过法定诉讼时效期间。

依据最高人民法院《关于审理涉及金融资产管理公司收购、管理、处置国有银行不良贷款形成的资产的案件适用法律若干问题的规定》、《关于贯彻执行最高人民法院“十二条”司法解释有关问题的函的答复》、《关于金融资产管理公司收购、管理、处置银行不良资产有关问题的补充通知》和《关于国有金融资产管理公司处置国有商业银行不良资产案件交纳诉讼费用的通知》等规定，国有银行向金融资产管理公司转让不良债权，或者金融资产管理公司受让不良债权后以债权转让方式处置不良资产的，通过在全国或省级有影响的报纸上发布的有催收内容的债权转让公告或通知，构成诉讼时效中断，但受让人非金融资产管理公司，在受让不良债权后再行转让的，不适用上述规定。故 A 公司受让涉案不良债权后在《山东法制报》发布催收公告不构成对涉案债权诉讼时效的中断，食品进出口公司提出的诉讼时效抗辩成立。一审法院判决驳回 B 公司的诉讼请求。

B 公司不服一审判决，向某高级人民法院提起上诉，请求撤销一审判决，判令食品进出口公司偿还 B 公司借款本息；一、二审案件受理费及保全费由食品进出口公司负担。上诉的主要事实和理由：2014 年 12 月 11 日，A 公司在《山东法制报》上发布催收公告构成诉讼时效中断，B 公司主张的涉案债权没有超过法定诉讼时效期间。

食品进出口公司辩称，一审判决认定事实清楚，适用法律正确，应予维持。

二审法院经审理认为，2014 年 12 月 11 日，A 公司在《山东法制报》上发布催收公告，因该公告并非向义务人明确提出履行义务的要求，不构成诉讼时效的中断。一审法院认定 B 公司的起诉超过诉讼时效，认定事实、适用法律并无不当。B 公司的上诉请求不能成立。判决驳回上诉，维持原判。

B 公司不服二审判决，向最高人民法院申请再审。再审理由为：A 公司于 2014 年 12 月 11 日在《山东法制报》上发布的催收公告，载明“请贵方收到本通知之日起尽快向我司履行相应合同（协议）项下的义务”。也即向债务人明确提出了履行义务的要求，构成诉讼时效的中断，故本案未超过诉讼时效。

最高人民法院经审查认为，本案再审涉及的主要问题是：B公司的起诉是否超过诉讼时效。本案中，一方面，A公司并非金融资产管理公司，根据最高人民法院《关于审理涉及金融不良债权转让案件工作座谈会纪要》第11条、第12条的规定，A公司在报纸上发布公告的方式催收债权不能构成诉讼时效的中断；另一方面，食品进出口公司并非“下落不明”，根据最高人民法院《关于审理民事案件适用诉讼时效制度若干问题的规定》第10条第1款第4项的规定，A公司在食品进出口公司并未“下落不明”时，即采用登报公告的方式催收债权，亦不产生诉讼时效中断的效力。

因此，本案的诉讼时效在2014年12月11日未中断且已经届满，即使其后B公司向食品进出口公司催收了债务，其权利亦不再受司法保护。原审判决认定B公司的起诉超过诉讼时效，驳回其诉讼请求的裁判结果并无不当。最高人民法院裁定驳回B公司的再审申请。

二、问题难点

A公司直接在《山东法制报》上刊登债权催收公告，能否产生诉讼时效中断的法律效果？很显然，这是本案的问题难点所在。

三、法律评析

1. 国有银行或金融资产管理公司通过在全国或省级有影响的报纸上发布的有催收内容的债权转让公告或通知，诉讼时效中断。

（1）最高人民法院《关于审理涉及金融资产管理公司收购、管理、处置国有银行不良贷款形成的资产的案件适用法律若干问题的规定》（法释〔2001〕12号）[①]第10条规定：“原债权银行在全国或者省级有影响的报纸上发布的债权转让公告或通知中，有催收债务内容的，该公告或通知可以作为诉讼时效中断证据。”

（2）最高人民法院对《关于贯彻执行最高人民法院“十二条”司法解释有关问题的函》（法函〔2002〕3号）的答复中明确：“为了最大限度地保全国有资产，金融资产

① 该司法解释已于2021年1月1日被最高人民法院《关于废止部分司法解释及相关规范性文件的决定》（法释〔2020〕16号）废止。

管理公司在全国或省级有影响的报纸上发布的有催收内容的债权转让公告或通知所构成的诉讼时效中断，可以溯及至金融资产管理公司受让原债权银行债权之日；金融资产管理公司对已承接的债权，可以在上述报纸上以发布催收公告的方式取得诉讼时效中断（主张权利）的证据。”

（3）最高人民法院《关于审理涉及金融不良债权转让案件工作座谈会纪要》（法发〔2009〕19 号）第 11 条规定：“国有银行向金融资产管理公司转让不良债权，或者金融资产管理公司受让不良债权后，通过债权转让方式处置不良资产的，可以适用最高人民法院《关于审理涉及金融资产管理公司收购、管理、处置国有银行不良贷款形成的资产的案件适用法律若干问题的规定》、《关于贯彻执行最高人民法院“十二条”司法解释有关问题的函的答复》、《关于金融资产管理公司收购、管理、处置银行不良资产有关问题的补充通知》和《关于国有金融资产管理公司处置国有商业银行不良资产案件交纳诉讼费用的通知》。受让人受让不良债权后再行转让的，不适用上述规定。”第 12 条规定：“在《纪要》中，国有银行包括国有独资商业银行、国有控股商业银行以及国有政策性银行；金融资产管理公司包括华融、长城、东方和信达等金融资产管理公司和资产管理公司通过组建或参股等方式成立的资产处置联合体。国有企业债务人包括国有独资和国有控股的企业法人。受让人是指非金融资产管理公司法人、自然人。”

从以上最高人民法院的相关规定可以看出，对于国有银行或金融资产管理公司在转让或催收金融不良债权过程中，通过在全国或省级有影响的报纸上发布的有催收内容的债权转让公告或通知的，构成诉讼时效中断，但是对于受让人为非金融资产管理公司法人、自然人，且受让人受让不良债权后再行转让的，不适用上述规定。

本案中，A 公司非金融资产管理公司，故两级法院认为其以在报纸上发布公告的方式催收债权，不能构成诉讼时效中断符合上述规定。

2. 一方下落不明，对方在国家级或省级有影响的媒体上刊登具有主张权利内容的公告，诉讼时效中断。

最高人民法院《关于审理民事案件适用诉讼时效制度若干问题的规定》（法释〔2008〕11 号）①第 10 条规定：“具有下列情形之一的，应当认定为民法通则第一百

① 该司法解释已于 2020 年 12 月 23 日被最高人民法院《关于修改〈最高人民法院关于在民事审判工作中适用《中华人民共和国工会法》若干问题的解释〉等二十七件民事类司法解释的决定》修正，自 2021 年 1 月 1 日起施行。

四十条规定的‘当事人一方提出要求’，产生诉讼时效中断的效力：……（四）当事人一方下落不明，对方当事人在国家级或者下落不明的当事人一方住所地的省级有影响的媒体上刊登具有主张权利内容的公告的，但法律和司法解释另有特别规定的，适用其规定。”

本案中，食品进出口公司并未“下落不明”，最高人民法院认为A公司在食品进出口公司并未“下落不明”时，即采用登报公告的方式催收债权不产生诉讼时效中断的效力，符合上述规定。

四、经验启示

通过本案，我们可以得出以下经验启示：

对于国有银行或金融资产管理公司在催收或处置金融不良债权过程中，通过在国家级或省级有影响的报纸或媒体上发布的有催收内容的债权转让公告或通知，构成诉讼时效中断，不以债务人一方“下落不明”为前提条件。

对于非国有银行或金融资产管理公司在催收或处置金融不良债权或普通债权过程中，在债务人一方“下落不明”的情形下，通过在国家级或省级有影响的报纸或媒体上发布的有催收内容的债权转让公告或通知，构成诉讼时效中断；在债务人一方未“下落不明”的情形下，通过在国家级或省级有影响的报纸或媒体上发布的有催收内容的债权转让公告或通知，不构成诉讼时效中断。此时，债权人或受让人仍应采取符合法律规定的有效的催收方式进行催收，方可中断诉讼时效。

在实践中，债权人向债务人催收债权的方式多种多样，如电话、邮件、微信、QQ、信函、登报、诉讼、仲裁等，如果采取登报公告的催收方式，一定要看是否符合最高人民法院的上述规定，否则，将面临无法中断诉讼时效的风险。

非金融资产管理公司的机构或个人受让金融不良债权，能否主张受让日后发生的利息

——以某债权转让纠纷案为例

向金波

一、案情简介

1997年5月8日，A银行与A公司签订借款合同，约定A银行向A公司发放贷款6102万元；2001年5月30日、6月29日、7月30日、8月31日，B银行与A公司签订借款合同，约定B银行向A公司分别发放贷款2000万元、480万元、480万元、480万元。之后，上述两银行依约发放了贷款。借款期满后，A公司返还部分借款和利息。2004年6月25日，A银行、B银行分别与B公司签订《债权转让协议》，约定A银行、B银行将对借款人A公司的债权转让给B公司。协议签订后，上述两银行分别将债权转让情况通知A公司，2005年1月12日，A公司在两份《债权转让通知》上签字盖章。

因A公司后续一直未还款付息，B公司遂于2006年9月15日向Y中院提起诉讼。诉讼过程中，B公司于2007年11月6日与C公司签订《债权转让合同》，约定自2007年9月20日起将前述诉讼案件中所涉借款合同项下的权利义务全部转让给C公司。2007年11月6日，B公司向Y中院申请变更原告为C公司，Y中院予以准允。后C公司向Y中院明确其诉请为：请求判决A公司返还借款本金5759万元及利息、C公司受让债权后的利息。对此，A公司主张参照适用最高人民法院《关于审理涉及金融不良债权转让案件工作座谈会纪要》（法发〔2009〕19号，以下简称《海南会议纪要》）的规定，C公司无权要求支付受让债权后的利息。

二、问题难点

在本案中，A 公司主张“参照适用《海南会议纪要》的规定，C 公司无权要求支付受让债权后的利息”引发出如下问题：

1. 本案应否适用《海南会议纪要》？

2. B 公司是非金融资产管理公司，其从 A 银行、B 银行处受让了对 A 公司的债权，尔后在诉讼过程中将对 A 公司的债权转让给 C 公司，C 公司也是非金融资产管理公司，C 公司能否主张受让日后发生的利息？

三、法律评析

（一）相关规定的演变

关于金融债权受让后计付利息的问题，最早的规定源于《海南会议纪要》，其第 9 条规定：“受让人向国有企业债务人主张利息的计算基数应以原借款合同本金为准；受让人向国有企业债务人主张不良债权受让日之后发生的利息的，人民法院不予支持。”但该条规定将债务人限定为国有企业债务人，将受让人限定为非金融资产管理公司法人、自然人或其他组织（金融资产管理公司包括华融、长城、东方和信达等金融资产管理公司和资产管理公司通过组建或参股的方式成立的资产处置联合体）。此外，根据《海南会议纪要》第 12 条的规定，该纪要规限的是四家金融资产管理公司特定的政策性和商业性的不良债权转让。

此后，最高人民法院在（2011）执他字第 7 号答复函中明确：“在执行程序中，涉及金融不良债权转让的案件，应当参照适用最高人民法院《关于审理涉及金融不良债权转让案件工作座谈会纪要》的相关规定。非国有金融机构受让人向国有企业债务人主张已发生转让的金融债权利息，应当按照第九条的规定执行，即以借款合同本金为计算基数，利息计算至金融不良债权转让之日止，不能计收复利。”该条答复将《海南会议纪要》的内容由审判程序扩展至执行程序。

再后，最高人民法院在《关于非金融机构受让金融不良债权后能否向非国有企业债务人主张全额债权的请示的答复》［（2013）执他字第 4 号］第 1 条中明确：“非金融机构受让经生效法律文书确定的金融不良债权能否在执行程序中向非国有企业债务人主张受让日后利息的问题，应当参照我院 2009 年 3 月 30 日《关于审理涉及金融不良债权转让案件工作座谈会纪要》（法发〔2009〕19 号，以下简称《海南座谈会纪要》)的精神处理。"该条将《海南会议纪要》第9条中的债务人扩展为非国有企业债务人。

(二)司法实务中的裁判观点

在司法实践中,人民法院对于非金融资产管理公司的机构或个人受让经生效法律文书确定的金融不良债权,能否主张受让日后产生的利息,存在两种不同的观点:

1. 一种观点认为非金融资产管理公司的机构或个人受让金融不良债权,不能主张受让日后产生的利息

在玉林市富英房地产开发有限公司、广西海伦置业投资有限公司借款合同纠纷执行监督案[(2020)最高法执监440号]中,最高人民法院认为:"本案的不良债权从转让时间和转让主体看,属于《海南会议纪要》第十二条规定不良债权范畴。关于《海南会议纪要》规定的金融不良债权转让案件中有关利息和迟延履行期间的债务利息的计算问题,最高人民法院经审判委员会讨论后于2013年11月26日作出《答复》,明确'一、非金融机构受让经生效法律文书确定的金融不良债权能否在执行程序中向非国有企业债务人主张受让日后利息的问题,应当参照《海南会议纪要》的精神处理。二、根据《海南会议纪要》第十二条的规定,《海南会议纪要》不具有溯及力,《海南会议纪要》发布前,非金融资产管理公司的机构或个人受让经生效法律文书确定的金融不良债权,或者受让的金融不良债权经生效法律文书确定的,发布日之前的利息按照相关法律规定计算;发布日之后不再计付利息。《海南会议纪要》发布后,非金融资产管理公司的机构或个人受让经生效法律文书确定的金融不良债权的,受让日之前的利息按照相关法律规定计算;受让日之后不再计付利息。根据上述规定,本案中的利息(包括《中华人民共和国民事诉讼法》第二百五十三条第一款规定的迟延履行利息)应按照法律规定计算至《海南会议纪要》发布之日'。即在执行程序中对于迟延履行期间的债务利息的计算,亦可参照《海南会议纪要》的精神处理。在本案执行程序中亦可以适用《海南会议纪要》和《答复》规定,根据《海南会议纪要》和《答复》精神,不良债权受让日或者《海南会议纪要》发布日之后,不再计付利息(含迟延履行期间的债务利息)。本案中,不良债权受让发生在《海南会议纪要》发布之前,《海南会议纪要》发布之后该不良债权才经生效法律文书认定,故不论在《海南会议纪要》发布日还是不良债权受让日前,本案尚未经生效法律文书认定,因为生效法律文书尚未作出,尚不具备产生迟延履行期间的债务利

息的条件，故本案中，不论计算至受让日还是发布日，迟延履行期间的债务利息均应认定为零。”

在华锋正通有限公司、福鼎市易购超市有限公司借款合同纠纷案［（2020）最高法民申3397号］中，最高人民法院也持同样的观点，并指出：“根据《海南会议纪要》的精神和目的，以及近年处理同类案件的意见，非国有企业的金融不良债权转让纠纷案件中关于不良债权受让人主张债权受让日之后的利息计算问题，可以参照适用《海南会议纪要》的相关规定。”与之类似的裁判文书还有最高人民法院（2015）执申字第108号《执行裁定书》等。

2. 另一种观点认为非金融资产管理公司的机构或个人受让金融不良债权，能主张受让日后产生的利息

在明策伟华有限公司、厨师食品股份有限公司等金融不良债权转让合同纠纷案［（2021）最高法民终426号］中，最高人民法院认为：“根据《海南会议纪要》第九条的规定，受让人向国有企业债务人主张不良债权受让日之后发生的利息的，人民法院不予支持。同时，《海南会议纪要》第十二条关于该纪要的适用范围有明确的规定，纪要涉及的司法政策有其特定历史背景，系针对特定时间阶段发生的、针对特定主体的金融不良债权转让行为作出的特殊规定。结合本案事实，本案所涉债权发生时间为2014年，2015年3月工行漳州分行将债权转让至华融公司，华融公司于2015年5月又将债权转让至明策伟华公司，其具体形式与发生时间均不属于《海南会议纪要》中规定的政策性不良债权，无法适用《海南会议纪要》的规定，因此明策伟华公司受让债权后有权要求厨师股份公司按照原合同内容之规定给付借款利息及逾期付款利息。”

在广州正中投资有限公司、广州市泰和房地产开发有限公司执行审查类执行裁定书［（2016）最高法执监430号］中，最高人民法院认为：“根据《海南会议纪要》第九条‘关于受让人收取利息的问题’规定：‘受让人向国有企业债务人主张不良债权受让日之后发生的利息的，人民法院不予支持。’第十二条‘关于《海南会议纪要》的适用范围’规定：‘不良债权转让包括金融资产管理公司政策性和商业性不良债权的转让。政策性不良债权是指1999年至2000年上述四家金融资产管理公司在国家统一安排下通过再贷款或者财政担保的商业票据形式支付收购成本从中国银行、中国农业银行、中国建设银行、中国工商银行以及国家开发银行收购的不良债权；商业性不良债权是指2004年至2005年上述四家金融资产管理公司在政府主管

部门主导下从交通银行、中国银行、中国建设银行和中国工商银行收购的不良债权。'可见,《海南会议纪要》是对特定范围内的金融不良债权转让案件确立了特殊的处置规则,对金融不良债权的转让时间及转让主体均有明确限定,应当严格按照其适用范围的规定适用。如果将《海南会议纪要》适用范围以外的一般金融不良债权转让案件一律参照适用《海南会议纪要》精神,既没有明确的法律及司法文件依据,与依法平等保护各类民事主体财产权益的司法精神相悖。同时,鉴于一般金融不良债权转让中,最初的债权受让人往往是国有资产管理公司,如一律适用《海南会议纪要》止付利息,不仅不利于防止国有资产流失,而且损害合法受让人的利益。本案中,案涉金融不良债权最初转让发生于2011年9月,从农行流花支行转让给东方资产广州办事处;该债权第二次转让发生于2014年1月15日,由东方资产广州办事处转让给正中公司。可见,该债权最初的转让时间与转让主体,均与《海南会议纪要》第十二条的规定不符,故不应适用《海南会议纪要》关于自受让日后停止计付利息的规定。"

(三)笔者的观点

关于非金融资产管理公司的机构或个人受让金融不良债权,能否主张受让日后发生的利息的问题,需要正确厘清债权转让的一般法律制度规定,与《海南会议纪要》这一特别制度规定之间的关系。

1. 原《合同法》或现行《民法典》中有关债权转让的规定,与《海南会议纪要》中的相关规定之间构成类似于一般规定与特别规定的关系

目前,并无特别规定与一般规定的标准定义。通常认为,特别规定是相比之下更具有特别属性的法律规范。一般法是指在时间、空间、对象以及立法事项上作出的一般规定的法律规范,特别法则是与一般法不同的适用于特定时间、特定空间、特定对象、特定事项的法律规范。

从性质上而言,原《合同法》或现行《民法典》中有关债权转让的规定,属于一般规定,而《海南会议纪要》中有关债权转让的规定,属于特别规定。

根据《民法典》第11条有关"其他法律对民事关系有特别规定的,依照其规定"之规定,在同时符合一般规定和特别规定的要件时,应当优先适用特别规定。因此,在债权转让符合《海南会议纪要》这一特别规定的情况下,应优先适用《海南会议纪要》,具体到计算利息这一事项,则不应计算转让后的利息。

2. 关于适用《海南会议纪要》特别规定的要件识别

需要特别指出的是，在判断是否应当适用《海南会议纪要》中的相关规定时，首先需要识别案涉争议的债权转让是否属于《海南会议纪要》所规定的债权转让的范畴。对此，应从以下两个方面进行识别：

(1)不良债权的债务人是否属于国有企业债务人。根据《海南会议纪要》第 9 条的规定，只有在债务人为国有企业的情况下，受让人向国有企业债务人主张不良债权受让日之后发生的利息的，人民法院才不予支持。

(2)是特定的政策性以及商业性的不良债权转让，还是除此之外的不良债权的转让。根据《海南会议纪要》第 12 条的规定，政策性不良债权是指 1999 年至 2000 年上述四家金融资产管理公司在国家统一安排下通过再贷款或者财政担保的商业票据形式支付收购成本从中国银行、中国农业银行、中国建设银行、中国工商银行以及国家开发银行收购的不良债权；商业性不良债权是指 2004 年至 2005 年上述四家金融资产管理公司在政府主管部门主导下从交通银行、中国银行、中国建设银行和中国工商银行收购的不良债权。

《海南会议纪要》是针对以上特定范围内的金融不良债权转让而言的，对金融不良债权的转让时间及转让主体有明确的限定，不在该适用范围内的不良债权的转让，不应适用《海南会议纪要》的规定，而应适用债权转让的一般规定，应计算债权受让后的利息。

综上所述，笔者认为，一般情况下，非金融资产管理公司的机构或个人受让金融不良债权，应当适用《合同法》或《民法典》中有关债权转让的规定，受让人有权主张受让日后发生的利息。

四、经验启示

基于以上分析，在办理债权转让法律业务时，应特别注意识别收购的债权是否属于《海南会议纪要》规定范围的债权。如属于《海南会议纪要》规定范围的债权，由于存在部分利息无法追偿的风险，建议在收购对价等方面考虑该因素。

打通实现债权之路

Chapter 2

第二部分　债权清收

担保人承担担保责任后是否一定可以向其他连带担保人追偿

——以某借款担保合同纠纷案为例

郑　璇

一、案情简介

2018年5月28日，林某某与中国邮政储蓄银行股份有限公司T市支行（以下简称邮储银行T支行）签订《小额贷款额度借款合同》，借款额度为500万元人民币。同时，邮储银行T支行还与林某某、谭某某签订了《小额贷款最高额抵押合同》，以谭某某、林某某共有的位于T市××委会三靶坑的林地使用权作为贷款的抵押担保，并于2018年6月28日办理了林权抵押登记。

同日，谭某某、熊某某分别与邮储银行T支行签订《小额贷款最高额保证合同》各一份，对林某某与邮储银行T支行签订的《小额贷款额度借款合同》承担连带保证责任。上述合同签订后，邮储银行T支行依约履行了借款义务，但由于林某某逾期未还款，邮储银行T支行于2019年8月23日诉至T市人民法院（以下简称T法院），要求林某某偿还借款本息，谭某某、熊某某承担连带清偿责任。T法院经审理后依法作出民事判决书，判决林某某向邮储银行T支行偿还借款本金4,998,688.04元、利息44,999.71元，罚息122.44元；另林某某需向邮储银行T支行支付违约金50万元及律师费14.7万元；谭某某、熊某某对上述债务承担连带清偿责任。前述判决生效后，因债务人未履行生效判决确定的义务，该案依法进入执行程序。T法院依法拍卖了谭某某与林某某共有的位于T市××委会三靶坑的林地使用权，拍卖所得款为6,011,156元，已用于偿还案涉债务，谭某某已承担了担保责任。由于该林地使用是谭某某与林某某共同共有，谭某某对该林地使用享有50%份额，因此，该林地使用拍卖价款的50%（3,005,578元）属于谭某某所有。

后谭某某诉至法院，主张根据《担保法》（已失效）第12条规定："……已经承担保证责任的保证人，有权向债务人追偿，或者要求承担连带责任的其他保证人清偿其应当承担的份额。"及最高人民法院《关于适用〈中华人民共和国担保法〉若干问题的解释》（已失效）第20条第2款规定："连带共同保证的保证人承担保证责任后，向债务人不能追偿的部分，由各连带保证人按其内部约定的比例分担。没有约定的，平均分担。"因此其依法取得向林某某追偿全部代付款及向熊某某主张在其应保证的份额内承担清偿责任的权利。

法院判决认为：本案中所签订的《小额贷款最高额抵押合同》《小额贷款最高额保证合同》，前合同为谭某某与林某某与邮储银行T支行签订，后合同为谭某某、熊某某二人分别与邮储银行T支行签订，虽然合同签订的时间为同一天，均对全部借款本息承担保证责任，但从担保责任的角度结合本院前述生效判决主文分析，显然谭某某应承担的保证方式更多、责任更重。依照最高人民法院《关于适用〈中华人民共和国民法典〉有关担保制度的解释》第13条第2款、第3款关于"同一债务有两个以上第三人提供担保，担保人之间未对相互追偿作出约定且未约定承担连带共同担保，但是各担保人在同一份合同书上签字、盖章或者按指印，承担了担保责任的担保人请求其他担保人按照比例分担向债务人不能追偿部分的，人民法院应予支持。除前两款规定的情形外，承担了担保责任的担保人请求其他担保人分担向债务人不能追偿部分的，人民法院不予支持"的规定，谭某某在前述案件中承担的是《小额贷款最高额抵押合同》中约定的担保责任，谭某某、熊某某分别与邮储银行T支行签订的《小额贷款最高额保证合同》，虽然内容相同，但不是同一份合同，谭某某、熊某某分别对主债务承担连带清偿责任，不是严格意义上的连带共同保证，当中的保证责任也未承担，据此，谭某某请求熊某某对3,005,578元代付款的1/2份额承担连带清偿责任没有法律依据，不予支持。

二、问题难点

我国担保制度相关立法近年来修改变化较大，最高人民法院《关于适用〈中华人民共和国民法典〉有关担保制度的解释》（以下简称《〈民法典〉担保制度解释》）施行后，最高人民法院《关于适用〈中华人民共和国担保法〉若干问题的解释》（以下简称《担保法司法解释》）是否还能适用，特别是对连带共同担保的认定和区分，将直接影响案件的审理结果。

对于市场经济活动中的有些交易，由于同一交易的担保人较多，而且签订的担保合同不规范、不明确，给“担保人承担担保责任后是否可以向其他连带担保人追偿”这一问题带来较大争议，若直接规定担保人承担担保责任后能或不能向其他担保人追偿，都会带来新的问题，这是类似案件中最大的难点。

三、法律评析

（一）《〈民法典〉担保制度解释》施行后，《担保法司法解释》审判思路是否还能适用？

关于新旧法的适用和衔接，最高人民法院《关于适用〈中华人民共和国民法典〉时间效力的若干规定》已作出明确规定，但对《民法典》施行后的担保行为引起的纠纷案件，审理时是否还可以沿袭原来的审判思路？最高人民法院民事审判第二庭认为：

第一，《民法典》施行后，《担保法》已被废止，对《民法典》施行后的担保行为引起的担保纠纷案件，《担保法司法解释》的条文当然不得作为裁判的依据，这是原则问题。

第二，《担保法司法解释》与《民法典》不冲突的内容，虽然不可以作为《民法典》施行后的担保行为引起的民事纠纷案件的裁判依据，但可以继续沿袭其审判思路审理相关案件。①

在上述案件中，原告所依据的法条为《担保法司法解释》第20条第2款规定：“连带共同保证的保证人承担保证责任后，向债务人不能追偿的部分，由各连带保证人按其内部约定的比例分担。没有约定的，平均分担。”虽然谭某某与邮储银行T支行签订的《小额贷款最高额保证合同》约定了谭某某承担保证责任，但由于谭某某最终是以其与林某某共有的林地使用权的拍卖价款承担了连带清偿责任，并非是履行了保证担保责任，而是抵押担保责任，故按其逻辑，其实际上应当是依据《担保法司法解释》第38条关于“同一债权既有保证又有第三人提供物的担保的，债权人可以请求保证人或者物的担保人承担担保责任。当事人对保证担保的范围或者物的担保的范围没有约定或者约定不明的，承担了担保责任的担保人，可以向债务

① 最高人民法院民事审判第二庭：《最高人民法院民法典担保制度司法解释理解与适用》，人民法院出版社2021年版，第662页。

人追偿，也可以要求其他担保人清偿其应当分担的份额”的规定主张权利，而非依据《担保法司法解释》第20条第2款的规定主张权利。

而《〈民法典〉担保制度解释》第13条规定：“同一债务有两个以上第三人提供担保，担保人之间约定相互追偿及分担份额，承担了担保责任的担保人请求其他担保人按照约定分担份额的，人民法院应予支持；担保人之间约定承担连带共同担保，或者约定相互追偿但是未约定分担份额的，各担保人按照比例分担向债务人不能追偿的部分。同一债务有两个以上第三人提供担保，担保人之间未对相互追偿作出约定且未约定承担连带共同担保，但是各担保人在同一份合同书上签字、盖章或者按指印，承担了担保责任的担保人请求其他担保人按照比例分担向债务人不能追偿部分的，人民法院应予支持。除前两款规定的情形外，承担了担保责任的担保人请求其他担保人分担向债务人不能追偿部分的，人民法院不予支持。”

无论是《担保法司法解释》第20条还是第38条，从字面表述到立法精神都与《〈民法典〉担保制度解释》第13条出现明显冲突，故在该案中不应当沿袭《担保法司法解释》的思路审理。

（二）担保人承担担保责任后是否一定可以向其他连带担保人追偿？

2000年施行的《担保法司法解释》第38条规定担保人可以内部相互追偿，在2007年实施的《物权法》（已废止）中，该条被删除，但又没有明确表述担保人之间能否相互追偿，导致司法实践中理解上出现了大量分歧。

例如，湖北高院在顾某某与汇城公司、荣华公司、华泰龙公司、钱某某追偿权纠纷案二审民事判决书［（2014）鄂民二终字第00078号］中认为：“关于各担保人之间是否享有追偿权的问题。最高人民法院《关于适用〈中华人民共和国担保法〉若干问题的解释》第38条第1款赋予承担担保责任的担保人可以向其他担保人主张应当清偿的份额，而《中华人民共和国物权法》第176条并未明确上述权利，因而引发关于法律渊源的争议。”但江苏南京中院在胡某某、谢某、胡某与曹某某追偿权纠纷案二审民事判决书［（2015）宁民终字第7596号］中认为，《物权法》第176条并未排除担保人之间的相互追偿权。

这种冲突直到2019年最高人民法院出台《全国法院民商事审判工作会议纪要》（以下简称《九民纪要》）才得以调和。《九民纪要》明确解释了《物权法》的立法精神就是不应当支持没有约定的担保人相互追偿。

然而，《〈民法典〉担保制度解释》第13条规定，除当事人明确约定可以追偿和承担连带共同担保外，又增加了一种可以追偿的特殊情况，即虽然没有明确约定，但是在同一份合同书上签字、盖章或者按指印的担保人，在承担清偿责任后，仍可向在同一份合同书上签字、盖章或者按指印的其他担保人进行追偿。至此，担保人之间可以互相追偿仅存在四种情形：第一，约定了追偿及分担份额；第二，约定承担连带共同担保；第三，约定追偿但未约定分担份额；第四，未约定追偿和连带共同担保，但在同一份合同书上签字、盖章或按指印。而且，《〈民法典〉担保制度解释》第13条规定并未排除混合担保适用，即在构成上述四种情形之一时，担保人和保证人亦可以相互追偿。

在上述案例中，谭某某承担的是《小额贷款最高额抵押合同》中约定的担保责任，谭某某、熊某某与邮储银行T支付分别签订的《小额贷款最高额保证合同》，虽然内容相同且在同一天签订，但不是同一份合同，也没有约定可以追偿或承担连带共同担保，不构成上述四种情形之一。因此，谭某某、熊某某分别对主债务承担连带清偿责任，谭某某在承担清偿责任后，不能向其他连带担保人追偿。

需要注意的是，《〈民法典〉担保制度解释》第29条第2款规定："同一债务有两个以上保证人，保证人之间相互有追偿权，债权人未在保证期间内依法向部分保证人行使权利，导致其他保证人在承担保证责任后丧失追偿权，其他保证人主张在其不能追偿的范围内免除保证责任的，人民法院应予支持。"这意味着，即使保证人之间相互有追偿权，保证人在承担担保责任之前，也要注意债权人在保证期间内是否向所有保证人主张保证责任，若未向部分保证人主张，将会导致其他保证人丧失对该部分保证人的追偿权，此时其他保证人只可以向债权人主张其在不能追偿的范围内免责。

同理，如若债权人直接免除了对部分保证人的责任时，其他保证人也应当无权向该部分保证人追偿，只可向债权人主张对其免除部分保证人责任范围内的保证责任。

（三）担保人承担担保责任后不能向其他担保人追偿可能带来的问题

连带担保人承担担保责任后能否向其他担保人追偿主要考虑的是司法效率。如果放任连带担保人可自由相互追偿，由于担保人之间可能并无事前共同担保的合意，或对对方的存在不知情，就会在新的担保人出现后重新分配担保责任并重新诉讼，可能导致司法判决的不稳定和司法资源的大量浪费。

但如果完全禁止连带担保人可自由相互追偿，就会出现最有可能被债权人追偿的担保人，寻找一个“替身”来受让自己所担保的债权，从而重新选择担保人，让自己免于或大大减少应承担的担保责任。

《民法典》第 547 条第 1 款规定：“债权人转让债权的，受让人取得与债权有关的从权利，但是该从权利专属于债权人自身的除外。”根据该条规定，上述“替身”方案似乎可行，就算《〈民法典〉担保制度解释》第 14 条对于《民法典》第 547 条作出了限缩解释，其规定：“同一债务有两个以上第三人提供担保，担保人受让债权的，人民法院应当认定该行为系承担担保责任。受让债权的担保人作为债权人请求其他担保人承担担保责任的，人民法院不予支持。”也就是说，债权人将债权转让给担保人的，这种行为并非真正意义上的债权转让行为，而应被视为承担担保责任。但该法条只是限制了债权转让的方式，对上述“替身”方案仍未作出限制。

在《〈民法典〉担保制度解释》的征求意见稿当中作出过尝试，其第 14 条第 3 款规定，如果担保人的控股股东、实际控股人及其直接或者间接控制的公司受让债权，或者担保人的近亲属受让债权，人民法院也会认定系担保人承担担保责任。担保人请求其他担保人承担担保责任的，同样不会得到法院的支持。然而，《〈民法典〉担保制度解释》的正式稿却将征求意见稿的第 14 条第 3 款予以删除，可见法律对于其他主体先受让债权，然后再向其他担保人主张担保责任的做法是不予禁止的。

其实，法律也无法完全禁止“替身”方案，因为完全放开或完全禁止连带担保人自由相互追偿，都有其弊端。因此，《〈民法典〉担保制度解释》规定的四种可相互追偿的情况属于折中方案，既提高了“替身”方案的经济效益，又在一定程度上节约了司法资源，但在司法实践中效果如何，还有待进一步观察。

四、经验启示

如上所述，如果担保人之间不满足相互追偿的四种情况之一，那么担保人就不能直接向其他担保人追偿，而只能向债务人追偿，这会大大影响担保人的实际利益。除此之外，就已承担担保责任的担保人向债务人或其他担保人行使追偿权是否存在顺位要求，《民法典》也未作出规定。按照一般逻辑，若担保人和其他担保人承担的比例未确定，其需要先通过诉讼或者仲裁方式取得对债务人的胜诉判决，并申请强制执行债务人的财产。在债务人的财产不能清偿或者不足以清偿全部债务的时候，担保人才可以行使对其他担保人的追偿权，这会大大延长该担保人的诉讼周期。而如果在签订担保合同时明确约定担保人之间可以相互追偿以及分担份额,承担了担保责任的担保人可直接向其他担保人行使追偿权,在债务人资不抵债时,这才是对该担保人利益最为有效的保护。

另外,也要注意债权人在保证期间内是否向所有保证人主张保证责任,因为即便保证人之间约定了相互追偿或构成了承担连带共同保证,每个保证人的保证期间仍都是相对独立的。如果债权人没有在保证期间内向所有共同保证人主张权利,就会导致已经承担保证责任的保证人无法再向这些共同保证人进行追偿,而只能按照《〈民法典〉担保制度解释》第 29 条第 2 款的规定向债权人进行追偿,此时这种追偿,对债权人和保证人来说,都可能不是最好的方案。

债权人只主张本金，诉讼时效中断的效力是否一定及于利息

——兼论《诉讼时效规定》第9条[①]的适用

王春平　吴耀宏

一、案情简介

2014年6月24日、6月27日、7月11日，借款人吴某与出借人陈某鹏签署三份《个人借款合同》，借款本金共计40万元，双方在三份《个人借款合同》中均约定借款期限内月利率为6%。

2015年4月8日，陈某鹏仅就40万元本金向法院提起诉讼，要求吴某向其偿还借款本金。因吴某拒不履行生效判决所确定的相应义务，陈某鹏于2017年2月23日向法院申请强制执行吴某的财产。

2018年12月29日，陈某鹏再次提起诉讼，要求吴某向其支付利息，利息实际计算至被告偿还完全部借款为止。

吴某抗辩，称本案利息债权的诉讼时效独立于本金债权的诉讼时效，利息债权早已过了诉讼时效。

一审法院认为，原告陈某鹏曾于2015年4月8日向法院提起诉讼主张被告吴某偿还借款本金而未主张利息，在2015年4月8日已届清偿期而尚未清偿的利息已经形成为支分权利息之债，适用独立的诉讼时效期间，时效期间为两年，即2015年4月8日至2017年4月7日。原告于2018年12月29日向法院提起诉讼主张借

---

① 最高人民法院《关于审理民事案件适用诉讼时效制度若干问题的规定》(法释〔2020〕17号，以下简称《诉讼时效规定》)第9条规定："权利人对同一债权中的部分债权主张权利，诉讼时效中断的效力及于剩余债权，但权利人明确表示放弃剩余债权的情形除外。"2020年12月23日修订前为第11条，下同。

款利息,故原告主张被告支付2015年4月8日之前的借款利息,已超过诉讼时效期间。原告于2015年4月8日第一次提起诉讼时,之后的借款利息尚未发生,属于基本权利息之债,从属于本金债权而存在,其诉讼时效与本金债权诉讼时效相同,故原告主张被告支付2015年4月8日之后的借款利息,法院予以支持。

二审法院则认为,2015年4月8日陈某鹏就涉案《个人借款合同》项下的本金提起诉讼时,其主张的债权诉讼时效尚未届满,在该案判决生效后,陈某鹏又申请强制执行,截至本判决作出之日,并无证据显示该案已执行终结,致诉讼时效呈持续中断状态,该诉讼时效持续中断状态及于本案全部剩余债权。上述事实说明,陈某鹏就涉案《个人借款合同》项下的债权一直未间断主张权利,故应根据最高人民法院《关于审理民事案件适用诉讼时效制度若干问题的规定》第11条关于“权利人对同一债权中的部分债权主张权利,诉讼时效中断的效力及于剩余债权,但权利人明确表示放弃剩余债权的情形除外”之规定,认定本案未超过诉讼时效。吴某以案涉利息已届清偿期为由主张已过诉讼时效,于法不符。①

二、问题难点

《诉讼时效规定》第9条规定:“权利人对同一债权中的部分债权主张权利,诉讼时效中断的效力及于剩余债权,但权利人明确表示放弃剩余债权的情形除外。”

根据以上规定,在权利人只对本金债权主张权利的情况下,本金债权诉讼时效中断的效力能否甚至一定及于利息债权?本金债权与利息债权是否属于“同一债权”?相对于本金债权而言,利息债权具有从属性还是独立性?

三、法律评析

利息是指债务人为让与以金钱形式存在的资本使用权而应当支付的报酬。②所谓利息债权,是指以给付利息为标的的债权。利息债权必先有原本之债(本金债权),方能发生利息之债。

在债权人只主张本金债权的情形下,能否直接依据《诉讼时效规定》第9条之规定,主张本金债权诉讼时效中断的效力及于利息债权,关键在于判断本金债权与利息债权是否属于“同一债权”,或者相较于本金债权,利息债权具有从属性还是独

① 广东省深圳市中级人民法院民事判决书,(2019)粤03民终20203号。
② 崔建远:《论利息之债》,载《中州学刊》2022年第1期。

立性。

对此,司法实践中存在两种不同的观点:

第一种观点认为,利息是本金使用所产生的对价,即利息基于本金而产生,系法定孳息,从属于本金。权利人先有返还本金的请求权,才有法定孳息的给付请求权,主从请求权具有一体性。据此,利息债权与本金债权属于同一债权。如债权人主张本金债权时没有明示放弃利息债权的,则不应视为其放弃了利息债权,依法应当直接适用《诉讼时效规定》第9条之规定,本金债权诉讼时效中断的效力及于利息债权。

比如,最高人民法院在(2018)最高法民申1381号民事裁定书中认为:"利息系法定孳息,相较于本金债权而言,具有从属性。基于该特性,如权利人在主张本金债权时未明确表示放弃利息债权,则不应视为其放弃了该项权利,权利人主张本金债权而发生的诉讼时效中断的效力可及于利息债权。在权利人已履行合同约定义务的情形下,义务人亦应严格按照合同约定履行其全部义务,此为诚实信用原则之基本要求,理应为包括交易主体在内的社会各方普遍遵循。就本案而言,在茂建深圳分公司于规定期限内已明确提出工程款、保证金等诉讼请求的情形下,基于利息债权与本金债权的一体性和从属性,不能因其未在一定期间内提出利息等诉讼请求,就简单认定其提出的该项诉讼请求已过诉讼时效。"

河南省郑州市中级人民法院在(2020)豫01民终8739号民事判决书中认为:"根据《最高人民法院关于审理民事案件适用诉讼时效制度若干问题的规定》第十一条的规定,'权利人对同一债权中的部分债权主张权利,诉讼时效中断的效力及于剩余债权,但权利人明确表示放弃剩余债权的情形除外'。盛浩公司主张本诉时已届清偿期的利息的诉讼时效应单独计算,没有法律依据;其主张该部分利息债权已过诉讼时效,司书军对抵押物已不享有优先受偿权,理由不能成立,本院不予支持。"

第二种观点认为,利息债权根据法律性质分为基本权利息之债与支分权利息之债两种。所谓基本权利息之债,是指尚未达清偿期的利息债权。此种债权从属于本金债权,在债的发生、转移、效力等方面具有从属性。故基本权利息债权与本金债权诉讼时效相同,在债权人只主张本金债权的情形下,诉讼时效中断的效力及于相对应的基本权利息债权。而所谓支分权利息之债,是指已届清偿期但尚未清偿消灭的利息债权。因该种债权与本金债权分离而独立存在,具有独立性。故支分权利息债权与本金债权的诉讼时效不同，应分别计算。在债权人只主张本金债权的情形下，诉讼时效中断的效力并不及于相对应的支分权利息债权①（相关司法裁判观点详见表1）。

表1 关于诉讼时效中断的效力及于基本权利息债权而不及于支分权利息债权的司法裁判观点

序号	案号	司法裁判观点
1	最高人民法院（2014）民二终字第147号民事判决书	陕县农行在本案中主张18,700万元借款本金于2008年10月21日至2012年11月15日产生的利息，其中2008年10月21日至2010年3月10日的利息在陕县农行2010年3月10日提起诉讼之时已经产生，属于已届清偿期而尚未清偿消灭的利息之债，诉讼时效应当独立计算。但该部分利息与2008年10月21日之前的利息同属于18,700万元借款本金之债，属于同一债权。按照最高人民法院《关于审理民事案件适用诉讼时效制度若干问题的规定》第11条“权利人对同一债权中的部分债权主张权利，诉讼时效中断的效力及于剩余债权，但权利人明确表示放弃剩余债权的情形除外”的规定，陕县农行在2010年诉讼中对2008年10月20日之前利息主张权利而引起诉讼时效中断的效力及于本案利息债权。对于2010年3月11日至2012年11月15日的利息，因在2010年诉讼时尚未产生，属于清偿期尚未届至的利息之债，从属于本金之债，其诉讼时效与本金之债诉讼时效相同，因此陕县农行对于本金债权主张权利引起诉讼时效中断的效力及于该部分利息之债。2010年案件于2012年作出二审判决，至此诉讼时效期间重新起算，因此陕县农行在2013年3月28日提起本案诉讼时并未超过2年的诉讼时效期间。方大碳素公司上诉主张本案已超过诉讼时效，缺乏事实和法律依据，本院不予支持
2	辽宁省高级人民法院（2019）辽民申5709号民事裁定书	从该约定看，本案中利息之债的履行期间与本金之债的履行期间不同。虽然定期给付的利息之债与本金之债具有从属性，但每段利息债务是在合同履行过程中不断产生的，各自独立。每一季利息分别计算履行期限，其相应的债权请求权亦各自独立。各季利息债务及主债务清偿期届满后，均为独立债务，故原二审判决认定原债权银行此前诉讼所涉的利息之债与本案所涉债权为各自可分的独立的债权，并非是“同一债权”，并无不当，长城公司认为原判认定事实错误的理由不能成立

① 最高人民法院民事审判第二庭编著：《最高人民法院关于民事案件诉讼时效司法解释理解与适用》，人民法院出版社2015年版，第221－222页。

续表

序号	案号	司法裁判观点
3	重庆市第二中级人民法院(2019)渝02民申19号民事裁定书	最高人民法院《关于审理民事案件适用诉讼时效制度若干问题的规定》第11条规定:“权利人对同一债权中的部分债权主张权利,诉讼时效中断的效力及于剩余债权,但权利人明确表示放弃剩余债权的情形除外。”对于本案,申请人向法院只主张利息债权的,诉讼时效中断的效力是否及于本金债权?法院认为利息债权是基于本金债权而产生的,具有一定的从属性,在利息债权为基本权利息之债权的情形下,主张利息债权的,由于该利息债权的从属性,主张利息而发生的诉讼时效中断效力当然及于本金债权
4	湖北省武汉市中级人民法院(2019)鄂01民初224号民事判决书	本案系以给付利息为标的之债,即利息之债。利息之债按其法律属性可分为基本权利息之债和支分权利息之债两种。基本权利息之债系指尚未达清偿期的利息之债,其从属原本债权而存在,为原本债权的从权利,在债的发生、移转、效力等方面具有从属性。本金债权消灭,基本权利息之债亦随之消灭。基本权利息之债的诉讼时效与原本债权诉讼时效相同。在债权人只主张原本债权或者利息债权情形下,时效中断的效力及于相对应的基本权利息或者原本债权。支分权利息之债即是已届清偿期而尚未清偿消灭的利息之债。其因已与原本债权分离而独立存在,具有独立性,应与原本债权诉讼时效分别计算。但支分权利息之债仍基于本金债权而产生,因而,也具有一定的从属性。故在权利人主张本金债权而未明示放弃利息债权时,则不应当视为其放弃了利息债权。反之亦然。因祥泽公司主张借款本金2697.3万元截至2004年12月21日的利息58,466,253.34元,属于已届清偿期而尚未清偿消灭的利息之债,诉讼时效应当独立计算
5	河北省张家口市中级人民法院(2018)冀07民终3149号民事判决书	蓝鲸公司在2014年10月27日仅就田丰公司未偿还的215万元欠款本金提起诉讼,并未在诉讼中一并主张利息。本案中要查明利息是否超过诉讼时效的问题。亦即查明只主张本金债权,诉讼时效中断的效力是否及于利息债权。对于该问题的分析,应建立在对利息之债是否具有独立性的分析基础之上。所谓利息之债,是以给付利息为标的之债,利息之债必先有原本之债,即所谓本金之债,始能发生利息之债。利息之债按其法律性质,可分为基本权利息之债与支分权利息之债两种,上述两种利息之债的诉讼时效中断的效力并不相同。基本权利息之债即尚未达清偿期的利息之债,这种利息债权从属原本债权而存在,为原本债权的从权利,与原本债权同命运,在债的发生、移转、效力等方面具有从属性。基本权利息债权的诉讼时效与原本债权诉讼时效相同。支分权利息之债即已届清偿期,而尚未清偿

续表

序号	案号	司法裁判观点
		消灭的利息之债。已届清偿期之利息债权，因已与原本债权分离而独立存在，故其具有独立性。支分权利息之债的诉讼时效与原本债权的诉讼时效不同，由于已届清偿期之利息债权的独立性，其与原本债权的诉讼时效应分别计算。在债权人主张原本债权的情形下，时效中断的效力并不及于支分权利息
6	江苏省徐州市中级人民法院（2015）徐民终字第00482号民事判决书	本案诉称的利息系已届清偿期而尚未清偿的支分权利息之债，因与原本的债权即工程欠款分离而具独立性，诉讼时效亦应分别计算
7	海南省第一中级人民法院（2015）海南一中民一终字第344号民事判决书	利息之债按其法律性质可分为基本权利息之债与支分权利息之债两种。基本权利息之债即尚未达清偿期的利息之债，这种利息债权从属本金债权而存在，为本金债权的从权利，在债权人只主张本金债权或者利息债权情形下，时效中断及于相对应的本金债权或利息债权。支分权利息之债是指已届清偿期而尚未清偿消灭的利息之债，是与本金债权分离而独立存在的，具有独立性。由于支分权利息之债具有独立性，其与本金债权的诉讼时效应分别计算，在债权人主张本金债权的情形下，时效中断的效力并不及于支分权利息之债
8	江苏省苏州市中级人民法院（2014）苏中民终字第2076号民事判决书	关于利息的诉讼时效：利息之债分为基本权利息之债和支分权利息之债。前者是尚未达清偿期的利息之债，是从属于本金之债的从权利，诉讼时效与本金之债诉讼时效同时计算；后者是已届清偿期，而尚未清偿消灭的利息之债，是与本金之债相分离而独立存在，具有独立性，诉讼时效与本金之债的诉讼时效分别计算
9	福建省永安市人民法院（2014）永民初字第389号民事判决书	利息之债可分为“基本权利息之债”与“支分权利息之债”，本案利息系已到期利息，属“支分权利息之债”，“支分权利息之债”与本金债权不属于同一债权，因此对本金债权（投资款）主张权利，诉讼时效中断的效力不及于“支分权利息之债”

由上述观点可知，第一种观点从利息债权产生的角度出发，笼统地、静态地、简单地认为利息债权从属于本金债权，两者属于“同一债权”，进而直接、概括适用《诉讼时效规定》第9条规定。而第二种观点则根据利息是否已届清偿期将利息区分为基本权利息之债与支分权利息之债，进而认为基本权利息债权适用《诉讼时效规

定》第9条之规定而支分权利息债权不适用。

事实上,将利息债权按照是否已届清偿期的标准区分为基本权利息之债还是支分权利息之债权是一种学理分类,并没有实定法依据。即便如此,笔者仍认为,根据利息债权究属基本权利息之债还是支分权利息之债进而判断是否适用《诉讼时效规定》第9条之规定,更为合理。具体理由如下:

其一,从利息债权产生、发展的角度而言,利息债权会随着时间的发展而逐渐显示出越来越强的独立性。基本权利息之债因尚未达清偿期,其存在与否依赖、从属于本金债权,故基本权利息债权与本金债权属"同一债权",本金债权诉讼时效中断的效力及于基本权利息债权自不待言。而支分权利息债权虽产生于本金债权,具有一定的从属性,但随着时间的发展,清偿期届满后,因其与本金债权分离而具有一定的独立性。此时,支分权利息债权与本金债权不再属"同一债权"。故两者的诉讼时效应分别计算。

其二,从体系解释角度而言,实证法上的相关规定一定程度上表明了利息债权与本金债权的相对独立性。《民法典》第674条[①]规定了借款人应当按照约定支付利息及利息支付期限的确定规则,第675条[②]则规定了借款人应当按照约定的期限返还借款及借款期限的确定规则。最高人民法院《关于审理涉及金融不良债权转让案件工作座谈会纪要》(法发〔2009〕19号)第9条[③]规定了法院不支持受让人向国有企业债务人主张不良债权受让日之后发生的利息。这些法律规定一定程度上体现了本金债权与利息债权具有相对独立性。故利息债权的诉讼时效也应当根据实际情况单独计算。

其三,从诉讼时效制度的规范目的角度而言,支分权利息债权诉讼时效单独计

① 《民法典》第674条规定:"借款人应当按照约定的期限支付利息。对支付利息的期限没有约定或者约定不明确,依据本法第五百一十条的规定仍不能确定,借款期间不满一年的,应当在返还借款时一并支付;借款期间一年以上的,应当在每届满一年时支付,剩余期间不满一年的,应当在返还借款时一并支付。"

② 《民法典》第675条规定:"借款人应当按照约定的期限返还借款。对借款期限没有约定或者约定不明确,依据本法第五百一十条的规定仍不能确定的,借款人可以随时返还;贷款人可以催告借款人在合理期限内返还。"

③ 最高人民法院《关于审理涉及金融不良债权转让案件工作座谈会纪要》(法发〔2009〕19号)第9条规定:"关于受让人收取利息的问题。会议认为,受让人向国有企业债务人主张利息的计算基数应以原借款合同本金为准;受让人向国有企业债务人主张不良债权受让日之后发生的利息的,人民法院不予支持。但不良债权转让合同被认定无效的,出让人在向受让人返还受让款本金的同时,应当按照中国人民银行规定的同期定期存款利率支付利息。"

算有助于督促权利人及时行使权利。由于债权具有相对性，利息债权清偿期届满时，债权存在的时间越久，义务人受债权人约束的时间则越久。如果已届清偿期的支分权利息债权之诉讼时效也因本金债权诉讼时效的中断而中断，那么，此时既然利息债权尚未实现，义务人便无从解脱，法律关系亦因此持续陷于悬而未决之状态。据此，从这个意义上而言，支分权利息债权诉讼时效单独计算有助于督促权利人及时行使权利，促使法律关系恢复至稳定状态。

其四，从利益平衡角度而言，支分权利息债权诉讼时效单独计算有利于平衡债权人与债务人之间的利益关系。一方面，债权人在主张权利时通常会就本金债权与利息债权一并主张。如果债权人只主张本金债权，或是基于债权人自身利益（或商业利益）的考量，或是基于减轻债务人债务负担的考量，但这些均系债权人处分自己权利的行为，属意思自治范畴。如不区分基本权利息之债与支分权利息之债，笼统地认为本金债权诉讼时效的中断效力必然及于利息债权，则一定程度上干涉了债权人的意思自由，也有违诚实信用原则。另一方面，实务中，即便当事人之间约定的利率符合法律规定，但随着时间的推移，利息数额往往较大，有些甚至超过本金数额。此时利息数额超过了使用本金所需要支付的正常对价。如果支分权利息债权诉讼时效单独计算，当利息债权超过诉讼时效时，则无论按照诉讼时效的胜诉权消灭说还是抗辩权发生说，债务人均可因债权人怠于行使权利而免于支付数额较多的利息。故支分权利息债权诉讼时效单独计算有利于平衡债权人与债务人之间的利益关系。

四、经验启示

对于债权人而言，债权存在的目的在于消灭债权。然而，“法律不保护躺在权利上睡觉之人”。实务中，为了最大限度维护债权人利益，债权人不仅要及时地向相关债务人主张权利，防止超过诉讼时效，而且还要全面地主张权利，既主张本金债权，也主张利息债权等从权利，避免主债权诉讼时效的中断效力无法及于剩余债权。

债权人超过法定申请执行期限申请执行未被受理，改向人民法院提起诉讼，应否受理

——以某执行和解案为例

向金波

一、案情简介

2011 年 6 月 29 日，A 作为甲方，B 作为乙方，签订《借款合同》。后 A 依约向 B 出借 1000 万元人民币。截至 2013 年 11 月，B 每月向 A 支付月利率为 2% 的利息，但未偿还本金。2013 年 12 月 27 日，A 向法院起诉，要求 B 清偿本息。法院经审理于 2014 年 5 月 20 日作出判决，判令 B 承担清偿责任。判决作出后，在执行程序中，A 与 B 重新达成清偿协议，约定 B 分三期偿还 A 的借款本金，A 据此向执行法院撤回了执行申请。

此后，由于 B 未按约定履行清偿义务，A 于 2017 年 4 月 20 日再次向执行法院申请执行。对此，执行法院认为，A 此前已撤回执行申请，其此后再次申请执行已超过了申请执行的 2 年期限，遂裁定不予受理。在此情况下，A 以 B 未完全履行清偿义务为由，再次向法院提起诉讼，要求判决 B 继续承担清偿责任。

二、问题难点

根据“一事不再理”的诉讼原则，对于同一法律事实不能重复诉讼或作出两次裁决。那么已过执行时效的债权人再次起诉是否构成重复起诉，就成为法院是否受理案件的重点，也是此类案件中的难点。

三、法律评析

经笔者搜索相关案例，对于生效判决已处理的事项，如一方当事人重新起诉

的,存在如下两种情形:

1. 在没有达成新的清偿协议的情况下,以同样的理由再次提起诉讼的,人民法院不予受理。

在此情况下,绝大多数案例的观点认为,“债权人超过规定的申请执行期限,又向人民法院提起诉讼的,法院不应当受理”,即在此情况下当事人违反了“一事不再理”原则。

在甘虹与戴丽莉民间借贷纠纷案[(2020)琼01民终5007号]中,海南省海口市中级人民法院认为:“根据《最高人民法院关于适用〈中华人民共和国民事诉讼法〉的解释》第二百四十七条规定:当事人就已经提起的诉讼的事项在诉讼过程中或者裁判生效后再次起诉,同时符合下列条件的,构成重复诉讼:(一)后诉与前诉的当事人相同;(二)后诉与前诉的诉讼标的相同;(三)后诉与前诉的诉讼请求相同,或者后诉的诉讼请求实质上否定前诉裁判结果。在本案中,甘虹向戴丽莉提起的清偿借款利息,当事人完全相同,后诉与前诉的诉讼标的同为给付之诉,后诉的诉讼请求实质上是否定海南省高级人民法院(2019)琼民终437号民事裁定,即支持甘虹要求戴丽莉清偿利息927.33万元的裁判结果,符合构成重复诉讼的条件。一审法院驳回起诉并无不当,本院予以维持。”

在山西介休农村商业银行股份有限公司与介休市顺达碳素有限公司、李某等金融借款合同纠纷案[(2019)晋民终743号]中,山西省高级人民法院认为:“具有强制执行效力的债权文书公证书与人民法院生效裁判、仲裁裁决具有同等的法律效力,都是执行根据,在当事人已取得具有强制执行效力的债权文书公证书(除符合《最高人民法院关于公证债权文书执行若干问题的规定》第二十四条规定的情形外)又向人民法院起诉的,如人民法院予以受理,即允许当事人在同一实体法律关系上设立两个程序法上的效力,将使公证债权文书强制执行制度失去了存在的意义。且债权人往往是因为超过了申请执行期限提起诉讼,《民事诉讼法》规定的申请执行期限是对申请执行人的义务,申请执行人必须遵守,申请执行人要对自己没有在申请执行的期限内提出执行申请承担不利的法律后果。申请执行人由于自己的原因丧失了法律规定的申请强制执行的权利又转而提起民事诉讼,人民法院不应支持。因此,当事人既然选择了申请公证机关赋予债权文书强制执行效力,就不存在当事人另行诉讼的问题。允许债权人既可申请执行,又可直接提起诉讼,不符合立法本意,且对债务人不利,有失公平。故《最高人民法院关于审理涉及公证活动相关民事案件的若干规定》第三条规定，当事人、公证事项的利害关系人对具有强制执行效力的公证债权文书的民事权利义务有争议直接向人民法院提起民事诉讼的，人民法院依法不予受理。但是，公证债权文书被人民法院裁定不予执行的除外。举重以明轻，当事人对具有强制执行效力的公证债权文书的民事权利义务无争议，向人民法院提起民事诉讼的，人民法院当然不予受理。同时，根据《最高人民法院关于公证债权文书执行若干问题的规定》第二十四条规定，公证债权文书载明的民事权利义务关系与事实不符的，债权人可以向人民法院提起诉讼。本案中，介休农商行未对公证债权文书载明的民事权利义务关系与事实提出异议，其提起诉讼，不符合上述规定，一审裁定驳回其起诉，适用法律正确。介休农商行的上诉理由是对法律的不当理解，本院不予支持。”

2. 在判决后达成新的清偿协议的情况下，以新达成的清偿协议再次提起诉讼的，人民法院应予以受理。

如果在确认前诉生效判决基础上发生了新的事实，与前诉在当事人、诉讼标的、诉讼请求等方面均有不同而形成了新的债权债务关系，那么法院可以受理。

在湖北华鑫科工贸股份有限公司、荆州市沙市商场有限责任公司债权转让合同纠纷案[（2018）最高法民再 85 号]中，最高人民法院认为：“本案的争议焦点是华鑫公司的起诉是否与湖北省高级人民法院（2003）鄂民二初字第 19 号案件构成重复起诉。为维护生效裁判的既判力，避免消耗有限司法资源，‘一事不再理’原则被确定为民事诉讼的基本原则，其基本要求是相同当事人不得在诉讼过程中或者裁判生效后对同一事项再行提起诉讼。《最高人民法院关于适用〈中华人民共和国民事诉讼法〉的解释》第二百四十七条规定了重复起诉的构成要件，包括当事人相同、诉讼标的相同、诉讼请求相同或者相反、前诉正在审理或者已经作出生效裁判四个方面。本案中，根据已查明事实，前诉即（2003）鄂民二初字第 19 号案件是工行荆州北京路支行起诉沙商股份公司，要求偿还 3952.8 万元贷款本金及866.6万元利息，诉讼主体为工行荆州北京路支行和沙商股份公司，诉讼标的为双方之间的借款合同法律关系，诉讼请求为沙商股份公司偿还欠款及利息。在湖北省高级人民法院作出上述（2003）鄂民二初字第 19 号民事判决，判令沙商股份公司偿还工行荆州北京路支行贷款本金及利息后，工行荆州北京路支行未向法院申请执行，配合沙商股份公司改制，与沙商股份公司就偿还欠款及利息等问题达成和解协议，沙商股份公司履行了部分还款义务，并改制为沙市商场，工行荆州北京路支行将该债权转让,最后由华鑫公司承继。华鑫公司就剩余欠款对沙市商场提起本案诉讼。诉讼主体为华鑫公司与沙市商场,诉讼标的为双方再次形成的欠款法律关系,诉讼请求为沙市商场偿还《协议书》项下剩余欠款。通过对比可见,本案诉讼是在确认前诉生效判决基础上,发生了新的事实,与前诉在当事人、诉讼标的、诉讼请求等方面均有不同,不构成重复起诉。"

由以上相关法律规定和案例中裁判观点可以得出如下结论:

1. 法院通常援引民事诉讼法有关"一事不再审"的原则,对已过执行时效的债权人是否构成重复起诉进行判断,判断的标准为最高人民法院《关于适用〈中华人民共和国民事诉讼法〉的解释》第 247 条的规定。

2. 在判决作出后,如债权人和债务人重新达成债权债务协议,且债权人针对新的协议提起诉讼的,不构成重复起诉,人民法院应依法受理。

四、经验启示

从上述案例和裁判规则,我们能得到如下启示,即在判决生效后,债权人应及时申请执行。如未在执行期限内申请执行,则债权人应与债务人达成新的债权债务协议。在新的债权债务协议未获履行的情况下,债权人可针对新的协议提起诉讼。

申请执行人可否代位申请执行债务人的债权

——以某执行复议案为例

郑　璇

一、案情简介

根据广东省高级人民法院(2004)粤高法民二终字第78号民事判决,城建公司应在判决生效之日起10日内清偿某金融资产管理公司广州办事处(以下简称资产公司)借款本金700万元及利息。

2004年6月22日,广州市中级人民法院依资产公司的申请,立(2004)穗中法执字第1694号案强制执行上述判决。2011年9月7日,广州市中级人民法院裁定变更廖某某为本案债权的申请执行人,原申请执行人资产公司在本案中的权利义务由廖某某继受。

2012年2月20日,广州市中级人民法院向×燕公司发出(2004)穗中法执字第1694号履行通知书,其内容为:申请执行人廖某某发现被执行人城建公司依据已经发生法律效力的(2003)穗中法民四重字第3号民事判决书对×燕公司及张某华享有到期债权,根据廖某某的申请,依照最高人民法院《关于人民法院执行工作若干问题的规定(试行)》(2020年已修正)第7条第61款规定,特向×燕公司通知如下:(1)请×燕公司直接向廖某某履行对被执行人城建公司所负的债务,不得向城建公司清偿;(2)×燕公司应当在收到履行通知书后的15日内向廖某某履行债务;(3)×燕公司对履行到期债权有异议的,应当在收到履行通知书后的15日内向执行法院提出;(4)×燕公司违背上述义务的,依法应承担相应的法律后果。

2013年5月15日,根据廖某某的申请,执行法院于2012年3月31日直接向×燕公司作出并送达了到期债权履行通知书,×燕公司在规定的期限内没有向执行法院提出执行异议。后执行法院裁定：×燕公司在2,222,658.18元及利息的债务范围内直接向廖某某履行对城建公司所承担的清偿责任。×燕公司不服上述执行措施，于2013年6月26日向该院提出执行异议。

2013年12月3日，广州市中级人民法院作出（2013）穗中法执异议字第221号执行裁定，驳回×燕公司的异议。

后×燕公司向广东省高级人民法院申请复议，请求撤销（2013）穗中法执异议字第221号执行裁定。广东省高级人民法院经审查后裁定驳回×燕公司的复议申请，维持广州市中级人民法院（2013）穗中法执异议字第221号执行裁定。

二、问题难点

我国债权人代位权制度债权人的相关权利，由于涉及第三人利益，一般都会通过诉讼程序查明事实，而后予以确认。而上述案例提供了一种可以在执行程序中直接提出代位权的操作可能，那么按照现行法律规定和立法精神，申请执行人是否能直接代位申请执行债务人的债权？申请执行人可代位申请执行债务人的债权范围又是如何确定？

同时，为保护第三人利益，第三人可否提出执行异议？第三人在收到履行债务通知后又与债务人自行调解、清偿的行为如何处理？第三人提出执行异议后，申请执行人如何救济？

三、法律评析

（一）申请执行人可否代位申请执行债务人的债权？

根据我国债权人代位权制度的相关规定，债权人代位权的构成要件可理解为：

1. 债务人怠于行使其债权或者与该债权有关的从权利；
2. 影响债权人的到期债权实现的；
3. 债务人的债权不是专属于债务人自身的债权。

其中“债务人怠于行使”之行为为启动代位权起因，也是核心要件，“影响债权人的到期债权实现”为拟定结果，为平衡要件，“不是专属于债务人自身的债权”是但书条款，为法定例外。债权人在何阶段发现债务人怠于行使其债权，并非上述构成要件之一，并不影响债权人行使代位权。

故在上述案例中，债务人怠于行使其债权或者与该债权有关的从权利，影响债权人的到期债权实现,且该债权不是专属于债务人自身的债权,则申请执行人可以申请代位执行债务人对第三人的债权。在执行法院向第三人发出履行债务通知后,第三人未提出异议或未提出实质性异议时,执行法院可直接执行第三人财产。

法律依据:最高人民法院《关于人民法院执行工作若干问题的规定(试行)》第7条第45款规定:"被执行人不能清偿债务,但对本案以外的第三人享有到期债权的,人民法院可以依申请执行人或被执行人的申请,向第三人发出履行到期债务的通知。履行通知必须直接送达第三人。"

(二)申请执行人可代位申请执行债务人的债权范围?

申请执行人可代位申请执行债务人的债权范围,即为债权人代位权制度中代位权的客体。关于代位权的客体,《合同法》第73条第1款规定为债务人的"到期债权";最高人民法院《关于适用〈中华人民共和国合同法〉若干问题的解释(一)》(以下简称《合同法司法解释(一)》)第13条第1款进一步限缩为"具有金钱给付内容的到期债权";而《民法典》第535条第1款则将债权人代位权的客体界定为债务人怠于行使的"债权或者与该债权有关的从权利"。

由此变化可以看出,《民法典》大大扩张了债权人代位权的客体范围。虽然学界对"该债权有关的从权利"范围边界仍存在不同理解,但均认为应进行目的性扩张。故代位权的客体应当包括:

1. 一般合同之债,不当得利、无因管理之债、损害赔偿之债,均可为代位权之客体。

此处应当明确的是,在金钱债务中,债权数额是否完全清晰,不是行权的必要条件。否则,只需债务人的相对人提出任意债权金额之抗辩,代位权即无法行使。且在现实情况中,债权人大多无法充分了解债务人债权的信息细节,如将此举证义务过多分配给债权人,无疑是直接判其败诉。因此,能够代位行使的具体债权金额只能在实体审理中予以判断,而此应当为裁判者之职责。《民法典》实施前相关案例就已采纳了此种意见。①

2. 合同的利息、担保物权和违约金,在《民法典》实施后应当成为代位权客体。

《民法典》第535条明确规定:"债务人怠于行使其债权或者与该债权有关的从

---

① 中国某化集团公司与某酒店代位权纠纷上诉案,最高人民法院(2004)民二终字第53号民事判决书。裁判要点:代位权行使不一定要完全准确的债权金额,只要是明确的债权即可,相对人拒不举证时,由法院结合相关证据对次债务金额进行认定。

权利。”利息和担保物权是典型的从权利,而违约金债务的对面就是违约金债权,它是实质交易关系中的债权的从权利,债权人可以依据《民法典》第535条代位行使这一债权。[①] 将违约金纳入代位权客体,能更好保护债权人及债务人的实质权利。

3. 在目的性扩张的原则下,形成权及其他权利,如解除权、撤销权、抵销权等应纳入代位权客体。

债权人代位权制度的规范目的在于保全债务人责任财产,而能够构成债务人责任财产者,不限于债权、物权及物上请求权、形成权、诉讼法上的权利或公法上的权利等均应包括在内。[②] 若形成权及其他权利不在代位权客体范围内,实践中债务人及债务人的相对人极易阻却代位权的行使,如债务人在房屋因客观原因已经实际毁损的情况下,仍不向相对人主张解除合同返还押金和已付租金时,债权人只能先通过代位行使解除权才能对债务人责任财产进行保全。确认合同无效的代位权之诉也早在2011年已有之。[③]

(三)债务人的第三人可否提出执行异议?

债权人代位权制度的核心是:该保全制度是因债务人的行为可能影响债权人债权的实现所设立的。但由于债权人代位权制度至少在形式上突破了债的相对性原则,所以应当保持在一定限度之内,否则债权人随意行使对相对人的代位权,反而会影响债务人、相对人的经济自由,给社会交易秩序带来更大的不确定性因素。

因此,为保护相对人,在债权人行使代位权时,相对人对债务人的所有抗辩可直接对债权人提出。在债权人代位权制度中,不应当存在一个债务人可向相对人行使而债权人又不可行使的权利,也不存在一个相对人可对债务人而不可对债权人的抗辩,否则代位权制度总会出现制度真空,从而导致整个制度形同虚设。

在上述案例中,由于债务人已进入被执行程序,第三人要实现其对债务人实体权利的抗辩,必须赋予其提出执行异议的权利,否则第三人的权利保护根本无从谈起。因此,最高人民法院《关于人民法院执行工作若干问题的规定(试行)》第7条第45款至第49款赋予第三人提出异议的权利。

---

① 崔建远:《论中国〈民法典〉上的债权人代位权》,载《社会科学》2020年第11期。

② 韩世远:《债权人代位权的解释论问题》,载《法律适用》2021年第1期。

③ 某银行诉某集团公司等代位权纠纷案,最高人民法院(2011)民提字第7号民事判决书。裁判要点:因债务人与相对人之间合同的效力,直接影响债权人所主张的代位权诉讼中的债务是否真实存在,故在债务人无法主张权利的情况下,债权人可诉请要求确认债务人与相对人所签订的合同无效,以行使代位权。

需要注意的是，根据最高人民法院《关于人民法院执行工作若干问题的规定（试行）》，若第三人在指定期间未提出异议，或提出的异议仅为自己无履行能力或其与申请执行人无直接法律关系的，不影响债权人的执行程序中直接执行第三人财产。如在上述案例中，第三人×燕公司仅对履行通知的送达程序存在瑕疵、所查封的房产价值存在超标的情况等抗辩，均不影响债权人廖某某在执行程序中的代位权行使。

法律依据：最高人民法院《关于人民法院执行工作若干问题的规定（试行）》第7条第45款规定："被执行人不能清偿债务，但对本案以外的第三人享有到期债权的，人民法院可以依申请执行人或被执行人的申请，向第三人发出履行到期债务的通知（以下简称履行通知）。履行通知必须直接送达第三人。履行通知应当包含下列内容：（1）第三人直接向申请执行人履行其对被执行人所负的债务，不得向被执行人清偿；（2）第三人应当在收到履行通知后的十五日内向申请执行人履行债务；（3）第三人对履行到期债权有异议的，应当在收到履行通知后的十五日内向执行法院提出；（4）第三人违背上述义务的法律后果。"

第46款规定："第三人对履行通知的异议一般应当以书面形式提出，口头提出的，执行人员应记入笔录，并由第三人签字或盖章。"

第47款规定："第三人在履行通知指定的期间内提出异议的，人民法院不得对第三人强制执行，对提出的异议不进行审查。"

第48款规定："第三人提出自己无履行能力或其与申请执行人无直接法律关系，不属于本规定所指的异议。第三人对债务部分承认、部分有异议的，可以对其承认的部分强制执行。"

第49款规定："第三人在履行通知指定的期限内没有提出异议，而又不履行的，执行法院有权裁定对其强制执行。此裁定同时送达第三人和被执行人。"

（四）第三人在收到履行债务通知后又与债务人自行调解、清偿的行为如何处理？

当第三人收到履行债务通知后，应当及时向法院指定的债权人履行，若其擅自向被执行人（原债权人）履行（包括直接清偿、通过诉讼调解清偿等方式），其行为无法阻却申请执行人行使代位权。自行履行的行为导致财产不能追回的，第三人应对被执行人的责任承担连带清偿责任。

法律依据：最高人民法院《关于人民法院执行工作若干问题的规定（试行）》第

7 条第 51 款规定："第三人收到人民法院要求其履行到期债务的通知后，擅自向被执行人履行，造成已向被执行人履行的财产不能追回的，除在已履行的财产范围内与被执行人承担连带清偿责任外，可以追究其妨害执行的责任。"

（五）第三人提出执行异议后，申请执行人如何救济？

第三人对申请执行人的代位执行提出异议且该异议符合形式要件时（提出的异议并非为自己无履行能力或其与申请执行人无直接法律关系的），执行法院不得对第三人财产强制执行。此处不得对第三人财产强制执行，笔者认为应当为中止本次执行，而非终结执行。否则，申请执行人申请查封的第三人的财产就会因终结执行而被解除保全措施，可能导致第三人转移财产。而且若申请执行人提出代位权诉讼后胜诉，也只能另行启动执行程序，使得同一债权的代位执行与代位诉讼程序之间完全没有衔接。

但由于执行法院对第三人的异议不进行实体审查，中止本次执行后，申请执行人应当以债权人身份作为原告，以债务人的第三人作为被告，将债务人列为第三人提出代位权诉讼。需要注意的是，无论从第三人被查封财产的保护，还是债权人需积极行使其权利来看，均应要求申请执行人在一定期限内提出代位诉讼。笔者建议可参照诉前保全制度，要求申请执行人在 30 日内依法提起诉讼，否则法院将解除财产保全措施。

另需要注意的是，第三人若无财产可供执行的，不得就第三人对他人享有的到期债权强制执行。

法律依据：最高人民法院《关于人民法院执行工作若干问题的规定（试行）》第 7 条第 52 款规定："在对第三人作出强制执行裁定后，第三人确无财产可供执行的，不得就第三人对他人享有的到期债权强制执行。"

四、经验启示

随着《民法典》的施行，债权人代位权制度也进行了大幅修正，相对于《合同法》及《合同法司法解释（一）》中的表述，《民法典》将"因债务人怠于行使其到期债权"中的"到期"二字删除，将"对债权人造成损害的"调整为"影响债权人的到期债权实现的"，此两点将代位权的核心构成要件明确，结合《民法典》所沿用的前法表述，代位权的构成要件已发生实质性的变化：

因此，债权人在申请执行过程中发现被申请人对第三人享有债权且被申请人怠于行使其债权，影响其到期债权实现，且该债权不是专属债权时，可以直接提出申请执行第三人财产，再由执行法院向第三人发出履行债务通知，当第三人未提出异议或未提出实质性异议时，执行法院可直接执行第三人财产。允许申请执行人直接代位申请执行债务人的债权可以提高申请执行人发现债务财产线索的积极性，达到提高执行效率、简化程序的效果，也符合债权人代位权制度的设立目的。

但由于债权人代位权制度需注意债权人、债务人、第三人三方利益的平衡，在赋予债权人直接在执行程序中申请执行第三人财产的权利时，也要考虑第三人的利益，如提出异议的权利。需要强调的是，作为第三人，提出异议必须是在指定期限内且能够成为实质异议，比如其与债务人的债权债务关系是否成立、金额是否确定等异议，方可达到中止执行的效果。作为债权人，在第三人提出实质异议后，应当及时提出代位权诉讼，确定债务人与第三人之间的权利义务关系，方可使自己的权益得到最大化保护。

申请执行人可否代位对债务人的共有人提起析产诉讼

——以某民间借贷纠纷案为视角

黄丽榆

一、案情简介

2019 年 8 月,原告石某某与被告朱某某之间的民间借贷纠纷案经法院审理并基于双方的意愿作出《民事调解书》,以调解方式结案。调解书生效后,被告朱某某未按照调解书的约定履行义务,原告向法院申请强制执行,经执行法院网络查控,因被告朱某某名下的房产已办理全额抵押,由他案处置,需待处置得款后参与分配,车辆及其他财产暂无法处置,没有其他财产可供执行,执行法院作出《执行裁定书》,裁定终结本次执行。

后原告发现被告朱某某与其配偶卓某某在婚内另购有一套房产和一间商铺(该商铺上设有抵押),分别位于清远市和佛山市,均登记在其配偶卓某某名下。原告石某某遂以朱某某和卓某某为共同被告另行提起债权人析产之诉,请求确认被告朱某某对登记在被告卓某某名下的房产和商铺享有 1/2 产权。经法院审理,法院认为房产和商铺是两被告在婚姻关系存续期间购买,且两被告未就夫妻共同财产作特别约定,故上述不动产属于两被告的夫妻共同财产,各应占 1/2 份额,故法院对原告的诉讼请求予以支持。

二、问题难点

根据《民法典》第 207 条关于"国家、集体、私人的物权和其他权利人的物权受法律平等保护,任何组织或者个人不得侵犯"的规定,个人的物权应当受到平等保护，不受侵犯，有权机关不得非法查封、扣押、冻结、没收公民的合法财产。根据最高人民法院《关于人民法院民事执行中查封、扣押、冻结财产的规定》第2条①、第12条②的有关规定，人民法院可以查封、扣押、冻结被执行人占有的动产、登记在被执行人名下的不动产、特定动产及其他财产权，以及被执行人与其他人共有的财产，仅限于对被执行人的财产进行查控，如执行法院需要对第三人名下的或占有的财产进行查封、扣押、冻结，应当具有合法的依据。

在司法实践中，很多被执行人的财产不一定登记在自己名下，为实现债权，申请执行人需要先行代位提起析产诉讼，虽然有最高人民法院《关于人民法院民事执行中查封、扣押、冻结财产的规定》第12条关于"申请执行人代位提起析产诉讼的，人民法院应当准许"的规定，但并未有相关法律对前述代位析产诉讼的具体适用条件及审查标准等进行明确的规定。

那么，根据我国现行法律规定该如何合法对被执行人之外的第三人或与其他人共有的财产进行查控呢？如申请执行人代位提起析产诉讼需适用什么条件？在该过程中应当注意哪些方面的问题？

三、法律评析

（一）如有充分的证据证明是被执行人与其他人共有的财产，人民法院可以依法查封、扣押、冻结被执行人的份额

最高人民法院《关于人民法院民事执行中查封、扣押、冻结财产的规定》第2条第3款规定："对于第三人占有的动产或者登记在第三人名下的不动产、特定动产及其他财产权，第三人书面确认该财产属于被执行人的，人民法院可以查封、扣押、冻结。"但是，在司法实践中，往往无法得到第三人确认财产属于被执行人的书面文

---

① 最高人民法院《关于人民法院民事执行中查封、扣押、冻结财产的规定》第2条规定："人民法院可以查封、扣押、冻结被执行人占有的动产、登记在被执行人名下的不动产、特定动产及其他财产权。未登记的建筑物和土地使用权，依据土地使用权的审批文件和其他相关证据确定权属。对于第三人占有的动产或者登记在第三人名下的不动产、特定动产及其他财产权，第三人书面确认该财产属于被执行人的，人民法院可以查封、扣押、冻结。"

② 最高人民法院《关于人民法院民事执行中查封、扣押、冻结财产的规定》第12条规定："对被执行人与其他人共有的财产，人民法院可以查封、扣押、冻结，并及时通知共有人。共有人协议分割共有财产，并经债权人认可的，人民法院可以认定有效。查封、扣押、冻结的效力及于协议分割后被执行人享有份额内的财产；对其他共有人享有份额内的财产的查封、扣押、冻结，人民法院应当裁定予以解除。共有人提起析产诉讼或者申请执行人代位提起析产诉讼的，人民法院应当准许。诉讼期间中止对该财产的执行。"

件，或是被执行人为了逃避执行与第三人串通，甚至转移、隐匿财产等，造成前述规定无法或难以执行。

对于这一问题，法院往往会根据不同的案件情况作出不同的处理：如果财产已登记为按份共有，即明确记载被执行人享有的份额，执行法院可以对被执行人名下的份额直接查封、扣押、冻结；如果财产登记没有被执行人的名字，但财产属于被执行人与共有人共同共有，共有人不予配合书面确认被执行人对该财产享有的份额，申请执行人可以依据法律规定代位提起析产诉讼。

最高人民法院于2020年12月29日印发了《关于修改〈民事案件案由规定〉的决定》的通知，修改后的《民事案件案由规定》于2021年1月1日施行，其中第三级案由“48.共有纠纷”项下增加了“（4）债权人代位析产纠纷”。此前，该类纠纷无合适案由适用，实践中当事人往往以分家析产纠纷或者债权人代位权纠纷提起诉讼，但因为前述两种纠纷的适用条件与“债权人起诉债务人及其财产共有人，要求确认债务人享有财产份额”的情形存在诸多不同，比如分家析产纠纷的当事人均应为家庭成员，债权人代位权纠纷要求债权人向债务人的次债务人主张债权，这与本案中涉及的债权人代位析产情形均存在较大差异；同时，现行法律对债权人代位析产情形的规定非常有限，并未对前述析产诉讼的具体适用条件及审查标准等进行明确的规定，故在实践中往往会产生争议。

代位析产诉讼制度的设立目的是解决申请执行人对债务人与他人共有财产的执行问题，通过代位析产诉讼将共有财产权利份额予以确定，在此基础上推进责任财产的变现以实现债权。代位析产中的“代位”，是指申请执行人代替被执行人提出析产，也就是说，被执行人的析产请求权，即共有人的对共有财产的分割请求权是申请执行人的代位析产请求权的基础。

我国现行法律规定将共有财产主要分为三种形式：夫妻共有财产、家庭共有财产和共同继承的财产。共有物分割请求权，是指各共有人以单方的意思表示请求其他共有人分割共有物的权利，共有分为按份共有和共同共有。关于共同共有财产的分割请求权，我国《民法典》物权编规定，共同共有财产的分割请求权，当事人没有约定或约定不明的，共同共有人原则上不得请求分割共同财产，只有在共有的基础丧失或者有重大理由需要分割时，才可以请求分割。

对“共有的基础丧失”的理解有两种观点。一种观点认为，共同共有的基础指的是共有人之间的相互关系，如夫妻关系、家庭成员关系。基础丧失，是指共有人之间应该有的与之相应的关系没有了，但法律上的共有关系还存在。另一种观点认为，“共有的基础丧失”是指共同共有解体了，共同共有关系消灭了，如夫妻离婚、遗产分割。笔者赞同后一种观点，因为这一观点符合共同共有消灭的理论，共同共有关系基于产生共同共有的共同关系的消灭而终止。

以本案为例，在涉及共有财产的执行过程中，除涉及被执行人外，还牵连与执行案无关的其他共有人，被执行人朱某某与其配偶卓某某共同共有的不动产登记在配偶的名下，但夫妻未离婚，共有的基础未丧失，共有的关系尚存。在未确定被执行人的份额之前，执行法院不能直接对案外人卓某某的财产实施查控。因此，申请执行人可以基于被执行人与配偶的共有财产代位提起本案的析产诉讼，以便确认被执行人的份额，执行法院可以对该财产进行查控。

（二）债权人提起代位析产诉讼应适用的条件

代位析产之诉的提起，是因为作为共有人之一的被执行人和其他共有人拒绝析产以供被执行人履行债务，代位析产后被执行人在共有物上的份额可直接作为执行标的处理，析产与否、如何析产将直接涉及强制执行的申请人的债权能否实现，故强制执行的申请人，即代位析产人对被执行人在共有物上的潜在的份额是有“直接利害关系”的。

根据最高人民法院《关于人民法院民事执行中查封、扣押、冻结财产的规定》第12条关于“代位析产诉讼”的规定可知，其中的要件为该笔债务应当已经进入强制执行阶段并且终本，确认被执行人名下已无其他财产可供执行。

从该制度的立法目的和法律效果来看，启动该制度需要有以下几个前提：（1）债权人对债务人的债权已经进入执行阶段且对析产之标的物采取了首封的措施；（2）被执行人除共有财产外，无独有财产可供执行；（3）包括被执行人在内的共有人怠于分割共有财产，或者共有人无法达成分割共有财产的协议，或债权人不同意共有人之间达成的分割共有财产的协议。

深圳市中级人民法院在（2021）粤03民终17111号案中表达了如下的观点：“虽然被执行人与第三人（其他共有权人）的共有财产可以作为被执行标的物，但该共有权人与申请执行人并无利害关系，仅因其与共有人在共有财产上的联系而被牵涉进执行程序。法院通过执行实现债权人权利的同时，更要注重共有人合法利益的保护，在被执行人有其他单独所有可供执行的财产且足以清偿债务时，不宜启动代位析产诉讼。上诉人已经就其与被上诉人王敏之间的经法律文书确认的债权债务关系申请强制执行，但该执行程序尚未终结，暂无法确认被上诉人王敏确无其他单独所有可供执行的财产足以清偿债务，现上诉人提起代位析产纠纷不符合法律规定。故上诉人的上诉请求无事实和法律依据，本院不予支持。”

从该案例中可知，提起债权人代位析产诉讼的前提是原执行案件已终结，且确认被执行人确无其他单独所有可供执行的财产足以清偿债务。

本案中，执行法院就石某某与被执行人朱某某之间的民间借贷纠纷一案已作出《执行裁定书》，认为被执行人目前没有可供执行的财产，且申请执行人也不能提供被执行人可供执行的财产或财产线索，本案依法应终结本次执行程序。石某某在执行案件终结本次执行后向法院提起债权人代位析产诉讼，法院受理后查明了关于执行案件的事实，确认朱某某名下已无其他可供执行的财产，因此支持石某某请求确认朱某某对其配偶名下的不动产享有1/2份额。

（三）债权人代位析产诉讼应注意的事宜

1. 债权人代位析产诉讼由哪个法院管辖

在债权人代位析产诉讼中，管辖法院的问题曾一直存在很大分歧。债权人代位析产诉讼的目的是分割财产，实现债权。代位析产诉讼中原债权关系已不存在诉的争议，案件的诉讼标的是基于物权的共有关系。司法实践中，大量的债权人代位析产诉讼中的标的物是房产，因此，各地法院对于管辖持有不同观点。

（1）有的法院认为，应当根据《民事诉讼法》及其司法解释关于不动产纠纷的管辖规定，确定由不动产所在地的人民法院管辖。

福州市中级人民法院在（2021）闽01民辖111号案中认为：“本案中，依据原告的诉请和事实、理由，本案明显是系债权人代位析产纠纷，属于因不动产纠纷提起的诉讼，应适用法律关于不动产专属管辖的规定。根据《中华人民共和国民事诉讼法》第三十三条第（一）项‘因不动产纠纷提起的诉讼，由不动产所在地人民法院管辖’。”

上海市第一中级人民法院在（2022）沪01民辖65号案中认为：“《中华人民共和国民事诉讼法》第三十四条第一项规定，因不动产纠纷提起的诉讼，由不动产所在地人民法院管辖。本案中动迁房屋位于上海市徐汇区××路××弄××号××室，故基于不动产所在地上海市徐汇区，故上海市徐汇区人民法院对本案具有管辖权。”

（2）有的法院认为，债权人代位析产诉讼不同于普通的析产诉讼，其发生在执行过程中，应当由执行法院专属管辖。并且，最高人民法院《关于执行权合理配置和科学运行的若干意见》第11条第1款已明确规定："办理执行实施、执行异议、执行复议、执行监督、执行协调、执行请示等执行案件和案外人执行异议之诉、申请执行人执行异议之诉、执行分配方案异议之诉、代位析产之诉等涉执行的诉讼案件，由立案机构进行立案审查，并纳入审判和执行案件统一管理体系。"所以，该类案件应当由执行法院管辖。

上海市普陀区人民法院在(2021)沪0107民初31803号案中认为："由于该类诉讼是执行过程中产生的附随诉讼，执行案件的申请执行人依据上述规定提起该类诉讼的前提条件以及后续处置，都与执行行为相关，从审执兼顾角度，宜由执行法院统一管辖。"汕头市龙湖区人民法院在(2021)粤0507民初291号案中同样是持该观点。

(3)有的法院认为，应根据诉讼的一般地域管辖，由被告住所地或所在地法院管辖。最高人民法院在2021年年末发布的《最高人民法院新民事案件案由规定理解与适用》中对这个问题进行了回答，其明确该类案件在"共有纠纷"项下，根据共有财产是不动产还是动产分别确定管辖，"不动产的，由不动产所在地人民法院专属管辖；动产的，则适用《民事诉讼法》规定的一般地域管辖，由被告住所地或者所在地的人民法院管辖"。

笔者更倾向于认为债权人代位析产诉讼应由执行法院管辖，从司法的角度而言，可以集中处理，节省司法资源，也能高效处理，达到诉讼目的。

以本案为例，虽然被执行人朱某某的配偶卓某某名下的两处房产分别位于清远市和佛山市，但石某某选择向执行法院提起债权人代位析产诉讼，法院受理立案，一并处理两处不同城市的不动产，节省了司法资源，提高了执行效率。

2. 债务人共有财产上存在抵押权，债权人能否代位析产

笔者认为，抵押权的存在不影响债权人代位析产。债权人提起代位析产诉讼，只是为了解决被执行人可供执行的财产范围的确定问题，而不直接涉及案涉房产权属的变更及转移。财产份额的认定不影响抵押权人行使抵押权。提起代位析产诉讼的债权人在执行程序中所得份额应先扣除抵押权人所享有的部分。

以本案为例，被执行人朱某某名下已无财产可供执行，其配偶卓某某名下有房产且属于夫妻共同财产，其中商铺上虽设有抵押，但申请执行人石某某提起代位析产之诉的目的仅是确定被执行人朱某某可供执行的财产范围，而不直接涉及案涉

房产权属的变更及转移，不影响本案判决确认朱某某的产权份额。因此，债权人代位析产之诉确定涉案房产相关权利人的份额对抵押权人行使抵押权并无任何影响。

3. 债权人查封了案涉房产之外的房产，对提起债权人代位析产诉讼是否有影响

从立法目的和法律效果来看，债权人提起代位析产诉讼应当以被执行人除共有财产外无其他财产可供执行为前提条件。如果债权人虽然查封了债务人的其他房产，但该房产上存在抵押权等尚未被执行处置，案件被人民法院裁定终结本次执行程序的，依然符合提起债权人代位析产诉讼的条件。

本案中，法院虽已查封朱某某名下不动产和车辆及其他财产，但房屋由他案处置，需待处置得款后参与分配，剩余的车辆及其他财产暂不作处置，除此之外已无财产可供执行。故石某某提起本案诉讼符合启动债权人提起代位析产诉讼的前提条件，最终获得法院支持其请求。

综上可以得出结论，应当穷尽对被执行人独有财产的执行，方能启动债权人代位析产诉讼。判断是否符合这一标准，执行案的终结本次执行是较为直接的标志。本文所援引案例虽然审级不高但符合法理且较有代表性，笔者特此推荐，供实务参考。

四、经验启示

执行程序较为繁杂，相关制度安排不甚合理，加之社会诚信度不高，执行难在一定阶段内难以解决。这就需要熟悉执行程序各种制度的安排，熟悉法院执行程序的惯性和套路。

被执行人作为夫妻共有财产、家庭共有财产或共同继承财产的共有人，怠于通过协商或诉讼对共有财产进行分割、妨碍执行时，法律赋予作为债权人的申请执行人代位提起析产诉讼的权利。在代位析产诉讼中，申请执行人不是共有财产的共有人，对共有财产不享有物权，其有权提起析产诉讼，是以代位权为前提的。生活中尤其存在大量的夫妻共同财产，当夫妻一方个人财产不能完全清偿个人债务时，能否用共同财产清偿，如何保障共有人的权利和债权人权利之间的平衡，越来越受到社会关注。

通过对被执行人共有财产的析产分割，确定被执行人的财产份额，恢复到先前的执行程序中，既为债权人权利的实现提供了途径，也有效保障了其他共有人享有的财产权益，对于破解执行过程中存在的“僵局”具有积极的实践意义。

被执行人擅自出租已查封的财产，执行程序中法院排除执行妨害相关问题研究

——以(2019)最高法民申1796号系列案[①]为例

王春平　吴耀宏

一、案情简介

2007年10月30日，郴州市中级人民法院(以下简称郴州中院)在执行申请执行人君泽公司与被执行人玉溪公司借款合同纠纷案中分别向宜章县房产管理局、宜章县国土资源局发出协助执行通知书，登记查封了玉溪公司名下房产共11套和土地一宗。2009年8月20日至2017年4月20日，郴州中院多次对上述土地及房产进行了续封。

2013年4月1日，玉溪公司的法定代表人与华冠公司的法定代表人签订了租赁协议，华冠公司在法院查封的地产上进行采石场的开采作业，采石场场地由华冠公司占有和使用。

2017年1月5日，君泽公司与吴某星签订《债权转让协议书》，君泽公司将案涉

---

① 本系列案包括执行行为异议、案外人异议、案外人执行异议之诉、上诉、再审、第二次执行行为异议、执行复议、申请执行人对承租人的财产损害赔偿诉讼和被执行人对承租人的财产损害赔偿诉讼等法律程序，详见湖南省郴州市中级人民法院执行裁定书，(2017)湘10执异97号；湖南省郴州市中级人民法院民事判决书，(2017)湘10民初60号；湖南省高级人民法院民事判决书，(2018)湘民终733号；最高人民法院民事裁定书，(2019)最高法民申1796号；湖南省宜章县人民法院民事判决书，(2019)湘1022民初2585号；湖南省郴州市中级人民法院民事判决书，(2020)湘10民终1104号；湖南省郴州市中级人民法院执行裁定书，(2020)湘10执异180号；湖南省高级人民法院执行裁定书，(2020)湘执复239号；湖南省宜章县人民法院民事裁定书，(2020)湘1022民初1364号之二；湖南省郴州市中级人民法院民事裁定书，(2020)湘10民终2870号；湖南省宜章县人民法院民事判决书，(2021)湘1022民初273号，以下简称"本系列案"。

债权转让给了吴某星。

2017 年 4 月 5 日，郴州中院作出执行裁定，变更吴某星为该案申请执行人。2017 年 6 月 5 日，吴某星与玉溪公司就案涉债权的执行问题达成和解，签订了《以租抵债执行和解协议》。

2017 年 7 月 20 日，郴州中院要求华冠公司停止使用所查封的不动产，并限期一个月内搬离。2017 年 8 月 1 日，华冠公司以其与玉溪公司签订的租赁协议是合法有效的，郴州中院要求华冠公司一个月内搬迁采石场违反法律规定为由，向郴州中院提出执行异议，请求裁定中止搬迁采石场的执行行为。后郴州中院作出执行裁定，以案涉不动产系“先查封后租赁”，华冠公司未经本院许可占有和使用涉案不动产，法院依法解除其占有和使用状态，要求其在合理的时间内搬离符合法律规定等为由，驳回了华冠公司的异议请求，并于 2017 年 10 月 26 日向华冠公司再次发出通知，责令其在 2017 年 11 月 15 日之前迁出所占用的房屋及土地，到期不搬，将依法强制执行。

华冠公司不服，向郴州中院提起执行异议之诉，请求确认华冠公司对查封的采石场场地有继续租赁权，判令中止对华冠公司搬迁采石场的执行行为。郴州中院于 2018 年 4 月 20 日作出民事判决，以执行标的物一旦被法院查封，非经法院允许，任何人不得对其进行毁损变动、设定权利负担等有违查封目的的处分行为等为由，驳回了华冠公司的诉讼请求。

华冠公司又不服，以法院的查封行为违反“查封不动产应当张贴封条或者公告”强制性要求，查封行为不能对抗华冠公司的租赁权等为由向湖南省高级人民法院(以下简称湖南省高院)提起上诉。后湖南省高院于 2018 年 10 月 16 日作出民事判决，以法院在法定的不动产登记部门对查封行为予以登记就是一种法定公示方式，即使没有张贴公告也只是执行行为的瑕疵，不影响法定登记方式的公示效力等为由，驳回上诉，维持原判。

华冠公司仍然不服，向最高人民法院(以下简称最高法)申请再审。最高法于 2019 年 8 月 8 日作出民事裁定，驳回华冠公司的再审申请。

因华冠公司未停止使用和搬离案涉土地和房产，玉溪公司未将约定租赁范围内的不动产交付给吴某星。申请执行人吴某星向湖南省宜章县人民法院(以下简称宜章法院)起诉华冠公司，请求判令华冠公司立即停止使用并限期搬离吴某星在玉溪公司租赁范围内的不动产，赔偿吴某星自华冠公司实际搬离之日止的租金损失等。2020 年 3 月 9 日，宜章法院作出民事判决，以租赁权的设立应以出租人将租赁物交付承租人实际占有、使用为要件，但吴某星并未实际占有、使用租赁物，尚未实际取得对租赁物的租赁权等为由，驳回吴某星的诉讼请求。

吴某星不服，向郴州中院提起上诉。郴州中院于 2020 年 6 月 23 日作出民事判决，驳回上诉，维持原判。

2020 年 8 月 19 日，郴州中院向供电部门下达协助执行通知书，对华冠公司租用玉溪公司的场地、厂房予以停止供电。华冠公司不服，向郴州中院提出执行异议。郴州中院以法院通知华冠公司自行搬离租用玉溪公司的场地、厂房，在华冠公司未自行搬离的情况下，法院要求供电部门协助法院对华冠公司租用玉溪公司的场地、厂房停止供电的执行行为完全合法合情合理等为由，裁定驳回华冠公司的执行异议。

华冠公司又不服，向湖南省高院申请复议。湖南省高院以郴州中院的《协助执行通知书》只请求协助对华冠公司租用玉溪公司的场地、厂房停止供电，并未对华冠公司其他用电行为进行限制，未超出本案执行的限度等为由，裁定驳回华冠公司的复议申请。

因郴州中院未强制华冠公司清场、申请执行人吴某星也无法通过诉讼方式达到华冠公司停止使用和搬离案涉土地和房产的目的，作为被执行人和产权人的玉溪公司据此向宜章法院起诉华冠公司，请求判令华冠公司在 10 天内将其在玉溪公司厂区内的石料加工机械设备拆除撤离，并将其非法占用的土地恢复原状，赔偿玉溪公司自郴州中院通知迁离之日至华冠公司实际迁离之日的租金损失。2020 年 9 月 18 日，宜章法院以玉溪公司的诉请属于行政机关即案涉法院对查封的不动产的管理范围，应由行政机关进行处理等为由，裁定驳回玉溪公司的起诉。

玉溪公司不服，向郴州中院提起上诉。郴州中院审理后认为，玉溪公司要求华冠公司清场撤离，并将其占用的土地恢复原状的诉请，因相关案件已经进入本院执行程序，玉溪公司的该项诉请应通过法院的执行程序得到救济，无须另案提起民事诉讼，故该项诉请属于法院执行程序范畴，不属于法院民事诉讼的受案范围；而要求华冠公司赔偿玉溪公司租金损失的诉请，是否存在租金损失及相关赔偿问题，应当先经法院的审理裁判，而不能径行在执行程序中处理。故郴州中院驳回玉溪公司第一项诉请的起诉，指定宜章法院对玉溪公司第二项诉请进行审理。

2021 年 10 月 29 日，宜章法院作出民事判决，以玉溪公司要求华冠公司撤离，郴州中院要求华冠公司于2017年8月20日前搬离,华冠公司均不予履行,继续占用玉溪公司的不动产,已侵犯玉溪公司对涉案不动产占有、使用、收益的权利,华冠公司的行为构成侵权等为由,判令华冠公司赔偿玉溪公司场地占用费。

二、问题难点

最高人民法院《关于人民法院民事执行中查封、扣押、冻结财产的规定》(以下简称《查封、扣押、冻结规定》)第24条规定:“被执行人就已经查封、扣押、冻结的财产所作的移转、设定权利负担或者其他有碍执行的行为,不得对抗申请执行人。第三人未经人民法院准许占有查封、扣押、冻结的财产或者实施其他有碍执行的行为的,人民法院可以依据申请执行人的申请或者依职权解除其占有或者排除其妨害。人民法院的查封、扣押、冻结没有公示的,其效力不得对抗善意第三人。”

本系列案中,主要存在如下难点问题:

1. 被执行人擅自出租已被查封财产的效力如何?有效还是无效?

2. 执行法院如何“解除占有”或者“排除妨害”?是直接强制清场抑或先解除租赁合同或确认租赁合同无效后再要求腾退清场?

3. 承租人能否以租赁权为由排除强制执行?

4. 承租人应当通过何种方式进行抗辩?执行行为异议抑或案外人异议?

5. 执行法院“解除占有”或者“排除妨害”后,承租人、申请执行人或被执行人如何救济?等等。

三、法律评析

(一)被执行人擅自出租已被查封财产的效力:绝对无效抑或相对无效?

讨论被执行人擅自出租已被查封财产的效力问题实则是探讨民事司法查封的效力问题。查封首先是法院的行为,具有公法属性;其次,查封又是对私人财产的控制,并且会影响到相关当事人实体权利的实现。因此,查封具有公法与私法双重特性。①

就查封的私法效力而言,理论上存在绝对无效说与相对无效说两种观点。绝对无效说认为,被执行人的财产被查封后,被执行人的处分权直接被剥夺,被执行

① 刘哲玮:《论民事司法查封的效力》,载《国家检察官学院学报》2019年第4期。

人擅自处分的行为对任何人均不发生效力。相对无效说则认为,查封仅使被执行人在查封目的范围之内丧失处分权,被执行人擅自处分行为仅对申请执行人不产生效力,而对于被执行人与第三人则不当然无效。如不存在其他无效情形,被执行人擅自出租已被查封财产的行为,对于被执行人与第三人而言,一般应为有效。

比较而言,相对无效说既能实现司法查封之目的,又能兼顾第三人之利益,因而更为合理。例如,在申请执行人与被执行人达成执行和解,申请执行人申请撤销执行,解除查封执行措施的情况下,如按照绝对无效说的观点,即便执行法院因申请执行人申请撤销执行而终结执行后,被执行人与第三人之间的租赁合同也应为自始无效,这显然不合理。相反,如采相对无效说的观点,被执行人与第三人之间的租赁合同并不会受到申请执行人是否撤销执行申请的影响。事实上,《查封、扣押、冻结规定》第24条第1款关于"被执行人就已经查封、扣押、冻结的财产所作的移转、设定权利负担或者其他有碍执行的行为,不得对抗申请执行人"之规定即采相对无效说的观点。

（二）执行法院如何"解除占有"或者"排除妨害":直接强制清场抑或先解除租赁合同或确认租赁合同无效后再要求腾退清场?

因被执行人与第三人之间的租赁合同不当然无效甚至一般应为有效,那么执行法院依法应如何"解除占有"或者"排除妨害"呢?

事实上,司法实践中存在两种不同的做法。一种做法是直接要求承租人腾退房屋,限期强制清场,驱赶承租人。例如,在西安云聚祥置业有限公司与借款合同纠纷执行案[①]中,西安市中级人民法院发出(2019)陕01执恢34-39号公告:"对尚占有、使用、居住在上述土地、房屋的相关单位和人员,于本公告公布之日起三十日内自动迁出上述房屋、清空物品。到期仍不履行的,将依法强制执行。"另一种做法是先解除租赁合同或确认租赁合同无效后再要求承租人腾退清场,解除占有。例如,在山东振华济南人民百货有限公司(以下简称振华百货)与济南大观园股份有限公司等借款担保合同纠纷执行案件[②]中,山东省高级人民院(以下简称山东省高院)根据申请执行人振华百货请求其排除妨害的申请,于2008年11月14日下达民事裁

① 陕西省高级人民法院执行裁定书,(2020)陕执复18号。

② 最高人民法院民事裁定书,(2010)执复字第4号。该案中,被执行人济南人民商场股份有限公司未经山东省高级人民法院和权利人同意,于2003年4月8日、10日与济南人民商场儒商百货有限公司、济南市商贸国有资产经营公司签订了租赁合同及补充协议,将该院查封的房产出租给了人民商场儒商百货。

定书，裁定被执行人与人民商场儒商百货“签订的租赁合同及补充协议予以解除”。最高法最终认为山东省高院前述裁定并无不当，裁定驳回了复议申请人的复议申请。

事实上，被执行人擅自出租查封财产之租赁合同效力的认定或解除属于对案件实体问题的裁判，涉及被执行人与承租人的实体权利问题，依法应通过民事诉讼程序解决。如前所述，如无存在其他无效事由，被执行人擅自出租已被查封财产的行为，对于被执行人与承租人而言，一般应为有效。而租赁合同是否存在无效或解除事由应另行通过民事诉讼程序予以认定，执行法院不可以在执行程序中直接解除租赁合同或确认租赁合同无效。换言之，执行法院只需要求非法占有相关场地的承租人退出占有即可。正因如此，最高人民法院《关于人民法院能否在执行程序中以被执行人擅自出租查封房产为由认定该租赁合同无效或解除该租赁合同的答复》(〔2009〕执他字第 7 号)规定:“在执行程序中被执行人擅自处分法院的查封物，包括本案中以出租的形式妨害查封效果的行为，执行法院有权以裁定形式执结予以处理。根据最高人民法院《关于人民法院执行中查封、扣押、冻结财产的规定》第 26 条，被执行人擅自处分查封物，与第三人签订的租赁合同，并不当然无效，只是不得对抗申请执行人。第三人依据租赁合同占有查封物的，人民法院可以解除其占有，但不应当在裁定中直接宣布租赁合同无效或解除租赁合同，而仅应指出租赁合同不能对抗申请执行人。”

需要说明和强调的是，在司法实践中，如同本系列案一样，虽然执行法院也会直接向被执行人发出通知或发布公告，直接要求承租人腾退非法占有的场地，限期强制清场，但如果承租人漠视执行法院相关通知或公告，强行非法占有早被查封的场地的，执行法院也不一定会积极采取强制清场等强制执行措施。在此情形下，本系列案中，申请执行人和被执行人无可奈何之下才另行起诉承租人，要求撤退清场，但最终也均没有获得法院支持。

(三)承租人能否以租赁权为由排除强制执行?

最高人民法院《关于人民法院办理执行异议和复议案件若干问题的规定》第 31 条第 1 款规定:“承租人请求在租赁期内阻止向受让人移交占有被执行的不动产，在人民法院查封之前已签订合法有效的书面租赁合同并占有使用该不动产的，人民法院应予支持。”

最高人民法院《关于审理城镇房屋租赁合同纠纷案件具体应用法律若干问题

的解释》第14条规定:“租赁房屋在承租人按照租赁合同占有期限内发生所有权变动,承租人请求房屋受让人继续履行原租赁合同的,人民法院应予支持。但租赁房屋具有下列情形或者当事人另有约定的除外:……(二)房屋在出租前已被人民法院依法查封的。”

根据以上相关法律规定,承租人能否以租赁权为由排除强制执行的关键点是:承租人的租赁权是“先租赁后查封”还是“先查封后租赁”。

在“先租赁后查封”场合下,承租人在法院采取查封等保全或执行措施之前已经与被执行人签订了合法有效的租赁合同,且已按约支付租金,并实际占有使用租赁物的,承租人享有的租赁权适用“买卖不破租赁”原则。执行法院在对该租赁物采取拍卖等执行措施时,如果影响到承租人租赁权的行使,对承租人要求停止执行的诉请依法应当予以支持。

而在“先查封后租赁”场合下,承租人在法院采取查封等保全或执行措施之后,与被执行人签订租赁合同的,根据《查封、扣押、冻结规定》第24条第1款规定,被执行人就已经查封、扣押、冻结的财产所作的移转、设定权利负担或者其他有碍执行的行为,不得对抗申请执行人。因此,承租人在法院采取诉讼保全或执行措施之后取得租赁权的,不得以其租赁权对抗申请执行人,其主张停止执行的,依法应不予支持(相关司法裁判观点详见表1)。

表1 关于承租人能否以租赁权为由排除强制执行的司法裁判观点

序号	案号	司法裁判观点
1	最高人民法院(2016)最高法民申700号民事裁定书	案外人以不动产租赁权为由主张排除强制执行,必须具备两项要件:其一,案外人与被执行人在人民法院对不动产予以查封之前,已订立真实有效的不动产租赁合同。其二,案外人在人民法院对不动产予以查封之前,已对不动产持续占有、使用,即已交付租金并采取明显方式在不动产内生活、生产、经营、装修等,以产生对不特定第三人的公示效果。如不符合以上两项要件,则不能排除强制执行
2	最高人民法院(2016)最高法执监84号执行裁定书	在钦州中院查封白海豚国际酒店的房地产后,钦州赛格公司与联达公司未经抵押权人和执行法院同意,设立白海豚管理公司对白海豚国际酒店进行经营,违反了上述规定。因此,白海豚管理公司不能以租赁权对抗申请执行人,其主张不能成立

续表

序号	案号	司法裁判观点
3	陕西省高级人民法院(2020)陕执复16号执行裁定书	首先,西安中院于2003年查封了案涉房地产,而复议申请人秦韵艺术发展公司与祥和珠宝公司签订合同是在2011年12月,显然是在人民法院查封之后;其次,本案被执行人系西安中汇发展公司,案涉房地产均登记在西安中汇发展公司名下,而复议申请人秦韵艺术发展公司据以提出异议的租赁合同是其与祥和珠宝公司签订的,且其没有提交证据证明西安中院在查封期间许可其对案涉房地产占有和使用……据此,复议申请人秦韵艺术发展公司据以提出异议的租赁合同不得对抗申请执行人,其排除案涉房地产清场交付执行行为的主张不符合法律规定
4	广东省惠州市中级人民法院(2019)粤13执复123号执行裁定书	本案中,根据《博罗县房屋权属档案信息查询结果》显示,被执行人阮某爱名下涉案房屋于2015年7月17日被惠州市惠城区人民法院予以查封,而复议申请人黄某明与被执行人阮某爱就涉案房屋所签订《租赁合同》的时间在上述查封之后,该租赁权不能对抗本案申请执行人兴业银行股份有限公司惠州支行对被执行人阮某爱享有的生效债权,执行法院向其发出搬迁通知并无不当。复议申请人黄某明提出的复议请求不符合上述法律规定,法院不予支持
5	河南省鹤壁市中级人民法院(2019)豫06执复14号执行裁定书	本案中,鹤山法院于2017年12月12日查封了涉案房产,并在有关房地产登记部门进行了登记公示,而王某彬与淇县玖洲企业管理咨询服务有限公司签订玖洲现代物流园租赁合同时间为2018年1月9日,即鹤山法院查封措施在先,王某彬租赁行为在后。玖辉置业未经执行法院同意,授权淇县玖洲企业管理咨询服务有限公司与王某彬签订租赁合同,违反了上述规定。因此,王某彬不能以租赁权对抗申请执行人,不能阻止强制执行。鹤山法院依法查封、拍卖涉案房产,并张贴腾房公告,适用法律正确,于法有据,应予支持

（四）承租人抗辩的方式：执行行为异议抑或案外人异议？

最高人民法院《关于人民法院办理执行异议和复议案件若干问题的规定》第8条规定:“案外人基于实体权利既对执行标的提出排除执行异议又作为利害关系人提出执行行为异议的,人民法院应当依照民事诉讼法第227条(现为第234条)规定进行审查。案外人既基于实体权利对执行标的提出排除执行异议又作为利害关系人提出与实体权利无关的执行行为异议的,人民法院应当分别依照民事诉讼法第227条和第225条(现为第232条和第234条)规定进行审查。”

根据《民事诉讼法》第232条[①]和第234条[②]之规定，执行行为异议与案外人异议的主要区别是：(1)主体不同：申请执行行为异议的主体是当事人和利害关系人，而申请案外人异议的主体仅限于案外人（非执行案件的当事人）；(2)对象不同：执行行为异议针对的对象是执行行为，而案外人异议针对的对象是执行标的；(3)事由不同：执行行为异议的事由是执行行为本身违法，而案外人异议的事由是案外人对执行标的享有的权益足以排除/阻却申请执行人的执行。

被执行人擅自出租已查封的财产，执行法院采取相关执行措施时，承租人既可能针对执行法院的执行行为本身提出异议，也可能基于租赁权等实体权利主张排除/阻却申请执行人的执行，甚至可能既对执行法院的执行行为提出异议又以享有合法租赁权为由主张阻却申请执行人的执行。

当承租人针对执行法院的执行行为本身提出异议时，如本系列案中华冠公司对郴州中院向供电部门下达《协助执行通知书》，对华冠公司租用玉溪公司的场地、厂房予以停止供电的行为提出异议，执行法院依法应当依据《民事诉讼法》第232条等有关法律规定予以审查。当事人不服的，其救济方式应为申请执行复议。

当承租人基于租赁权等实体权利主张排除/阻却申请执行人的执行时，执行法院依法应当依据《民事诉讼法》第234条等有关法律规定予以审查。如在卜某某、刘某等案外人执行异议之诉民事再审案[③]中，最高法认为："卜某某在执行异议被驳回后提起本案诉讼，认为执行程序中人民法院对案涉房屋的强制执行行为侵犯了其承租权，要求对其和芜湖宝翔公司于2012年10月12日签订的《租赁合同》予以确认，并排除强制执行。由此可见，卜某某并非认为人民法院的执行行为违反法律规定而提出异议，而是主张其对案涉房屋享有租赁权，该实体权利足以排除执行，且排除对案涉房屋执行的诉讼请求与原判决、裁定无关，故本案应适用《中华人民共和国民事诉讼法》第227条（现为第234条）规定。当事人不服的，其可以提起执

① 《民事诉讼法》第232条规定："当事人、利害关系人认为执行行为违反法律规定的，可以向负责执行的人民法院提出书面异议。当事人、利害关系人提出书面异议的，人民法院应当自收到书面异议之日起十五日内审查，理由成立的，裁定撤销或者改正；理由不成立的，裁定驳回。当事人、利害关系人对裁定不服的，可以自裁定送达之日起十日内向上一级人民法院申请复议。"

② 《民事诉讼法》第234条规定："执行过程中，案外人对执行标的提出书面异议的，人民法院应当自收到书面异议之日起十五日内审查，理由成立的，裁定中止对该标的的执行；理由不成立的，裁定驳回。案外人、当事人对裁定不服，认为原判决、裁定错误的，依照审判监督程序办理；与原判决、裁定无关的，可以自裁定送达之日起十五日内向人民法院提起诉讼。"

③ 最高人民法院民事裁定书，(2021)最高法民再314号。

行异议之诉予以救济。”

当承租人既对执行法院的执行行为提出异议又以享有合法租赁权为由主张阻却申请执行人的执行时，执行法院依法应当分别依照《民事诉讼法》第 232 条和第 234 条规定进行审查、处理。

（五）执行法院“解除占有”或者“排除妨害”后，承租人、申请执行人或被执行人如何救济？

如前分析，如无存在其他无效事由，被执行人擅自出租已被查封财产的行为，对于被执行人与承租人而言，一般应为有效。执行法院“解除占有”或者“排除妨害”后，根据合同相对性原理，承租人可另行通过诉讼程序向被执行人主张相关违约责任。

与此相反，如果承租人在执行法院直接要求承租人腾退房屋，限期强制清场的情况下仍然不撤场，强行非法占有场地的，申请执行人可通过执行异议、执行监督程序要求法院强制执行，直接驱赶承租人；由此给申请执行人或被执行人造成财产损失的，如同本系列案一样，申请执行人或被执行人也可另行通过诉讼程序向承租人主张相关权利。

四、经验启示

执行业务领域横跨实体法与程序法，当事人剑拔弩张，法律关系错综复杂。这就需要代理律师不仅谙习实体法，更要熟知程序法。

就“被执行人擅自出租已查封的财产，执行程序中法院直接排除执行妨害”等有关问题，无论是作为申请执行人或被执行人的代理律师，还是作为承租人的代理律师，只有在准确区分查封的公法效力与私法效力、对内效力与对外效力的基础上才能正确判定被执行人擅自出租已被查封财产的效力问题，只有在熟悉了解诉讼程序与执行程序、执行行为异议与案外人异议的基础上才能找准救济途径，最大限度维护当事人利益。

债务人经生效判决确认的债权可否通过评估拍卖处置以清偿债务

——以某借款合同纠纷执行案为例

王春平　骆书屏

一、案情简介

某矿业公司与某能源发展公司借款合同纠纷一案，G 市 T 区法院作出判决，判令某能源发展公司向某矿业公司清偿借款本金及利息。

因某能源发展公司拒不履行生效判决确定的义务，某矿业公司向 G 市 T 区法院申请强制执行。由于未能发现其他可供执行的财产，T 区法院要求某矿业公司提供某能源发展公司的其他财产线索。

经某矿业公司调查，某能源发展公司有两笔经生效判决确认的债权可供执行。后某矿业公司向 T 区法院申请通过评估拍卖该两笔债权以清偿债务。但 T 区法院经办法官表示，被执行人对外持有的两笔已决债权可否通过评估拍卖进行处置需要慎重处理，研究后再作答复，但此后迟迟没有作出明确答复。

二、问题难点

《民事诉讼法》及其司法解释允许执行债务人对第三人的债权，但仅对债务人对第三人债权的执行作出了原则性规定，对能否通过评估拍卖方式处置未有明确规定。

最高人民法院《关于认真贯彻实施民事诉讼法及相关司法解释有关规定的通知》第 3 条第 1 款规定："被执行人的债权作为其财产的重要组成部分，是其债务的一般担保，不能豁免执行。"

最高人民法院《关于适用〈中华人民共和国民事诉讼法〉的解释》(以下简称《民诉法解释》)第499条(原第501条)对执行被执行人对第三人的到期债权作出了规定,结合条文内容,笔者认为,有如下条件限制,被执行人对第三人享有金钱债权、仅限于到期债权、第三人对其与被执行人之前的债权债务关系没有提出异议。但该条并未对执行方式作出明确规定,其条文释义表示本司法解释只能规定对第三人债权执行制度的原则性条文,至于对债权执行的其他方式等具体规定,则留待专门司法解释解决。①

最高人民法院在(2016)最高法执监25号执行裁定书中认定:“可供执行的被执行人到期债权,必须是已届履行期限的金钱债务,执行的前提是第三人未对该债务提出异议。第三人一旦提出异议,法院将中止强制执行且对异议不作审查。这是现行法律对限缩执行裁量权的制度要求。”该执行裁定书仅明确执行债权的条件,未提及执行的具体方式。而部分地方高院发布的执行疑难问题解答,虽认可执行被执行人对他人的到期债权,但仅提及如何冻结、协助执行,同样没有提及债权评估拍卖的问题。②

三、法律评析

在债务人有生效判决确认的债权可供执行的情况下,可否通过评估拍卖处置以清偿债务?对此,司法实践中存在两种不同的观点:

第一种观点认为,已决债权的性质并未改变,具有财产价值,可以依法进行评估拍卖。其主要理由是:

1.现行法律法规允许执行到期债权,并未明确禁止通过评估拍卖的方式处置债权。最高人民法院《关于人民法院执行工作若干问题的规定(试行)》(以下简称《执行工作若干规定(试行)》)第61条(现为第45条)的条文释义中明确,为保护债权人的利益,对于被执行人不能履行生效法律文书确定的义务,而对第三人享有债权的,法院可依申请执行人或被执行人的申请,对该第三人强制执行。③ 最高人民法院《关于依法制裁规避执行行为的若干意见》第12条规定,依法执行已经生效法

① 最高人民法院民事诉讼法贯彻实施工作领导小组编著:《最高人民法院民事诉讼法司法解释理解与适用》(下),人民法院出版社2015年版,第1326页。

② 山东高院执行局《执行疑难法律问题审查参考——执行到期债权专题》、江西高院执行局《民事执行实务疑难问题解答——到期债权执行13问13答》。

③ 唐德华:《执行法律及司法解释条文释义》,人民法院出版社2006年版。

律文书确认的被执行人的债权。限期届满被执行人仍怠于申请执行的，执行法院可以依法强制执行该到期债权。

2. 诉讼程序仅是对债权请求权的确认，并未改变债权原有的性质，债权具有财产价值可以进行评估拍卖。如广东省高级人民法院在(2017)粤民终455号民事判决书中认为，除非法律有特殊规定，否则诉讼或仲裁程序不会改变标的或权利的性质。法律没有对经过诉讼或仲裁程序的应收账款的性质做出特殊规定，进出口公司对某贸易公司和物资公司享有的债权经诉讼、仲裁后并未改变其系债权的性质，仅构成对进出口公司债权请求权的确认。进出口公司是以债权出质，并非以诉讼的结果出质，故贸易公司对物资公司享有的债权经诉讼后可以作为应收账款出质。[①] 据此，经过生效裁判文书确认的债权并没有改变债权原有的性质。[②] 债权仍具有财产价值并可通过质押等处分以实现其财产价值。既然已决债权可以通过质押进行处分，在质权人行使质权时，依法也应当允许通过折价、拍卖、变卖等方式对质押债权进行处置以清偿债务，否则将会对质权人质权的行使构成不当限制。

3. 生效法律文书确认的债权可以自由转让，法院也可以参照金融不良债权的处置方式，通过评估拍卖等方式处置已决债权。最高人民法院《关于判决确定的金融不良债权多次转让人民法院能否裁定变更执行主体请示的答复》[(2009)执他字第1号]明确："湖北省高级人民法院：你院鄂高法(2009)21号请示收悉。经研究，答复如下：《最高人民法院关于人民法院执行若干问题的规定(试行)》第18条第1款规定，'人民法院受理执行案件应当符合下列条件：……(2)申请执行人是生效法律文书确定的权利人或继承人、权利承受人'。该条文中的'权利承受人'，包含通过债权转让的方式承受债权的人。"从该答复的精神看，当事人可以通过协议转让、拍卖等方式，自由转让生效法律文书确认的债权。各大资产管理公司和司法拍卖平台上也有众多生效判决确认的债权可供竞拍并成功交易的案例。既然当事人可以通过评估拍卖等方式转让债权，法院评估拍卖也不失为一种处置被执行人已决债权的有效方式。

第二种观点认为，不宜评估拍卖债务人的已决债权，会造成公权力之间互相干涉，引发执行冲突。其主要理由是：

---

① 广东省高级人民法院民事判决书，(2017)粤民终455号。

② 最高人民法院民法典贯彻实施工作领导小组主编：《中华人民共和国民法典合同编理解与适用》(三)，人民法院出版社2020年版，第563页。

1. 强制拍卖被执行人的已决债权有损申请执行人的合法权益，损害司法公正

通过强制拍卖来执行被执行人的已决到期债权，将突破合同相对性，易导致法院执行权的不当扩张。[①] 执行债务人经生效判决确认的债权，一定程度上扩大了债务人责任财产的范围，减少了债权实现环节，增加了债权人权益实现的可能性。但为了尽快实现债权人的权益，法院有可能会过于弱化对被执行人及次债务人的权利的保护，以损害第三人的合法权益为代价追求执行效率。如允许拍卖被执行人的已决债权，法院就可以不考虑最大限度地实现被执行人的已决债权，也可以不考虑最大限度地实现申请执行人的债权。而债务人经生效判决确认的债权，其价值将受次债务人的履行能力、法院的执行能力等各种因素制约。无论是从市场规律还是从买受人的心理预期以及实际情况观察，债权的最终拍卖成交价极大可能明显低于债权总额，在被执行人债权的拍卖成交价不足以偿还被执行人所欠申请执行人债务的情况下，最终损害的是申请执行人的合法权益。[②] 故强制拍卖债务人的已决债权既损害了程序公正，又损害了实体公正。因此，民事执行权的裁量权应当被适当限缩，法院不宜评估拍卖被执行人的已决债权以清偿债务。

2. 经法院判决确认的债权不属于一般到期债权，将其列为执行标的有可能导致执行冲突

最高人民法院曾在（2000）执监字第 304 号复函答复江苏省高院时指出，《关于适用民事诉讼法若干问题的意见》（已废止）第 300 条规定的到期债权是指未经裁判确认的自然债权，而经生效法律文书确认的债权不属于一般到期债权，不适用该条规定。如果把已由裁判确认的债权视为该意见第 300 条规定的到期债权予以执行，就会使当事人所享有的申请执行权、执行和解权和法院的执行管辖权产生冲突。[③]

山东高院执行局在其《执行疑难法律问题审查参考——执行到期债权专题》（以下简称《审查参考》）中对执行到期债权提出了参考意见。《审查参考》第 15 条

---

① 姜艳：《第三人到期债权执行名义的正当性刍议》，载《河北科技师范学院学报（社会科学版）》2020 年第 3 期。

② 梁月奎：《A 法院能否拍卖被执行人在 B 法院申请执行的债权》，载中国法院网 2013 年 12 月 27 日，https://www.chinacourt.org/article/detail/2013/12/id/1169554.shtml。

③ 黄金龙、君晓春、李兵、最高人民法院执行局、最高人民法院案例指导工作办公室：《〈中投信用担保有限公司与海通证券股份有限公司等证券权益纠纷执行复议案〉的理解与参照——到期债权包含生效法律文书确认的债权》，载《人民司法》2015 年第 18 期。

参考意见认为，对生效法律文书执行法院正在执行的到期债权，到期债权执行法院又将该到期债权列为执行标的，容易导致执行冲突。此种情况下，到期债权执行法院可以依申请执行人申请发出冻结裁定和协助执行通知书，请求生效法律文书执行法院协助扣留相应的执行案款。①

从以上分析可知，肯定说强调债权属于被执行人享有的财产性权益，而否定说强调公权力不应过分干涉其他公权力。

笔者认为，肯定说有利于执行工作的切实推进，依法保障胜诉当事人及时实现权益。具体理由如下：

其一，从实现债权的角度而言，债务人经生效判决确认的债权类似应收账款，属于财产性权益，评估拍卖将实现其交换价值，尽快实现债务清偿。最高人民法院在《执行工作若干规定（试行）》第 61 条（现第 45 条）的条文释义中阐明，由于诉讼是因其中的一个法律关系引起的，执行中就无由涉及另一个法律关系。结果将导致将被执行人享有的债权不作为其财产，使得大量被执行人有偿付能力的执行案件被搁置起来，以被执行人暂无偿付能力而中止执行，严重损害申请执行人的利益。② 若在执行程序中过于强调程序正义，实体公正将无法保证。债务人的已决债权被认定不属于债务人财产而债务人又无其他财产可供执行的，执行程序将在实质上被终结，案件陷于执行不能的困境，严重阻碍债权的实现。

其二，从诉讼执行程序本身的性质而言，诉讼程序不会对债权的本质产生影响。经过诉讼程序的债权被赋予法律约束力和强制执行力，评估拍卖与判决的效力并不冲突，债权的实现也不会对此前判决执行构成法律上的障碍。而评估拍卖债权不会影响生效判决进入执行程序，至多涉及执行主体的变更和执行法院间的协调、截留及执行回转等问题，而这些问题均可通过合法程序予以解决，并不构成实质性的执行障碍。③ 故评估拍卖处置仅是处置债务人财产性权益的执行方式，不会对原生效判决及执行程序产生实质性影响。

---

① 山东高院执行局《执行疑难法律问题审查参考——执行到期债权专题》规定：申请执行人申请执行的已决到期债权系已进入执行程序的到期债权，到期债权执行法院能否直接执行该到期债权？参考意见：对生效法律文书执行法院正在执行的到期债权，到期债权执行法院又将该到期债权列为执行标的，容易导致执行冲突。此种情况下，到期债权执行法院可以依申请执行人申请发出冻结裁定和协助执行通知书，请求生效法律文书执行法院协助扣留相应的执行案款。

② 唐德华：《执行法律及司法解释条文释义》，人民法院出版社 2006 年版。

③ 广东省高级人民法院民事判决书，（2017）粤民终 455 号。

其三，从变价的程序而言，民事执行程序中的变价应当遵循拍卖优先的原则，拍卖的实施有一整套严格的程序，受到最高人民法院《关于人民法院民事执行中拍卖、变卖财产的规定》（以下简称《执行中拍卖、变卖财产的规定》）、《拍卖法》及《资产评估法》等法律及司法解释的约束。《执行中拍卖、变卖财产的规定》第 2 条对变价处理的方式作出了例外规定，第 4 条条文及其释义则对关于拟拍卖财产的评估提供了较为详细的指引。[①] 可见，《执行中拍卖、变卖财产的规定》对直接适用变卖情形的规定更加明确、具体，有利于更好地贯彻拍卖优先原则，有效地防止实践中任意变卖现象的发生。[②] 故在司法强制力的保障下，对已决债权进行评估拍卖是一种有效、公正的财产处置方式。

四、经验启示

在进一步创新方式、加大力度，最大限度破除执行难障碍的司法改革背景下，为保障债权人利益，促使债权尽早且最大限度地实现，努力促进交易，应当通过完善立法制度、司法机制，允许债权人依据现行法律及司法解释的规定，评估拍卖债务人经生效法律文书确认的债权以清偿债务。在申请法院执行时，法院之间应当相互积极配合，严格遵守评估拍卖的法定条件与程序，并在执行过程中注重各方利益的保护。

若债权确实不适宜通过拍卖变卖等方式进行处置，为尽快达到实现债权的目的，债权人可以通过和解、协调等方式，积极与债务人、次债务人及相关利益方商议并制定最佳的债权变现及财产处置方式，最大限度地实现债权价值。

---

① 最高人民法院《关于人民法院民事执行中拍卖、变卖财产的规定》第 2 条规定：“人民法院对查封、扣押、冻结的财产进行变价处理时，应当首先采取拍卖的方式，但法律、司法解释另有规定的除外。”第 4 条规定：对拟拍卖的财产，人民法院应当委托具有相应资质的评估机构进行价格评估。对于财产价值较低或者价格依照通常方法容易确定的，可以不进行评估。当事人双方及其他执行债权人申请不进行评估的，人民法院应当准许。对被执行人的股权进行评估时，人民法院可以责令有关企业提供会计报表等资料；有关企业拒不提供的，可以强制提取。

② 杜万华主编：《解读最高人民法院司法解释、指导性案例（民事诉讼卷）》（下），人民法院出版社 2016 年版，第 633 页。

执行程序中国有划拨土地使用权依法可否进行处置

——以某借款担保合同纠纷执行案为例

王春平　吴耀宏

一、案情简介

广东某控股公司(以下简称控股公司)申请强制执行广州某投资公司(以下简称投资公司)、广州某城建公司(以下简称城建公司)、吴某借款担保合同纠纷执行案,广东控股公司通过调查取证了解到城建公司名下有位于×××的181.3亩土地[相关证照/批文为:(×)城地报字第×号《国家建设征用土地通知书》、×年房地字×号《同意使用土地通知书》],随即向执行法院提交了《关于补充提交投资公司、城建公司财产线索并请求依法尽快实施查控的申请》,恳请执行法院依法尽快对前述土地使用权进行查封。

之后,经进一步调查获悉:前述土地性质为国有划拨用地,其中的131.3亩已经被用于开发建设墓地,剩余50亩尚未开发。就此,执行法院表示执行程序中依法能否对国有划拨土地使用权采取查封、评估、拍卖等执行措施等问题存在争议,尚待合议研究。

二、问题难点

国有建设用地使用权依法可通过出让和划拨两种方式取得。根据《土地管理法》第2条第5款[1],《城市房地产管理法》第8条[2]、第23条[3],《城镇国有土地使用权出让和转让暂行条例》第8条[4]、第12条[5]等有关法律规定,通过出让与划拨方式取得土地使用权主要有两点不同:一是是否有偿,出让方式取得土地使用权为有偿取得,而划拨土地使用权为无偿取得,仅需缴纳补偿、安置等费用,无须支付土地使用权出让金;二是期限不同,出让方式取得的土地使用权根据土地用途的不同存在法定最高使用年限,而划拨土地使用权原则上没有使用期限限制。

正因为国有划拨土地使用权具有无偿性与无期限限制性的特点,那么在执行程序中,执行法院对于国有划拨土地使用权依法可否像对待通过出让方式取得的土地使用权一样,采取查封、评估、拍卖等执行措施进行处置?若可以进行处置,需要办理哪些法律手续?

三、法律评析

在执行程序中,执行法院依法能否对国有划拨土地使用权采取查封、评估、拍卖等执行措施进行处置的问题存在争议,主要有两种截然相反的观点:

第一种观点认为,在执行程序中,执行法院依法不能对国有划拨土地使用权采取查封、评估、拍卖等执行措施进行处置。其一,国有划拨土地使用权具有无偿性与无期限限制性,是国家划拨给土地使用权人专项使用的,不可转让处置。[6] 其二,最高人民法院《关于破产企业国有划拨土地使用权应否列入破产财产等问题的批复》

---

① 《土地管理法》第2条第5款规定:"国家依法实行国有土地有偿使用制度。但是,国家在法律规定的范围内划拨国有土地使用权的除外。"

② 《城市房地产管理法》第8条规定:"土地使用权出让,是指国家将国有土地使用权(以下简称土地使用权)在一定年限内出让给土地使用者,由土地使用者向国家支付土地使用权出让金的行为。"

③ 《城市房地产管理法》第23条规定:"土地使用权划拨,是指县级以上人民政府依法批准,在土地使用者缴纳补偿、安置等费用后将该幅土地交付其使用,或者将土地使用权无偿交付给土地使用者使用的行为。依照本法规定以划拨方式取得土地使用权的,除法律、行政法规另有规定外,没有使用期限的限制。"

④ 《城镇国有土地使用权出让和转让暂行条例》第8条规定:"土地使用权出让是指国家以土地所有者的身份将土地使用权在一定年限内让与土地使用者,并由土地使用者向国家支付土地使用权出让金的行为。土地使用权出让应当签订出让合同。"

⑤ 《城镇国有土地使用权出让和转让暂行条例》第12条规定:"土地使用权出让最高年限按下列用途确定:(一)居住用地七十年;(二)工业用地五十年;(三)教育、科技、文化、卫生、体育用地五十年;(四)商业、旅游、娱乐用地四十年;(五)综合或者其他用地五十年。"

⑥ 刘晓:《论人民法院对国有划拨土地使用权的执行》,载中国法院网,https://www.chinacourt.org/article/detail/2007/09/id/264575.shtml。

（法释〔2020〕18号，以下简称《破产财产批复》）第1条规定："根据《中华人民共和国土地管理法》第五十八条第一款第（三）项及《城镇国有土地使用权出让和转让暂行条例》第四十七条的规定，破产企业以划拨方式取得的国有土地使用权不属于破产财产，在企业破产时，有关人民政府可以予以收回，并依法处置。"既然国有划拨土地使用权不属于破产财产，那么在国有划拨土地使用权人作为被执行人时，该划拨土地使用权当然不能作为被执行人的财产进行查封、评估、拍卖等处置。①

第二种观点认为，在执行程序中，执行法院依法可对国有划拨土地使用权采取查封、评估、拍卖等执行措施进行处置。首先，前述《破产财产批复》仅是针对破产企业，并不适用于正常企业。其次，我国现行法律也没有禁止对国有划拨土地使用权进行司法处置的相关规定。相反，《城市房地产管理法》第51条规定："设定房地产抵押权的土地使用权是以划拨方式取得的，依法拍卖该房地产后，应当从拍卖所得的价款中缴纳相当于应缴纳的土地使用权出让金的款额后，抵押权人方可优先受偿。"据此，根据"房随地走"的原则，法律事实上是允许对国有划拨土地使用权进行司法处置的。最后，国有划拨土地使用权的转让处置有利于提高土地的使用效益，促进城市土地建设的发展。②

笔者认为，经与土地管理部门取得一致意见后，执行法院依法有权对被执行人名下的国有划拨土地使用权采取查封、评估、拍卖等执行措施，在转让国有划拨土地使用权时，由受让方负责依法办理出让手续并补缴土地使用权出让金。具体理由如下：

1. 法院执行国有划拨土地使用权有充足的法律依据

国家土地管理局（经多轮政府机构改革后，现整合至国家自然资源部）《关于人民法院裁定转移土地使用权问题对最高人民法院经〔1997〕18号函的复函》（〔1997〕国土函字第96号，以下简称《国土复函》）第4条第1款规定："对通过划拨方式取得的土地使用权，由于不属于当事人的自有财产，不能当作当事人财产进行裁定。但裁定转移地上建筑物、附属物涉及有关土地使用权时，在与当地土地管理

---

① 杨晓红：《划拨土地使用权可以司法处置吗?》，载微信公众号"锦天城律师事务所"2022年10月21日，https://mp. weixin. qq. com/s? src = 11&timestamp = 1658484405&ver = 3936&signature = – giD – CWdSI * HSql4tELIlVEhlWOc843vhZ1VrngYrcS3LsixjEl61T28bkhHUB * bsYTClTp * Wh10c6KPszNv6H52AOk * – pIF * C * MGVIIUb5 * gquCq – LVRUxw19UOS9 – 2&new = 1。

② 刘晓：《论人民法院对国有划拨土地使用权的执行》，载中国法院网，https://www. chinacourt. org/article/detail/2007/09/id/264575. shtml。

部门取得一致意见后，可以裁定随地上物同时转移。"第 2 款规定："凡属于裁定中改变土地用途及使用条件的，需征得土地管理部门同意，补交出让金的，应在裁定中明确，经办理出让手续，方可取得土地使用权。"

2006 年 1 月 10 日最高人民法院对安徽省高级人民法院的复函(〔2005〕执他字第 15 号)指出："宿州市中级人民法院民事裁定书所处置的财产虽然涉及国有划拨土地使用权，但事先已经双方当事人同意，事后土管部门又予以认可，符合《城市房地产管理法》和《暂行条例》的相关规定及国家土地局《国土复函》精神，但在具体工作中应严格程序，注意及时同相关部门沟通协商。"

由上可见，国家土地管理局、最高人民法院均肯定了在执行国有划拨土地使用权时，经过与当地土地管理部门取得一致意见后，法院可以对国有划拨土地使用权进行执行处置。

2. 国有划拨土地使用权依法属于用益物权，法院执行国有划拨土地使用权有充分的法律理论依据

依据《民法典》第 323 条①、第 324 条②、第 347 条第 1 款③等有关法律规定，国有划拨土地使用权依法也属于用益物权。与其他的用益物权人一样，国有划拨土地使用权的权利人依法也享有占有、使用和收益的权利。

然而，作为一种用益物权，国有划拨土地使用权不能仅因为其设立方式的特殊性而成为人民法院执行的障碍。国有划拨土地的所有权属于国家，国有划拨土地使用权的权利人仅享有使用权，据此，人民政府代表国家进行适度干预是合理合法的。但既然国有划拨土地使用权的权利人取得的仅仅是使用权，则人民法院对该使用权的执行处置并不会妨碍国家的所有权。

事实上，执行法院对国有划拨土地使用权采取查封、评估、拍卖等执行措施进行处置则可以更好地发挥该土地的效能。同时，将划拨土地使用权纳入债务人责任财产强制执行，符合国情及社会发展方向。若划拨土地使用权不能被强制执行，则债务人可借此逃避执行，损害债权人合法权益，易使得生效裁判文书流于形式，司法权威因此受损。据此，在国有划拨土地使用权的权利人不履行法律确定的债

---

① 《民法典》第 323 条规定："用益物权人对他人所有的不动产或者动产，依法享有占有、使用和收益的权利。"

② 《民法典》第 324 条规定："国家所有或者国家所有由集体使用以及法律规定属于集体所有的自然资源，组织、个人依法可以占有、使用和收益。"

③ 《民法典》第 347 条第 1 款规定："设立建设用地使用权，可以采取出让或者划拨等方式。"

务时，人民法院对其享有的物权予以执行抵债则是顺理成章的。

3. 司法实践中，法院普遍认可可强制执行国有划拨土地使用权，但应当在执行过程中与当地政府土地管理部门沟通协商具体处置事宜（相关司法裁判观点详见表1）

表1 关于强制执行国有划拨土地使用权的司法裁判观点

序号	案号	司法裁判观点
1	最高人民法院（2011）执复字第1号执行裁定书	《城市房地产管理法》第39条及《城镇国有土地使用权出让和转让暂行条例》第44条、第45条关于国有划拨土地使用权的转让需经有批准权的人民政府审批的规定，是对企业自主转让划拨土地使用权的限制，并未限制人民法院依法强制执行。且本案划拨土地使用权是依法为本案债权设定抵押的，该抵押担保已经山东高院（2006）鲁民二初字第66号和本院（2007）民二终字第141号民事判决确认合法有效，并明确债权人对该土地使用权折价或拍卖、变卖的价款享有优先受偿权。最高人民法院《关于能否将国有土地使用权折价抵偿给抵押权人问题的批复》中亦明确，在依法以国有土地使用权作抵押的担保纠纷案件中，可以通过拍卖的方式将土地使用权变现。故轻骑集团认为处置划拨土地使用权必须事先经政府审批同意的复议理由不能成立
2	四川省高级人民法院（2016）川执复168号执行裁定书	海口房产公司作为被执行人，应当按人民法院生效裁定要求在接受财产范围内对申请执行人北阳公司承担清偿责任。案涉位于海口市海甸岛沿江五路北侧面积的国有土地使用权、位于海口市金牛岭的国有土地使用权属于海口房产公司自海口市粮食局接受的财产，应当依法用以清偿债务。德阳中院（2014）德执预字第250号执行裁定决定拍卖位于海口市金牛岭的5000平方米国有土地使用权及位于海口市海甸岛沿江五路北侧面积为2376.51平方米的国有土地使用权，执行行为合法。德阳中院（2014）德执预字第250号执行裁定将位于海口市金牛岭的5000平方米国有土地使用权表述为“登记在被执行人海口市粮食局名下”有误，应当依法及时纠正。位于海口市金牛岭的5000平方米国有土地使用权系划拨方式取得，但属于被执行人的财产性利益，执行法院可以适当方式处置，并在拍卖过程中依法妥善处理函商当地政府、充分披露信息等执行工作具体事宜。海口市粮食局的复议申请和理由不能成立

续表

序号	案号	司法裁判观点
3	新疆维吾尔自治区高级人民法院(2014)新执二监字第2号执行裁定书	《物权法》第17条规定,不动产权属证书是权利人享有该不动产物权的证明。本案中,新市区北站二路8号国有划拨土地使用权在乌鲁木齐市中级人民法院立案执行前登记在被执行人新疆医药公司名下,属于被执行人新疆医药公司的财产。《公司法》第3条规定,公司以其全部财产对公司的债务承担责任。由此,被执行人新疆医药公司应以其全部财产对公司债务承担清偿责任
4	佛山市中级人民法院(2016)粤06执异69号执行裁定书	异议人名下的涉案房地产中的国用(1995)00000××号土地使用权为划拨土地,依照相关规定,法院于2015年12月11日依法向佛山市南海区国土城建和水务局发函征询其对该土地使用权的处置意见。佛山市南海区国土城建和水务局在复函中并未禁止对上述土地使用权处置,而是说明因上述土地使用权为国有划拨用地,成交后应由买受人依照相关规定补交土地出让金后,方可办理土地登记。故异议人所称法院在处置涉案房地产时并未履行向相关土地管理部门报批并经同意处置,执行存在程序错误,无事实依据,法院不予支持。综上,异议人的异议请求没有事实和法律依据,法院不予支持,对其异议请求依法应予驳回
5	云浮市中级人民法院(2015)云中法执复字第1号执行裁定书	执行法院依法执行已发生法律效力的(2012)云罗法民初字第147号民事判决书和本院的(2012)云中法民二终字第74号民事判决书确定的执行内容过程中,对罗定市罗茂液化石油气站整体资产进行拍卖处置,符合法律规定。虽然执行法院拍卖处置上述石油气站的整体资产包括9077.5平方米的国有划拨工业土地,但是根据罗定市国土局复函给罗定市人民法院的要求内容来看,执行法院对上述土地使用权进行处置并无不当,只是在拍卖成交后,需要办理土地使用权类型变更手续,以及补缴土地出让金和重新签订《国有建设用地使用权出让合同》后才能办理土地使用权转让手续,换言之,对于国有划拨土地的拍卖转让可以在拍卖成交后再补办相关土地出让手续,即补办相关审批手续,因此执行法院对上述国有划拨土地使用权进行拍卖处置并不违反《城市房地产管理法》和《城镇国有土地使用权出让和转让暂行条例》关于划拨土地使用权的转让需人民政府审批的相关规定。申请复议人认为执行法院的委托拍卖行为违反上述规定,缺乏理据,法院不予采纳

续表

序号	案号	司法裁判观点
6	济南市中级人民法院(2014)济执复字第35号执行裁定书	综合以上法律规定,划拨是取得国有土地使用权的一种方式,现行法律规定等并不禁止划拨土地的转让、出租、抵押等,但要符合一定的条件,并履行相应的审批手续。另外,《中华人民共和国民事诉讼法》第244条规定,被执行人未按执行通知履行法律文书确定的义务,人民法院有权查封、扣押、冻结、拍卖、变卖被执行人应当履行义务部分的财产。本案中,被执行人王士生不主动履行生效法律文书确定的义务,历下法院在执行中查封、拍卖被执行人王士生名下的土地使用权,属于依法采取的执行措施;王士生名下的上述土地使用权为划拨方式取得,法院在执行案件过程中,可以按照相关法律规定的条件和程序予以处置
7	广西壮族自治区柳州市中级人民法院(2011)柳市执议字第14号执行裁定书	生效的民事判决书是申请执行的依据。在俞某平所持的、生效的(2009)鹿民初(一)字第448号民事判决书中,对双方签订的《抵押借款协议书》已予认定,所以并不影响对该划拨土地使用权的拍卖,但应当依法缴纳土地出让金
8	梅河口市人民法院(2015)梅执异字第23号执行裁定书	2015年9月2日作出的(2011)梅执字第106-2号执行裁定书,对杨峰名下土地使用权的执行符合法律规定,因为该宗土地使用权人登记在被执行人杨峰名下,虽属于划拨土地使用权,但法院将土地使用权作价执行给申请人崔某德并无不当。对于异议人杨峰提出的第一项异议意见,法院已在裁定执行前征求了土地部门的意见,管理该宗土地的部门为梅河口市国土资源局,经多次沟通,该单位明确表示可以办理土地登记过户手续,但应当按规定办理相关手续并缴纳相关税费

4. 执行涉及国有划拨土地使用权转让时依法可由受让人负责办理出让手续并缴纳土地使用权出让金

《城市房地产管理法》第40条规定:"以划拨方式取得土地使用权的,转让房地产时,应当按照国务院规定,报有批准权的人民政府审批。有批准权的人民政府准予转让的,应当由受让方办理土地使用权出让手续,并依照国家有关规定缴纳土地使用权出让金。以划拨方式取得土地使用权的,转让房地产报批时,有批准权的人民政府按照国务院规定决定可以不办理土地使用权出让手续的,转让方应当按照国务院规定将转让房地产所获收益中的土地收益上缴国家或者作其他处理。"按此规定,转让划拨土地使用权时,依法可由受让方负责办理出让手续并缴纳土地使用权出让金。

四、经验启示

执行案件中，债权人主要的策略措施无非两种：一是想方设法进一步挖掘债务人其他可供执行的财产；二是千方百计追加被执行人，扩大被执行主体范围，拓宽债权追偿渠道，增加债权获偿的可能性。国有划拨土地使用权作为一种法定的用益物权，在执行程序中依法应可进行执行处置。

在处置国有划拨土地使用权时，债权人应设法积极与执行法院和土地管理部门进行沟通，依法促请他们对被执行人名下的国有划拨土地使用权采取查封、评估、拍卖等执行措施进行处置，从而最大限度实现债权回收。

宅基地房屋可变通执行以清偿债务

黄　恒

一、案情简介

2015 年高某以民间借贷纠纷为由将李某和祝某诉至 A 法院，法院经过审理，支持了高某的诉讼请求，并作出（2015）×民初字第 1490 号民事判决书，判决被告李某和祝某依法给付原告高某借款 35 万元及利息、诉讼费 8820 元。但判决生效后，两被告一直未偿还借款。于是高某向 A 法院申请执行，A 法院作出 B 执行裁定书，将被执行人所有的坐落于××市××乡××村的住宅房屋一套（下称案涉房屋）按第三次流拍价 442,225 元交付申请执行人抵偿借款。申请执行人对案涉房屋同意接收后，案涉房屋所在地村民委员会以案外人的身份主张案涉房屋系宅基地，向 A 法院提起了执行异议，请求撤销 B 执行裁定书。

案外人认为，被执行人系案外人属下二队村民，案涉房屋是其名下所有的农村房屋。根据《土地管理法》的规定，农村宅基地属于农民集体所有。宅基地的使用权是本集体经济组织成员基于特殊身份关系享有的专属权利，非本集体经济组织成员无权取得。根据国务院国办发〔2007〕71 号文件和中共中央、国务院联合发布的中发〔2008〕1 号文件关于“农村住宅用地只能分配给本村村民，城镇居民不得到农村购买宅基地、农民住宅或小产权房”的规定，国土资源部《关于加强农村宅基地管理的意见》[①]关于“严禁城镇居民在农村购置宅基地，严禁为城镇居民在农村购买和违法建造的住宅发放土地使用证”的规定，申请执行人作为城市居民，并非案外

---

① 现行有效的法律为中央农村工作领导小组办公室、农业农村部《关于进一步加强农村宅基地管理的通知》。

人本村村民，无权购买案涉房屋。根据《物权法》第147条①等规定，我国实行房地权利主体一致的原则。申请执行人依据执行裁定，以抵债的方式取得被执行人名下房屋，就取得了该房屋占用范围内的宅基地使用权，达到变相买卖农村房屋的目的。如此，法院的裁定严重违反了我国法律的强制性规定，必将损害案外人的合法权益，执行行为明显不当。后A法院作出C执行裁定书，裁定中止案涉房屋的执行。

申请执行人认为，案涉房屋系A法院依法定程序交付申请执行人，申请执行人依法享有对该房屋的占有、使用、收益权，申请执行人亦未就案涉房屋作出产权变更登记，未侵犯案外人的集体土地所有权。另A法院作出的C执行裁定书，裁定中止上述住宅房屋的执行，并非撤销B执行裁定书，且申请执行人在不损害集体土地所有权的前提下，根据B执行裁定书设立的权益申请执行人应继续享有对案涉房屋的占有、使用、收益权。故申请执行人请求D检察院向A法院提出检察建议或抗诉，依法恢复B执行裁定书部分权益的执行，维护申请执行人的合法权益。

二、问题难点

本案的情况可以反映出我国当前司法实践中对于宅基地房屋执行的一些难点：

1. 案涉宅基地房屋是否被以物抵债？

2. 农村村民宅基地房屋是否可以向非本集体经济组织成员出售？

3. 宅基地房屋可否先行处置？

三、法律评析

1. 出于对债权人利益的保护，对被执行人的合法财产按照拍卖价格交付给申请执行人，是法院依法实施的具有强制力的非以物抵债执行行为

(1)关于宅基地执行中将案涉房屋拍卖给债权人是否是以物抵债行为，在实践中存在不同的观点。肯定说认为是以物抵债行为。农村宅基地使用权是不能自由流转的，不能通过以物抵债方式将宅基地使用权及地上房屋抵偿给非集体组织成员。根据地随房走的一般原则，宅基地使用权将和房屋一并实现流转。根据《土地

---

① 现行有效的法律为《民法典》第357条。

管理法》的相关规定,宅基地属于农村集体所有,农村宅基地只能在村集体组织成员内部之间转让,不能转让给城镇户口的居民。债务人通过以物抵债方式将宅基地使用权及房屋抵偿给非集体经济组织成员的债权人的,以物抵债合同无效,原借款关系未消灭,债务人仍应履行原借款关系下的还款义务。

在(2016)最高法民申3285号案中,最高院认为非集体组织成员不享有该集体组织宅基地使用权,不能通过以物抵债方式受让该集体组织宅基地上房屋。因此,农村宅基地上的房屋,不能向非集体组织成员以物抵债。在宅基地执行纠纷中,基于债权人(非集体经济组织成员)与债务人之间的借贷关系,债权人获得案涉房屋的最终结果,实际上并未支付任何价款,其行为实质上属于以物抵债,不应被支持。

(2)本案属于否定说观点,因二被执行人不偿还借款,出于对债权人利益的保护及为了使生效法律文书得以执行,执行法院依法对二被执行人所有的案涉房屋进行了查封拍卖,并按照第三次流拍价交付给申请执行人抵偿借款,此行为属于依法拍卖,只是竞买人身份特殊为申请执行人,并不属于法律所禁止的以物抵债行为,是法院依法实施的具有强制执行力的执行行为。

否定说认为其不是以物抵债行为,而是对农村宅基地和房屋的变通执行。由于法律、政策禁止性规定等方面的问题,以农村宅基地和房屋为执行标的物的案件容易陷入执行困境。民事执行制度以最大化实现债权为价值目标,法院应平衡关联法律制度之间的价值,采取有选择地执行房屋所有权、房屋使用权以及房屋拆迁补偿利益等手段变通执行。在《人民司法·案例》(2011)扬执字第1008号案①中,法院认为,由债权人谢某某作为房产买受人,在房产过户过程中不会因为违反法律禁止性规定而受阻。

(3)农村宅基地是农民安身立命之本,是农民赖以生存的基本生活资料,国家并未禁止宅基地使用权的司法拍卖,只是对其拍卖的条件和程序却提出了很高的要求。近些年,被执行人财产只有宅基地的现象在执行中频频出现。笔者认为,若是将债权人通过司法拍卖获得案涉宅基地的行为认定为以物抵债,那么无疑是阻碍了执行,并不利于保护债权人的利益,亦不利于提高司法效率,适当的变通执行更有利于平衡各方利益,实现财产价值。

---

① 江苏省扬州市邗江区(县)人民法院民事调解书,(2011)扬执字第0433、0535、1008号。

2. 针对司法执行程序的特殊性，在申请执行人不侵犯该集体组织集体土地所有权的情况下，可以向非本集体经济组织之外的人出卖

（1）我国人多地少，一直实行最严格的土地管理制度，为了防止农民转让宅基地后流离失所，进而影响社会稳定这一大局，我国立法禁止城镇居民购买宅基地。国务院《关于深化改革严格土地管理的决定》再次强调："加强农村宅基地管理，禁止城镇居民在农村购置宅基地。"《土地管理法》第 62 条第 5 款规定："农村村民出卖、出租、赠与住宅后，再申请宅基地的，不予批准。"如此规定体现了不允许将宅基地使用权向集体经济组织外的城镇居民转让的意思。

在实践中，对于宅基地能否向非本集体经济组织成员出卖普遍持否定说。《土地管理法》第 9 条第 2 款规定："农村和城市郊区的土地，除由法律规定属于国家所有的以外，属于农民集体所有；宅基地和自留地、自留山，属于农民集体所有。"因此，建在农村宅基地上的农村自建房，土地所有权归集体所有，宅基地使用权只能由集体组织的成员享有。建设在宅基地上的房产不能向非本集体组织成员的第三方转让，只能在集体成员内部转让、置换。在（2019）鲁 0782 执异 9 号案①中，法院指出，宅基地使用权是农村集体经济组织成员享有的权利，与享有者特定的身份相联系，非集体经济组织成员无权取得或变相取得。

（2）肯定说认为在某种情形下或者满足特殊条件下宅基地是可以向非本集体经济组织的成员出卖的。在（2017）粤执监 51 号案②中，法院就认为执行法院在拍卖涉案房屋前，已经征询过该区国土房产部门的意见，且买受人曾某已经交付了全部拍卖款，国土房产部门亦协助执行法院向买受人曾某核发了涉案房屋的集体房地产权证。因此，执行法院在拍卖方案中没有限定竞买人的条件并将涉案房屋拍卖过户给非本集体组织成员，不存在违反法律规定的情形。

本案属于持肯定说观点，认为虽然法律法规禁止向非集体经济组织外的城镇居民转让宅基地，但是进入司法执行程序的案涉房屋并无相关法律体现出需要适用此禁止性规定，同时申请执行人未就该宅基地房屋进行产权变更登记，未侵犯该村的集体土地所有权，根据法律规定应享有对案涉房屋的占有、使用和收益权。在不侵犯集体土地所有权的情况下，有必要对于宅基地的执行进行灵活处理，有利于提高司法效率，稳定秩序。

---

① 山东省诸城市人民法院执行裁定书，（2019）鲁 0782 执异 9 号。

② 广东省高级人民法院执行裁定书，（2017）粤执监 51 号。

(3)否定说和肯定说是站在不同的角度看待宅基地的执行,都有其存在的现实意义。笔者认为,国家对于宅基地的拍卖条件和程序进行严格的限制,目的在于保护农民的利益,宅基地是唯一的,也是农民最后的生存保障,但在代理执行案件中,常遇到被执行人名下查无其他财产,经债权人穷尽调查,只看到其名下登记有农村房屋。这种买受人范围的局限性,导致出现此类纠纷执行难、变现难度大、程序难以终结的问题。那么在此类情况下,对于非集体经济组织成员附条件购买宅基地可能更为有利,在不扩大村民生存风险的情况下同时保障了债权人的利益,这一做法目前已初见苗头,值得今后在全国法院推广。

3. 农村居民有权对其所有宅基地房屋进行处分,法律法规及司法解释并不禁止先行处置地上物

根据法律法规,农村居民可以对其所有房屋进行处分。二被执行人在不能清偿生效法律文书确定的债务时,那么法院可以对其依法取得的集体土地使用权即作为地上物的住宅房屋进行处分,案涉房屋可以作为执行财产折现后进行抵债。本案中,只是对宅基地地上附着物进行了先行处理。虽然法律规定了“房地一体”原则,但目前法律法规和司法解释并未禁止先行处置地上物。

四、经验启示

通过本案,笔者得出了在处理类似案件时的一些经验启示,供参考:

1. 需偿还债务但债务人合法财产只剩余宅基地时,可以变通执行。本案中,法院即采取了变通的执行方式,本质上是通过拍卖所得价款偿还债权人借款,但实际上集体经济组织里宅基地的出卖、转让是十分受限的,出于人情、经济能力等各种顾虑,往往都无人问津,法院以确定的流拍价格交付给债权人,既解决了无人问津的拍卖僵化问题,又变通地偿还了债权人的借款。根据广东省法院的一些此类案件判决总结,基本也是支持变通执行宅基地来保护债权人的利益。因地制宜,在实务中,如当地法院并不支持此类做法,非集体经济组织成员要想实现以物抵债的目的,可以通过将债权转让给该村集体某成员的方式,在该村集体某成员获得债权后,由法院变更申请执行人,申请执行人再向法院申请以物抵债。

2. 近几年,关于宅基地的执行条件在逐步放松。最高人民法院、国土资源部、建设部《关于依法规范人民法院执行和国土资源房地产管理部门协助执行若干问题的通知》第 24 条规定:“人民法院执行集体土地使用权时,经与国土资源管理部门

取得一致意见后，可以裁定予以处理。对处理农村房屋涉及集体土地的，人民法院应当与国土资源管理部门协商一致后再行处理。”宅基地亦属于集体土地，那么处置途径也可以参照此规定，为实务中宅基地的处置提供了新的思路和方向。

除此之外，根据最高人民法院《关于人民法院民事执行中查封、扣押、冻结财产的规定》第5条的规定，可以看出宅基地以及其上的住房，即使作为被执行人及其所扶养家属的唯一住房，人民法院在满足相关条件下也是仍然可以进行处置的。

执行标的物可否不经拍卖即以物抵债

——以某以物抵债效力纠纷案为例

钟智芬

一、案情简介

中国工商银行A市支行(以下简称A市支行)与某市甲房地产开发公司(以下简称甲公司)发生借款合同纠纷。诉讼过程中经A市中院主持调解,双方达成调解协议,A市中院出具调解书,确认甲公司在限期内向A市支行偿还借款本息。调解书生效后,甲公司未主动履行,A市支行向A市中院申请强制执行。

执行程序中,A市中院对被执行人甲公司位于A市X路7号"玫瑰酒店"第一层部分房屋(以下简称玫瑰酒店房屋)予以查封,并决定对其进行评估,按照评估价格以房屋抵偿甲公司欠付A市支行的债务。A市支行提出异议,要求A市中院拍卖玫瑰酒店房屋,并以拍卖价款偿还债务。A市中院未答复,并作出以房抵债的执行裁定书,裁定将玫瑰酒店房屋抵偿给A市支行以清偿债务。

后甲公司以"A市中院在申请执行人不同意的情况下直接裁定以物抵债行为违法"为由,申请撤销以房抵债裁定,要求重新拍卖玫瑰酒店房屋。A市中院认为,A市支行虽曾提出异议,要求拍卖玫瑰酒店房屋,但之后A市支行已经接受以房抵债,且甲公司在当时也未提出异议,遂作出1号执行裁定书(以下简称1号裁定),驳回了甲公司的异议。

甲公司不服,向B省高院申请监督。B省高院作出9号执行裁定书(以下简称9号裁定),裁定撤销A市中院作出的以房抵债裁定及1号裁定。

A市支行不服,向最高人民法院申请监督,请求撤销9号裁定。最高人民法院认为,最高人民法院《关于适用〈中华人民共和国民事诉讼法〉若干问题的意见》(已失效)第 301 条规定:“经申请执行人和被执行人同意,可以不经拍卖、变卖,直接将被执行人的财产作价交申请执行人抵偿债务,对剩余债务,被执行人应当继续清偿。”因此,“经申请执行人和被执行人同意”是法院不经拍卖、变卖程序直接裁定以物抵债的法定要件。本案中,A 市中院对案涉房产未经拍卖直接作价以房抵债,必须依照上述法律的规定,故本案重点要审查的问题是“以房抵债裁定作出前是否经当事人双方的同意”。由于案卷材料中未见双方当事人在以房抵债裁定作出前均同意以物抵债的任何记载,A 市中院亦承认并未进行书面记载,本案没有足够的证据证明甲公司在以房抵债裁定作出前,以口头或者书面的方式表示同意。该事实状态不符合上述法律规定以房抵债“经申请执行人和被执行人同意”的要求。因此,最高人民法院裁定驳回了 A 市支行的申诉请求。

二、问题难点

“经申请执行人和被执行人同意”,即双方当事人之间达成“以物抵债”合意,是法院不经拍卖、变卖程序直接裁定以物抵债的法定要件。因此,“本案当事人之间对以物抵债是否达成一致意思表示”,是认定以物抵债行为是否合法有效的关键。

在认定该问题上,到底必须应以“申请执行人和被执行人在以物抵债问题上的明示意思表示”为依据,还是可以“根据当事人的某些行为进行推定或默认为同意”,是其中的难点。

三、法律评析

(一)抵债合意的审查标准

民事执行程序中的以物抵债分为合意抵债与裁定抵债。根据最高人民法院《关于适用〈中华人民共和国民事诉讼法〉若干问题的意见》第 301 条关于“经申请执行人和被执行人同意,可以不经拍卖、变卖,直接将被执行人的财产作价交申请执行人抵偿债务,对剩余债务,被执行人应当继续清偿”①之规定,本案情形因不具备前述合意抵债的法定要求,无证据证明申请执行人与被执行人就以物抵债达成

① 《民法典》颁布后,最高人民法院《关于适用〈中华人民共和国民事诉讼法〉若干问题的意见》第 301 条规定,在《民法典》中对应改为最高人民法院《关于适用〈中华人民共和国民事诉讼法〉的解释》(2022 年修正)第 489 条规定:“经申请执行人和被执行人同意,且不损害其他债权人合法权益和社会公共利益的,人民法院可以不经拍卖、变卖,直接将被执行人的财产作价交申请执行人抵偿债务。对剩余债务,被执行人应当继续清偿。”

合意，最后导致以房抵债民事裁定在上级法院的监督程序中被裁定撤销。

如前所述，关于合意抵债，到底必须应以“申请执行人和被执行人在以物抵债问题上的明示意思表示”为依据，还是可以“根据当事人的某些行为进行推定或默认为同意”？

就此，笔者认为，由于当事人“合意”的表现形式有多种，但据以认定属于意思一致的行为表现仍应以明示的书面意思表示最为妥当，因为这是一个当事人协商处分自己实体权利的过程。即一方当事人同意以自己的财产用于偿还其对另一方当事人所负债务，另一方当事人同意接受他方财产用以抵自己拥有的债权，无论是一方财产所有权权利归属的变动，还是债权权利的变化（减少或消失），均会引起当事人实体权利的变动，而这种变动应以当事人明示的真实意思表示作为判断是否达成“以物抵债”合意的依据。

（二）本案法院作出以物抵债裁定行为的合法性

本案当事人未就以物抵债达成一致的书面意见，因此不存在合意抵债，但本案法院却对此作出了以物抵债民事裁定，那么，法院的执行行为是否存在瑕疵？

《民事诉讼法》第 237 条第 1 款规定：“在执行中，双方当事人自行和解达成协议的，执行员应当将协议内容记入笔录，由双方当事人签名或者盖章。”

最高人民法院《关于执行和解若干问题的规定》（2020 年修正）第 6 条规定：“当事人达成以物抵债执行和解协议的，人民法院不得依据该协议作出以物抵债裁定。”

由此可见，从法律规范层面看，法院无须对当事人执行中达成的以物抵债和解协议专门作出民事裁定。而从司法实践中看，有的法院认为申请执行人与被执行人达成以涉案财产抵债协议，实质上是当事人之间自行和解的一种方式，应由当事人按照协议内容自觉履行，涉案财产办理过户手续的，也应由当事人自行办理。因此，执行法院只需按照上述法律规定作执行结案处理即可，不宜直接裁定进行过户确定和协助。

具体到本案的法律适用，申请执行人 A 市支行对法院评估房产准备用于抵债的行为提出异议，要求拍卖并以拍卖价款偿还，但 A 市中院未作答复。在申请执行人明确表态不同意以物抵债的情况下，本案并不具备当事人达成以物抵债和解协议的法定条件，A 市中院却作出以房抵债民事裁定书，将查封房屋抵偿给 A 市支行以清偿债务的行为显属错误，明显违法，应予纠正。退一步说，本案并不存在当事人合意抵债情形，即使存在合意抵债情形，执行法院也只需作执行结案处理即可，不宜直接裁定进行房屋过户确定和协助。

在广东省高级人民法院审理的(2018)粤执复55号案中，执行法院即持此相同观点："执行标的未经拍卖、变卖，且作出以物抵债裁定前未征得当事人双方同意，当事人请求撤销该以物抵债裁定的，人民法院应予支持。"①

四、经验启示

(一)被执行人的财产不经拍卖即以物抵债须具备法定条件

在执行程序中，对被执行人的财产一般常见先进行拍卖，尔后根据拍卖结果决定是否以物抵债。若希望不经拍卖即实现以物抵债须满足以下法定条件：

1. 经申请执行人和被执行人同意

如前所述，此是法院不经拍卖、变卖程序直接裁定以物抵债的首要法定要件，属于当事人之间对债务偿还处理经自由协商一致后的意思表示，法院执行中应当将当事人的意思表示以书面形式如实记录在案。本案例执行法院工作失当之处即在于未将当事人之间协商以物抵债的意思表示如实记入案件卷宗中，导致后续审查时法院无以证明，从而被认定裁定以物抵债行为违反法律规定而被撤销。

2. 不损害其他债权人合法权益和社会公共利益

《民法典》颁布后，《民事诉讼法》司法解释被相应修订，关于当事人合意以物抵债的前提条件，增加了新内容，即当事人合意以物抵债之行为不能损害其他债权人合法权益和社会公共利益。如何判断"当事人以物抵债行为未损害其他债权人合法权益和社会公共利益"？这对法院执行工作是新的考验。事实上，在现今司法执行环境下，若无相关信息的充分披露，执行法官很难做到判断准确，为避免后续被以该理由撤裁，法官更倾向采纳"经历公开司法拍卖"之路径依法支持当事人以物抵债。

(二)执行程序中，何时可以申请法院裁定以物抵债

如前所述，在现今法律框架下，执行标的物未经拍卖实现以物抵债在实施中存在一定难度，合意抵债的实现更多取决于被执行人自觉履行执行和解协议，故"裁定抵债"模式会更利于申请执行人，因为依据法院以物抵债裁定，申请执行人即可

① 广东省高级人民法院《高院执行裁决要点(三)》第7项裁判观点。

无须等待不动产过户登记、动产交付即实现拥有财产所有权，这对申请执行人的权益保障无疑更有利。

然而，由于法律、司法解释规定法院不得依据“当事人达成的以物抵债执行和解协议”作出以物抵债裁定，而《民法典》实施后，法院对未经历拍卖程序的以物抵债行为，又因新规实施条件严格而倾向严谨保守，不轻易作出裁定。那么，怎样做才能在执行中获得法院支持出具以物抵债裁定呢？

从最高人民法院《关于人民法院民事执行中拍卖、变卖财产的规定》（以下简称《拍卖变卖规定》）第 16 条关于“拍卖时无人竞买或者竞买人的最高应价低于保留价，到场的申请执行人或者其他执行债权人申请或者同意以该次拍卖所定的保留价接受拍卖财产的，应当将该财产交其抵债”之规定来看，《拍卖变卖规定》支持第一次拍卖流拍后可以进行以物抵债。而最高人民法院《关于人民法院网络司法拍卖若干问题的规定》（以下简称《网络拍卖规定》）第 26 条规定：“网络司法拍卖第一次流拍后，应当在三十日内在同一网络司法拍卖平台再次拍卖。”

这里存在争议的是，网络司法拍卖一次流拍后，能否进行以物抵债？《网络拍卖规定》既未作明确规定，也未作明确禁止，但该规定第 37 条第 3 款规定了“本规定对网络司法拍卖行为没有规定的，适用其他有关司法拍卖的规定”。而《拍卖变卖规定》第 16 条明确支持第一次司法拍卖流拍后当事人以物抵债。由此可见，第一次网络司法拍卖后进行以物抵债是有法律依据的。

从案例检索结果来看，司法实践中也确有法院如此操作，如上海市高级人民法院发布的 2021 年第一批参考性案例第 114 号案载明：“网络司法拍卖一拍流拍后，申请执行人以一拍起拍价申请以物抵债的，执行法院应当支持以物抵债。”

因此，笔者建议，对执行标的物一般优先选择司法拍卖处理。如第一次拍卖流拍，则可以第一次拍卖保留价申请以物抵债，也可以请求第二次拍卖，如第二次拍卖流拍的，可以第二次拍卖保留价申请以物抵债。在每次拍卖程序中根据实际情况是否有利于自己从而决定是否申请以物抵债。

（三）实务中以物抵债还应注意哪些问题

第一，以物抵债涉及物权和债权的相互转换，并涉及税费问题，且实物本身瑕疵有隐蔽性，故此中可能存在的潜在风险不可小觑。因此申请执行人如有意向以物抵债的，首先必须做好事前尽职调查，对标的资产有无瑕疵、产权过户可能面临的风险等进行尽可能彻底的尽调，便于后期决策判断和化解风险。

第二，由于法院不再依据“当事人达成的以物抵债执行和解协议”作出以物抵债裁定，而当事人之间的以物抵债协议并不产生物权变动的法律后果，因此，在完成权属变更登记前，申请执行人对抵债物只享有债权请求权而非物权，并不具备优于其他债权的利益。此种情形存在有其他合法权益的第三人针对抵债物主张权利，以及其他债权人基于生效法律文书申请强制执行抵债物的可能性，所以申请执行人签订以物抵债协议后，不可掉以轻心，在条件具备时及时办理抵债物的权属变更登记，条件不具备时应当实时关注抵债物动态，一旦发现不利情形，则及早采取保全措施。

执行中无法直接追加债务人的配偶为被执行人情况下债权人的维权之道

——以苏某某合同纠纷执行异议案等为例

李　珺

一、案情简介

苏某某与甲市X建设工程有限公司(以下简称X公司)、闫某某、乙市H建筑劳务分包有限公司(以下简称H公司)劳务合同纠纷一案,经丙地仲裁委员会调解取得调解书。2019年10月25日,申请执行人苏某某向有管辖权的中级人民法院申请强制执行。但因法院查询被执行人X公司、闫某某名下无财产可供执行,法院于2019年12月20日裁定终结本次执行。

其后,申请执行人苏某某申请追加闫某某的配偶刘某某为被执行人,理由为:X公司的唯一股东是闫某某,被执行人刘某某是闫某某的老婆(2018年12月18日登记结婚)。闫某某与刘某某于2020年8月14日办理了假离婚。因X公司的业务都是经刘某某名下账户收付款,而不经X公司和闫某某账户收付款,所以法院查询被执行人X公司和闫某某名下无财产可供执行。实际上,X公司和闫某某是有财产可供执行的,只是在闫某某的老婆刘某某名下。此外,闫某某本人及X公司也有多个在建工程(丁市粮仓工程、甲市开发区的厂房、戊市陶瓷项目),该事实有闫某某和申请执行人的聊天记录为证,但以上项目的收付款也都是经过刘某某名下账户收付款(有刘某某银行转账为证)。2018年刘某某每月收到工程款约300万元,其间闫某某的工程款都是刘某某代理闫某某收入、转出。2020年8月12日闫某某作为原告在某区人民法院起诉一个案件,标的额1800多万元。另据闫某某朋友说,农历2020年年底刘某某收到工程款800多万元。申请执行人认为闫某某利用与被申请人刘某某假离婚，隐瞒、转移财产；利用被申请人账户收付工程款，企图逃避法院强制执行。被申请人闫某某对申请执行人的债务也是离婚前的债务，闫某某、刘某某应共同承担。

法院经审查，最终裁定驳回苏某某提出追加刘某某为本案被执行人的申请。

二、问题难点

如果在实体程序中，既没有裁决或调解确定债务人的配偶共同承担债务，也没有对债务人的配偶是否应当承担债务进行审理，那么在执行程序中是否可根据申请执行人的申请直接追加债务人的配偶为被执行人呢？如果答案是否定的，那么债权人将如何通过法律途径处置被执行人的配偶名下的财产来维护自身的权益？

在司法实践中，我们可以通过确认夫妻共同债务之诉和债权人代位权之诉进行维权。但两类诉讼在审理过程中也会面临一定的难题，包括：确认夫妻共同债务纠纷是否存在诉讼时效抗辩；涉案债务经审理后，申请执行人向被执行人的配偶提起确认该债务为夫妻共同债务的诉讼，是否违反了“一事不再理”原则；认定夫妻共同债务的依据是什么；代位权诉讼中涉案财产是否为夫妻共同财产；有无恶意逃避债务的情形；债务人财产处置的时间早于债权人起诉时间是否属于恶意损害债权人合法权益的情形，存在以上情形是否能撤销该民事行为。针对这些问题难点，作者将结合实例、法律规定和实践观点进行进一步的法律分析。

三、法律评析

关于在执行程序中直接追加被执行人的配偶为被执行人的问题，2016 年前全国各地法院的做法不一，实践中较为混乱。

一些法院采取夫妻共同债务推定说，认为：“执行依据未明确债务为夫妻一方个人债务的，如果债务发生在夫妻关系存续期间，配偶不能证明非夫妻共同债务的，可以推定为夫妻共同债务，并可以直接执行夫妻共同财产、配偶（包括已离婚的原配偶）的个人财产。配偶有异议的，可以根据《民事诉讼法》第 227 条的规定（案外人异议、异议之诉等实体性执行救济方式）进行救济。”①

另一些法院则认为：“执行依据确定的债务人为夫妻一方的，根据现行法律和

① 最高人民法院执行局编：《执行工作指导》（2013 年第 2 辑，总第 46 辑），人民法院出版社 2013 年版。

司法解释的规定，不得裁定追加被执行人的配偶为被执行人。申请执行人主张执行依据确定的债务为夫妻共同债务，申请追加被执行人的配偶为被执行人的，告知其通过其他程序另行主张。"①

2016 年 12 月 1 日开始施行的最高人民法院《关于民事执行中变更、追加当事人若干问题的规定》对变更、追加被执行人的条件和情形作出了明确法律规定，但未将直接追加被执行人的配偶为被执行人列入法定追加情形。

法院的执行权作为一种具有强制性的公权力，遵循的是"法无明文规定即禁止"的原则。因此，根据现行的法律规定，在没有法律规定可以在执行程序中直接将被执行人的配偶列为被执行人的情况下，如前述案例中采取的做法，法院应驳回其追加申请。最高人民法院《关于在执行工作中规范执行行为切实保护各方当事人财产权益的通知》（法〔2016〕401 号）也强调："在执行程序中直接变更、追加被执行人的，应严格限定于法律、司法解释明确规定的情形。各级人民法院应严格依照即将施行的《最高人民法院关于民事执行中变更、追加当事人若干问题的规定》，避免随意扩大变更、追加范围。"

可见，在实体程序中，既没有裁决被执行人的配偶共同承担债务，也没有对被执行人的配偶是否应当承担债务进行审理的情况下，在执行程序中不可根据申请执行人的申请直接追加债务人的配偶为被执行人。那么，申请执行人只能通过其他法律途径——提起确认夫妻共同债务诉讼和代位析产诉讼，从被执行人的夫妻

---

① 北京市高级人民法院《北京市法院执行工作规范》第 539 条规定："执行依据确定的债务人为夫妻一方的，根据现行法律和司法解释的规定，不得裁定追加被执行人的配偶为被执行人。申请执行人主张执行依据确定的债务为夫妻共同债务，申请追加被执行人的配偶为被执行人的，告知其通过其他程序另行主张。人民法院查封、扣押、冻结被执行人实际占有或登记在其名下的财产，被执行人的配偶以该财产系自己的个人财产为由提出异议的，按照《中华人民共和国民事诉讼法》第二百二十七条规定处理。人民法院查封、扣押、冻结登记在被执行人与其配偶共同名下的财产，被执行人的配偶以该财产不是夫妻共同财产而是自己的个人财产为由提出异议的，按照《中华人民共和国民事诉讼法》第二百二十七条规定处理。被执行人的配偶对夫妻共同名下的财产系夫妻共同财产的性质无争议，仅以人民法院不得查封、扣押、冻结共同财产为由提出异议的，按照《中华人民共和国民事诉讼法》第二百二十五条规定处理。申请执行人以被执行人的配偶实际占有或登记在其名下的财产系夫妻共同财产为由，书面申请查封、扣押、冻结该财产的，人民法院可以查封、扣押、冻结。被执行人的配偶以该财产是自己的个人财产为由提出异议的，按照《中华人民共和国民事诉讼法》第二百二十七条规定处理。对查封、扣押、冻结的夫妻共同财产，按照《最高人民法院关于人民法院民事执行中查封、扣押、冻结财产的规定》第十四条的规定处理。对夫妻共同财产的执行，针对的是夫妻共同财产的整体，可以不对夫妻共同财产中的单个财产逐一进行分割。执行夫妻共同财产中被执行人应当享有的有部分，不得超过夫妻共同财产价值总额的一半，但被执行人的配偶同意的除外。［参照《北京市高、中级法院执行局（庭）长座谈会（第二次会议）纪要》第六部分第一个问题］"

共同财产中分离分割出属于被执行人的个人份额以执行并偿还债务。

从现行法律规定来看,将裁判中未判令共同承担债务的配偶直接追加为被执行人是不符合法律规定的。民事诉讼实行“审执分离”原则,当事人的实体权利义务必须通过实体程序(诉讼、仲裁等)的审理才能得到司法上的认定,进而才能运用法院执行权力对其进行保护、处置或监督。因此,重回诉讼程序,提起确认夫妻共同债务纠纷之诉是追加被执行人配偶的重要步骤之一。

而在司法实践中,确认夫妻共同债务纠纷涉及的问题难点主要有诉讼时效问题、是否构成一事不再理的问题以及如何认定为夫妻共同债务问题(如“吴某甲与邹某某、郑某某确认夫妻共同债务纠纷案”①)。

关于诉讼时效的问题。诉讼时效仅适用于债权请求权的纠纷案件,从确认夫妻共同债务纠纷的根本目的来看,似乎是诉请法院支持债务人的配偶共同履行债务的请求权,可适用诉讼时效制度进行抗辩。但事实上,对该请求权的诉请已在债务人与债权人的前诉讼案件中得以解决,该请求权已通过审判进行了司法认定。而从案由的角度分析,确认夫妻共同债务纠纷只是确认法律关系之诉,并不对请求权是否成立进行审查,确认之诉依法并不适用诉讼时效之规定。

关于一事不再理的问题。虽然我国法律对于“一事不再理”并无直接明确的规定,但已是公认的法理和审理标准。判断是否适用“一事不再理”,可从前后两个诉讼是否属于同一当事人、同一诉讼标的、同一争议焦点的标准来判断。

---

① 郑某某与邹某某于1994年7月12日登记结婚。郑某某于2007年7月25日与吴某甲签订《G市房地产租赁合同》,承租了G市某房产用于经营G市洁爱餐具服务部。因郑某某欠租,吴某甲以租赁合同纠纷向一审法院起诉郑某某,一审法院经审理作出民事判决:“……三、郑某某于本判决发生法律效力之日起五日内向吴某甲给付上述合同所涉的使用费及利息(计至2010年10月31日止,郑某某尚欠使用费为68,110元);从2010年11月1日起计至上述第二项履行完毕之日止,使用费按每月4370元计算……”郑某某不服,上诉至二审法院,二审法院于2011年9月27日作出民事判决:驳回上诉,维持原判。判决生效后,郑某某未履行上述判决确定的义务,吴某甲向一审法院申请强制执行。后来,吴某甲为了执行郑某某的夫妻共同财产,向一审法院起诉请求确认涉案债务为郑某某与邹某某的夫妻共同债务。一审民事判决书中确定的郑某某对吴某甲所负债务属于郑某某与邹某某的夫妻共同债务,邹某某应对该债务承担连带清偿责任。二审驳回上诉,维持原判。法院认为,本案中,涉案债务产生于邹某某与郑某某的夫妻关系存续期间。现吴某甲就涉案债务主张权利,而邹某某未能提供证据证明存在最高人民法院《关于适用〈中华人民共和国婚姻法〉若干问题的解释(二)》第24条规定的除外情形,故涉案债务属邹某某与郑某某的夫妻共同债务,邹某某负有连带清偿的责任。本案为确认之诉,不适用诉讼时效之规定。邹某某提出的本诉违反“一事不再理”原则的上诉意见,本院认为,原民事案件处理的是吴某甲与郑某某之间的租赁合同纠纷,而本诉处理的是吴某甲与邹某某、郑某某之间确认夫妻共同债务纠纷,不属于同一法律关系,因此并不违反“一事不再理”原则。

关于如何认定夫妻共同债务的问题。在审理夫妻共同债务纠纷过程中，在法院判断债务金额已超出家庭日常生活需要的情况下，现行法律更偏向于保障未具名的夫妻一方的权利。最高人民法院《关于依法妥善审理涉及夫妻债务案件有关问题的通知》（法〔2017〕48号）规定："保障未具名举债夫妻一方的诉讼权利。在审理以夫妻一方名义举债的案件中，原则上应当传唤夫妻双方本人和案件其他当事人本人到庭；需要证人出庭作证的，除法定事由外，应当通知证人出庭作证。在庭审中，应当按照最高人民法院《关于适用〈中华人民共和国民事诉讼法〉的解释》的规定，要求有关当事人和证人签署保证书，以保证当事人陈述和证人证言的真实性。未具名举债一方不能提供证据，但能够提供证据线索的，人民法院应当根据当事人的申请进行调查取证；对伪造、隐藏、毁灭证据的要依法予以惩处。未经审判程序，不得要求未举债的夫妻一方承担民事责任。"《民法典》第1064条亦有规定，债权人需对债务用于债务人的夫妻共同生活、共同生产经营或存在夫妻双方共同意思表示承担债务的事实情况，承担举证责任，否则将承担举证不能的不利后果。

除此以外，在债权人向债务人提起给付之诉前后不久的时间内，债务人与其配偶通过离婚协议办理离婚并分割夫妻共同财产的情况并不少见，这将在一定程度上造成夫妻共同财产的转移，导致债务人名下无任何财产可供执行。针对此类情况，债权人最有效的救济途径便是提起债权人撤销权纠纷诉讼。但此类纠纷要求债权人承担的举证责任较重。首先需要证明的就是涉案财产是否为夫妻共同财产，财产的取得是否在夫妻关系存续期间；其次离婚协议的签订时间、办理离婚的时间和财产转移的时间也是判断是否存在恶意逃避债务的关键。例如，在"黄某某、冯某2等债权人代位权纠纷案"①中，债务人处置财产的时间早于债权人起诉时间，且虽然财产已转移给被执行人配偶却未办理离婚手续，但未成功办理离婚手续的原因不在于债务人夫妻双方。因此，该案证据证明的事实不足以认定存在恶意逃避债务、恶意损害债权人合法权益的情形。

---

① 黄某某以民间借贷纠纷为由将冯某2、李某某诉至一审法院，一审法院作出民事判决书，判决：冯某2于判决生效之日起10日内向黄某某清还借款本金110，750元并支付逾期利息，借款本金3万元及支付逾期利息；驳回黄某某的其他诉讼请求。该判决已发生法律效力。因冯某2未履行该生效判决确定的义务，经黄某某申请，一审法院立案执行。执行期间，黄某某以债权人撤销权纠纷为由将冯某2、李某某诉至一审法院，诉请要求撤销冯某2将其所有的涉案房屋的1/2产权份额析产给李某某，李某某将原属于冯某2的涉案房屋的1/2产权份额返还过户给冯某2。法院经审理查明，李某某与冯某2于1992年10月22日登记结婚。涉案房屋位于广州市××房，该房屋于2004年2月17日登记在冯某2与李某某二人名下，各占1/2份额。2018年7月初，李某某和冯某2申请离婚，李某某为现役军人，单位人力资

但根据《民法典》第538条①、第539条②的规定,债务人通过离婚协议赠予或以明显不合理的低价将其份额内的财产转移给配偶的,属于可撤销的范围。拟提起债权人撤销权诉讼时,可着重调查是否存在此类情况。

四、经验启示

从现行法律规定来看,未通过诉讼、仲裁、调解等实体程序确定为夫妻共同债务的,执行法院不能直接裁定追加被执行人的配偶为被执行人。即只有被执行人的配偶在裁判文书中作为被告或第三人被判令承担债务履行责任,才能以被执行人的身份出现在执行案件当中,以其个人的全部财产承担判项责任。然而在现实生活中,因法律严格规定执行法院不能查询案外人的财产,常常会出现债务人为了逃避债务而以配偶的名义持有财产。对于此类情况,我们可以考虑采用以下几种现行法律规定有效的诉讼救济途径。

源科考虑到李某某身体状况原因,未准许双方离婚。涉案房屋于2018年7月24日变更登记在李某某名下,登记占有份额为全部,房屋权属来源为李某某原1/2购买,现1/2析产所得。涉案房屋于2018年9月13日被查封。一审法院认为,其一,根据已查明的事实,涉案房屋购买于冯某2与李某某婚姻关系存续期间,但冯某2与李某某已于2018年7月初向××提交离婚申请书并签订离婚协议书,约定涉案房屋归李某某所有,李某某支付涉案房屋现值100万元的1/2即50万元给冯某2……李某某提交借条、转账记录、收条、《证明》等证据拟证明其已于2018年7月18日前向冯某2付清上述50万元。李某某与冯某2双方在离婚协议书中就财产处理、债务处理等事项的约定是比较平等的,现有证据未能证明相关协议存在恶意逃避债务的情形。其二,李某某作为现役军人,其离婚申请需经过××相关部门的审批同意。根据××人力资源科于2019年6月24日出具的《证明》可知,李某某与冯某2尚未办理离婚登记的原因,不可归责于李某某或者冯某2。其三,不动产登记簿查册表显示,涉案房屋的全部份额于2018年7月24日经过析产登记至李某某名下,于2018年9月13日被一审法院以-1号文书采取查封措施。而黄某某于2018年8月2日才提起一案的诉讼,以民间借贷纠纷将冯某2与李某某诉至一审法院。冯某2与李某某签订离婚协议书、李某某向冯某2支付涉案房屋的约定价款以及涉案房屋办理过户登记至李某某名下的时间均在黄某某提起案诉讼之前。黄某某所举证据无法证明冯某2与李某某关于涉案房屋分割的约定存在恶意损害其作为冯某2债权人合法权益的情形。黄某某要求确认涉案房屋为冯某2与李某某的夫妻共同财产并予以分割,理据不足,不予支持。二审法院认为,冯某2与李某某虽未办理离婚登记,一审判决根据××人力资源科于2019年6月24日出具的《证明》以及李某某与冯某2离婚协议书中就财产、债务处理等事项的约定内容,认定现有证据未能证明相关协议存在恶意逃避债务的情形,并无不当。李某某所在××因考虑到李某某身体状况原因未准许李某某与冯某2双方离婚,这是本案需要关注的特别情况。在房屋主管部门已对涉案房屋产权完成变更登记,而冯某2个人应向黄某某承担还款责任的情况下,黄某某以冯某2与李某某婚内析产不当为由主张涉案房屋仍为冯某2与李某某的夫妻共同财产,一审判决对此不予支持,法院对此予以维持。

① 《民法典》第538条规定:"债务人以放弃其债权、放弃债权担保、无偿转让财产等方式无偿处分财产权益,或者恶意延长其到期债权的履行期限,影响债权人的债权实现的,债权人可以请求人民法院撤销债务人的行为。"

② 《民法典》第539条规定:"债务人以明显不合理的低价转让财产、以明显不合理的高价受让他人财产或者为他人的债务提供担保,影响债权人的债权实现,债务人的相对人知道或者应当知道该情形的,债权人可以请求人民法院撤销债务人的行为。"

其一，提起确认夫妻共同债务诉讼。尽可能收集被执行人的配偶知晓甚至使用债务款项的证据，在第一次提起债权债务纠纷诉讼时，将债务人的配偶一并列为被告，要求其承担连带责任。若判决前仍未列为被告，则在取得配偶信息及相关认定共同债务的证据后，尽早提起确认夫妻共同债务诉讼，以免财产被恶意转移。通过诉讼确认为夫妻共同债务后，被执行人的配偶将以其个人全部财产承担给付义务。

其二，针对具体财产提起代位析产诉讼。最高人民法院《关于人民法院民事执行中查封、扣押、冻结财产的规定》第 12 条规定："对被执行人与其他人共有的财产，人民法院可以查封、扣押、冻结，并及时通知共有人。共有人协议分割共有财产，并经债权人认可的，人民法院可以认定有效。查封、扣押、冻结的效力及于协议分割后被执行人享有份额内的财产；对其他共有人享有份额内的财产的查封、扣押、冻结，人民法院应当裁定予以解除。共有人提起析产诉讼或者申请执行人代位提起析产诉讼的，人民法院应当准许。诉讼期间中止对该财产的执行。"依据上述规定，在掌握有被执行人的配偶一方名下或被执行人及其配偶双方名下共有财产证据的情况下，可直接由申请执行人代位提起诉讼要求析产分割，以便执行析产后的债务人财产。

其三，提起债权人撤销权之诉。若得知被执行人及其配偶在债权债务纠纷起诉后，仍分割转移夫妻共同财产，且转移的结果导致了债权人无法执行本属于债务人的财产份额，债权人可在得知后法定期限内提起撤销权诉讼。撤销权诉讼可起到撤销分割转移民事行为的效果，大大保障债权人执行判项的权利。

实质上，无论是上述的确认夫妻共同债务诉讼，还是代位析产、撤销权诉讼，关键问题都是在债务形成前对债务人身份关系信息以及财产信息的掌握，尽可能降低风险，防患于未然。

执行程序中能否直接追加未届出资期限即转让股权的原认缴股东为被执行人

——《九民纪要》实施前后的对比

黄丽榆

一、案情简介

A公司注册资本为10万元,股东为陈某某、李某某,分别认缴出资8万元、2万元,认缴出资时间为2065年12月30日,法定代表人为陈某某。

2020年3月23日,陈某某将原出资8万元(占公司注册资本的80%)全部转让给甘某某,转让金0元;李某某将原出资2万元(占公司注册资本的20%)的1.5万元转让给甘某某,转让金0元。之后,公司股东变更为甘某某、李某某,认缴出资额分别为9.5万元、0.5万元,出资比例分别为95%、5%,出资时间均为2065年12月30日,法定代表人变更登记为甘某某。

因A公司运营的某QQ公众号擅自使用深圳B公司某微博号和微信公众号的头像、名称,为不正当竞争行为……法院于2020年1月23日作出判决,判决A公司一次性赔偿某B公司经济损失和合理开支合计30万元。

B公司根据生效的民事判决书向法院申请强制执行,在执行过程中,法院经穷尽执行措施,未发现被执行人A公司有可供执行财产,于2020年10月13日作出执行裁定书,裁定终结本次执行程序。

其后,B公司申请追加陈某某、李某某、甘某某为被执行人,要求其在未出资范围内对涉案债务承担清偿责任,法院予以支持其请求,认为A公司原股东陈某某、李某某在案件终审判决生效后,A公司无财产可供清偿债务的情况下,不申请公司破产,其出资应加速到期。但陈某某、李某某不但没有提前出资,反而转让股权,存在逃避债务履行的嫌疑，且现股东甘某某、李某某未履行出资义务。因此，法院裁定追加甘某某、陈某某和李某某为被执行人，分别在9.5万元、8万元、2万元的范围内对A公司欠B公司的债务承担清偿责任。陈某某、李某某、甘某某不服执行裁定书，提起异议之诉，一审和二审均判决驳回其诉求。

二、问题难点

公司作为独立法人，公司股东是有限责任，当公司无法清偿到期债务，被判决承担清偿责任，甚至成为被执行人时，一般而言，债权人不得直接追究股东的责任。在司法实践中，很多公司的注册资本是认缴，股东因缴纳出资期限未到而没有缴纳出资，以致债权人的利益非经破产程序将难以实现，这种问题在执行案件中很突出。因此，关于"公司章程规定的出资期限届满前，股东能否被直接追加为被执行人，如股东已转让股份，能否被追加为被执行人以及承担责任的范围"等问题，均是执行程序中备受关注的问题。

三、法律评析

（一）股东对公司的责任与其认缴出资期限的关联性

在司法实践中，很多法院在执行程序中仅对申请人的追加申请进行形式审查，如果公司章程约定的出资期限尚未届至，法院通常会采取"一刀切"的方式，一律驳回申请执行人的追加申请，申请人对于裁定不服的，要求申请人再通过诉讼进行权利救济，根据最高人民法院《关于民事执行中变更、追加当事人若干问题的规定》提起执行异议之诉。在执行异议之诉程序中，法院基于实体权利义务关系作出处理，处理结果是案外人是否应作为被执行人依据生效法律文书承担相关责任。但是，这实质是对司法资源的浪费，也增加了债权人维权的成本。

在《全国法院民商事审判工作会议纪要》①（以下简称《九民纪要》）实施前，股东的期限利益在司法层面予以严格保护，将"股东出资加速到期"严格限定于公司破产、公司解散清算的情形下。《九民纪要》实施后，关于股东出资应否加速到期，有了比较明确的规定："在注册资本认缴制下，股东依法享有期限利益。债权人以公司不能清偿到期债务为由，请求未届出资期限的股东在未出资范围内对公司不

① 《全国法院民商事审判工作会议纪要》（法〔2019〕254号）已于2019年9月11日经最高人民法院审判委员会民事行政专业委员会第319次会议原则通过，于2019年11月8日施行。

能清偿的债务承担补充赔偿责任的,人民法院不予支持。但是,下列情形除外:(1)公司作为被执行人的案件,人民法院穷尽执行措施无财产可供执行,已具备破产原因,但不申请破产的;(2)在公司债务产生后,公司股东(大)会决议或以其他方式延长股东出资期限的。”

《九民纪要》的实施对股东出资加速到期的例外情形在制度层面作出了规定,打破了仅在破产和解散清算情形下才可加速到期的限制,赋予执行程序中亦有可能加速到期的特权。执行程序中的加速到期均系个别债权的偿付,区别于破产、解散清算程序中全部债权债务关系的梳理与清偿,与破产程序的公平原则存在冲突,极有可能导致多个平等之债因程序不同无法平等受偿。在执行异议之诉程序中,法院多数情况下认可执行终本属于“被执行人已具备破产原因,但未申请破产”的情形,股东出资应加速到期,股东应依法被追加为被执行人并在未出资或未足额出资的范围内承担补充赔偿责任,详见以下案例:

福州市中级人民法院在(2019)闽 01 执异 429 号执行异议一案中认为:“(一)杨某秀受让饶艳股权……未缴出资应为 900 万元;(二)……尽管被执行人减资事宜经报纸公告和变更登记,但公告前申请执行人已对本案债权债务纠纷提请仲裁,该债权虽然未经仲裁裁决确认,被执行人也不可忽视其权利,对该债权人应当尽到告知义务。被执行人在既未通知申请执行人,亦未清偿债务或提供相应担保的情况下,径行办理变更登记手续,违反公司减资的法定程序,其减资行为对申请执行人不具有对抗效力;(三)杨某秀未依法全面履行出资义务,于仲裁裁决生效后将股权转让给案外人,不影响其承担转让前的违法减资责任,仍应在未依法出资的范围内对申请执行人承担清偿责任。”

广州市中级人民法院在(2021)粤 01 民终 15785 号执行异议之诉案中认为:“虽然在注册资本认缴制下,股东依法享有期限利益,对债权人以公司不能清偿到期债务为由,请求未届出资期限的股东在未出资范围内对公司不能清偿的债务承担补充赔偿责任的,一般不予支持。但任何合同自由均有其边界,股东出资义务的履行期限并非(完全自治)的事项,即出资期限制度的设计应以不影响公司的正常经营包括偿债能力为限制。在公司作为被执行人的案件中,如果人民法院已穷尽执行措施而无财产可供执行,则应允许债权人主张加速股东出资义务之履行,才符合诚信原则及契约精神。”

结合上述案例,股东不得滥用其出资期限利益以逃避债务、损害公司债权人权益,股东在明知公司对外负债且无力清偿的情况下恶意转让未届出资期限的股权、增加公司注册资本实缴不到位的风险,其行为损害债权人利益,不应得到法律保护,应依法被追加为被执行人。

相反地,即使在《九民纪要》施行后,部分法院也仍然认为认缴出资期限未届满,不管公司是否属于"被执行人已具备破产原因,但未申请破产"的情形,直接驳回追加股东作为被执行人的申请,详见以下案例:

北京市第三中级人民法院在(2019)京03民初344号执行异议之诉案中认为:"作为被执行人的企业法人,财产不足以清偿生效法律文书确定的债务,申请执行人申请变更、追加未缴纳或未足额缴纳出资的股东、出资人或依公司法规定对该出资承担连带责任的发起人为被执行人,在尚未缴纳出资的范围内依法承担责任的,人民法院应予支持。执行程序中追加被执行人,应当限于法律和司法解释明确规定的追加范围。我国公司注册资本制度采用认缴制,即股东负有按期足额缴纳公司章程中规定的各自所认缴的出资额的义务。公司章程可以就认缴期限作出规定。《最高人民法院关于民事执行中变更、追加当事人若干问题的规定》第十七条关于'未缴纳或未足额缴纳出资的股东'的规定应理解为没有按照公司章程规定的金额、方式、时间等全面履行出资义务的股东,未到认缴期限不属于未缴纳或未足额缴纳出资的情形。本案中,李妍向中扬公司的出资缴纳时间为2036年7月20日,出资期限尚未届满。现世纪金文公司以李妍没有缴纳出资为由,要求其在尚未缴纳出资的范围内依法承担责任,依据不足,本院不予支持。"

现有法律未规定公司股东的认缴出资期限,届满时间可以由公司股东约定,在认缴期限内的任何时间认缴均符合约定,而并非必须在期限届满时认缴。股东对公司认缴出资的实缴进度,可能与股东的经济情况、公司的实际经营和负债情况相联系。公司处于长期负债未结状态,股东有义务在其认缴范围内向公司实缴出资或对债权人承担责任,而不能以内部约定的认缴出资时间未到期拒绝或拖延履行股东对公司的出资义务以及公司对债权人的责任。

根据《公司法》第3条第2款[①]关于"有限责任公司的股东以其认缴的出资额为限对公司承担责任"的规定,无论公司章程或股东内部约定的认缴出资时间点是否

---

① 《公司法》第3条规定:"公司是企业法人,有独立的法人财产,享有法人财产权。公司以其全部财产对公司的债务承担责任。有限责任公司的股东以其认缴的出资额为限对公司承担责任;股份有限公司的股东以其认购的股份为限对公司承担责任。"

期限届满，无论是已缴出资还是未缴出资，股东未出资部分亦属于公司财产，应当在其认缴的出资范围内对公司承担责任。

另根据最高人民法院《关于适用〈中华人民共和国公司法〉若干问题的规定（三）》第13条第2款关于“公司债务不能清偿”的规定是股东承担补充赔偿责任的前提，并非一定要公司破产或破产清算，认缴出资期限未届满不能成为股东规避责任的条件。在出现公司财产不能或不足以清偿债务的情况时，股东应负有缴纳相应注册资本的义务。

（二）在公司章程规定的出资期限届满前，股东未履行出资义务即转让股份，能否追加为被执行人

关于这一问题，在司法实践中存在不同的观点：

1. 不予追加

此种观点认为，“出资期限未届满”不属于股东“未履行或者未全面履行出资义务”，因此对出资期限未届满的原股东转让股权的，不能依据最高人民法院《关于适用〈中华人民共和国公司法〉若干问题的规定（三）》第18条[①]的规定，要求原股东承担责任，也不能依据最高人民法院《关于民事执行中变更、追加当事人若干问题的规定》第19条的规定，追加该原股东为公司债务的被执行人。

2. 根据债务产生的时间与股权转让的时间先后讨论

（1）股权转让行为发生在债务产生之前

如果股东转让股权发生在债务产生之前，由于转让时债务尚未产生，股东未履行出资义务的行为并未影响公司对该笔债务的清偿能力。在依法办理股权转让手续后，原股东退出公司，股权对应的权利义务随之转让，债权人对原股东的出资并无信赖利益，故股东转让股权没有损害公司债权人的债权，不能要求原股东继续承担出资责任。此种情况下，出资期限尚未届满，不应将股东追加为被执行人。虽然实践中也存在个例，认为股东在其出资认缴期限内，均对公司负有出资义务，股东在未届出资期限的情况下即转让股权，可视为股东对其法定义务的“预期违约”，根

① 最高人民法院《关于适用〈中华人民共和国公司法〉若干问题的规定（三）》第18条规定：“有限责任公司的股东未履行或者未全面履行出资义务即转让股权，受让人对此知道或者应当知道，公司请求该股东履行出资义务、受让人对此承担连带责任的，人民法院应予支持；公司债权人依照本规定第十三条第二款向该股东提起诉讼，同时请求前述受让人对此承担连带责任的，人民法院应予支持。受让人根据前款规定承担责任后，向该未履行或者未全面履行出资义务的股东追偿的，人民法院应予支持。但是，当事人另有约定的除外。”

据原《合同法》第108条以及《民法典》第578条[①]的规定，债权人可以在履行期限届满之前要求其承担违约责任，故应当允许股东出资义务加速到期并对其合法转让股权之后产生的公司债务承担补充赔偿责任。

(2)股权转让行为发生在债务产生之后

在未届出资期限，股东未履行出资义务即转让股权的，应审查是否具备出资加速到期的情形。股东出资是否具备加速到期的情形，可考虑以下因素：①股权转让时，被执行人是否已具备破产原因但不申请破产；②股东是否在明知公司对外负债且无力清偿的情况下恶意转让未届出资期限的股权，逃避债务履行，增加了债权人的风险。

笔者赞同第二种观点，股东在其认缴出资期限内，均对公司负有出资义务，股东在未届出资期限的情况下即转让股权，可视为股东对其法定义务的“预期违约”。在公司章程规定的出资期限届满前，股东未履行出资义务即转让股权，无论债务是发生在转让股权之前还是之后，均可以追加股东为被执行人。

以本案为例，2020年3月23日，陈某某与甘某某签订《股权转让协议》，陈某某将原出资8万元(占公司注册资本的80%)全部转让给甘某某，转让金0元，即公司章程约定的股东出资期限届满(2065年12月30日)之前将其所持公司80%的出资转让，但此时，法院已于2020年1月23日作出生效民事判决书确定公司的债务。

陈某某在出资期限即将届满之前且在诉讼过程中转让股权，具有转让股权以逃避出资义务的恶意，有违诚信原则，侵害了对外债权人B公司的合法权益，不能就此免除其对A公司补足出资并对A公司不能清偿生效法律文书确定的债务承担补充赔偿责任的义务。故陈某某仍属于最高人民法院《关于民事执行中变更、追加当事人若干问题的规定》第19条[②]关于“未履行出资义务即转让股权的股东”的规定，仍应对A公司负有补足出资并对案涉生效判决确定的债务不能清偿部分承担补充赔偿责任。在公司已经出现负债且不能清偿的情况下，李某某和甘某某作为股东也应当在其认缴范围内对B公司承担补充清偿责任。

---

① 《民法典》第578条规定：“当事人一方明确表示或者以自己的行为表明不履行合同义务的，对方可以在履行期限届满前请求其承担违约责任。”

② 最高人民法院《关于民事执行中变更、追加当事人若干问题的规定》第19条规定：“作为被执行人的公司，财产不足以清偿生效法律文书确定的债务，其股东未依法履行出资义务即转让股权，申请执行人申请变更、追加该原股东或依公司法规定对该出资承担连带责任的发起人为被执行人，在未依法出资的范围内承担责任的，人民法院应予支持。”

(三)申请执行人是否应当在终结本次执行后才能追加公司股东作为被执行人

根据最高人民法院《关于适用〈中华人民共和国公司法〉若干问题的规定(三)》第13条第2款①的规定,“公司债务不能清偿”是股东承担补充赔偿责任的前提。以本案为例,B公司依据民事判决书向法院申请强制执行,在执行过程中,法院已经穷尽执行措施,未发现A公司有可供执行财产,已裁定终结本次执行程序,则说明此时已确定A公司对外已无清偿债务能力,股东应负有缴纳相应注册资本的义务,B公司可以申请追加股东作为被执行人。

(四)公司章程对股东认缴出资期限的约定系内部约定,一般不能对抗善意第三人

股东通过协议或公司章程对认缴出资时间进行约定,是公司股东之间以及公司内部管理和经营安排的约定,并不能直接对抗第三人(如公司的债权人)。公司章程关于出资期限的规定仅是对股东法定义务作出的具体安排,其本身不能违反公司法规定的法定出资义务。

四、经验启示

(一)对于出让人而言,转让股权后仍有被追加为被执行人的风险

公司股东在认缴出资期限届满前未实缴出资就转让股权,若在股权转让时公司财产无力偿债,且出让人已因公司不能偿债而涉诉,则极有可能被法院认定为逃避出资义务恶意转让股权,从而被追加为被执行人,在其欠缴出资范围内对公司的债务承担补充清偿责任。

(二)对于受让人而言,应当避免因瑕疵受让股权而承担法律责任

即使股权转让程序合法,法院也会根据转让背景、时间等因素综合判断股权转让是否有瑕疵。因此,对于受让人而言,在受让股权时,应当审查出让人是否实缴出资、是否抽逃出资、出资期限是否届满等因素,进而确保自身利益不受损害。

---

① 最高人民法院《关于适用〈中华人民共和国公司法〉若干问题的规定(三)》第13条第2款规定:“公司债权人请求未履行或者未全面履行出资义务的股东在未出资本息范围内对公司债务不能清偿的部分承担补充赔偿责任的,人民法院应予支持;未履行或者未全面履行出资义务的股东已经承担上述责任,其他债权人提出相同请求的,人民法院不予支持。”

（三）对于债权人而言，可申请追加瑕疵转让股权的股东为被执行人从而实现债权

债权人若有证据证明债务人公司原股东有恶意转让股权、抽逃出资等情形，可向法院申请追加其为被执行人。即使确定债权的案件进入再审程序，也不影响追加被执行人的执行异议之诉案件的审理。

综上所述，笔者结合司法实践现状和《九民纪要》对执行程序中可否直接追加未届出资期限即转让股权的股东为被执行人做了相关分析，以上仅代表笔者个人观点，而在实务中如何平衡公司股东的有限责任和广大债权人合法权益的保护，仍然是需要在实践中不断探索的问题。立法工作任重而道远，法律就是在不断的调整中完善。

一人有限公司股东转让全部股权后，执行中能否追加该公司的原股东为被执行人

——以A公司追加被执行人案为例

王春平　许伟伟

一、案情简介

2016年12月26日，A公司与B公司签订了《钢坯购销合同》，约定B公司向A公司供应钢坯。合同签订后，A公司按约向B公司支付了货款661万元，但B公司迟迟未能履行供货义务，经A公司多次催告仍不能履行。2018年2月1日，A公司向B公司发函解除《钢坯购销合同》，要求B公司返还已付货款并支付资金占用费。其后B公司未作任何回复。2018年12月15日，A公司向某区法院（以下简称区法院）起诉，要求B公司返还货款并支付资金占用费，因C公司为B公司的唯一股东，A公司一并起诉要求C公司对B公司的债务承担连带清偿责任。

区法院经审理认为，B公司为法人独资的有限责任公司，股东为C公司，从《公司法》第63条关于"一人有限责任公司的股东不能证明公司财产独立于股东自己的财产的，应当对公司的债务承担连带责任"等相关法律规定来看，C公司应对B公司的债务承担连带清偿责任。2019年7月30日，区法院作出判决，判令B公司返还货款600万元并按日利率0.00016%的标准支付资金占用费给A公司，C公司对B公司的还款义务承担连带清偿责任。

2021年7月28日，因B公司、C公司均未履行生效判决确定的债务，A公司向区法院申请执行。执行过程中，因暂未发现两被执行人有可供执行的财产，区法院于2021年11月9日作出终结本次执行的裁定。

后经A公司调查研究发现：B公司系于2012年8月16日依法注册成立的一家

有限责任公司，注册资本为500万元，原股东为D公司，出资比例为100%。2018年4月2日，D公司将其所持B公司100%的股权全部转让给了C公司，并办理了工商变更登记。为力争实现债权，A公司拟委托律师申请追加B公司的原股东D公司作为被执行人。

二、问题难点

前述案件中，在A公司与B公司之间的债权债务形成期间，D公司为B公司的唯一股东，起诉前D公司已经将所持B公司股权全部转让给C公司且已完成工商变更登记，其已经不是B公司的一人股东。在前述情况下，法院判决B公司承担责任，在执行程序中B公司因无财产可供执行，案件已被法院裁定终结本次执行后，A公司能不能申请追加原股东D公司为被执行人？

三、法律评析

《公司法》(2018年修正)第63条规定："一人有限责任公司的股东不能证明公司财产独立于股东自己的财产的，应当对公司的债务承担连带责任。"

最高人民法院《关于民事执行中变更、追加当事人若干问题的规定》(2020年修正)(以下简称《追加规定》)第20条规定："作为被执行人的一人有限责任公司，财产不足以清偿生效法律文书确定的债务，股东不能证明公司财产独立于自己的财产，申请执行人申请变更、追加该股东为被执行人，对公司债务承担连带责任的，人民法院应予支持。"

《追加规定》第20条规定中的"股东"是否包括债权债务发生期间一人有限责任公司的"原股东"？对于此问题，我国现行法律及相关司法解释并未作出明确规定。

在缺少明确法律依据的情况下，司法实践中关于该问题存在两种不同的观点：

第一种观点是：《追加规定》第20条中的"股东"不包括一人有限责任公司的"原股东"，该条规定中的"股东"应理解为"现股东"。

其主要理由是：原股东在案件起诉之前已经不是一人有限责任公司的股东，案涉债务在起诉时也并非确定之债，如果债权人认为原股东就案涉债务与公司承担连带清偿责任，应该在案件的诉讼阶段一并主张，债权人在诉讼阶段并未主张，原股东因已非公司股东，无法参加诉讼，在执行程序中直接申请追加为被执行人，实际上相当于剥夺了原股东参与实体审理程序的诉讼权利，这样不仅会直接损害原股东的诉权，还会造成诉讼程序和执行程序的冲突。故不宜在执行程序中直接追加原股东为被执行人，《追加规定》第20条中的股东应理解为现股东（见表1）。

表1 关于《追加规定》第20条中的股东应理解为现股东的司法裁判观点

序号	案号	司法裁判观点
1	佛山市中级人民法院（2019）粤06执异12号执行裁定书	本案中，由于粤家园公司的股东、股权变更过于频繁，同时亦带来股东逃避债务、未如实出资等问题，导致申请人可循的法律救济途径复杂。虽然申请人在其请求中提出施某安是债权债务发生期间粤家园公司唯一股东的问题，因该情形属于《追加规定》第20条规定的情形，而粤家园公司现阶段并非唯一股东且施某安亦不再是粤家园公司登记的股东。因此，本案中不对施某安作为粤家园公司唯一股东的事项进行变更追加审查
2	上海市第二中级人民法院（2020）沪02执异198号执行裁定书	根据《追加规定》第20条之规定，证明公司财产独立于股东个人财产的举证责任分配给了股东，考虑到追加一人有限责任公司的股东为被执行人对其实体权利义务将产生重大影响，故应当在程序上充分保障股东进行举证、言辞辩论以及对法院追加裁定不服时提起诉讼的权利。本案系申请执行人在执行程序中申请追加一人有限责任公司股东为被执行人的情形，而执行程序在程序保障上不同于诉讼程序，故在本案无法向澳培汀公司、孟某琴及高某洁送达追加被执行人申请书等材料，且现有材料尚不足以说明澳培汀公司与高某洁财产存在混同可能的情形下，不宜直接在执行程序中追加孟某琴（债权债务发生时唯一股东）、高某洁为被执行人
3	北京市顺义区人民法院（2021）京0113执异662号执行裁定书	作为被执行人的一人有限责任公司，财产不足以清偿生效法律文书确定的债务，股东不能证明公司财产独立于自己财产，申请执行人申请变更、追加该股东为被执行人，对公司债务承担连带责任的，人民法院应予支持。该条规定中的“股东”应为现股东。本案中，田某凤已将其全部股权转让，其已不再是北京峥嵘年华文化交流有限公司的股东，故北京永葆健畜牧养殖基地有限公司申请追加田某凤为被执行人的请求，法院不予支持

续表

序号	案号	司法裁判观点
4	北京市顺义区人民法院(2021)京0113执异762号执行裁定书	作为被执行人的一人有限责任公司,财产不足以清偿生效法律文书确定的债务,股东不能证明公司财产独立于自己财产,申请执行人申请变更、追加该股东为被执行人,对公司债务承担连带责任的,人民法院应予支持。该条规定中的"股东"应为现股东。本案中,刘某云已将全部股权转让出去,其已不是北京奥信物流有限公司的股东,故北京链商电子商务有限公司申请追加刘某云为被执行人的请求,法院不予支持
5	东莞市第三人民法院(2021)粤1973执异68号执行裁定书	关于被申请人王某博的申请。被执行人中天公司的股东已于2019年8月19日由王某博变更为刘学楚,目前被执行人中天公司的唯一股东并非王某博,申请人以被申请人王某博为被执行人的原唯一股东为由申请追加其为被执行人,不符合上述第20条的规定

第二种观点是:《追加规定》中规定的"股东"包括一人有限责任公司的"原股东",在债权债务发生期间,时任一人有限责任公司的一人股东,在判决公司承担责任的民事判决书生效后,当公司财产不足以清偿生效法律文书确定的债务,原股东不能举证证明在持股期间财产独立于一人有限责任公司的,依法可以被追加为被执行人。

其主要理由是:在债权债务形成期间,时任一人有限责任公司的一人股东,作为合同签订、履行时唯一的股东,实际为合同的履行者,对于因履行合同形成的债权债务应当知情,在明知一人有限责任公司不能履行合同需要承担债务时,将持有的100%股权全部转让,属于恶意逃避债务的行为。在起诉阶段未将其列为被告,在判决一人有限责任公司承担责任后,一人有限责任公司财产不足以清偿生效法律文书确定的义务,此时若不通过追加原股东进行救济,则会彻底失去追究原股东责任的机会,这对于债权人来说显失公平。

根据《公司法》第63条及《追加规定》第20条等相关规定,虽然股权已经全部转让,但是并不等于因此免除了一人有限责任公司一人股东的举证责任,若该股东不能证明公司财产独立于自己的财产的,要承担举证不能的责任,依法应当对时任一人有限责任公司股东期间的债权债务承担连带清偿责任(见表2)。

表2　关于《追加规定》第20条中的股东应包括原股东的司法裁判观点

序号	案号	司法裁判观点
1	北京市第一中级人民法院(2018)京01执异62号执行裁定书	依据《追加规定》第20条的规定:“作为被执行人的一人有限责任公司,财产不足以清偿生效法律文书确定的债务,股东不能证明公司财产独立于自己的财产,申请执行人申请变更、追加该股东为被执行人,对公司债务承担连带责任的,人民法院应予支持。”本案中,南北东公司股东由吴某变更为崔某玉,但吴某作为合同签订、履行时被执行人南北东公司的唯一股东,对于其财产与南北东公司财产不存在混同负有举证责任
2	北京市海淀区人民法院(2017)京0108执异39号执行裁定书	本案中,杜某涛现虽已非酷刷公司股东,但本案所涉及的是孙某雅与酷刷公司之间的劳动纠纷,而孙某雅在酷刷公司劳动期间,杜某涛是酷刷公司唯一股东及法定代表人。因此,如杜某涛在作为酷刷公司股东期间,存在法定情形,亦应对酷刷公司的债务承担相应责任
3	深圳市南山区人民法院(2020)粤0305执异366号执行裁定书	本案债务发生于2016年,当时喜德盛公司的唯一股东为赵绍国,为一人有限责任公司,作为唯一股东的赵绍国未举证证明其个人财产独立于喜德盛公司财产,在被执行人不能履行生效法律文书确定的债务的情况下即于2017年5月4日将其持有的100%股权转让给上品公司、麦迪公司,应承担举证不能的法律后果。因此,申请人要求追加赵绍国为被执行人的请求,法院予以支持,被申请人赵某国应对被执行人喜德盛公司在(2019)粤0305执3019号案件中的债务承担连带责任
4	东莞市第一人民法院(2019)粤1971执异81号执行裁定书	第三人马某书在案涉纠纷发生时曾作为奔速公司对外公示登记的唯一股东,根据《追加规定》第20条的规定,以及从保护债权人利益的角度考虑,虽然第三人马某书已将股权转让给他人,但并不因此免除其举证证明其财产独立于奔速公司的财产的举证责任,在第三人马某书未向本院提供任何证据证明其财产独立于奔速公司的财产的情况下,第三人马某书应对奔速公司在(2018)粤1971执24188号案中的涉案债务承担连带清偿责任。故申请执行人张某雄申请追加第三人马某书为(2018)粤1971执24188号案的被执行人,合法有据,法院予以支持
5	郑州高新技术产业开发区人民法院(2019)豫0191执异484号执行裁定书	本案执行依据确定的买卖合同关系在2015-2016年,此时被执行人公司仅有一个股东郭某,其性质为一人有限公司。郭某未能证明其个人财产独立于公司财产,应当承担对其不利的后果。因此,异议人要求追加郭某为被执行人的异议请求,法院予以支持

就此,笔者认为,股东、债权人是公司最为密切的两个利益相关者,法律保护公司人格独立和股东有限责任,但是对于股东滥用公司独立人格、有限责任恶意逃避债务,损害公司债权人利益的行为也不应坐视不管。《追加规定》第20条中规定的"股东"应当包含"原股东",在一人有限责任公司的一人股东恶意转让股权逃避债务,损害债权人利益时依法应当被追加为被执行人。具体理由如下:

第一,在执行中追加一人有限责任公司的原股东为被执行人符合公司人格否认制度事后救济的特点。

美国前哥伦比亚大学校长巴特勒在1911年曾指出:"有限责任公司是当代最伟大的发明,其产生的意义甚至超过了蒸汽机和电的发明。"前哈佛大学校长伊洛特也认为:"有限制度是基于商业目的而产生的最伟大的法律上的发明。"有的学者甚至认为,有限责任制度改变了整个经济史。① 而赋予公司这种无与伦比的强大生命力的根源,在于法人人格和有限责任制度这两大制度的完美结合。

然而,法人人格和有限责任制度也存在"双刃剑"式的两面性,在熟悉两个制度的规则后,股东为了实现自身的最大利益,很可能利用其逃避债务、转移投资风险、逃脱法律制裁。随着长期的博弈和演变,公司人格否认制度应运而生。因此,公司人格否认制度其实是在出现滥用法人人格独立和股东有限责任问题后的一种事后救济手段。

同样,当一人有限责任公司财产不足以清偿生效法律文书确定的债务,原股东不能证明公司财产独立于自己的财产,此时允许债权人采用公司人格否认制度在执行程序中申请追加原股东为被执行人,对于保障债权人合法权益而言,这一事后救济方式是一种不错的选择。赋予债权人此种救济权利有利于严惩原股东利用公司法人人格独立制度恶意转移全部股权、逃避债务等违法行为。

第二,在执行中追加一人有限责任公司的原股东为被执行人有利于保护债权人的利益。

债权人经过漫长的诉讼过程拿到胜诉判决,终于看到了希望的曙光,但是经过执行后,发现一人有限责任公司的财产不足以清偿生效法律文书确定的债务,又未查找到公司有其他可供执行的财产。执行法院为了结案率,不得不作出终结本次执行的裁定,此时对于债权人来说就相当于多了一张空白的权利证明书,实际状况

① 张俊浩主编:《民法学原理》,中国政法大学出版社1997年版,第160页。

并没有得到任何改善,还徒增了债权人前期投入的维权成本。

若不允许在执行程序中追加原股东为被执行人,要求债权人另行提起公司人格否认诉讼,这就意味着债权人还要以原股东为被告、公司为第三人再重新进入诉讼程序。此前,债权人为追收债权已经投入不少成本费用,但是债权并未实现任何回收,再起诉又会增加债权人的经济成本,这对于债权人来说无疑是雪上加霜。

据此,允许在执行程序中直接追加一人有限责任公司的原股东为被执行人,不仅可以保障债权人利益的实现,也会间接对"执行难"起到缓解作用,增加公众对法院公信力的认可。

第三,现有法律框架及司法实践中,在执行程序中追加一人有限责任公司的原股东为被执行人不会损害原股东的合法权益。

《〈全国法院民商事审判工作会议纪要〉理解与适用》中明确:"公司与股东人格混同,又称公司人格的形骸化,公司与股东关系不清,意指公司成为股本的另一自我、工具、同一体,因而失去独立存在的价值。对此应否定其法人人格,股东对公司债务承担连带责任。认定公司人格与股东人格是否存在混同,最根本的判断标准是公司是否具有独立意思和独立财产。这是因为,公司是企业法人,是独立的民事主体,具有独立于股东的意思和财产。如果公司不具有独立于股东的意思,那么公司人格就形骸化了。公司作为独立的民事主体,要求其必须拥有独立财产,如果没有独立财产,那么也就没有成为独立民事主体的必要。公司是否具有独立意思和独立财产的表现之一,就是公司的财产与股东的财产是否混同且无法区分,公司的财产是否独立。"①

据此,只要原股东能够举证证明在其持股期间公司具有独立意思和独立财产,公司的财产与股东个人的财产不混同且可以区分,就不需要对公司的债务承担连带清偿责任。因而在执行中追加一人有限责任公司的原股东为被执行人不会损害原股东的合法权益。

四、经验启示

《追加规定》第20条的具体适用标准、适用范围及构成要件,目前我国并没有明确的司法解释,立法制度内容又比较笼统,这就导致在司法实践中对于一人有限

---

① 最高人民法院民事审判第二庭编著:《〈全国法院民商事审判工作会议纪要〉理解与适用》,人民法院出版社2019年版,第149页。

责任公司股东转让股权后，执行中能否追加该公司的原股东为被执行人存在很大争议。因此，有必要继续深入分析公司法人人格否认制度，根据我国的立法、司法现状，进一步完善《追加规定》等法律法规，以便更好地平衡债权人和股东二者之间的关系。

同时，作为律师，在起诉前也要综合考虑债权债务形成前后一人有限责任公司的股权变更情况。是否存在股东利用股权变更来逃避履行债务等情况。若能在起诉中及时亮剑，勇于刺破公司面纱，将原股东列为共同被告，得到法院支持后就会大大降低后续执行的难度，最大限度地帮助债权人实现债权回收。

如何正确理解最高人民法院《关于民事执行中变更、追加当事人若干问题的规定》第25条中的“行政命令”

——以某申请执行人执行异议案为例

王春平　韩　秀

一、案情简介

A区法院在执行申请执行人某顾问公司与被执行人某供销公司、某建材公司借款合同纠纷案中，顾问公司以某产业集团无偿受让了被执行人建材公司名下财产致被执行人的财产不足以清偿本案债务为由，向A区法院申请追加产业集团为被执行人。主要事实和理由如下：

建材公司的前身系某建材局，于1995年更名为建材公司。某工程集团的前身系某建工局。根据建材公司的工商登记档案、企业信用报告等材料，建材公司早已歇业。

1978年建工局、建材局《对于现有房屋资财的划分及有关问题商议的会议纪要》（以下简称《会议纪要》）载明：根据省委1978年13号文关于成立建材局的决定，建工局与建材局对两局分家有关办公地点划分等问题经充分协商取得了一致意见。一、关于“办公楼”的划分问题：办公楼产权归建工局，并由建工局行政科统一管理。……在建材局没有新的办公地点前，得暂时使用现有办公楼。建材局有新的办公地点后，应全部搬出，交还建工局……三、关于“职工宿舍”：现有宿舍产权全部归建工局。划给建材局的干部职工现在居住的宿舍，使用权归建材局。……现在属建材局（包括供销公司）职工使用的住房，建材局有权在局本部职工范围内调整……六、关于“仓库”划分：仓库地皮和库房产权归建工局，现有仓库中的机电仓楼下仓库、化建仓库全部、水泥仓库一半及现有两间办公室中的一间，划归建材局使用。其余仓库归建工局使用。……马路以南的仓库周围场地，划给建材局使用。其他场地归建工局使用。据此，该《会议纪要》已对建工局和建材局（建材公司）的相关财产性权益予以了划分和确认。

2013年4月27日，工程集团（作为甲方）与产业集团（作为乙方）签订《关于工程集团综合楼拆建等相关问题的协议》（以下简称《分配协议》），约定："工程集团综合楼位于85号，旧综合楼因年代久远，经鉴定为D级危房，不再具备使用条件，经省国资委和省发改委批准投资立项，由工程集团负责拆除、重建综合办公楼，并已得到市规划局、市国土资源局和房屋管理局批准。甲、乙双方本着尊重历史，面对客观情况，解决实际问题，确保国有资产保值增值，有利于双方更好发展的目的，为保障拆除旧综合楼、建设新综合楼工作的顺利进行，经友好协商，就有关产业集团搬出旧综合楼、新综合楼办公面积、地下车库分配、物业使用管理等事宜达成一致意见，特签订本协议，以资共同遵守。一、工程集团负责新办公楼建设工作，建成后的建筑物产权属工程集团，工程集团在建成后的新建筑物内提供部分场地给产业集团无偿使用，使用期限到房产证载明的第一次出让金截止日期，到期后产业集团有权选择是否以出资续交该部分物业土地出让金的方式继续使用该部分物业……三、产业集团同意对综合楼拆建、物业使用等相关问题的安排：1. 办公面积的安排：工程集团在建成后的新综合办公楼内安排2400平方米建筑面积的场地给产业集团办公使用。2. 地下机动车库的安排：工程集团在新综合楼内地下车库内给产业集团安排30个泊车位。3. 工程集团在新综合楼地下室内给产业集团安排100平方米建筑面积的非机动车库面积供产业集团使用。4. 临建：产业集团现使用的临时建筑由工程集团补偿250万元，产业集团自行负责安置工作办公场所，该补偿费用在双方签订协议后的10天内支付……五、划分给产业集团使用的物业，在综合办公楼合法用途范围内，由产业集团及其所属单位仅作为办公使用，不得改变房屋用途性质，工程集团应为产业集团及其所属单位办理工商注册登记等正常的业务工作出具办公地址等有关资料证明提供便利……"

2016年2月16日，在案涉判决执行过程中，工程集团向A区法院出具《关于协助执行的情况说明》（以下简称《情况说明》），其中明确：85号综合楼原是该司前身建工局的土地，地上房屋、招待所所有权一直归该司前身建工局；1978年6月，在省建委主持下，建工局和建材局对于房屋资财的划分及有关问题经商议达成一致意见并形成会议纪要;办公楼产权归建工局,招待所位于85号办公楼内的第4层,按《会议纪要》产权归建工局;因年代久远,原办公楼于2013年7月拆除重建,已不存在;关于原85号综合楼土地重建房屋权益共享及分配情况,2013年4月27日,经B省国资委协调,该司与建材公司的上级主管单位产业集团签订了分配协议,约定该司在综合楼建成后,安排一定场地给产业集团无偿使用至第一次土地出让金到期日,但仅供产业集团及其下属企业使用,不得挪作他用;等等。

顾问公司认为,上述《会议纪要》《分配协议》《情况说明》构成一个完整的证据链,足以充分证明:产业集团作为被执行人建材公司的上级主管单位,根据B省人民政府国有资产管理委员会的协调无偿受让了原本属于建材公司的办公楼、车位及地下室使用权和现金补偿,致使被执行人的财产不足以清偿法律文书确定的债务,根据最高人民法院《关于民事执行中变更、追加当事人若干问题的规定》(以下简称《变更、追加规定》)第25条等相关法律规定,依法应当裁定追加产业集团为本案被执行人。

2018年,A区法院作出《执行裁定书》,以“依据《变更、追加规定》第25条,本案中,顾问公司提出第三人产业集团依行政命令无偿接受建材公司财产的主要依据是1978年《会议纪要》、工程集团与产业集团签订的《分配协议》,但上述文件一份是政府部门的会议纪要,另一份是两个民事主体之间签订的协议,并非行政命令,依法不符合以上法律规定”为由,裁定驳回了顾问公司的异议请求。

二、问题难点

执行程序中追加被执行人,是通过执行程序对原生效法律文书确定的责任主体范围的扩大,对当事人的实体和程序权利将产生极大影响。因此不能简单参照适用《变更、追加规定》,必须严格遵循法定主义原则,依照《变更、追加规定》进行审慎审查。

《变更、追加规定》第25条规定(以下简称第25条):“作为被执行人的法人或非法人组织,财产依行政命令被无偿调拨、划转给第三人,致使该被执行人财产不足以清偿生效法律文书确定的债务,申请执行人申请变更、追加该第三人为被执行人,在接受的财产范围内承担责任的,人民法院应予支持。”

根据上述规定,追加被执行人的前提是被执行人的财产依据行政命令被无偿调拨、划转给第三人,非依行政命令则不能适用本条规定,那么应如何正确理解该条规定中的“行政命令”？

三、法律评析

对于前述难点问题，我国现行法律及相关司法解释均未作出明确规定，理论上也缺乏研究。囿于此，法院在司法实践中的裁判观点不尽相同，导致裁判结果不一。笔者认为，要正确理解第25条中的“行政命令”，应当基于行政命令的概念和特征，结合本条规定中“财产依行政命令被无偿调拨、划转给第三人”的主要情形、主要表现形式进行具体分析。

（一）关于行政命令的概念和特征

具体行政行为意义上的行政命令，指行政主体在行政管理过程中依法做出的要求相对人为一定行为或不为一定行为的单方意思表示①，它具有行政性、职权性、义务设定性、单方性、外部性等特征。

1. 行政性

行政命令是行政主体在进行行政管理过程中作出的。在我国现行行政法律制度下，能够独立承担行政责任的行政主体主要包括行政机关及法律、法规授权的组织两种类型。行政管理是指国家行政机关运用国家权力对社会公共事务的管理。社会公共事务是指为了满足社会全体或大多数成员的需要的事务。

2. 职权性

行政命令属于依职权行政行为，是指行政主体根据法律赋予的职权主动实施的行政行为。

3. 义务设定性

行政命令一经作出即为行政相对人设定了义务，若行政相对人无正当理由拒不履行行政命令，就要承担被给予行政处罚等后果。

4. 单方性

行政命令以行政机关单方面的意思表示而作出，是一种单方行政行为，行政法律关系的产生有赖于行政主体的单方意志，不以行政相对人的意思表示为要件。

5. 外部性

行政命令属于外部行政行为，行政主体在进行内部行政管理过程中所作出的

① 闫尔宝编著：《行政行为的性质界定与实务》，法律出版社2010年版，第86页。

不对外产生法律效力的行政行为不属于此列。

（二）关于第25条中“财产依行政命令被无偿调拨、划转给第三人”的主要情形

无偿调拨、划转主要针对国有资产，是我国国企改革、资产重组中常用的一种方式，其概念最早可追溯至财政部1979年6月8日发布的《关于国营企业固定资产实行有偿调拨的试行办法》（现已失效）和1979年7月6日发布的《关于中央级行政事业单位固定资产试行部分有偿调拨的通知》（现已失效）。1990年4月6日，国家国有资产管理局发布了《关于国有资产办理无偿划转手续的通知》（国资工字〔1990〕第17号）（现已失效），对国有资产办理无偿划转的审批、备案、变更登记等手续进行了明确。其后，随着“《关于企业国有资产办理无偿划转手续的规定》（财管字〔1999〕301号，现行有效）、《企业国有产权无偿划转管理暂行办法》（国资发产权〔2005〕239号，现行有效）、《关于企业国有资产交易流转有关事项的通知》（国资发产权规〔2022〕39号，现行有效）”等有关法律规定的相继出台，关于国有资产无偿调拨、划转手续的规范要求不断完善。

根据上述有关法律规定，按照国有资产统一所有、分级管理的原则，企业国有资产的无偿调拨、划转应区分不同情形，由出资企业、同级国资监管机构、主管部门、同级政府、上级国资监管机构、财政部等批准、逐级上报财政部、报同级国资监管机构备案等。

针对上述情形，最高人民法院《关于审理与企业改制相关的民事纠纷案件若干问题的规定》第3条规定：“政府主管部门在对企业国有资产进行行政性调整、划转过程中发生的纠纷，当事人向人民法院提起民事诉讼的，人民法院不予受理。”

结合人民法院的相关司法裁判观点①，第25条事实上是为了解决因上述法律规定导致债权人无法通过民事诉讼程序寻求救济的问题。因而，本条规定中的“财产依行政命令被无偿调拨、划转给第三人”，通常是指政府主管部门对企业国有资产进行的无偿调拨、划转。

需要说明和强调的是：《关于企业国有资产办理无偿划转手续的规定》第8条规定：“企业集团、重点企业按产权纽带管理的国有资产，在集团内部进行资产划转由集团母公司审批，报同级财政（国有资产管理）部门备案；由部门管理暂未脱钩企

① 湖北省高级人民法院执行裁定书，（2022）鄂执复32号。

业的国有资产在同一部门内部进行资产划转,暂由有关主管部门审批,报同级财政(国有资产管理)部门备案。”

《企业国有产权无偿划转管理暂行办法》第 15 条规定:“企业国有产权在所出资企业内部无偿划转的,由所出资企业批准并抄报同级国资监管机构。”

国务院国有资产监督管理委员会《关于企业国有资产交易流转有关事项的通知》第 5 条规定:“国有控股、实际控制企业内部实施重组整合,经国家出资企业批准,该国有控股、实际控制企业与其直接、间接全资拥有的子企业之间,或其直接、间接全资拥有的子企业之间,可比照国有产权无偿划转管理相关规定划转所持企业产权。”

根据上述法律规定,国家出资企业在特定情形下拥有一定的国有资产无偿划转审批权限,那么国家出资企业就此作出的批准文件是否属于行政命令?就此,我国现行法律及相关司法解释也均未作出明确规定。

如前所述,在我国现行行政法律制度下,能够独立承担行政责任的行政主体主要包括行政机关及法律、法规授权的组织。从最高人民法院《关于适用〈中华人民共和国行政诉讼法〉的解释》第 20 条第 2 款、第 3 款关于“法律、法规或者规章授权行使行政职权的行政机关内设机构、派出机构或者其他组织,超出法定授权范围实施行政行为,当事人不服提起诉讼的,应当以实施该行为的机构或者组织为被告。没有法律、法规或者规章规定,行政机关授权其内设机构、派出机构或者其他组织行使行政职权的,属于行政诉讼法第 26 条规定的委托。当事人不服提起诉讼的,应当以该行政机关为被告”的规定来看,在法律、法规、规章直接将某行政职权授予行政机关内设机构、派出机构或者其他组织的情形下,被授权组织在授权范围内独立行使职权并承担相应的法律责任。

《关于企业国有资产办理无偿划转手续的规定》在性质上属于部门规章,根据上述法律规定,其明确授予了国有出资企业一定的审批权限。笔者认为,应当认定国有出资企业在法定授权范围内实施的前述审批行为属于行政行为。结合上述关于行政命令特征的具体分析,在符合该等特征的情况下,为了保护利益相关方的合法权益,应当认定国有出资企业在授权范围内作出的行政行为属于行政命令。

(三)关于第 25 条中“行政命令”的主要表现形式

经检索和研究我国法院的大量司法裁判案例,笔者发现法院据以认定构成第 25 条规定中“行政命令”的文件大致可以划分为以下三类:

1. 政府主管部门关于无偿调拨、划转的审批或批复意见(见表1)

表1　关于认定第1类文件构成第25条规定中“行政命令”的司法裁判观点

序号	案号	司法裁判观点
1	北京市高级人民法院(2022)京执复76号执行裁定书	北京三中院查明……高唐县人民政府国有资产监督管理局(原高唐县国有资产管理局)于2018年9月7日作出高国资字〔2018〕55号《关于同意县金城建设投资开发有限公司划转资产及股权的决定》,同意金城公司将路桥公司的股权(注册资本2000万元,出资902.23万元,占比45.11%)无偿划转给金城城市公司。2018年9月30日,金城公司与金城城市公司签订《高唐县市政路桥工程有限责任公司股权转让协议》,协议金城公司同意将持有路桥公司45.11%的股权无偿转让给金城城市公司。 北京三中院认为,本案中,被执行人金城公司持有的路桥公司的股权依行政命令无偿划转给第三人金城城市公司,且金城公司暂无财产可供执行,执行案件目前处于终结本次执行程序状态,故丰瑞恒盛公司申请追加金城城市公司为被执行人,符合法律规定,应予支持。 本院认为,被执行人金城公司持有的路桥公司股权依行政命令被无偿划转给金城城市公司,致使该被执行人财产不足以清偿生效法律文书确定的债务,申请执行人丰瑞恒盛公司申请追加金城城市公司为被执行人,在接受的财产范围内承担责任的,合理有据,理应得到支持
2	江西省高级人民法院(2020)赣执复121号执行裁定书	根据本案查明的事实,山东省高唐县国有资产管理局已于2018年9月7日下发《关于同意高唐城投公司划转资产及股权的决定》(高国资字〔20××〕55号)的行政命令,将登记在本案被执行人高唐城投公司名下的商务大厦和三个全资子公司及四个参股子公司的股权无偿划转给第三人高唐城建公司,并且复议申请人高唐城建公司自认部分案涉股权因已办理过户登记手续所有权转移,致使该高唐城投公司的财产不足以清偿本案生效法律文书确定的债务,本案原审异议裁定依据申请执行人蓝海公司的申请追加复议申请人高唐城建公司为本案被执行人并在接受财产的范围内承担责任,符合最高人民法院《关于民事执行中变更、追加当事人若干问题的规定》第25条的规定
3	广东省高级人民法院(2019)粤执监129号执行裁定书	根据查明的事实,案涉财产系被执行人供销集团公司于2009年7月2日向集体资产管理办公室申请,将房地产权属人变更为供销联社。同日,罗定市市属集体资产管理办公室批复同意办理变更。2009年9月24日,供销联社到房地产登记部门办理房地产权变更登记,将案涉房地产变更到供销联社名下。因此,案涉财产的权属变更系因行政

续表

序号	案号	司法裁判观点
4		行为产生，且在此过程中，申诉人供销联社并未支付对价，属于无偿接受财产。故云浮中院认为“林艳请求追加供销联社为被执行人，符合法律规定，应予以支持”的认定结论有事实和法律依据，应予维持
4	上海市高级人民法院（2019）沪执复70号执行裁定书	本院认为，二中院在（2000）沪二中执字第742号案执行过程中，曹王镇政府以115号批复，将被执行人曹王经济公司的房地产无偿调拨给曹王资产公司，在变更房地产名称时，曹王资产公司出具具结书记载了曹王经济公司的房地产无偿调拨给曹王资产公司内容，该具结书经曹王资产公司、曹王经济公司和曹王镇政府盖章确认。依据最高人民法院《关于民事执行中变更、追加当事人若干问题的规定》第25条的规定，作为被执行人的法人或其他组织，财产依行政命令被无偿调拨、划转给第三人，致使该被执行人财产不足以清偿生效法律文书确定的债务，申请执行人申请变更、追加该第三人为被执行人，在接受的财产范围内承担责任的，人民法院应予支持。申请执行人文盛公司因被执行人曹王经济公司无财产可供执行，申请追加曹王资产公司为被执行人，在曹王资产公司接受被执行人曹王经济公司财产价值的范围内对339号判决确定的曹王经济公司的债务承担连带清偿责任，符合法律规定
5	山东省高级人民法院（2018）鲁执复131号执行裁定书	本院认为，一、从宏业公司的工商登记来看，自1999年7月8日至2006年12月25日，石化集团始终是宏业公司的股东，这也符合济国资企字〔1999〕第18号《关于对石化集团济南磁带厂整体改制国有资产折股报告的批复》，石化集团投入宏业公司的净值产，核折国家股股本106.6万股，占71.07%的事实。2006年12月25日，宏业公司的法人股东之一由石化集团变更为市中国资委。虽济南市国资委的文件中，曾表述上述股权由济南市国资委持有，履行出资人的职责，但这不足以推翻根据工商登记认定上述股权属于石化集团责任财产的事实。二、复议申请人市中国资委主张，如涉案股权的现价超过受让时的价值，应当以受让时的价值为限承担责任。对此，因涉案股权本属于被执行人石化集团的责任财产，现划转给市中国资委持有，根据最高人民法院《关于民事执行中变更、追加当事人若干问题的规定》第25条的规定，市中国资委应在接受财产的范围内承担责任，市中国资委显然应以接受的石化集团持有宏业公司71.07%股权为限承担责任

2. 政府主管部门作出的关于无偿调拨、划转的会议纪要(见表2)

表2 关于认定第2类文件构成第25条规定中“行政命令”的司法裁判观点

序号	案号	司法裁判观点
1	最高人民法院(2018)最高法执复72号执行裁定书	山东高院查明……2016年1月19日,山东省人民政府形成专题会议纪要,落实全省监狱退出煤矿高危行业工作,决定由该省国资委、省司法厅、省财政厅等部门配合,按照先划转移交再清产核资的原则,将省属监狱煤矿财务指标整体划转移交给山东能源集团。同年6月23日,山东省人民政府再次形成专题会议纪要,研究落实省属监狱煤矿移交接管划转工作。该纪要明确,以2016年7月1日为基准日,将省属监狱煤矿企业国有产权整体划转至山东能源集团权属企业;在产权划转的同时,相应增加山东能源集团的国有资本金;省属监狱煤矿的债权债务一并划转;监狱煤矿2016年7月1日由省监狱管理局移交山东能源集团管理。 本院认为……最高人民法院《关于民事执行中变更、追加当事人若干问题的规定》第25条明确规定:“作为被执行人的法人或其他组织,财产依行政命令被无偿调拨、划转给第三人,致使该被执行人财产不足以清偿生效法律文书确定的债务,申请执行人申请变更、追加该第三人为被执行人,在接受的财产范围内承担责任的,人民法院应予支持。”本案根据山东省人民政府的相关会议纪要、里能集团与临沂矿业集团签订的里彦矿业和鲁西矿业移交接管划转协议,以及临沂矿业集团实际接管里彦矿业和鲁西矿业的情形,可以认定里能集团下属的里彦矿业、鲁西矿业被无偿调拨划转给临沂矿业集团的事实。此种情形属于上述司法解释规定的追加被执行人的情形。对该划转与接管的事实各方并无实质争议,相关工商登记虽未变更,也并不影响按照事实状态进行认定
2	山东省高级人民法院(2019)鲁执复484号执行裁定书	潍坊中院另查明,区安居中心系由潍坊市坊子区房产管理局(后更名为:潍坊市坊子区房产管理服务中心)于1998年10月出资组建,主管部门区房管中心两次增资后,注册资本为5000万元,企业类型为全民所有制。2016年9月18日,区房管中心与区安居中心签订《债权债务概括转让协议》,同日坊子区政府常务会议对区房管中心所属国有加强规范管理情况进行了研究并形成2016第8号《会议纪要》,其中第2项第4点确定“将区房管中心以前形成的所有债权和债务(包括在账和不在账)全部划转区安居中心”。 本院认为……本案中,根据查明的事实,被执行人区房管中心依照潍坊市坊子区人民政府的行政命令,将其所有债权、债务全部划转至区安居中心,而区安居中心名称变更为潍坊市中昊佳信城市发展有限公司,之后名称又变更为中昊佳信集团。潍坊中院依照上述规定,追加中昊佳信集团为被执行人,并无不当

续表

序号	案号	司法裁判观点
3	山东省高级人民法院(2018)鲁执异211号执行裁定书	本案中,根据查明的事实,被执行人里能公司的全资子公司里彦矿业和鲁西矿业,根据山东省人民政府相关会议纪要的要求被划转给了山东能源集团的权属企业临矿公司。虽然里彦矿业和鲁西矿业的股权因被本院冻结仍然登记在里能公司名下,但临矿公司已经实际接管并经营该两个矿业,里能公司已经不再享有该两个矿业的权益,不能再获得相应的经营利润和收益。这在事实上已经产生了里能公司的财产被无偿划转的结果。另外,里能公司享有的里彦发电公司67.3%的股权因里彦发电公司系监狱企业而存在处置上的不便,而在上述两个矿业被划转后,仍登记在里能公司名下的对两个矿业的股权,也已经丧失处分的价值和意义,这在客观上导致了里能公司的财产无法清偿生效法律文书确定的债务。 综上所述,工商银行申请追加临矿公司作为被执行人,在其接受财产范围内承担责任,理由成立,本院依法予以支持

3. 其他能够证明在事实上存在无偿调拨、划转行政命令的文件

例如,"资产被调拨、划转的法人或非法人组织向国资监管机构作出的申请 + 与资产接收方签订的相关协议","资产被调拨、划转的法人或非法人组织出具的报告、其上级主管单位出具的报告中载明'根据上级有关文件规定'"。(见表3)

表3　关于认定第3类文件构成第25条规定中"行政命令"的司法裁判观点

序号	案号	司法裁判观点
1	广东省佛山市中级人民法院(2020)粤06执异297号执行裁定书	经审理查明,关于本案争议的土地使用权,1997年12月27日,电化集团公司出具《南海市南美电子集团有限公司土地使用证明》,证明:"原南海市电化企业集团公司有使用权的土地共163966.5㎡(折合245.95亩,详见土地清单)从一九九七年十二月二十六日起无偿提供给南海市南美电子集团有限公司使用。"1998年6月28日,电化集团公司向原南海市人民政府提出《关于土地使用权易名的申请》,申请"将原电化集团公司拥有土地六块共163966.5m^2(合245.95亩)国有土地的使用权转至南海市南美电子集团有限公司,土地产权仍属市政府所有"。此外,在988号判决等法律文书中查明,1998年1月8日,电化集团公司与南美电子公司签订一份《关于生产场所与债务的处理协议》约定:"电化集团公司企业生产场所土地交由南美电子公司使用,但土地是国家划拨地,不属于电化集团公司财产,南美电子公司应向有关部门申办使用手续,费用由南美电子公司负责。"

续表

序号	案号	司法裁判观点
		本院认为,最高人民法院《关于民事执行中变更、追加当事人若干问题的规定》第25条规定:“作为被执行人的企业法人或其他组织,财产依行政命令被无偿调拨、划转给第三人,致使该被执行人财产不足以清偿生效法律文书确定的债务,申请执行人申请变更、追加该第三人为被执行人,在接受财产范围内承担责任的,人民法院应予支持。”本案中,登记在被申请人南美电子公司名下的国用(2000)0××1号、国用(2000)0××2号土地使用权,系由被执行人电化集团公司无偿划转给该司使用的,并因企业改制而更名为南美电子公司所有,现被执行人电化集团公司财产不足以清偿生效法律文书确定的债务,申请人富昌公司申请追加南美电子公司为被执行人,在接受财产的范围内承担责任的,依法应予支持
2	广东省汕尾市中级人民法院(2019)粤15执复1号执行裁定书	另查明,二轻联社于1995年9月21日向海丰县国土局提交《关于申请办理土地确权登记的报告》载明,二轻二厂属于二轻联社的直属企业,为了认真贯彻国有土地的使用规定,完善企业资产管理,特向海丰县国土资源局申请将县二轻联社在大操场内的包括海丰县二轻工艺二厂在内的五个企业土地进行确权登记,并统一按“海丰县二轻集体企业联社”的名户办证。二轻二厂于1995年10月30日向海丰县国土局提交的《关于申请办理土地确权登记的报告》载明,二轻二厂是二轻联社的直属企业,根据上级有关文件规定,企业的一切资产,已于1993年7月界定为县二轻联社集体所有,因此土地确权办证请登记入“海丰县二轻集体企业联社”名户。目前二轻二厂位于海××××号的厂房用地系登记在二轻联社名下。 本院认为,最高人民法院《关于民事执行中变更、追加当事人若干问题的规定》第25条规定,作为被执行人的法人或其他组织,财产依行政命令被无偿调拨、划转给第三人,致使该被执行人财产不足以清偿生效法律文书确定的债务,申请执行人申请变更、追加该第三人为被执行人,在接受的财产范围内承担责任的,人民法院应予支持。本案涉案厂房是县工交办安排给二轻二厂使用的,属于二轻二厂的财产。根据相关行政文件规定,涉案厂房已于1993年7月界定为二轻联社所有,且二轻联社并不需要支付相应的对价,这属于无偿调拨、划转的行为

四、经验启示

《变更、追加规定》第25条中的“财产依行政命令被无偿调拨、划转给第三人”，通常是指政府主管部门对企业国有资产进行的无偿调拨、划转。结合司法实践，该条规定中“行政命令”的主要表现形式包括：(1)政府主管部门关于无偿调拨、划转的审批或批复意见；(2)政府主管部门作出的关于无偿调拨、划转的会议纪要；(3)其他能够证明在事实上存在无偿调拨、划转行政命令的文件。在具体判断时，应当结合行政命令的概念及是否具备行政性、职权性、义务设定性、单方性、外部性等特征进行有针对性的分析。

对企业国有资产无偿划转应当做好法律风险防控，尤其是作为接收资产的一方，在接收前要充分进行可行性论证，委托专业人员进行全面、严谨的梳理和风险排查，严格依照有关法律规定、遵循法定程序进行，避免为自身埋下因此承担法律责任的隐患。

一人有限责任公司的股东如何证明自己的财产独立于公司财产才能免责

——以某执行异议之诉案为例

郑　璇

一、案情简介

湖南某劳务有限公司（以下简称劳务公司）系钟某某一人出资成立的有限责任公司（自然人独资），法定代表人亦为钟某某。

2020 年 1 月，原告潘某某、杨某某与被告劳务公司、戴某臣合同纠纷一案，经法院主持调解，双方当事人达成调解协议，并由法院出具民事调解书。双方达成调解协议后，因劳务公司未按期履行义务，潘某某、杨某某向法院申请强制执行。

2020 年 12 月，申请执行人潘某某、杨某某与被执行人劳务公司达成《执行和解协议》，协议约定劳务公司法定代表人钟某某在一个月内支付公司所欠潘某某、杨某某的款项。但钟某某未予履行。法院在恢复执行后，未发现劳务公司有可供执行的财产，遂作出裁定终结本次执行程序。

2021 年 4 月 1 日，申请执行人潘某某、杨某某以劳务公司系钟某某一人出资成立的公司、公司财务不健全、与钟某某财产混同为由，向法院提出执行异议，请求追加钟某某为执行案件的被执行人。法院受理后，作出执行裁定，裁定追加钟某某为被执行人。

钟某某不服，提起执行异议之诉，认为劳务公司虽为一人有限责任公司，但是每年均制作有财务开支明细，并提供相应的流水证据证明原告财产与劳务公司的财产并不混同。

在质证阶段，根据原告钟某某提交的流水证据，杨某某付给戴某臣 250 万元后，戴某臣于2019年4月19日、22日、29日分4笔向劳务公司账号转账存入50万元、100万元、50万元、50万元，共计250万元；劳务公司收取各种款项后，大部分以备用金、项目支出名目转移到原告钟某某的个人账户。法院认为，钟某某开办劳务公司后，利用担任自然人独资公司法定代表人的便利条件，以其控制的劳务公司银行账号收取各种款项，然后又将大部分资金以备用金、项目支出等名目转付到其个人账户，属于公司财产与个人财产明显混同。因而，法院判决驳回原告钟某某的诉讼请求。

二、问题难点

一人公司[①]股东在面临股东与公司财产不独立的举证责任时，往往缺乏有效的证据组织，仅能提供银行账户流水和部分交易凭证。而在司法实践中，这些证据并不能证明一人公司财产独立于股东，导致了一人公司股东大概率为公司债务承担连带责任，特别在司法实践中又出现了实质一人公司的认定后，一人公司股东举证责任进一步加重。那么如何界定一人公司股东举证责任标准，又如何界定实质一人公司，成为解决上述问题的关键。

三、法律评析

1. 仅提供银行账户流水足以能证明一人公司财产独立于股东自己的财产吗？如何界定一人公司股东举证责任标准？

2018年修订后的《公司法》第63条规定："一人有限责任公司的股东不能证明公司财产独立于股东自己的财产的，应当对公司债务承担连带责任。"

该条是公司法人人格否认或刺破公司面纱对一人公司的专门规制，明确了一人公司债权人主张公司股东与公司承担连带责任时，须由公司股东承担其财产与公司财产独立的举证责任，否则，应承担举证不能的后果。但是，对于该条中究竟哪些情形属于财产混同、构成要件为何均未明确，导致司法实践中僵化适用、否认一人公司独立人格的判决比例极高，而不支持否认人格的判例，又极少有详细的逻辑分析和说理，无法产生指导作用。因此，笔者结合上述案例，就一人公司股东举证责任标准作简要梳理，以供参考。

---

① 为表述简练，下文将部分一人有限责任公司简称为一人公司。

（1）形式标准

《公司法》第62条规定："一人有限责任公司应当在每一会计年度终了时编制财务会计报告，并经会计师事务所审计。"财务会计报告，是公司动态交易过程的静态体现。由于纠纷发生时，无法回溯到每一笔交易真实现场，只有以静态的报告形式，间接地证明公司财产独立于股东财产。无疑，具有专业资质的第三方机构按照相关准则出具的审计报告，与其他材料相比，最具有公信力。因此，将财务审计报告作为一人公司财产独立性的形式证明，符合公平与效率原则。

在（2020）最高法民终479号一案及（2020）粤××民终1836号一案中，法院均是以被告公司提交了相关年度的审计报告（其中的审计意见均载明"后附的财务报表在所有重大方面按照企业会计准则的规定编制，公允反映了第一建筑公司当年的财务状况以及经营成果和现金流量"）等相关证据，认定被告公司的财产是独立的。

需要注意的是，将审计报告作为形式标准必须无明显瑕疵方能形成有效证明。如在（2021）京民终218号案中，被告公司虽然提交了审计报告，但相关审计报告并未记载该案中所产生的债权债务关系，被告公司也无法作出合理解释，直接对审计报告的客观性产生了影响，从而影响了证明效力。又如，在（2021）最高法民申2458号案中，相关审计报告是在该案诉讼期间形成，并非系被告公司在运营过程中依《公司法》第62条关于"一人有限责任公司应当在每一会计年度终了时编制财务会计报告，并经会计师事务所审计"之规定进行的正常年度审计，不能客观真实地反映公司财务状况，故也无法证明公司财产和股东财产相互独立。

因此，在前述案例中，劳务公司仅能提供部分银行流水，没有按照《公司法》的要求进行审计并制作年度报告，尚未满足公司财产与股东财产相互独立的形式要求，故其一人股东应对公司债务承担连带责任。

在《最高人民法院公报》2016年第10期（总第240期）公报案例即上海市长宁区人民法院（2017）沪0105执525号案中，二审法院对公司财产与股东财产的形式要求作了进一步的确定。该案中，一审法院在被告公司已经提交了相关年度的审计报告后，还认为"嘉美德公司坚持不进行审计，故无法证明应某某所交付的投资款已用于嘉美德公司而排除另做他用的可能性"。显然，该认定已经超越一人公司证明财产独立的形式标准。二审法院最终以"陈某某提供了上诉人嘉美德公司的相关审计报告，可以反映嘉美德公司有独立完整的财务制度，相关财务报表亦符合会计准则及国家外汇管理的规定，且未见有公司财产与股东个人财产混同的迹象，可以基本反映嘉美德公司财产与陈某某个人财产相分离的事实”等理由，将一审判决予以纠正。

(2)实质标准

一人公司的举证责任倒置原则在其设立时即确定，与股东后续行为无关。因此，在股东无其他行为时，一人公司的举证责任应仅满足形式标准即可，即《公司法》第62条“一人有限责任公司应当在每一会计年度终了时编制财务会计报告，并经会计师事务所审计”。

而当股东有其他行为可能损害债权人利益时，则应提高举证责任标准，不仅应满足形式标准要求，还需对其行为的正当性进行举证。该标准的法律依据为《公司法》第20条的规定：“公司股东应当遵守法律、行政法规和公司章程，依法行使股东权利，不得滥用股东权利损害公司或者其他股东的利益；不得滥用公司法人独立地位和股东有限责任损害公司债权人的利益。公司股东滥用股东权利给公司或者其他股东造成损失的，应当依法承担赔偿责任。公司股东滥用公司法人独立地位和股东有限责任，逃避债务，严重损害公司债权人利益的，应当对公司债务承担连带责任。”

该规定是对所有形式公司的统一要求，是股东有限责任制度下保护债权人利益的核心条款。对于公司制度相对不完善(无监事也无其他股东监督)的一人公司，更应当适用该条款。在司法实践中，该条款也与《公司法》第63条经常同时适用，原因就是一人公司股东与公司通常会出现往来流水、私账收款的情况，而一般审计报告无法对该情况进行针对性说明，因此股东应承担更重的举证责任。但需要注意的是，这是债务人进行了公司满足形式标准的举证后的再主张，需要债权人进行举证，而非举证责任倒置。

在法院说理不明确的情况下，同时适用上述两法条会将形式标准和实质标准的举证责任混淆，让一人公司的举证更难有针对性，也导致司法判例的标准难以统一。

在上述公报案例中，上海市第一中级人民法院就将两种情况分开讨论：

关于形式标准：陈某某提供了上诉人嘉美德公司的相关审计报告，可以反映嘉美德公司有独立完整的财务制度，相关财务报表亦符合会计准则及国家外汇管理的规定，且未见有公司财产与股东个人财产混同的迹象，可以基本反映嘉美德公司财产与陈某某个人财产相分离的事实。

关于实质标准：原告指出嘉美德公司一审中提供的银行收支报告反映，应某某投资后仅一周，嘉美德公司就向均岱公司转移了96万余元，包括发放均岱公司员工工资等。

法院认为，嘉美德公司收到应某某的投资款后，虽有部分用于支付均岱公司的员工工资及货款等费用，但是，根据双方投资合同的约定，应某某投资后，均岱公司的业务将全部转入嘉美德公司，因此均岱公司的业务支出与应某某的投资项目直接有关；这些费用的支出均用于均岱公司的业务支出，并无款项转入陈某某个人账户的记录。因此，应某某提出的异议并不能反映嘉美德公司财产与陈某某个人财产有混同的迹象，不足以否定上诉人的举证。

该案件中债权人的再主张无法证明股东存在《公司法》第20条规定的情况，且股东完成了符合形式标准的举证，因此一人公司股东不对公司债务承担连带责任。

又如(2017)沪民终21号案：

关于形式标准：澳雷朗公司2007年至2014年每年的审计报告均明确记载了澳雷朗公司与股东黄某某之间的应收应付账款金额，且审计单位认为澳雷朗公司财务报表已经按照企业会计准则和《小企业会计制度》的规定编制。

关于实质标准：黄某某、黄某某之妻与澳雷朗公司之间有大量的资金往来。虽然法律并不禁止一人公司的股东与公司之间有资金往来，黄某某提供的证据亦显示澳雷朗公司账上对此有所记载，但黄某某对于这些资金往来未提供全部原始记账凭证，对这些资金往来是否系澳雷朗公司经营所需等合理性未能进行充分举证，其又不同意对此进行司法审计。故本院认为黄某某现提供的证据不足以证明澳雷朗公司与黄某某之间的财产系相互独立，黄某某依法应对澳雷朗公司对飞利浦公司的债务承担连带责任。

该案件中股东虽然进行了形式标准举证，但其妻与公司之间的资金往来未充分体现，其又不同意以司法审计的方式进行证据补强，导致其对公司债务承担连带责任。

综上，一人公司证明公司财产独立于股东自己的财产应当分为证明其满足形式标准和实质标准两个方面，在不满足形式标准时股东应当按照《公司法》第63条承担连带责任。在满足形式标准后，债权人再举证证明一人公司和股东存在往来流水、私账收款情况时，一人公司和股东需再进行合理说明并举证，否则也应当同时按照《公司法》第20条、第63条的规定承担连带责任。将以上两种标准明确区分,既可以统一司法裁判标准,又可以指导各方有效举证,充分调查事实,以维护各方利益。

2. 如何界定实质一人公司?

《公司法》第57条第2款规定:"本法所称一人有限责任公司,是指只有一个自然人股东或者一个法人股东的有限责任公司。"对一人公司的界定,应当无较大歧义,但下述司法判例和观点,提出"实质一人公司"概念,引起较大争议。

最高人民法院在(2019)最高法民再372号案中认为:"本案青曼瑞公司由熊某某、沈某某夫妻二人在婚姻关系存续期间设立,公司资产归熊某某、沈某某共同共有,双方利益具有高度一致性,亦难以形成有效的内部监督。熊某某、沈某某均实际参与公司的管理经营,夫妻其他共同财产与青曼瑞公司财产亦容易混同,从而损害债权人利益。在此情况下,应参照《公司法》第六十三条规定,将公司财产独立于股东自身财产的举证责任分配给股东熊某某、沈某某。综上,青曼瑞公司与一人有限责任公司在主体构成和规范适用上具有高度相似性,二审法院认定青曼瑞公司系实质意义上的一人有限责任公司并无不当。"

最高人民法院民事审判第二庭认为:"如果公司的股东持股比例过于悬殊,不仅存在一个对公司处于绝对控股地位的股东,且股东之间存在近亲属关系,除控股股东外,被担保的债权人有证据证明其他股东从未参与过公司的经营和管理,则可以推定公司构成实质的一人公司,再将举证责任分配给一人公司,由该公司承担举证证明其不是实质一人公司的责任。"①

上述裁判观点均由最高院提出,但其他地方法院仍有争议或不同裁判。笔者认为,现行《公司法》未明确规定需要判断实质一人公司时,不应当扩大适用。但即便不判断该公司是否属于实质一人公司,如上文所述,一人公司在满足形式标准后,也不宜再扩大举证责任,除非债权人再次主张并举证证明公司财产和股东财产有混同情况,但所引用的法律由《公司法》第63条转为《公司法》第20条和《公司法》第63条,而不是扩大一人公司的解释。虽然一人公司的内部管理和监督上存在天然的缺陷,但仍应给予其一定的空间和证明途径,否则该公司形式已无存在必要。

---

① 最高人民法院民事审判第二庭:《最高人民法院民法典担保制度司法解释理解与适用》,人民法院出版社2021年版,第165页。

四、经验启示

司法实践中，判决一人公司财产与股东财产不独立的概率如此之高，足以引起开设一人公司的股东高度重视，从上述及相关案例中，笔者建议，若拟开设一人公司：

1. 一人公司应当在每一会计年度终了时编制财务会计报告，并经会计师事务所审计。财务会计报告应当依照法律、行政法规和国务院财政部门的规定制作。若无每一年度会计报告，则无法证明满足公司财产与股东财产独立的形式标准，法律风险极高。

2. 一人公司除法定的会计账簿外，不得另立会计账簿。对公司资产，不得以任何个人名义开立账户存储。公账私收是一人公司股东承担连带责任的主要情况之一，由于债权人举证证明一人公司公账私收相对容易，一人公司股东应当避免该情况的发生，若已发生，应当就该资金去向收集相应的证据以说明真实情况，最好能在年度审计报告中有所体现。

3. 公司与股东、股东近亲属之间的资金往来应当留存充分的证据以说明真实情况，最好能在年度审计报告中有所体现。

4. 受让一人公司股权或加入一人公司，应对其年度审计报告进行充分审核并调查其真实财务情况。

5. 公司尽量不以夫妻或其他近亲属作为仅有两名股东设立。

如上文所述，一人公司的内部管理和监督上存在天然的缺陷，现又出现“实质一人公司”的判例和观点。因此，对一人公司的管理应该更加严格，必须重视每年度的审计工作和资金流水往来的规范性。

作为个人的被执行人尚有其他财产，执行案件是否符合参与分配的条件

——以某执行异议、复议案为例

王春平　黎月梅　吴耀宏

一、案情简介

在广东某集团(以下简称某集团)申请强制执行云浮市某发电厂、广州某经济发展公司、广州某建材公司、广东某企业集团公司、陈某、邓某、何某买卖合同纠纷执行案(以下简称本案)中,为了帮助某集团尽快实现逾1000万元的债权,代理律师数年来不懈努力,耗费大量时间、精力,最终查找到了被执行人何某名下一处宅基地房,经评估、拍卖程序,该宅基地房产以400多万元成交。在领取执行款过程中,另案的申请执行人曹某等人以他们系被执行人何某的其他已经取得执行依据的债权人,申请参与分配前述拍卖款,请求参与分配数额高达5.5亿元。

针对"曹某等人是否符合参与分配的条件"这一问题,双方存在较大争议。某集团认为曹某等人不符合参与分配的法定条件,主要理由是:被执行人何某名下除本案中被拍卖的宅基地房之外,尚有其他财产未被处置清偿,而且曹某等人在另案中未积极处置其债权,另案中尚有多处查控财产可以处置变现。曹某等人主张符合参与分配的法定条件,应当准允参与分配,主要理由是:依据最高人民法院《关于适用〈中华人民共和国民事诉讼法〉的解释》(以下简称《民诉法司法解释》)(2022年已修订,现为第506条)第508条第1款之规定,只要何某本人名下的财产不能清偿其所有债权的,债权人就可申请参与分配;何某其他财产均被其他法院或其他案件首封、被设定抵押权,曹某等人自案件立案执行三年多以来均未从何某处获偿,且曹某等人的执行案件亦已被裁定终结本次执行;虽然该案还有除何某以外的其

他被执行人，但法律没有规定在有其他被执行人的情况下不能参与对何某财产的分配。

在执行异议、复议程序中，某集团、曹某等人进行了数次针锋相对的辩论，最终，本案执行法院、复议法院均支持了某集团的请求，不予支持曹某等人的参与分配申请。

二、问题难点

曹某等人作为已经取得执行依据的债权人，在自身的执行案件中，虽然查封了被执行人何某名下的其他财产，但该等财产均被其他法院或其他案件首封、被设定抵押权，经三年多的执行，何某该等财产均未能处置，曹某等人未能从何某处获得债权的清偿，执行案件也因"被执行人无可供执行的财产"而被裁定终结本次执行。

在前述情况下，为何两级法院仍认定他们不符合《民诉法司法解释》第508条规定的参与分配的条件？该条规定的参与分配的前提条件有哪些？是哪些事由阻却了曹某等人的参与分配？因被执行人无可供执行的财产而被裁定终结本次执行，能否作为执行案件中被执行人的财产不能清偿所有债权的认定依据之一？

三、法律评析

1. 准确理解《民诉法司法解释》第508条规定的参与分配制度适用前提条件

虽然参与分配制度属于执行程序中的一项制度，但其进入司法视野的初衷在于突破我国有限破产主义的立法局限，解决不能适用破产法进行破产还债的主体的偿债难题，因而我国立法并无参与分配制度的明确规定。最高人民法院为解决实践难题，通过司法解释将参与分配制度纳入到执行程序之中。[①]

《民诉法司法解释》第508条规定："被执行人为公民或者其他组织，在执行程序开始后，被执行人的其他已经取得执行依据的债权人发现被执行人的财产不能清偿所有债权的，可以向人民法院申请参与分配。对人民法院查封、扣押、冻结的财产有优先权、担保物权的债权人，可以直接申请参与分配，主张优先受偿权。"

最高人民法院《关于人民法院执行工作若干问题的规定（试行）》（以下简称《执行工作若干规定》）第90条规定："被执行人为公民或其他组织，其全部或主要

---

① 许尚豪、欧元捷：《执行分配与破产还债的功能分离：参与分配制度的现实重构》，载《人民司法》2014年第17期。

财产已被一个人民法院因执行确定金钱给付的生效法律文书而查封、扣押或冻结，无其他财产可供执行或其他财产不足清偿全部债务的，在被执行人的财产被执行完毕前，对该被执行人已经取得金钱债权执行依据的其他债权人可以申请对该被执行人的财产参与分配。”

前述法律规定了作为被执行人的公民或者其他组织财产不足以清偿全部债务时的参与分配规则。如何准确理解、适用前述法律规定，是本案的核心和关键之一。

结合前述法律规定具体内容来看，《民诉法司法解释》第508条规定的参与分配制度适用前提条件主要有：

（1）被执行人是自然人公民或其他组织（非企业法人）。其立法目的在于弥补个人或其他组织破产制度的缺失，主要是在公民或其他组织财产不足以清偿全部债权时为各债权人提供一个公平受偿的机会和途径。

（2）申请参与分配的时间为执行程序开始后且在执行终结前。

（3）申请参与分配的债权人必须取得生效的执行依据。

（4）被执行人的财产不能清偿所有债权。

——这是适用前述参与分配制度的核心前提条件，如果没有证据证明被执行人财产不能清偿所有债权，则无法适用该项制度。

（5）即便被执行人的财产不能清偿所有债权，有优先权、担保物权的债权人，可以直接申请参与分配，主张优先受偿权。

——事实上，在处置具有担保物权等优先权负担的标的物时，执行法院依法应依职权通知享有优先权的债权人。此种情况下，享有优先权的债权人不管是否提出申请，都应当通过参与分配清偿其优先债权①，与普通债权人的参与分配不同。

2. 在曹某等人执行案件中，被执行人何某名下除本案中被拍卖的宅基地房之外，尚有其他财产未被处置清偿，而且该案还有多处已查封的财产可以处置变现，他们的债权可以通过处置该等财产而获得清偿，因而不符合参与分配的条件。

就本案而言，无论是某集团还是曹某等人，对于被执行人何某名下的宅基地房均无优先受偿权，均为普通债权人。因此，曹某等人能否参与对何某名下宅基地房拍卖所得款分配的关键在于判断“被执行人何某的财产是否不能清偿所有债权”。

笔者认为，核心主要在衡量和比较“被执行人的已知财产”及“申请执行人的债

---

① 张永泉：《民事执行程序中“参与分配”的理论与制度构建》，载《苏州大学学报（法学版）》2017年第4期。

权总量”。如果两者相当，那么就无须适用参与分配原则，参与分配原则就是解决被执行人不足以偿还债务的情况。① 如果前者低于后者，则可以认为达到了启动参与分配制度的条件。经衡量及比较得出的结果，应当是确定性较高的理性评定结果，不应当是一种含混不清或者不确定性较高的主观预测。

（1）除本案中被拍卖的宅基地房产之外，被执行人何某名下尚有其他财产未被处置清偿

曹某等人申请参与分配时提供了他们执行案件的《执行裁定书》，该裁定书显示：曹某等人执行案件中，执行法院查封了何某名下位于云浮市的土地使用权，面积418.25平方米。也即除本案中被拍卖的宅基地房之外，被执行人何某名下尚有其他财产已被查封但未被处置。

对此，曹某等人提出何某该处土地使用权已经被其他法院首封。但是，经某集团进一步核查，申请首封何某该处土地使用权的申请执行人正是曹某等人执行案件的被执行人之一某国际公司。

根据最高人民法院《关于正确处理轮候查封效力相关问题的通知》（法〔2022〕107号）等相关法律规定，轮候查封具有确保轮候查封债权人能够取得首封债权人从查封物变价款受偿后剩余部分的作用。首封法院对查封物处置变现后，首封债权人受偿后变价款有剩余的，该剩余价款属于轮候查封物的替代物，轮候查封的效力应当及于该替代物，即对于查封物变价款中多于首封债权人应得数额部分有正式查封的效力。轮候查封债权人对该剩余价款有权主张相应权利。首封法院有义务将相关处置情况告知变价款处置前已知的轮候查封法院，并将剩余变价款移交给轮候查封法院，由轮候查封法院依法处理。

据此，尽管何某该处土地使用权已经被其他法院首封，但该等财产经由首封法院处置后，仍可以用以清偿曹某等人的债务。又由于首封何某该处房产的申请执行人某国际公司，也是曹某等人执行案件的被执行人之一，若首封法院处置该处房产，所得价款应先行清偿被执行人某国际公司的债权，彼时，曹某等人作为某国际公司的债权人，依法可以申请执行法院截留、划扣该等款额以清偿自身的债权。显然，曹某等人应能够从该处查封的土地使用权获得债权的清偿。

① 万海峰：《执行程序中的参与分配制度分析》，载《法制与社会》2020年第17期。

(2)该案还有多处已查封的财产可以处置变现

曹某等人还冻结了某国际公司所持某水泥公司25%的股权及其收益。经调查发现,某水泥公司是央企中材水泥公司控股的一家企业,某水泥厂等投资者曾将几千亩土地注入到该司,某国际公司所持该司25%的股权应当是有价值的,若积极处置应能变现。

曹某等人还查封了数块土地使用权,其中有5块土地使用权的抵押权人系佛山市某贸易公司,有另外3块土地使用权的首封申请人也系佛山市某贸易公司,而佛山市某贸易公司也是曹某等人执行案件的被执行人之一。若曹某等人积极推进处置前述财产,他们的债权也应可通过佛山市某贸易公司作为抵押权人及首封申请人优先获得的财产很大程度地受偿,彼时也很大可能无须再处置何某名下的财产。

显然,在曹某等人的执行案件中,无论是何某还是其他被执行人,均尚有可以被处置变现的财产,由于该等财产尚未经过评估,暂不能确定该等财产的总价值是高于还是低于曹某等人的债权总额。加之该等财产尚未处置,处置变现情况尚不能确定、处置变现结果存在多种可能性。在此等情况下,不能确认该案中被执行人财产不能清偿曹某等人的所有债权。因此,曹某等人主张他们的债权不能获得清偿,实属言之过早。

3. 尽管曹某等人执行案件被以“无可供执行的财产”为由裁定终结本次执行,但这并非最终的执行结果,也未必是“别无他法,仅能参与分配”,不适宜以此作为判断“被执行人的财产不能清偿所有债权”的依据之一

(1)在执行实践中,“终结本次执行”更多地是为了完成执行结案率考核而采取的权宜之计,而非最终的执行结果。

最高人民法院《关于严格规范终结本次执行程序的规定(试行)》(以下简称《规定》)第1条规定:“人民法院终结本次执行程序,应当同时符合下列条件:(一)已向被执行人发出执行通知、责令被执行人报告财产;(二)已向被执行人发出限制消费令,并将符合条件的被执行人纳入失信被执行人名单;(三)已穷尽财产调查措施,未发现被执行人有可供执行的财产或者发现的财产不能处置;(四)自执行案件立案之日起已超过三个月;(五)被执行人下落不明的,已依法予以查找;被执行人或者其他人妨害执行的,已依法采取罚款、拘留等强制措施,构成犯罪的,已依法启动刑事责任追究程序。”对于“已穷尽财产调查措施”“发现的财产不能处置”的

标准,《规定》第 3 条[1]、第 4 条[2]分别作了明确规定。

尽管如此,在司法实务中,“执行难”原本就长年困扰着我国司法机关和当事人、律师,常年不能获得有效解决。除往年积压的旧案以外,执行法院每年都面临着总量在不断攀升的新立执行案件,考核压力巨大。为了解决“执行难”和考核任务之间日益严峻的冲突和矛盾,执行法院往往会在采取了一般必要的调查措施后仍无切实有效推进执行的情况下,经取得申请执行人的同意后,先行裁定终结本次执行。

在曹某等人执行案件中,便是如此情形。根据曹某等人提交的资料,该案在裁定终结本次执行之前,没有采取审计调查、公告悬赏等调查措施,也未对已查封、冻结的被执行人财产启动评估、拍卖等程序,遑论后续的变卖、抵债等活动。显然,该案并不符合前述“终结本次执行”的法定条件。

事实上,某集团代理律师经调查发现了该案被执行人之一某国际公司还持有某水泥公司、某索道游乐城等 7 家公司的股权,投资金额总计超过 7 亿元。可是,曹某等人和该案执行法院却未曾查获前述财产线索,也不可能对该等财产进行查控及处置并清偿债权。

这也意味着,在曹某等人执行案件中,原先的执行措施未用尽,执行力度有限,仍有很大的作为空间,曹某等人若积极作为,应有很大可能通过采取其他必要有力的调查措施查获被执行人名下的其他可供执行的财产,继而有望获得债权的清偿。

(2)执行案件被裁定终结本次执行的,申请执行人仍可通过恢复执行、执行追加、申请采取控制性措施等多元化手段、方式实现债权。

根据《规定》第 9 条至第 11 条、第 16 条等有关法律规定,终结本次执行程序后,

---

① 最高人民法院《关于严格规范终结本次执行程序的规定(试行)》第 3 条规定:“本规定第一条第三项中的‘已穷尽财产调查措施’,是指应当完成下列调查事项:(一)对申请执行人或者其他人提供的财产线索进行核查;(二)通过网络执行查控系统对被执行人的存款、车辆及其他交通运输工具、不动产、有价证券等财产情况进行查询;(三)无法通过网络执行查控系统查询本款第二项规定的财产情况的,在被执行人住所地或者可能隐匿、转移财产所在地进行必要调查;(四)被执行人隐匿财产、会计账簿等资料且拒不交出的,依法采取搜查措施;(五)经申请执行人申请,根据案件实际情况,依法采取审计调查、公告悬赏等调查措施;(六)法律、司法解释规定的其他财产调查措施。人民法院应当将财产调查情况记录入卷。”

② 最高人民法院《关于严格规范终结本次执行程序的规定(试行)》第 4 条规定:“本规定第一条第三项中的‘发现的财产不能处置’,包括下列情形:(一)被执行人的财产经法定程序拍卖、变卖未成交,申请执行人不接受抵债或者依法不能交付其抵债,又不能对该财产采取强制管理等其他执行措施的;(二)人民法院在登记机关查封的被执行人车辆、船舶等财产,未能实际扣押的。”

当事人、利害关系人申请变更、追加执行当事人，符合法定情形的，人民法院应予支持。变更、追加被执行人后，申请执行人申请恢复执行的，人民法院应予支持。终结本次执行程序后，如发现被执行人有可供执行财产，可申请恢复执行；如不立即采取执行措施可能导致财产被转移、隐匿、出卖或者毁损的，执行法院可以依申请执行人申请或依职权立即采取查封、扣押、冻结等控制性措施。案件符合终结本次执行程序条件，又符合移送破产审查相关规定的，执行法院应当在作出终结本次执行程序裁定的同时，将执行案件相关材料移送被执行人住所地人民法院进行破产审查。

笔者认为，尽管执行法院经常以“无可供执行的财产”为由终结本次执行，但要透过现象看本质，该类型裁定更多地是为了解决执行法院结案任务而采取的权宜之计，并非最终的执行结果。以曹某等人执行案件为例，该案虽然已被以“无可供执行的财产”为由裁定终结本次执行，可是，该案既没有达到法律意义和事实上的“无可供执行的财产”之标准，也未到“无路可走，仅能参与分配”的地步，因而不适宜据此认定符合适用参与分配的条件。

4. 曹某等人未积极处置相关财产，他们的消极行为造成了“财产暂不能处置变现”这一消极的过程性状态，这不属于法律意义上的“被执行人的财产不能清偿所有债权”，否则会对某集团极为不公

根据曹某等人提交的材料，在他们的执行案件中，他们的债权已获偿900多万元，而且，如前所述，该案尚有多处财产可以进行处置变现，包括被执行人何某名下被查封的土地使用权、被执行人佛山市某贸易公司享有的抵押权或首封的8块土地使用权、被执行人某国际公司持有的股权等。但是，未见曹某等人有效、有力地推动该案执行法院去处置。他们的消极行为很大程度地造成了该案目前“财产暂不能处置变现”这一消极的过程性状态。而这消极的过程性状态也不属于法律意义上的“被执行人的财产不能清偿所有债权”。本案中，何某宅基地房之所以能够被发现和被拍卖成功，系某集团及其代理律师长年以来持续深入调查、挖掘被执行人财产，积极推动法院查封、处置的结果，系他们长年累月付出努力后的回报。

在前述情况下，如准允曹某等人在本案中参与分配，将会对某集团极为不公，也将违背公平、公正原则，导致权利失衡。对此，复议法院在复议裁定中也指出：“若允许曹某等人参与本案拍卖所得款分配，则会损害本案某集团的合法权益。”

基于以上分析，笔者认为，在审查参与分配申请之时，还须同时兼顾两方当事

人的程序性付出,避免另案申请执行人通过参与分配制度随意地“搭便车”。

四、经验启示

破解“执行难”,最大限度实现债权人利益,除需要积极挖掘被执行人可供执行的财产、设法增加被执行主体、采取多元化的法律手段外,有时还需设法减少参与分配的债权人数量,通过执行异议等方式设法“剔除”不符合法定参与分配条件的债权人,善于从对方提供的证据材料中发现对己方有利的证据或信息,将彼方证据变为己方证据,阻止其他债权人参与分配,从而点石为金、扭转乾坤,力争实施己方当事人利益最大化。

曹某等人虽然未能在本案中成功地参与分配,但经执行异议程序和复议程序后,应能发现此前财产调查措施、执行措施的局限性,也应能看到他们的执行案件的前景仍大有可为,可谓“塞翁失马,焉知非福”。

以非居住用房抵债情形下，案外人以房产实际所有人身份请求排除执行应否获得支持

——以某案外人执行异议案为例

王春平　韩　秀

一、案情简介

由于某建设公司未能依约向某开发公司偿还债款5,748,136.75元，开发公司于2009年12月9日向A区法院提起民事诉讼。2009年12月14日，在法院的主持下，建设公司与开发公司达成和解，并由A区法院作出《民事调解书》，确认"建设公司欠开发公司款项5,748,136.75元，由建设公司于2009年12月14日前一次性偿还给开发公司"等内容。同日，建设公司与开发公司就还款的具体安排及其他相关事宜签订《和解协议》，约定"关于建设公司欠付开发公司债款5,748,136.75元中的3,984,500元，建设公司同意以5××号物业首层、负一层、负二层作价3,984,500元抵偿给开发公司，并由建设公司协助开发公司办理抵债物业的过户手续，剩余的债款1,763,636.75元由建设公司在发生冲减后一年内结清"等内容。

2009年12月15日，建设公司向开发公司作出《物业交接清单》，明确表示："……由于物业只办理了整栋大楼的大确权登记，暂时无法办理过户到你公司的相关手续。为此，我公司同意2009年12月15日起将5××号首层、负一层、负二层物业的使用权先行交付给你公司，直至物业产权过户到你公司，其间的物业使用、管理交由你公司全权处置……"

物业交接后，建设公司因为无力承担过户产生的税费等费用而迟迟未能协助开发公司将抵债物业过户至开发公司名下，虽开发公司长期不断催促和提出异议，却至今均未果。为尽快妥善解决纠纷，2019年9月9日，开发公司与建设公司签订

《〈和解协议〉补充协议》，约定“建设公司承诺在2019年9月30日前积极配合开发公司办妥5××号物业的产权过户登记手续”等内容。然而，前述协议签订后，建设公司仍未能依约履行相关义务。

2019年11月，开发公司向某仲裁委员会（以下简称仲裁委）提出了仲裁申请，请求：“（一）裁决建设公司协助将5××号物业的首层、负一层、负二层所有权转移至开发公司名下……”

在提出前述仲裁申请之同时，开发公司向仲裁委申请保全包括5××号首层、负一层、负二层在内的相关物业，在办理财产保全过程中，开发公司获悉：在某资产公司诉建设公司、某企业集团公司借款合同纠纷强制执行案中，B区法院于2019年12月19日查封了登记在建设公司名下的前述5××号负一层仓库、车库的产权（以下简称负一层物业）。

开发公司认为，负一层物业的真正权利人系开发公司而非建设公司，开发公司对负一层物业依法享有足以排除强制执行的民事权益，B区法院对该物业实施查封实属错误，依法应予以纠正。故此，开发公司于2020年4月底向B区法院提出了执行异议，请求B区法院依法裁定解除对负一层物业的查封等。

异议审查期间，仲裁委先行于2020年10月8日作出《裁决书》，查明和认定了“《和解协议》《〈和解协议〉补充协议》签订于负一层物业被人民法院查封之前”“《和解协议》及其补充协议真实有效”“开发公司对抵债房屋未能过户不存在过错”等事实，继而裁决：“建设公司协助开发公司将5××号物业的首层、负二层的所有权转移登记至开发公司名下……”

2020年11月11日，B区法院就开发公司提出的前述异议作出《执行裁定书》，以“案涉物业仍登记在建设公司名下，根据不动产登记公示公信的效力，案涉物业仍系建设公司所有”，“最高人民法院《关于人民法院办理执行异议和复议案件若干问题的规定》（以下简称《异议和复议规定》）第28条[①]是关于无过错不动产买受人物权期待权排除执行的规定，开发公司与建设公司签订的《和解协议》，是基于其与建设公司的债权债务关系的以房抵债，其实质是建设公司以转移其名下物业物权

---

① 最高人民法院《关于人民法院办理执行异议和复议案件若干问题的规定》第28条规定：“金钱债权执行中，买受人对登记在被执行人名下的不动产提出异议，符合下列情形且其权利能够排除执行的，人民法院应予支持：（一）在人民法院查封之前已签订合法有效的书面买卖合同；（二）在人民法院查封之前已合法占有该不动产；（三）已支付全部价款，或者已按照合同约定支付部分价款且将剩余价款按照人民法院的要求交付执行；（四）非因买受人自身原因未办理过户登记。”

的方式代替其所负债务的履行。开发公司与建设公司未在法院查封负一层物业前签订合法有效的书面买卖合同,不存在房屋买卖关系,即开发公司不是负一层物业的买受人,开发公司请求适用此条规定以此排除对案涉物业的执行,本院不予采纳”等为由,裁定驳回了开发公司的异议请求。

二、问题难点

纵观上述案例中法院的裁判思路,在审查和认定案外人对抵债物业是否享有足以排除强制执行之民事权益时,法院主要从两个层面进行考量:一是案外人对抵债物业是否享有所有权;二是案外人对抵债物业是否享有足以排除强制执行的物权期待权。

关于案外人对抵债物业是否享有所有权,彼时施行有效的《物权法》第 6 条①、第 9 条②、第 28 条至第 31 条③,现行有效的《民法典》第 208 条④、第 209 条第 1 款⑤、第 229 条至第 232 条⑥,《异议和复议规定》第 25 条⑦等有关法律规定就该问题的判

---

① 《物权法》第 6 条规定:“不动产物权的设立、变更、转让和消灭,应当依照法律规定登记。动产物权的设立和转让,应当依照法律规定交付。”

② 《物权法》第 9 条规定:“不动产物权的设立、变更、转让和消灭,经依法登记,发生效力;未经登记,不发生效力,但法律另有规定的除外。依法属于国家所有的自然资源,所有权可以不登记。”

③ 《物权法》第 28 条规定:“因人民法院、仲裁委员会的法律文书或者人民政府的征收决定等,导致物权设立、变更、转让或者消灭的,自法律文书或者人民政府的征收决定等生效时发生效力。”第 29 条规定:“因继承或者受遗赠取得物权的,自继承或者受遗赠开始时发生效力。”第 30 条规定:“因合法建造、拆除房屋等事实行为设立或者消灭物权的,自事实行为成就时发生效力。”第 31 条规定:“依照本法第二十八条至第三十条规定享有不动产物权的,处分该物权时,依照法律规定需要办理登记的,未经登记,不发生物权效力。”

④ 《民法典》第 208 条规定:“不动产物权的设立、变更、转让和消灭,应当依照法律规定登记。动产物权的设立和转让,应当依照法律规定交付。”

⑤ 《民法典》第 209 条第 1 款规定:“不动产物权的设立、变更、转让和消灭,经依法登记,发生效力;未经登记,不发生效力,但是法律另有规定的除外。”

⑥ 《民法典》第 229 条规定:“因人民法院、仲裁机构的法律文书或者人民政府的征收决定等,导致物权设立、变更、转让或者消灭的,自法律文书或者征收决定等生效时发生效力。”第 230 条规定:“因继承取得物权的,自继承开始时发生效力。”第 231 条规定:“因合法建造、拆除房屋等事实行为设立或者消灭物权的,自事实行为成就时发生效力。”第 232 条规定:“处分依照本节规定享有的不动产物权,依照法律规定需要办理登记的,未经登记,不发生物权效力。”

⑦ 最高人民法院《关于人民法院办理执行异议和复议案件若干问题的规定》第 25 条规定:“对案外人的异议,人民法院应当按照下列标准判断其是否系权利人:(一)已登记的不动产,按照不动产登记簿判断;未登记的建筑物、构筑物及其附属设施,按照土地使用权登记簿、建设工程规划许可、施工许可等相关证据判断……(五)其他财产和权利,有登记的,按照登记机构的登记判断;无登记的,按照合同等证明财产权属或者权利人的证据判断。……”

断标准作了较为明确的界定，除特殊情形外，不动产物权的变动经依法登记才发生效力；人民法院在审查案外人的异议时，对于已登记的不动产，应当按照不动产登记簿判断其是否系权利人。物权优先于债权是物权法乃至民法上的重要原则，若以房抵债协议已经履行完毕，债权人经依法变更登记成为抵债物业的所有权人，此时房产已不再属于被执行人的责任财产范围，债权人自应享有排除其他债权人对抵债物业强制执行之权利。

关于案外人对抵债物业是否享有足以排除强制执行的物权期待权。对照本案法院的裁判思路，法院认为“以房抵债协议”不是“房屋买卖合同”，进而认定开发公司与建设公司之间就案涉物业不存在房屋买卖关系、开发公司作为“以房抵债受让人”不是“房屋买受人”，据此得出“开发公司不能依据《异议和复议规定》第28条规定排除对案涉物业的执行”之结论。这一裁判逻辑是否合法合理，笔者认为值得作进一步的深究。

具体而言，在尚未办理完成产权变更登记手续的特定情况下，《异议和复议规定》第28条赋予了非居住用房买受人之物权期待权以排除强制执行之效力，以房抵债的债权人是否属于前述规定保护的范畴？是否享有并可根据前述规定排除强制执行的物权期待权？

三、法律评析

对于前述难点问题，我国现行法律规定及相关司法解释并未作出明确规定。最高人民法院民事审判第二庭在《〈全国法院民商事审判工作会议纪要〉理解与适用》一书中虽以“违反债的平等性”“防止案外人与被执行人恶意串通损害债权人的合法权利”为由，提出了“以物抵债不适用《异议和复议规定》第28条的规定”之主张①，但其在对《异议和复议规定》第28条规定条件之一“（三）已支付全部价款，或者已按照合同约定支付部分价款且将剩余价款按照人民法院的要求交付执行”进行“理解与适用”分析时，其又主张“对于采用抵债方式的，可以视为支付价款，但第三人应当提供所抵债务客观存在及符合抵债要件的证据”②。因而其主张前后不一

---

① 最高人民法院民事审判第二庭编著：《〈全国法院民商事审判工作会议纪要〉理解与适用》，人民法院出版社2019年版，第304页。

② 最高人民法院民事审判第二庭编著：《〈全国法院民商事审判工作会议纪要〉理解与适用》，人民法院出版社2019年版，第643页。

致，就前述问题的意见事实上也不明确。

在缺少明确法律依据的情况下，有关该问题的司法实践存在极大的分歧。笔者经检索和梳理大量人民法院的司法裁判案例，发现对该问题的具体分析，需要按照以房抵债协议签订时间的不同，分两种情形讨论：

（一）在债务履行期限届满前签订的以房抵债协议

根据彼时施行有效的《物权法》第186条①、第211条②，《担保法》第40条③、第66条④，最高人民法院《关于适用〈中华人民共和国担保法〉若干问题的解释》第57条⑤，现行有效的《民法典》第401条、第428条⑥，《全国法院民商事审判工作会议纪要》（以下简称《九民纪要》）第45条⑦等有关法律规定，目前我国法律对流质或流押条款的效力仍持否定态度。参照最高人民法院民事审判第二庭编著的《〈全国法院民商事审判工作会议纪要〉理解与适用》中的观点，通说认为，对于在债务履行期限届满之前达成的以物抵债协议，有关债务人不能履行债务时抵债物就归属债权人所有之约定，因违反禁止流质或流押的强制性规定而部分无效。⑧ 在前述情形

---

① 《物权法》第186条规定："抵押权人在债务履行期届满前，不得与抵押人约定债务人不履行到期债务时抵押财产归债权人所有。"

② 《物权法》第211条规定："质权人在债务履行期届满前，不得与出质人约定债务人不履行到期债务时质押财产归债权人所有。"

③ 《担保法》第40条规定："订立抵押合同时，抵押权人和抵押人在合同中不得约定在债务履行期届满抵押权人未受清偿时，抵押物的所有权转移为债权人所有。"

④ 《担保法》第66条规定："出质人和质权人在合同中不得约定在债务履行期届满质权人未受清偿时，质物的所有权转移为质权人所有。"

⑤ 最高人民法院《关于适用〈中华人民共和国担保法〉若干问题的解释》第57条规定："当事人在抵押合同中约定，债务履行期届满抵押权人未受清偿时，抵押物的所有权转移为债权人所有的内容无效。该内容的无效不影响抵押合同其他部分内容的效力。债务履行期届满后抵押权人未受清偿时，抵押权人和抵押人可以协议以抵押物折价取得抵押物。但是，损害顺序在后的担保物权人和其他债权人利益的，人民法院可以适用合同法第七十四条、第七十五条的有关规定。"

⑥ 《民法典》第401条规定："抵押权人在债务履行期限届满前，与抵押人约定债务人不履行到期债务时抵押财产归债权人所有的，只能依法就抵押财产优先受偿。"第428条规定："质权人在债务履行期限届满前，与出质人约定债务人不履行到期债务时质押财产归债权人所有的，只能依法就质押财产优先受偿。"

⑦ 最高人民法院《全国法院民商事审判工作会议纪要》第45条规定："【履行期届满前达成的以物抵债协议】当事人在债务履行期届满前达成以物抵债协议，抵债物尚未交付债权人，债权人请求债务人交付的，因此种情况不同于本纪要第71条规定的让与担保，人民法院应当向其释明，其应当根据原债权债务关系提起诉讼。经释明后当事人仍拒绝变更诉讼请求的，应当驳回其诉讼请求，但不影响其根据原债权债务关系另行提起诉讼。"

⑧ 最高人民法院民事审判第二庭编著：《〈全国法院民商事审判工作会议纪要〉理解与适用》，人民法院出版社2019年版，第307页。

下，以房抵债的债权人只能向债务人主张债权，无法对抵债物业本身主张实体权利，也无权以房产实际所有人身份请求排除执行。

（二）在债务履行期限届满后签订的以房抵债协议

对于在债务履行期限届满后签订的以房抵债协议，以房抵债的债权人是否享有并可适用《异议和复议规定》第28条规定排除强制执行的物权期待权？笔者认为应根据抵偿之债本身性质的不同，分特殊情形——以房抵该房屋建设工程款和一般情形两类进行讨论。

1. 特殊情形——以房抵该房屋建设工程款

《民法典》第807条规定："发包人未按照约定支付价款的，承包人可以催告发包人在合理期限内支付价款。发包人逾期不支付的，除根据建设工程的性质不宜折价、拍卖外，承包人可以与发包人协议将该工程折价，也可以请求人民法院将该工程依法拍卖。建设工程的价款就该工程折价或者拍卖的价款优先受偿。"据此，建设工程的价款本身具有特殊性，建筑工程承包人的优先受偿权优于抵押权和其他债权，但不得对抗消费者购房人基于《异议和复议规定》第29条对商品房享有的物权期待权。[①] 承包人实现该优先受偿权的方式有两种：一种是承包人与发包人协议将该工程折价，另一种是请求人民法院将该工程依法拍卖。

基于前述规定，在以房抵该房屋建设工程款的情况下，其实质是通过协议折价的方式行使对该房屋所享有的建设工程价款优先受偿权，因工程款债权应优先于普通债权得到受偿，应当认定承包方对抵债物业享有的权利可以排除对普通债权的强制执行，不适用《异议和复议规定》第28条。就此，最高人民法院在（2020）最高法民再352号《民事判决书》中也持此种观点，法院在该案中查明和认定："紫杰投资公司对大邑银都公司享有的是普通借贷债权，而建机工程公司作为案涉工程项目的承包人对案涉房屋享有建设工程价款优先受偿权，建机工程公司工程款债

---

① 《人民法院办理执行案件规范》第945条第1款规定："【建设工程价款优先受偿权与消费者保护】人民法院在办理执行案件中，应当依照合同法第二百八十六条的规定，认定建筑工程的承包人的优先受偿权优于抵押权和其他债权。但消费者交付购买商品房的全部或者大部分款项后，承包人就该商品房享有的工程价款优先受偿权不得对抗买受人。"

最高人民法院《关于人民法院办理执行异议和复议案件若干问题的规定》第29条规定："金钱债权执行中，买受人对登记在被执行的房地产开发企业名下的商品房提出异议，符合下列情形且其权利能够排除执行的，人民法院应予支持：（一）在人民法院查封之前已签订合法有效的书面买卖合同；（二）所购商品房系用于居住且买受人名下无其他用于居住的房屋；（三）已支付的价款超过合同约定总价款的百分之五十。"

权优先于紫杰投资公司的普通债权得到受偿,案涉房屋系工程款债权的物化载体,本案不适用《执行异议和复议规定》第28条,建机工程公司就案涉房屋享有的权利足以排除紫杰投资公司的强制执行。"

2. 一般情形

除上述特殊情形外,在抵偿之债为普通债权的情况下,司法实践中的观点大致可以概括为以下针锋相对的两种:

(1)否定说

持该观点的主要理由为:《异议和复议规定》第28条为物权法定及债权平等原则下的特例,在法律没有明确规定情况下不得随意参照适用,否则极易引发制度被滥用的风险,例如案外人与被执行人通过恶意串通签订以房抵债协议以规避执行等;设立以房抵债的目的在于消灭旧的金钱之债,而非购买抵债物业,其本质是对金钱之债履行方式的变更,在完成不动产变更登记之前,基于债的平等性,其金钱之债不应当优先于另一金钱之债。

最高人民法院在(2021)最高法民申1489号、(2020)最高法民申6769号、(2019)最高法民申4491号、(2019)最高法民申3249号《民事裁定书》中均持该种观点。

(2)肯定说

持该观点的主要理由为:案外人执行异议审查的目的在于保护强制执行行为下真实权利人的合法权益,实践中并不禁止以房抵债行为,不应一概否认以房抵债受让人对抵债物业享有排除执行的权益。以房抵债协议虽然不是典型、规范的房屋买卖合同,但其目的同样是转移房屋所有权,具有买卖合同的特征,可以参照适用买方权利在一定条件下排除强制执行的相关规定。

最高人民法院在(2021)最高法民终667号、(2020)最高法民终1248号《民事判决书》,(2018)最高法民再311号《民事裁定书》,(2017)最高法民申2476号、2480号、2482号、2484号《民事裁定书》,(2016)最高法民申2023号、2025号《民事裁定书》中均持该种观点。

广东省高级人民法院也持此立场,广东省高级人民法院《关于审查处理执行裁决类纠纷案件若干重点问题的解答》(2019年8月7日实施)第13条规定:"案外人主张涉案房屋是以房抵债取得,请求排除执行,如何处理?意见:符合条件的,可以排除执行。案外人有充分证据证明,能够同时满足以房抵债协议真实有效、协议签订于房屋被人民法院查封之前、案外人在查封前已经实际占有涉案房屋，案外人对涉案房屋未能过户不存在过错的，可以排除执行。说明：参照《执行异议和复议规定》第28条处理。案外人执行异议之诉的目的在于保护强制执行行为下真实权利人的合法权益，实践中并不禁止以房抵债行为，查明属实的，应保护债权人利益。"

需要说明的是：持肯定说的部分法院在认定以房抵债能否排除强制执行时，除要求符合《异议和复议规定》第28条规定的要件外，还设置了一定的限制条件，具体条件在法院之间存在较大差异，但总体来看符合《九民纪要》第44条第1款[①]、《第八次全国法院民事商事审判工作会议（民事部分）纪要》第16条[②]规定的精神。例如，最高人民法院在（2021）最高法民终345号案中认为，以房抵债的债权人原则上不能视同一般不动产买受人，但是在特殊情况下，如果当事人在债务履行期限届满后达成合法有效的以房抵债协议，旧债清算完毕变更为新债，不存在规避执行或逃避债务等情形，经审慎认定，可参照前述第28条规定予以支持。黑龙江省高级人民法院认为，在总体原则上应当注意认真审查有关案涉事实真伪，包括所谓冲抵房款的债权是否真实存在、是否合法，房屋买卖协议是否存在"倒签"，名为房屋买卖实质是否为让与担保，买受人与出卖人之间是否存在恶意串通、逃废债务等。[③] 江苏省高级人民法院认为，还应同时满足"案外人与被执行人在涉案房屋被查封前存在合法有效的到期债权债务关系、案外人对被执行人享有的到期债权与执行标的的实际价值大致相当、以房抵债协议不存在规避执行或逃避债务情形"等条件。[④]

笔者赞同第二种观点，同时笔者认为应在《异议和复议规定》第28条规定要件的基础上增设必要、明确、统一的限制条件。理由如下：

首先，不能以恶意、虚假的以房抵债易发为由，否认以房抵债债权人对抵债物

---

① 最高人民法院《全国法院民商事审判工作会议纪要》第44条规定："【履行期届满后达成的以物抵债协议】当事人在债务履行期限届满后达成以物抵债协议，抵债物尚未交付债权人，债权人请求债务人交付的，人民法院要着重审查以物抵债协议是否存在恶意损害第三人合法权益等情形，避免虚假诉讼的发生。经审查，不存在以上情况，且无其他无效事由的，人民法院依法予以支持。"

② 最高人民法院《第八次全国法院民事商事审判工作会议（民事部分）纪要》第16条规定："当事人达成以房抵债协议，并要求制作调解书的，人民法院应当严格审查协议是否在平等自愿基础上达成；对存在重大误解或显失公平的，应当予以释明；对利用协议损害其他债权人利益或者规避公共管理政策的，不能制作调解书；对当事人行为构成虚假诉讼的，严格按照民事诉讼法第一百一十二条和《最高人民法院关于适用〈中华人民共和国民事诉讼法〉的解释》第一百九十条、第一百九十一条的规定处理；涉嫌犯罪的，移送刑事侦查机关处理。"

③ 黑龙江省高级人民法院《关于审理执行异议之诉案件若干问题的解答》第20条。

④ 江苏省高级人民法院《执行异议及执行异议之诉案件审理指南（二）》第8条。

业权利的特殊性。结合《九民纪要》第 44 条第 1 款、《第八次全国法院民事商事审判工作会议(民事部分)纪要》第 16 条等有关法律规定的精神,法院应当积极审慎地审查"以物抵债协议是否存在恶意损害第三人合法权益、规避公共管理政策"等情形,识别和排除其中不合法的情形,而不应消极地否定制度本身。同时,为避免对法的秩序价值、确定性和统一性造成侵害,影响法律权威和司法公信力,有必要修订完善相关法律规定,对审查的具体条件和审查维度等加以明确或进行统一。

其次,否定说对案外人有失公允。抵债权利具备实现债权和取得抵债房产的双重目标,通常情况下,除付款方式不同以外,以房抵债的债权人与非居住用房买受人并无二致,且同样面临因我国目前不动产登记制度尚不完善而导致房屋所有权的取得无法一蹴而就的客观问题。参照最高人民法院民事审判第二庭在《〈全国法院民商事审判工作会议纪要〉理解与适用》一书中的观点,对于采用抵债方式的,可以视为支付价款,但第三人应当提供所抵债务客观存在及符合抵债要件的证据。此时,若认为抵债权利不能排除执行,明显有失公允。

最后,有助于维护既存的法律关系稳定。正所谓"无恒产者无恒心",出于取得抵债物业所有权的目的,抵债权利人在实际占有抵债物业后,往往会实施一系列资产盘活、管理和经营行为,使抵债物业保值增值,在客观上对抵债物业形成稳定的支配效果,对第三人形成债权人是抵债物业权利人的事实状态。因此,在执行程序中赋予以房抵债权利以排除强制执行之可能性,有利于稳定既存的法律关系。

四、经验启示

关于以非居住用房抵债情形下,案外人以房产实际所有人身份请求排除执行应否获得支持,因目前我国法律并无明确规定,司法实践中观点也不统一,不能一概而论,但可以肯定的是司法实践中存在获得法院支持之可能。实务中,在对该问题进行判断时,应注意从"抵债物业是否已办理过户登记、以房抵债协议是否在债务履行期限届满后签订、抵偿之债本身是否属于建设工程款等具有优先权性质的债权、是否符合《异议和复议规定》第 28 条规定之要件、冲抵房款的债权是否真实存在、是否合法、是否存在规避执行或逃避债务情形"等维度进行层层剖析,坚持具体问题具体分析,有针对性地、全面地准备证据,据理力争,以期实现对己方有利之裁判结果,最大限度地维护当事人的合法权益。

申请执行人执行异议之诉案件受理费该如何收取

——以某申请执行人执行异议之诉案为例

王春平　王琦璇

一、案情简介

2013 年 8 月 28 日，×基金、某银行第一分行（以下简称第一分行）与 A 公司签订《委托贷款借款合同》，约定×基金委托第一分行向 A 公司发放贷款 9000 万元，该贷款由 A 公司提供抵押担保。同日，第一分行与 A 公司签订《抵押合同》，约定 A 公司以某花园小区 204 套在建房屋和土地使用权为上述贷款提供抵押担保。2013 年 9 月 5 日，第一分行与 A 公司在该区房地产事业管理局办理了在建房屋抵押登记。

合同履行过程中双方发生纠纷，×基金以金融借款合同纠纷为由将 A 公司诉至法院。2015 年 12 月 10 日，法院根据×基金的财产保全申请作出民事裁定，查封包括 A 公司名下的某花园小区 182 套房屋。2015 年 12 月 25 日，法院作出民事判决，判决 A 公司偿还×基金贷款本金 8835 万元及利息；如 A 公司不能清偿，对其不能清偿部分×基金有权以 A 公司提供的抵押房产、土地折价或拍卖、变卖的价款优先受偿。该判决生效后，A 公司未依据判决履行给付义务，×基金向法院申请执行。

法院执行期间，李某以案外人身份对某花园小区 G9 号楼 2 单元 803 室（以下简称案涉房屋）提出执行异议。2019 年 5 月 14 日，法院作出执行裁定，中止对案涉房屋的执行。×基金对该执行裁定不服，向法院提起申请执行人执行异议之诉。

法院受理后，立案庭按照财产案件标准向×基金发出案件受理费缴费通知，×基金向法院提出异议后，法院未予接纳。案经一审，法院判决驳回了×基金的诉讼请求。×基金不服提起了上诉。

就案件受理费问题，×基金二审主张“一审案件受理费计算错误。本案是执行异议之诉，是对法院作出的执行裁定提出的异议，不属于财产类案件，不应当按照财产类案件的收费标准收取诉讼费，而应当按照非财产案件的标准收取”。对此，二审法院认定“×基金一审诉讼请求涉及财产权益争议，本案属于财产类案件，应当按照财产案件标准计收案件受理费”。最终判决驳回了×基金的上诉，维持原判。

二、问题难点

本案争议焦点之一是申请执行人提起的执行异议之诉究竟应如何计收案件受理费？

根据《诉讼费用交纳办法》的有关规定，案件受理费根据案件的不同性质采取不同的收费标准，除法律特别规定外，原则上对所有的案件都需要收取案件受理费。财产案件的受理费，是根据诉讼请求的金额或价额，按相应比例分段累计交纳；非财产案件的受理费，是按件收取固定费用。如案件诉讼标的既涉及非财产性质又涉及财产性质，当事人应分别交纳两种案件受理费。

但在《诉讼费用交纳办法》于2006年12月19日被国务院颁布并在2007年4月1日开始实施之时，“执行异议之诉”尚未正式出现。至2007年10月28日《民事诉讼法》被第一次修正时，为解决执行阶段遇到的执行标的实体权属争议问题，才首次创设了“执行异议之诉”制度，执行异议之诉被正式纳入民事诉讼法律体系中。在2008年11月3日发布并于2009年1月1日开始施行的最高人民法院《关于适用〈中华人民共和国民事诉讼法〉执行程序若干问题的解释》中，最高人民法院进一步明确了执行异议之诉可具体分为案外人执行异议之诉、申请执行人执行异议之诉、执行人分配方案异议之诉。

由于《诉讼费用交纳办法》出台后未与民事诉讼法及其相关司法解释进行同步修订更新，对新出现的诉讼形式“执行异议之诉”的归类没有明确规定，因此造成实践中对申请执行人执行异议之诉的案件受理费计收标准存在颇多争议。

三、法律评析

尽管最高人民法院在2014年作出的《关于安徽省高级人民法院〈关于对执行异议之诉案件如何收取案件受理费的请示〉的答复》（〔2014〕民立他字第29号，以下简称第 29 号答复）中指出：“当事人的请求涉及财产权益的，属于财产案件，应当按照财产案件标准计收案件受理费。”但该答复系最高人民法院就个案提出的意见，其中并未针对执行异议之诉的不同类型进行区分，实践中对该答复的理解与适用存在较多争议。

司法实践中，最高人民法院对申请执行人执行异议之诉案件的受理费收取标准呈现不同的看法：

最高人民法院在（2020）最高法民申 4722 号民事裁定书中认定：“判断一个案件是否属于财产案件应当根据当事人的诉讼请求和各方争议的权利义务内容综合认定……申请执行人提起的执行异议之诉，目的是推进对生效判决的强制执行，执行依据一般为给付判决，不涉及对执行标的物的确权，但实质是要求执行法院继续执行以实现其财产权益，其关于准许执行的诉请本身即涉及财产权益，应当属于财产案件。”在（2021）最高法民终 556 号民事判决书中认定：“执行异议之诉是人民法院对执行过程中当事人之间的实体法律关系争议适用审判程序进行审理并作出裁决的诉讼制度。富滇银行西山支行一审诉讼请求涉及财产权益争议，本案属于财产类案件，应当按照财产案件标准计收案件受理费。”在（2018）最高法民终 646 号民事判决书中认定：“诉讼财产保全是人民法院在受理案件之后、作出判决之前，对当事人的财产采取的限制当事人处分的临时措施。保全裁定的执行性质上属于控制性执行行为，不涉及财产权属和处分。本案新兴公司请求准予继续执行登记在宝山公司名下的案涉土地使用权的保全措施。当事人争议的焦点问题是应否对登记在宝山公司名下的案涉土地使用权采取保全措施，不涉及案涉土地使用权的权属和处分。故应按《诉讼费用交纳办法》第十三条第一款第二项关于非财产案件标准的规定交纳案件受理费用。”

在地方层面，各地法院对该类案件的受理费收取亦存在不同的理解与做法，经笔者检索，主要存在如下两种不同的案件受理费计取标准：

1. 按财产案件标准计收受理费，如江苏省、黑龙江省、浙江省。

江苏省高级人民法院《执行异议及执行异议之诉案件审理指南（一）》第 12 条规定：“5. 执行异议之诉、变更追加被执行人诉讼以及执行分配方案异议之诉案件，应当依据《民诉法解释》第 201 条以及《诉讼费用交纳办法》规定的财产案件收费标准交纳案件受理费。”

黑龙江省高级人民法院《关于审理执行异议之诉案件若干问题的解答》第 4 条

规定:“如何计收案件受理费? 应当依据《诉讼费用交纳办法》第十三条第一项规定,按照财产案件标准,根据当事人请求停止或者许可执行的执行标的的财产金额或者价款计算。当事人只对部分执行标的主张权利的,按照其主张部分的财产金额或者价款计收案件受理费。”

浙江省高级人民法院《审理执行异议之诉案件疑难问题解答(二)》第4点规定:“根据国务院《诉讼费用交纳办法》第十三条第一项之规定,审理执行异议之诉案件应收取案件受理费。具体按照财产案件标准,根据案外人、申请执行人停止或者许可执行所得利益数额为基础计算案件受理费。如申请执行人申请强制执行的债权为100万元,查封标的物为1000万元,则案外人异议请求排除强制执行的利益为100万元,申请执行人可以就许可执行享有的利益也为100万元;如申请执行人申请强制执行的债权为1000万元,而执行标的物的价值为100万元,申请执行人可以就许可执行享有的利益为100万元,第三人排除强制执行所得利益亦为100万元。”

2. 按非财产案件标准计收受理费,如广东省、北京市、上海市。

广东省高级人民法院《关于执行异议诉讼案件受理与审理的指导意见(试行)》(粤高法发〔2011〕43号)第18条规定:“案外人提出执行异议诉讼,应当根据其诉讼请求的标的额,按照《诉讼费用交纳办法》规定的财产案件收费标准交纳案件受理费。其他类型的执行异议诉讼案件按非财产案件交纳案件受理费。”

上海市高级人民法院立案庭、民二庭《关于公司决议之诉、执行异议之诉收取诉讼费问题的会商纪要》(2012年)认为:“申请执行人执行异议之诉是申请执行人要求法院按照生效裁判继续执行,其诉请实质是通过执行程序实现原生效判决已确认的财产权益,主张的是执行程序的执行利益,故不宜再另行按争议财产数额计收诉讼费。”

北京市高级人民法院《关于立案审判适用法律若干问题的解答(二)》第28条规定:“执行异议之诉案件如何收取诉讼费? 执行异议之诉案件中,若当事人所提诉讼请求既要求停止执行,又要求判决确认实体权利义务关系,属于财产案件,应按照诉讼请求金额计算诉讼费。如果当事人仅要求停止执行或许可执行的,不请求确认其对执行标的物享有的实体权利义务关系,属于非财产案件,可按件收取诉讼费。”

综观上述各法院针对申请执行人执行异议之诉案件采取的不同收费方法和标

准，他们实质是对申请执行人执行异议之诉究竟属于财产案件还是非财产案件持有不同观点。对此，笔者认为，从便民利民的角度出发，结合申请执行人执行异议之诉中当事人的诉讼请求和各方争议的权利义务内容，对该类案件依照“非财产案件”实行按件收取案件受理费将会更加科学、合理。主要理由如下：

第一，以“当事人争议的权利义务关系涉及财产权益”认定该类案件依照财产案件计收案件受理费，缺乏合理性。

《诉讼费用交纳办法》中未对“财产案件”与“非财产案件”两个概念进行明确，也未对两者的具体范畴作进一步说明，认定标准实际上十分模糊。尽管学理上一般认为，财产案件是指当事人争议的权利义务关系具有一定物质内容或者直接体现某种经济利益的案件；非财产案件是指当事人争议的民事权利法律关系与争议主体的人格、身份不可分离的案件，通常是指各种人身关系的案件。① 但是，对于如何理解“当事人争议的权利义务关系具有或涉及经济利益”“财产案件与非财产案件之间是否属于非此即彼的关系”等问题，并没有明确的官方解释。显然，将“诉讼请求涉及财产权益”作为财产案件的认定标准过于宽泛。

在申请执行人提起的执行异议之诉中，申请执行人的诉讼请求一般是要求法院按照生效裁判继续执行，争议内容通常会涉及财产权益。但申请执行人实质上是通过执行程序实现原生效判决已确认的财产权益，针对的是法院中止执行的行为，主张的是执行程序的执行利益，诉讼请求并不具有给付内容，与财产权益争议具有本质性差异。如不加区分地将该类案件一律划分为财产案件，显然不妥。因此，仅因申请执行人执行异议之诉中当事人诉讼请求涉及经济利益，就认定按案件标的金额或价款计收案件受理费欠缺合理性。

第二，按件收取案件受理费更有利于保护当事人的合法权益。

一方面，对于申请执行人而言，其为维护自身的合法权益而向法院提起诉讼，在审判阶段，其已经按照财产案件的收费标准交纳了案件受理费。至执行阶段，却因不同的案外人提出异议导致中止执行，申请执行人为实现执行权益不得不提起执行异议之诉，但其每提起一次执行异议之诉，就需按照财产案件的收费标准交纳案件受理费，这必然出现当事人因一个争议案件而需承担多个案件受理费的局面，无疑将变相地增加当事人的诉讼成本，也在一定程度上压制了当事人救济权利的

① 章武生等：《司法现代化与民事诉讼制度的建构》，法律出版社 2000 年版，第 367－368 页。

行使。

另一方面，对于案外人而言，其本身与原争议案件无关，并无争诉的意思与目的，但因法院的执行行为可能损害自身的合法权益，其不得不提出异议与参加诉讼进行抗辩，如最终抗辩理由未获得法院的采纳，案外人作为败诉方将因“他人的争议”而被判承担高额的案件受理费，显属有失公平。

第三，按件收取案件受理费更符合执行救济程序的立法价值取向。

因强制执行是以国家公权力为后盾，直接干预债务人财产乃至人身自由的行为，是否许可执行，不仅要求实体上无侵害案外人权益之情形，还要求执行行为需符合法律、法规规定的要求、程序以及方法。① 执行异议之诉作为衍生于执行程序的一种新类型的诉讼，本质上属于人民法院执行活动所衍生的救济程序，具体可分为程序上的救济和实体上的救济。前者是当事人对于违反执行程序的执行行为的救济方法，属于程序合法之保障；后者是案外人基于实体上的法律关系，请求排除不当的强制执行行为，属于实体公正之保障。

由此，从客观上来说，执行异议之诉是由法院作出的执行行为所引发的，申请执行人或案外人可针对法院执行行为提出异议或诉讼，本是为了充分保障当事人的异议权，避免法院不当的强制执行行为给当事人或案外人的合法权益造成侵害，不应因需要交纳高额的诉讼费用而限制了当事人权利的行使。且从审查公权力行使是否合法合理的角度分析，由当事人承担救济程序的高额诉讼费，也欠缺法理上的正当性。

四、经验启示

案件受理费的收取虽然只是司法程序中的一个简单环节，但合理的收费标准不仅对当事人的诉讼动机和目的具有积极影响，也能够有效控制司法成本、防止当事人滥用诉权，对社会公众的司法需求与有限的司法资源之间达到动态平衡具有重要的作用。

在申请执行人执行异议之诉中，由于没有相关统一、明确的法律规定，各个法院对此类案件性质的理解存在分歧，导致出现法院收费混乱的现象，这不仅影响了司法权威、损害了司法公信力，也在一定程度上扰乱了正常的诉讼程序，不利于保

---

① 郭尔绚：《申请执行人提起执行异议之诉的审理范围》，载《人民司法》2013 年第 2 期。

护当事人异议权的行使。据此，针对申请执行人执行异议之诉，相关部门应尽快建立和完善统一且合理的案件受理费收取标准与制度，以维护各方主体的切身权益，保障司法的公平公正。

被执行人利用案外人账户转移、隐匿财产，能否查控案外人对应账户存款

——以某租赁合同纠纷执行案为例

王春平　黎月梅

一、案情简介

2018 年 8 月，张某向某物业公司承租某市城南路 1 号商业区的 2 间商铺以经营火锅店，物业公司在合同中明确张某须在签约当天支付 70 万元进场费，并私下要求张某将进场费付至欧某名下银行账户，将租金付至黄某名下支付宝账户。张某按要求付费后，物业公司分别开具了进场费收据、租金发票。据张某向其他租户了解，物业公司也要求他们将进场费、租金支付至前述个人账户。

2020 年 1 月，全国暴发新冠肺炎疫情，张某等租户经营的商铺严重受挫，故向物业公司提出缓交、减免租金，但多次协商未果。2020 年 5 月，物业公司发出书面通知，以张某等租户拖欠租金为由，决定没收进场费，收回商铺。张某等租户认为商铺产权人已减免物业公司部分租金，物业公司不仅不减免租户租金，还收回商铺，不诚信也不公平，遂向法院起诉，要求确认双方之间的租赁合同已解除，判令物业公司退还进场费。物业公司提起反诉，要求张某等租户支付拖欠的租金及滞纳金，没收进场费。法院认为，考虑到新冠肺炎疫情及防控措施的影响，基于共担风险、共克时艰、公平合理原则，结合案件事实，确认租赁合同已解除，酌定减免 2020 年 2 月、3 月租金的一半，租金余额由各租户向物业公司偿付，物业公司应退还各租户未使用时间对应的进场费。

前述判决生效后，物业公司未按照生效判决履行义务，张某等租户向法院申请强制执行（以下简称本案）。经执行法院网络查控，物业公司名下银行账户可供执

行的存款不足千元。执行法院要求物业公司限期如实报告财产情况，其回复称“受疫情影响，各租户一直拖欠租金，物业公司无力偿还债款”。然而，经张某等租户代理律师调查，物业公司承租的商铺经营情况良好，无商铺空置，其应有稳定的租金收入，且很大可能仍通过欧某、黄某或他人账户收取进场费、租金，涉嫌虚假报告财产情况，转移、隐匿经营收入，故意规避执行。代理律师随即请求执行法院惩戒物业公司，查控欧某、黄某代收进场费、租金账户内的存款，截留、提取物业公司应收经营收入。执行法院认为，虽然相关材料可证明物业公司曾通过欧某、黄某名下账户收取进场费、租金，但他们不是本案被执行人，也无生效判决认定他们要对物业公司在本案中的债务承担连带责任，查控他们账户存款缺乏依据，只同意对物业公司故意规避执行的行为进行惩戒，对物业公司应收租金收入进行截留、提取。

二、问题难点

我国《宪法》规定，公民合法的私有财产不受侵犯。在此准则之下，有权机关不得非法查封、扣押、冻结、没收公民的合法财产。根据《商业银行法》第 29 条，最高人民法院、中国人民银行《关于人民法院查询和人民银行协助查询被执行人人民币银行结算账户开户银行名称的联合通知》（法发〔2010〕27 号）第 1 条等有关法律规定，人民法院查控财产的对象仅限于生效法律文书确定的被执行人。因此，在执行程序中，执行机构没有合法依据、合理理由直接查控非被执行人的案外人储蓄账户存款的，协助义务单位有权拒绝，被查控人也会提出执行异议。但是，何为“合法依据”“合理理由”，我国现行法律及司法解释均无明确规定。

本案中，执行机构虽然同意对物业公司规避执行的行为进行惩戒，对其未来应收租金收入进行截留、提取，但是，对于张某等租户而言，如不查控物业公司通过欧某、黄某代为收取的高额进场费、租金，难以解决他们想快速实现债权、降低损失的迫切需求。

面临前述执行依据和规范缺失、执行回款之路漫漫的困局，“如何在法律上和实务上找到突破口，助推法院依法查控欧某、黄某对应个人账户存款，同时须注意哪些事项”，系本案的难点。

三、法律分析

1. 如有充分的证据证明案外人账户内相关存款系其为了配合被执行人转移、隐匿财产或规避执行而占有，相关存款实际为被执行人所有而非案外人所有，可依法查控相应账户内的对应款额。

司法是维护社会公平正义的最后一道防线，执行工作是最后一道防线的最后一个环节。但是，长期以来，由于社会诚信环境不佳，部分被执行人缺乏对法律的敬仰，法律意识淡薄，有履行能力却设法规避执行、妨害执行，甚至对抗执行等诸多原因，执行工作难上加难。在执行实务中，为规避执行，被执行人通过案外人的账户转移、隐匿财产，更是屡见不鲜。而由于目前我国民事强制执行法尚未出台，现行执行规范体系存在制定时间跨度长、层级复杂、某些规范之间的关系不清晰、冲突处理规则不明确、规则空白较多等问题，导致在"能否查控案外人账户内被执行人为规避执行而转入的存款"这一问题上，各级法院执行机构的处理方法也各有不同，主要有如下几种：

第一，根据最高人民法院《关于人民法院民事执行中查封、扣押、冻结财产的规定》第13条第1款关于"对第三人为被执行人的利益占有的被执行人的财产，人民法院可以查封、扣押、冻结"等有关法律的规定，如调查证实案外人储蓄账户内相关存款系被执行人为了规避执行而转入的，可依法查控该账户内的对应款额。

第二，在经济交往中，被执行人向他人账户汇款，其基础关系比较复杂。有的是基于买卖关系向他人账户付款，有的是基于偿还债务的需要而向他人账户付款，有的是基于赠与等无偿行为而向他人账户汇款，有的是基于规避行为而向他人转移财产，等等。既有合法的行为，也有非法的行为。市场主体虽因民事案件而成为被执行人，但其合法的汇款行为仍受到法律保护，执行机构不应对此种合法汇款行为对应的款额进行查控。对于被执行人为规避执行而向他人账户汇款的，执行法院应告知申请执行人根据最高人民法院《关于依法制裁规避执行行为的若干意见》第20条的规定予以救济。①

第三，作为一般等价物的货币，在民法上属特殊种类物，货币归属适用"占有即所有"原则，即货币的所有权不得与对货币的占有相分离，这是由货币的特殊种类物属性和流通性功能所决定的。将货币借贷他人或委托他人保管，亦由借用人或

① 潍坊市中级人民法院：《在执行过程中发现属被执行人的资金转入了他人账户时，执行人员应及时对相关当事人进行调查，固定相关证据》，载潍坊市中级人民法院网2020年3月3日，http://wfzy.sdcourt.gov.cn/。

保管人取得货币所有权。[①]执行过程中，在不能确定被执行人将资金汇入他人账户的行为非法的情况下，对应款额的所有权应归户主所有，执行法院不能对此查控。

由于每个案件的事实和情况存在差异，加上探讨的角度不一样，上述处理方法都具备合理之处。站在我国综合治理执行难工作的大格局之下，笔者更倾向于认同上述第一种处理方法，并认为，如有充分的证据证明案外人账户内相关存款系其为了配合被执行人转移、隐匿财产或规避执行而占有，相关存款实际为被执行人所有而非案外人所有，可依法查控相应账户内的对应款额。

(1)从行为的性质来看

在执行程序中，转移财产是指将债务人的财产转移至原所在地之外或使之表面脱离债务人的控制，不能被发现、执行。隐匿财产是指将债务人财产秘密藏匿或转移至他人无法找到或自认为他人无法找到的处所，或者隐瞒不报财产，使之不能被发现、执行。学界认为，转移、隐匿财产是为逃避债务等目的而实施的欺诈性行为，行为无效。

(2)从当事人的真实意思表示来看

在为了规避执行的场合下，被执行人将自有资金转入案外人账户，其真实动机不是向案外人转让"资金"所有权，而是为了转移、隐匿财产，以期逃避执行。案外人占有该等"资金"也是基于帮助、配合被执行人转移、隐匿财产，以期实现被执行人逃避执行之目的，而非为了获得"资金"的所有权。

(3)从账户内的存款归属来看

第一，一般规则。货币作为一种特殊动产和种类物，具有很高的替代性。货币同时是一种价值符号，流通性系其生命，根据《民法典》第224条等有关法律规定，其所有权的转移以交付为要件。银行存款账户、财付通(微信)账户、支付宝账户等是现代生活、市场交易中行使货币流通手段的主要方式，财付通(微信)账户、支付宝账户的实质是其背后绑定的银行账户。故在前述账户发挥其流通功能的场合下，货币合法转入前述账户即属于法律规定的合法交付行为，由户主享有其名下账户内存款的所有权。根据金融机构相关要求，存款账户实行实名制度，也是确定户主对开立账户内的存款享有所有权的一项法定登记制度。

最高人民法院《关于人民法院办理执行异议和复议案件若干问题的规定》第25

---

① 杨万明主编：《北京审判微阅读(伍)·商事》，人民法院出版社2017年版，第278页。

条第1款第3项也规定,在处理案外人的异议时,关于银行存款和存管在金融机构的有价证券,法院应当按照金融机构和登记结算机构登记的账户名称判断其是否权利人。

第二,例外情形。随着现代科技发展的日新月异,智能化生活广泛普及,市场交易活动日益复杂、纷繁,我国当下普遍存在自然人出借个人账户给他人使用的现象。比如,有些老人在使用微信钱包时会因为自己没有银行卡而直接绑定其子女的银行卡;又如,在交易活动中,大部分交易主体会为了各种原因借用他人开设的银行账户收、付款。若仍拘泥于前述一般规则,显然不能切实有效地应对和解决实践中出现的复杂问题,也无助于打击、杜绝逃避债务或执行的不良行为,更不符合"物权"的应有之义。

物权的本质在于,法律将特定物归属于某权利主体,由其直接支配,享受其利益,并排除他人对此支配领域的侵害或干预。所谓直接支配,是指物权人可以按照自己的意思享受物的利益,无须他人的介入。所有权的效力所及,系物的全部利益,包括占有、使用、收益和处分。所有权人不需要依赖他人的行为就能享受这些利益。[①]基于此,尽管相关款项存于案外人名下的账户,表面上是由案外人支配和占有,但如该等款项实际上是由被执行人随意支配、使用、处分和收益,不受案外人左右的,则该等款额应属被执行人所有。

对此,最高人民法院在(2016)最高法民申2528号执行异议之诉案中也持同样的观点:"一般情况下,对货币的占有即视为所有,但在某些特殊情况下,也存在对这一原则的例外,不能简单根据对货币的占有就认定为所有。原则上,对于一般账户中的货币,应以账户名称为权属判断的基本标准。案外人在执行异议之诉中提出充分证据证实一般账户中的货币为其合法财产并足以排除执行的除外。"

(4)从相关司法解释来看

最高人民法院《关于人民法院民事执行中查封、扣押、冻结财产的规定》第13条第1款规定:"对第三人为被执行人的利益占有的被执行人的财产,人民法院可以查封、扣押、冻结。"此规定为执行法院处理被执行人通过案外人账户转移、隐匿财产的规避执行行为提供了法律依据和支撑。

以本案为例,物业公司自身开立了银行账户,但在日常经营活动中,却要求租

① 崔建远:《中国民法典释评(物权编上卷)》,中国人民大学出版社2020年版,第28页。

户将进场费、租金支付至案外人欧某、黄某个人银行账户、支付宝账户。前述事实已经由生效判决查明。尽管彼时物业公司未必是为了逃避执行,可能是为了其他目的,但是,在本案进入执行程序后,物业公司在正常经营的情况下银行账户内可供执行的款项不足千元,这意味着,其仍通过欧某、黄某个人账户继续收取进场费、租金等经营收入,该等个人账户很大可能系物业公司实际掌控和使用的经营账户。而物业公司却没有如实报告财产。由此,其逃避执行的意图十分明显。在此等情况下,即便物业公司不确认欧某、黄某系代其收取进场费、租金,本案事实和证据也足以证明欧某、黄某个人账户内的相关款额为物业公司所有的财产,可依法进行查控。

2.“案外人账户内的相关款额是否为被执行人为逃避执行而转入”的审查标准及其他相关事项。

(1)审查标准

最高人民法院《关于人民法院民事执行中查封、扣押、冻结财产的规定》第 13 条第 1 款未明确“第三人为被执行人的利益占有”的具体审查标准,这也导致在申请执行人申请对案外人账户内的被执行人存款进行查控的情况下,执行法院在审查时无章可循。

经检索和研究相关类案裁判文书,笔者发现,在执行实务中,如查实存在被执行人串通案外人转移、隐匿财产情形的,人民法院更倾向于通过追究被执行人拒不执行判决、裁定罪、告知申请执行人另行诉讼主张权利、追加案外人为被执行人等途径处理,尽管有部分公开裁判文书显示法院裁定查控案外人名下账户内存款,但少有说理内容。经扩大检索范围,笔者发现如下执行疑难问题的解答、裁判文书中的评析可作参考:

2018 年 6 月 12 日江苏省高级人民法院《关于执行疑难问题的解答》第 4 款载明:“生效法律文书仅载明被执行人个人为债务人,对于下列财产,执行法院可以执行。……(三)对于被执行人未成年子女名下与其收入明显不相称的较大数额存款,登记在被执行人未成年子女单方名下的房产、车辆或者登记在被执行人和其未成年子女名下的房产等……”

2011 年 12 月 20 日《江苏法院反规避执行八大典型案例》[①]中的第三个案例载

① 江苏省高级人民法院:《江苏法院反规避执行八大典型案例》,载江苏法院网 2011 年 12 月 20 日,http://jsfy.gov.cn/article/91529.html。

明:“执行人员查询到被执行人兴润公司的基本账户,发现该账户使用频率较高,且进出数额较大,但资金进入账户后随即又转入其他几个相对固定的账户。对此,执行人员立即查询其中一笔五百万元款项的去向,发现全部转入润遂公司的账户上,得知润遂公司账户上尚有存款206万元。随后,执行人员赶到了被执行人兴润公司,在等待公司负责人的间隙,在该公司财务科偶然发现了润遂公司的银行对账单,遂就该情况询问兴润公司会计。该会计告知执行人员因为兴润公司矛盾纠纷较多,为防止麻烦,所以借用润遂公司的账户进行资金流转。执行人员同时了解到润遂公司系兴润公司参股单位,此举更加印证了兴润公司规避执行的行为。执行人员当即决定扣留该对账单,并及时冻结了润遂公司银行账户中的206万元。”

佛山市中级人民法院在(2020)粤06执复140号案中查明和认定:“执行过程中,南海区法院多次以询问笔录的形式与泌冲公司、案外人梁培华、何渭彬确认如下事实:泌冲公司确认44×0的账户是泌冲公司租给李泽辉等人使用的,里面的存款截至2019年12月4日为止都属于李泽辉等人,不属于泌冲公司的财产;泌冲公司44×9的账户、75×1的账户内存款也不属于泌冲公司财产。2019年9月25日之后泌冲公司收回名下账户用于自己经营使用,此后与李泽辉等人无关……据此,申请执行人向南海区法院申请冻结属被执行人李泽辉的款项。南海区法院经审查认为,申请执行人的申请符合法律规定。”

河北省衡水市桃城区人民法院在(2018)冀1102执异206号之一案中查明和认定:“……陈文娟与被执行人中凯公司法定代表人高峰系舅甥关系,中凯公司账户向陈文娟账户转账前,先以10元转款试探账户是否被冻结,之后再进行大额转款,如此操作显然是为躲避法院的执行查控。陈文娟利用自己的银行账户协助被执行人中凯公司、高峰转移资金的事实成立,陈文娟账户接收的中凯公司转入的514114元,属于中凯公司。陈文娟负有将该款返还中凯公司以供执行的义务。本院裁定冻结中凯公司转移至陈文娟银行账户的514034元资金,符合法律规定。……但陈文娟非本案执行当事人,亦未经法定程序变更、追加其为本案被执行人,执行中对陈文娟用于协助中凯公司转移存款的银行卡账户之外的其他银行账户及陈文娟名下车辆采取查封、冻结措施,于法不合,应予纠正。”

基于以上分析,在执行实务中,可主要从如下方面综合分析和评定能否查控案外人账户内的被执行人款额:当事人之间是否存在法律上的利害关系,或是否存在合法真实的基础法律关系;案外人账户存款的资金是否源于被执行人;案外人账户过往的资金收支情况是否与被执行人的收支状况吻合；案外人账户是否由被执行人日常掌控和使用；案外人账户存款金额是否与其年龄、认知能力、行为能力、收入等情况相匹配；当事人对账户存款的有关陈述是否存在疑点；等等。

（2）其他需要注意的事项

第一，在现实生活中，可能存在案外人的账户系由自己使用，只是配合被执行人进行临时性的收款，案外人的账户在一段特定时间内出借给被执行人掌控和使用等情形。故不适宜查控案外人账户内全部存款，应以被执行人为逃避执行而转移的金额为限。

第二，对于特定专用账户中的货币，应根据账户当事人对该货币的特殊约定以及相关法律规定来判断资金权属，并确定能否对该账户里的资金强制执行。相关规定详见《人民法院办理执行案件规范》中的有关内容。

第三，一般而言，申请执行人难以掌握被执行人与案外人之间的款项往来，遑论与此相关的证据材料。若要求申请执行人必须就此提供确凿的证据，方采取相关查控措施，无疑将会不合理地增加申请执行人实现债权的司法成本，延长申请执行人实现债权的进程。在已有初步证据的情况下，申请执行人可申请执行法院或执行法院可依职权，根据最高人民法院《关于依法制裁规避执行行为的若干意见》《关于民事执行中财产调查若干问题的规定》等有关法律规定，通过采取搜查措施、强制开启、审计及其它方式查获被执行人真实财产情况。

第四，如被执行人转至案外人账户的款额不知去向或存在已被使用、被转移等情形的，因货币是种类物，已无对案外人账户相应款额采取执行措施的事实基础，此时不适宜查控案外人账户内款额。申请执行人可根据最高人民法院《关于民事执行中变更、追加当事人若干问题的规定》《关于依法制裁规避执行行为的若干意见》《关于审理拒不执行判决、裁定刑事案件适用法律若干问题的解释》等有关法律规定，通过执行追加，另行提起侵权诉讼、代位诉讼，以拒不执行判决、裁定罪控告及其他法律途径主张权利，执行机构不能突破权限，直接代替审判机构进行相关实体审判活动。

四、经验启示

在整个诉讼进程中，帮助债权人获得案件胜诉、取得胜诉裁判，只能说取得了阶段性胜利，要帮助债权人真正实现债权，取得最后的胜利，还要通过执行，只有执行好生效裁判，才能实现公平正义的“最后一公里”。但在大多数案件中，这“最后一公里”却异常难走。“执行难”的形成，既有法院内部的原因，也有法院外部的原因。在我国举全国之力基本解决了“执行难”问题，民事强制执行法即将成形出台的情况下，作为律师，我们要继续乘势而上，一方面发挥我们的专业优势，结合自身丰富的法律实践经验，积极就相关法律法规草案提出相应的修改意见建议，为完善法律层面的执行依据贡献我们的智慧和力量。另一方面继续从执行个案中探求解决执行难的切实可行的思路和方法，以个案助推破解“执行难”僵局，以个案促进法律不断完善。

魔高一尺，道高一丈

——债权人行使撤销权，成功实现债权回收

黄　恒

一、案情简介

原告A公司与被告巫某某买卖合同纠纷一案，经两审法院判决，判令被告巫某某向原告A公司支付货款712,866元及违约金、运输费39,785.52元、资金占用费2万元。在A公司向一审法院申请强制执行后，发现巫某某没有可供执行的财产，法院遂终结本次执行。

在申请强制执行过程中，A公司发现巫某某曾在2016年8月29日，即双方买卖合同纠纷案一审审理期间，将原属于其与第三人戴某某的某套共有房产（以下简称诉争共有房产）转移登记至戴某某一人名下。巫某某与戴某某原是夫妻关系，两人于2010年11月9日在某民政局办理了离婚手续，并约定了诉争共有房产离婚后归戴某某所有；在离婚协议中，两人同时对另外的共有房产的分割作出了约定。除诉争共有房产外，其他的共有房产均在巫某某与戴某某离婚后较短的时间内完成了房产变更登记。唯独诉争共有房产，直到A公司与巫某某在买卖合同纠纷案一审诉讼期间，才进行了转移变更登记。A公司认为巫某某转移诉争共有房产的行为导致自己无可供执行的财产，使A公司在买卖合同纠纷案胜诉后也执行不能，该行为侵犯了A公司对巫某某享有的债权，故以债权人撤销权之诉，向法院提起诉讼，并将前夫戴某某列作本案第三人，要求撤销巫某某将诉争共有房产转移登记至戴某某名下的行为，将诉争共有房产恢复登记至巫某某名下。

二、问题难点

本案中，巫某某与戴某某早在2010年11月9日离婚时就对诉争共有房产进行

了分割约定,归戴某某所有。即使诉争变更登记行为发生在2016年8月,是否也应视为对2010年11月离婚协议的当然履行,而不应视为对A公司债权的侵害?本案是否满足债权人行使撤销权的条件?

三、法律评析

(一)A公司行使撤销权,是否满足《合同法》[①]关于撤销权行使的主客观条件

1. 肯定说观点认为,社会经济快速发展,债权债务纠纷频发。与此同时,债务人为逃避债务,通过离婚转移财产使得债权人权益落空的情形也时有发生。在(2020)渝03民终1352号案[②]中就是如此,债务人通过离婚的方式提前将所有财产分割给女方所有,导致执行时债务人名下无任何财产,法院认为依据当时有效的《合同法》第74条、第75条之规定,债权人可以通过主张撤销债务人离婚协议的财产分割条款,达到保全其债权之目的。《合同法》第74条第1款规定:"因债务人放弃到期债权或者无偿转让财产,对债权人造成损害的,债权人可以请求人民法院撤销债务人的行为。债务人以明显不合理的低价转让财产,对债权人造成损害,并且受让人知道该情形的,债权人也可以请求人民法院撤销债务人的行为。"

本案持肯定说观点,根据相关法律法规,结合债务人恶意损害债权人利益的事实,A公司已满足行使债权人撤销权的主客观条件。

(1)债权人对债务人享有合法有效的债权,且此债权的享有,发生在债务人处分财产行为之前。

A公司因与巫某某建立买卖合同法律关系所享有对巫某某的债权,已经两级法院的生效裁判文书确认。该债权产生于2015年,而巫某某处分财产的行为发生时间在2016年8月,迟于A公司对巫某某享有的债权。

(2)债务人实施了一定的财产处分行为,并且产生法律效力,主要包括以下几类情形:①放弃到期债权;②无偿转让财产;③以明显不合理低价转让财产。

本案中,巫某某将诉争房产无偿转移给第三人戴某某的行为,已于2016年8月29日发生物权变动的效力。

(3)债务人的财产处分行为,损害了债权人债权的实现。这是判断债权人是否满足行使撤销权的一个重要条件。若债务人自行处分财产的行为,没有损害债权

---

① 本案发生的时间在民法典实施之前。

② 重庆市第三中级人民法院民事判决书,(2020)渝03民终1352号。

人债权的实现,法律自然不会对债务人的行为进行过多的干预。但若债务人处分财产的行为,损害了债权人债权的实现,法律就有干预的必要了。何为损害,意即债务人处分财产的行为,致使其无力清偿债权人的债权,即债务人处分财产的行为与债权人的债权不能实现有法律上的因果关系。

本案中,巫某某将诉争房产转移变更至戴某某名下的行为,使巫某某没有其他可供执行的财产,即使A公司在买卖合同纠纷案中胜诉了,进入执行程序后,A公司依然无法顺利实现债权,该行为损害了A公司的合法权益。

(4)债务人与第三人主观上具有恶意。虽然巫某某与戴某某早在2010年11月就离婚,但根据本案在案证据显示,巫某某与戴某某实际上形成了"离婚不分家"的状态,戴某某依然在巫某某经营管理的公司上班,两人依然共同居住生活。况且,作为女性的巫某某,在离婚协议中居然约定将全部夫妻共同财产分割给男方戴某某,自己承担全部债务,本来就具有相当的不合理性。离婚协议签订后,诉争房产在长达接近6年的时间里,都没有进行变更登记,却在A公司与巫某某买卖合同纠纷案诉讼期间完成了变更登记,可进一步佐证债务人巫某某与第三人戴某某具有主观上的恶意(当然,按照当前司法主流观点,无偿转让财产的行为,不要求债务人与第三人具有主观恶意,本案中,巫某某放弃包括诉争房产在内的全部夫妻共同财产,属于典型的无偿转让财产的行为)。

2. 否定说观点认为,在债务人已将离婚的事实及相关具体内容告知债权人,撤销权行使期限自债权人知道或应当知道撤销事由之日起计算,知道撤销事由之日,应以债权人知道离婚协议财产分割条款具体内容的时间为据。在债权人明知且怠于行使权利超过除斥期间的情形下,即使满足行使债权人撤销权的主客观条件,债权人仅以知晓债务人离婚事宜而不清楚财产分割条款具体内容为由抗辩除斥期间的不应被支持。在(2021)京02民终5506号案①中,法院就以"仅了解到双方已离婚,并不代表即已清楚双方离婚过程中之财产分割具体状况且该状况对债权人造成损害"为由,判决债权人未逾除斥期间,有权行使撤销权。

3. 随着近年来经济的飞速发展,信用消费的兴起,夫妻对外举债或以一方名义对外举债成为常态,与此同时,夫妻双方串通,通过离婚协议财产分割条款转移财产,将本该属于自己享有之财产份额约定为由配偶一方享有,致使债权人权益落空

① 北京市第二中级人民法院民事判决书,(2021)京02民终5506号。

现象频出。笔者认为,在这种主观恶意的情形下,满足撤销权行使条件和除斥期间的要求时,支持债权人行使撤销权的主张有利于恢复债务人的责任财产,增强债务人的偿债能力,以维护债权人的合法权益,但同时应注意权利行使期限及辨别其行为的正当性,避免错误认识。

(二)在诉争房产转移变更登记前,依然属于巫某某与戴某某的共同财产,其无偿转让行为明显不合理

1. 肯定说观点认为物权法公示公信原则具有对抗性,效力优于两者之间的离婚协议约定,离婚协议仅具有合同效力,只能约束协议中的当事人,对协议外的第三人不具有法律约束力。在不侵犯第三人权益的情况下,一方当事人根据离婚协议的约定,要求另一方配合办理财产变更登记,有合同上的依据,属于物权变更的原因行为,但如果该行为侵犯了第三人利益,那么第三人有权行使债权人撤销权维护自己的利益。在(2019)鲁17民终2416号案①中,法院认为涉案房产是邓某甲与王某甲的婚后共同财产,邓某甲在明知其对外负有债务的情况下,故意放弃其对涉案房产的财产份额,明显是无偿转让财产以逃避债务,损害了债权人的债权利益。

本案中,在诉争房产完成转移变更登记前,依然属于巫某某与戴某某的共同财产。该转移变更登记行为,不能侵犯A公司依法享有对巫某某的债权,否则,即使属于离婚协议的当然履行行为,债权人也依法有权予以撤销。本案中巫某某与戴某某在2010年、2011年两次协议离婚过程中,对其他共有房产的权属均进行了及时的变更登记,唯独诉争房产没有办理转移变更登记,可以进一步印证巫某某逃避债务履行的主观恶意,实际损害了债权人的债权利益。

2. 否定说观点认为离婚协议具有强烈的身份关系属性,部分离婚协议中债务人放弃财产份额的行为看似无偿处分财产权益,但可能是出于对另一方的补偿或者赔偿等原因做出的行为。在(2019)京01民终2484号案②中,离婚协议约定女方抚养孩子,住宅一套及轿车一辆都分割给女方,男方无须承担任何抚养费用。法院判决认为因一方抚养子女,另一方负担必要的生活费和教育费的一部或全部是其法定义务。处理离婚财产时需综合考虑子女和女方权益、夫妻双方是否具有过错等各种因素的事实,其分割方案符合照顾子女和女方权益的原则,《离婚协议书》中关于涉案房屋的分割并非不具有对价,不能认定为无偿转让财产的行为。

---

① 山东省菏泽市中级人民法院民事判决书,(2019)鲁17民终2416号。

② 北京市第一中级人民法院民事判决书,(2019)京01民终2484号。

我国婚姻法律制度明确规定了夫妻双方在离婚时的补偿义务和赔偿责任，债务人在离婚协议中以放弃财产份额承担上述责任，此种以具有较强人身依附性为前提的行为不等同于无偿处分财产行为，而是债务人因身份关系变动承担财产补偿或赔偿责任的具体方式，不能适用债权人撤销权制度。如债务人放弃财产份额是为照顾女方、抚养子女，只要放弃财产份额的金钱价值在合理范围内，通常不应认定为无偿转让财产，也不能适用债权人撤销权制度。

3. 笔者认为判断离婚协议中的财产处分是否属于无偿转让财产，应综合离婚时财产处理情况、双方婚内付出情况、婚内共同财产积累情况、夫妻经济实力现实情况、是否存在因一方独自抚养子女等事由而产生的经济帮助或其他补偿等因素，综合判断财产处分是否合理。如果债务人通过离婚将名下房产转移至女方名下，其分割协议明显不公存在规避执行，恶意损害第三人利益影响其债权清偿的，支持债权人行使撤销权才能更好地保障司法公正。

四、经验启示

通过代理本案，笔者得出了在处理类似案件时的一些经验启示，供参考：

1. 对夫妻双方而言，夫妻双方签订离婚协议时，在没有恶意串通，损害他人合法权益的情况下，应及时按离婚协议的约定，办理相关夫妻共同财产的权属变更登记手续，以免相关财产权利因未及时办理变更手续，使得财产的实际权利人与登记权利人出现不一致的情形，无法产生公示公信的效力，影响权利的最终实现。

2. 对债权人而言，在执行过程中，若发现作为被执行人的债务人无可供执行的财产，可以借助合同保全的制度，灵活运用债权人的代位权、撤销权等手段，另寻其他途径挖掘债务人的财产，及时启动相关诉讼程序，就有可能成功实现债权回收。

能否追加一人有限责任公司股东的一人股东为被执行人

——以某执行追加案为例

王春平　许伟伟

一、案情简介

2016年12月26日,某控股公司(以下简称控股公司)与某投资公司(以下简称投资公司)签订了《钢坯购销合同》,但因投资公司未能履行供货义务,经控股公司多次催告仍拒绝履行,导致合同目的不能实现,控股公司因此向投资公司发函解除《钢坯购销合同》,投资公司尚欠控股公司货款及资金占用费未予偿还。又因A公司为投资公司的唯一股东,B公司为A公司的唯一股东,江某为B公司的唯一股东,控股公司根据《公司法》第63条之规定向某区法院(以下简称区法院)起诉,要求投资公司返还货款及占用费,A公司、B公司、江某对上述债务承担连带清偿责任。

区法院认为,投资公司为法人独资的有限责任公司,股东为A公司,从《公司法》第63条关于"一人有限责任公司的股东不能证明公司财产独立于股东自己的财产的,应当对公司的债务承担连带责任"等相关法律规定来看,A公司应对投资公司的债务承担连带清偿责任。但对于控股公司主张的B公司及江某对本案承责的诉求,因实质上属于A公司与B公司及江某之间的其他法律关系,控股公司应当另寻途径处理,区法院在本案中对上述诉求不予支持。2019年7月30日,区法院判决投资公司返还货款及资金占用费给控股公司,A公司对投资公司的还款义务承担连带清偿责任。

2021年7月28日,因投资公司、A公司均未履行生效判决确定的债务,控股公司向区法院申请执行，因暂未发现两被执行人有可供执行的财产，区法院于2021年11月9日作出了终结本次执行的裁定。

2021年12月3日，控股公司向区法院申请追加B公司为被执行人，要求B公司对投资公司的前述债务承担连带清偿责任。区法院认为公司法人独立地位和股东有限责任是公司法的基本制度。根据《公司法》第3条的规定，追加程序中追加一人公司股东为被执行人的基础是公司法关于法人人格否认的特别规定，为防止股东滥用法人独立地位和股东有限责任而损害债权人利益，在一人公司财产与股东财产发生混同时，由股东对公司债务承担连带责任，属于对股东有限责任的扩张，应依法合理适用。本案债务系因控股公司与投资公司的买卖合同纠纷产生，控股公司的信赖利益追及对象应为债务人投资公司及其股东，因A公司为投资公司的一人股东，生效判决已判令A公司对投资公司的债务承担连带责任，但控股公司与A公司之间本无直接法律关系，涉案债务亦非产生于A公司的民事行为，不宜在执行程序中直接追加A公司的一人股东为被执行人，故对控股公司的追加被执行人请求，本院不予支持。控股公司要求投资公司的实际控制人承担责任的，应另循途径解决。2022年6月9日，区法院驳回了控股公司的追加请求，并释明若控股公司不服前述裁定，可在裁定书送达之日起15日内，向区法院提起执行异议之诉。

二、问题难点

在一人公司的股东已经被判决承担债务清偿责任的情况下，还能否通过执行追加及执行异议之诉，追及一人公司股东的一人股东，层层往上？

三、法律评析

对于前述难点问题，我国现行法律规定及相关司法解释并未作出明确规定。在缺少明确法律依据的情况下，司法实践中有关该问题的主流观点是：为了防止股东有限责任的无限扩张，不予支持在执行程序中追加一人公司股东的一人股东，层层往上。具体理由如下：

1. 最高人民法院《关于民事执行中变更、追加当事人若干问题的规定》（2020年修正）（以下简称《追加规定》）第20条中的"生效法律文书确定的债务"如何理解目前尚无明确的法律规定，多数法院将其理解为"经生效法律文书确认的基础债权债务"。

《追加规定》第20条规定："作为被执行人的一人有限责任公司，财产不足以清偿生效法律文书确定的债务，股东不能证明公司财产独立于自己的财产，申请执行人申请变更、追加该股东为被执行人，对公司债务承担连带责任的，人民法院应予支持。"

从字面上来看，已经有生效判决确认A公司承担连带清偿责任，在执行程序中A公司也为被执行人。A公司作为一人有限责任公司，财产不足以清偿生效法律文书确定的债务，B公司不能证明公司财产独立于自己的财产，控股公司申请变更、追加B公司为被执行人，对A公司债务承担连带责任，人民法院理应予以支持。

但是，《追加规定》第20条规定中的"生效法律文书确定的债务"如何理解？在司法实践中，多数法院认为确定实体权利应当由审判完成，执行仅应是实体权利实现的过程，申请执行人的实体权利对应的是被执行人的实体义务，执行中追加变更被执行人就是不经审判直接确定了被追加人的实体义务，本身已经扩张了生效裁判的效力，适度地扩张可以提升效率，但不能过度扩张。据此将"生效法律文书确定的债务"理解为"经生效法律文书确认的基础债权债务"，当事人申请追加的被执行人应当认定为确认基础债权债务关系的生效法律文书涉及的债务人的股东、出资人等。

最高人民法院在（2021）最高法民申6402号，北京市高级人民法院在（2020）京民终210号、（2020）京民终386号，沈阳市大东区人民法院在（2021）辽0104执异191号，北京市第三中级人民法院在（2021）京03执异712号案件中均持上述观点。

2. 能否将《追加规定》第20条规定中的"股东"扩大理解为"股东的股东"尚无明确的法律规定，多数法院对此持否定态度。

《追加规定》第20条规定中的"股东"又应当如何理解？此处的股东包不包括"股东的一人股东"？在司法实践中，因目前变更、追加被执行人制度中当事人救济程序的不完善，法院一般会对其进行严格适用，申请追加执行当事人的事由须为《追加规定》中的法定事由，即应当限于法律和司法解释明确规定的执行追加范围，既不能超出法定情形进行追加，也不能直接引用有关实体裁判规则在执行程序中追加，不能无限扩张股东的有限责任。

《追加规定》仅规定被执行人的股东在符合法定条件时可予追加为被执行人，但对于被执行人"股东的股东"并未规定可予以追加。如果允许无限追加被执行主体，那么在无限扩张执行机构裁决权的同时，会加大社会对执行机构的依赖，增加执行机构工作难度。故申请执行人依据《追加规定》第 20 条规定申请追加股东为被执行人时,只能追加一人有限责任公司作为基础债权债务关系中债务人的一人股东,不能再往上层层追加。

北京市高级人民法院在(2020)京民终 210 号、天津市第三中级人民法院在(2020)津 03 民终 4456 号、北京市第二中级人民法院在(2019)京 02 执异 1013 号、沈阳市中级人民法院在(2019)辽 01 执异 711 号案件中均持此观点。

对此,笔者认为,在当前我国正在全方位构建社会信用体系、执行难问题仍未从根本上得到解决这一社会背景下,法人人格独立和股东有限责任在实践中经常被债务人用来作为逃避债务工具,基于法律更应当保护债权人合法权益这一价值取向,《追加规定》第 20 条规定中"生效法律文书确定的债务"不应仅仅被限缩解释为"经生效法律文书确认的基础债权债务",在执行程序中应当允许追加一人公司股东的一人股东为被执行人。具体理由如下:

1. 法人人格独立和股东有限责任在实践中经常被债务人用来作为逃避债务的工具。

《公司法》第 3 条规定:"公司是企业法人,有独立的法人财产,享有法人财产权。公司以其全部财产对公司的债务承担责任。有限责任公司的股东以其认缴的出资额为限对公司承担责任;股份有限公司的股东以其认购的股份为限对公司承担责任。"

股东有限责任与公司法人人格独立是现代公司法的基石,其在一定程度上有利于股东积极地投资公司促进经济发展,但另一方面也存在股东滥用有限责任损害债权人的利益的可能。

股东滥用有限责任损害债权人的利益,是通过控制公司使公司成为股东的"工具""摆设""木偶""代理机构""一个部门或另一个自我",主要体现在公司的设立、存续和经营完全依附于股东的指令,该公司只是以股东"代理人"身份存在,实质上是丧失了其独立性的一种"外壳公司",其背后的股东才是"未披露身份的本人"。公司的财产与股东或其他公司财产混同。股东以放弃对投入公司财产的所有权为代价取得承担有限责任的优惠。公司与股东之间或公司与其他公司之间的人事混同,表现为"一套人马,两块牌子"或名为公司,实为个人。

本案中,A 公司为投资公司的唯一股东,B 公司为 A 公司的唯一股东,江某为 B 公司的唯一股东,故投资公司、A 公司、B 公司实际上均为江某所控制,不排除江某通过这种方式逃避履行投资公司欠付的巨额债务之可能。

在上述情况下，就不得不考虑对公司法人的人格进行否认，揭开公司的面纱。公司法人的人格否认指的是为阻止公司独立人格的滥用与保护公司债权人利益及社会公共利益，就具体法律关系中的特定事实，否认公司与其背后的股东各自独立的人格及股东的有限责任，使公司的股东对公司的债权人或公共利益直接负责，以达到实现公平、正义目标的要求而设置的一种法律措施。①

本案中，区法院驳回了控股公司的追加申请，实则是阻断了债权人的维权之路，导致的结果是不能层层刺破公司的面纱，让隐藏在背后的实际控制人江某显现出来，依法履行其应尽的义务。这就会进一步导致越来越多的债务人通过层层设立一人有限责任公司，利用公司法人人格独立和股东有限责任以逃避债务。

2. 根据“法无禁止即自由”的私法自治原则，通过追加一人公司的股东为被执行人，得到支持后再继续向上申请追加一人公司股东的一人股东为被执行人，不失为保护债权人合法权益的一种有效救济途径。

当下，“法无禁止即自由”已成为法治社会的基础性原理，上升为法的基本原则，但它并非固定不变的结晶体。“法的基本原则是在法的形成过程中经不断选择而确定的，并且在法的时空发展过程中不断得到发展和演变”②。当下，我们正处于全面建设小康社会，进而建成富强民主文明和谐的社会主义现代化国家、实现中华民族伟大复兴的历史新阶段，“法无禁止即自由”原则又有了新内涵，人们对它赋予了新的使命。

既然《追加规定》第 20 条并没有明确将“财产不足以清偿生效法律文书确定的债务”规定为“财产不足以清偿生效法律文书确定的基础债务”，亦没有将“股东”明确为“只能是股东，不能是股东的股东”，区法院在审理本案时对其进行限缩解释有违“法无禁止即自由”的私法自治原则。

在此基础上，若控股公司能够通过执行追加将投资公司的一人股东 A 公司追加为被执行人，而后再通过执行追加将 A 公司的一人股东 B 公司追加为被执行人，继而通过执行追加将 B 公司的一人股东（实际上也是投资公司、A 公司、B 公司的实际控制人）江某追加为被执行人，则可彻底刺破公司的面纱，使得自身合法权益

---

① 朱慈蕴：《公司法人格否认法理研究》，法律出版社 1998 年版，第 75 页。

② ［意］桑德罗·斯奇巴尼：《桑德罗·斯奇巴尼教授文集》，费安玲等译，中国政法大学出版社 2010 年版，第 6 页。

得到应有的法律保障。否则,就完全有可能使躲在背后通过操控公司、转移公司利益而获利的真正债务人逍遥法外,造成自身利益受损。

3. 在现行法律制度框架下,允许继续向上申请追加一人公司股东的一人股东为被执行人,不会造成债务人利益无法得到应有的保障。

《公司法》第62条规定:“一人有限责任公司应当在每一会计年度终了时编制财务会计报告,并经会计师事务所审计。”

最高人民法院印发的《全国法院民商事审判工作会议纪要》第10条规定:“认定公司人格与股东人格是否存在混同,最根本的判断标准是公司是否具有独立意思和独立财产,最主要的表现是公司的财产与股东的财产是否混同且无法区分。在认定是否构成人格混同时,应当综合考虑以下因素:(1)股东无偿使用公司资金或者财产,不作财务记载的;(2)股东用公司的资金偿还股东的债务,或者将公司的资金供关联公司无偿使用,不作财务记载的;(3)公司账簿与股东账簿不分,致使公司财产与股东财产无法区分的;(4)股东自身收益与公司盈利不加区分,致使双方利益不清的;(5)公司的财产记载于股东名下,由股东占有、使用的;(6)人格混同的其他情形。”

执行程序中追加一人有限责任公司的股东或者股东的股东为被执行人,前提条件是该一人有限责任公司的财产不足以清偿生效法律文书确定的债务,但其实质条件为该股东不能证明其个人财产与公司财产相互独立。

据此,在现行法律制度框架下,在被申请追加时,只要一人公司股东的一人股东能够通过提交财务会计报告、审计报告等证据材料证明公司具有独立意思和独立财产,公司的财产与股东的财产不存在混同且可区分,就不会因此而需要对公司的债务承担连带清偿责任。

因而,允许向上申请追加一人公司股东的一人股东为被执行人,不会造成债务人的合法权益无法得到应有的保障。

四、经验启示

在一人公司的股东已经被判决承担债务清偿责任的情况下,还能否通过执行追加,追及一人公司股东的一人股东,层层往上,因目前我国法律法规及相关司法解释对此并无明确规定,尽管当前司法实践中的主流观点对此持否定态度,但我们认为这与当前构建全方位的社会信用体系、解决执行难之大方向不符,也不利于债权人合法权益的保护。因为这很容易导致越来越多的债务人通过层层设立一人有限责任公司,利用公司法人人格独立和股东有限责任,将公司财产挪作他用,给自己支付巨额报酬,借公司为自己提供担保或以借贷之名行欺诈之实,以各种非法手段逃避其法定或约定之义务,损害债权人利益。

因此,当前亟须通过完善相关法律规定,进一步明确《追加规定》第 20 条规定中的"生效法律文书确定的债务""股东"等的概念,完善追加一人公司股东为被执行人的法律理解与适用。

另外,在当前司法实务中,能不能通过执行追加及执行异议之诉,追及一人公司股东的一人股东,层层往上,还要综合考虑案件是否存在债务人利用法人人格独立和股东有限责任作为逃避债务工具的情形、层层刺破公司面纱的难易程度、追加股东的股东需要投入的成本、股东的股东是否存在可以执行的财产以及追加成功后能否实现全部债权等因素。作为律师,只有在多维度、全方位地进行认真分析的基础上提前预判,给出的案件处理方案才有可能是行之有效的、得以保障债权人利益的较佳方案,也才不至于走弯路。

执行案件和破产案件中不同性质债权的清偿顺序分析

——以某房地产企业债务重组为例

谢　昕　钟嘉慧

近几年国家对房地产行业的调控力度加强，房地产交易市场热度有所下降，加之房地产开发又是以“高投入、周期长”为显著特点的投资过程，疫情影响下全球经济增长缓慢等诸多方面的因素导致许多房地产企业在融资及资金回笼阶段的难度大幅提升，经常面临严重的经营困难、负担巨额债务、资金周转不灵等问题进而因债务清偿而进入法院强制执行程序或进入破产程序。囿于房地产企业在经营发展过程中涉及为其提供资金的投资方债权人、开发建设过程中的建设工程承包人及众多建筑工人、购房消费者等诸多利益群体，在处理债务清偿事宜时，最为重要的是如何公平合理地向诸位合法债权人分配企业的有限资产以妥善处理好不同社会群体之间的利益平衡问题，避免出现各债权主体矛盾激化产生冲突的情形。为解决这一问题，厘清不同性质债权的清偿顺序有其必要性及重要性。本文以本团队经办的某房地产企业债务重组案件为例，通过梳理我国在执行程序和破产程序中有关不同性质债权的清偿顺序问题的法律规范，对不同性质债权在执行程序和破产程序中的清偿顺序进行分析。

一、案情简介

Q公司成立于1987年，系具有房地产开发经营资质的国有企业，由于Q公司债务问题日益严重，上级部门将Q公司移交给S公司管理。S公司委托本团队为Q公司存在的债务清偿、债务重组和破产重整项目提供专项法律服务。接受委托后

经核实确认,Q 公司已陷入严重的资不抵债情形,经查证证实 Q 公司主要存在以下 9 笔债务(见表 1):

表 1 Q 公司所负 9 笔债务详情

序号	债权性质	清偿对象（债权方）	本息清偿总额（单位:万元）	抵押/查封情况
1	有查封债权	债权人 A	13,000	查封情况: (1)查封 Q 公司名下某地块的土地使用权 (2)查封诚辉花园(7 号楼)房产共 60 套
2		债权人 B	4100	查封情况: (1)查封诚辉花园 6、7 号楼在建工程 (2)查封诚辉花园(6 号楼)房产共 64 套
3		债权人 C	27,000	查封情况: (1)轮候查封诚辉花园(6 号楼)房产共 64 套 (2)轮候查封诚辉花园(7 号楼)房产共 60 套 (3)查封诚辉花园(7 号楼)房产共 2 套
4	有抵押债权	债权人 D	12,000	据法院作出的生效民事调解书确认,Q 公司以其名下共 10 套房屋为债权人 D 设定抵押担保
5	无抵押无查封债权	诚辉花园(7 号楼)13 位购房者	2000	唐生:据法院作出的生效民事判决书确认,排除某执行案件对诚辉花园 7 号楼 205 房的执行 吴益、李万:据法院作出的生效民事判决书确认,排除某执行案件对诚辉花园 7 号楼 305 房的执行
6		诚辉花园项目建设工程价款	640	—
7		债权人 E	1900	—
8		债权人 F	6000	—
9		债权人 G	2250	—
合计金额		9 笔债务本息合计金额共 68,890 万元		

二、问题难点

第一，当企业出现资不抵债且无法清偿到期债务时，为清偿债务需要，其既可能会进入执行程序也可能会进入破产程序，而我国对不同程序的债务清偿顺序作出了不同的规定，故需对不同程序中的债务清偿顺序规定进行梳理分析。同时，我国法律既规定担保物权人就担保财产享有优先受偿权，也赋予了其他特定债权人在符合一定条件时就债务人财产享有优先受偿的权利，但当同时存在多个享有优先权的债权时其相互间的清偿顺序应当如何认定，目前我国的相关规定并不甚清晰，因此需对相关的法律规范进行梳理并予以充分理解，进而厘清不同性质债权间的清偿顺序。

第二，关于不同性质债权的清偿顺序问题，目前除《民法典》《企业破产法》的一般规定外，还有散落于其他法律及司法解释当中的规定，故在梳理债务清偿顺序规定时既要将一般性的法律规范考虑在内，也要对司法解释、各指导性文件及实务经验进行全面分析，如此方可准确厘清不同性质债权的清偿顺序。

三、法律评析

（一）特定债权人享有优先权的相关规定及清偿顺序

特定债权人享有的优先权主要是指由法律直接规定当某项债权满足一定条件时，该债权人得以就债务人财产享有先于一般债权得到清偿的权利，即优先受偿权。目前我国存在的优先权主要有购房消费者的优先权、建设工程价款优先权、担保债权的优先权、船舶优先权、民用航空器优先权、个人储蓄优先权，具体到房地产企业则主要涉及商品房消费者的优先权、建设工程价款优先权及担保债权优先权。

1. 特定债权人享有优先权的相关规定

(1)债权方为商品房消费者

关于商品房消费者享有优先权的规定主要有以下三条：①2002 年最高人民法院《关于建设工程价款优先受偿权问题的批复》（已失效）（以下简称《批复》）第 2 条规定："消费者交付购买商品房的全部或者大部分款项后，承包人就该商品房享有的工程价款优先受偿权不得对抗买受人。"②《最高人民法院针对山东省高级人民法院就处置济南彩石山庄房屋买卖合同纠纷案请求的答复》第二点规定："……二、基于《批复》保护处于弱势地位的房屋买受人的精神，对于《批复》第二条'承包人的工程价款优先受偿权不得对抗买受人'的规定，应当理解为既不得对抗买受人在房屋建成情况下的房屋交付请求权，也不得对抗买受人在房屋未建成等情况下的购房款返还请求权。"③最高人民法院《关于人民法院办理执行异议和复议案件若干问题的规定》(2020年修正)(以下简称《执行异议和复议案件规定》)第29条规定："金钱债权执行中，买受人对登记在被执行的房地产开发企业名下的商品房提出异议，符合下列情形且其权利能够排除执行的，人民法院应予支持：(一)在人民法院查封之前已签订合法有效的书面买卖合同；(二)所购商品房系用于居住且买受人名下无其他用于居住的房屋；(三)已支付的价款超过合同约定总价款的百分之五十。"

《批复》第2条规定直接赋予了商品房消费者以能够对抗建设工程价款优先权的权利，但需注意，《批复》已被最高人民法院《关于废止部分司法解释及相关规范性文件的决定》废止，于2021年1月1日起失效，故商品房消费者享有的能够对抗建设工程价款优先权的权利已失去了直接的法律支撑。尽管如此，我们认为商品房消费者享有的优先权仍具有对抗建设工程价款优先权的效力。首先，商品房消费者在执行阶段就其作为买受人的商品房提出的执行异议仍具有排除执行的效力，该效力依旧由《执行异议和复议案件规定》第29条规定确认。其次，建设工程价款优先受偿权的实现需要进入对所涉标的物进行拍卖处理的执行程序，故商品房消费者在执行程序中仍可以执行异议的方式排除强制执行。此外，《批复》自2002年颁布以来已经存续了将近20年，在司法实践中也已形成了商品房消费者的优先权能够对抗建设工程价款优先权的共识，如在《批复》废止后，(2021)黑10执异37号执行裁定书仍旧支持了商品房消费者所提出的执行异议。故商品房消费者享有的优先权仍具有对抗建设工程承包人享有的建设工程价款优先权的效力。

此外，《执行异议和复议案件规定》第29条规定只有符合以下三个条件的商品房消费者方可享有排除执行的权利：①法院查封该等房屋时买受人已经与相关房地产公司签订合法有效的书面买卖合同；②该房屋买受人名下无其他用于居住的房屋；③该房屋买受人已付购房款超过合同总价款的50%。其中，审判实践中对于第二个、第三个条件成就与否的判断标准并不统一。为此2019年最高人民法院印发的《全国法院民商事审判工作会议纪要》第125条对这两个条件的理解与适用作出指引，对于第二个条件即"所购商品房系用于居住且买受人名下无其他用于居住的房屋"的判断，应当理解为在案涉房屋同一设区的市或者县级市范围内商品房消费者名下没有用于居住的房屋。若该商品房消费者名下已有1套房屋,但新购买的房屋在面积上仍然属于满足基本居住需要的,可以认为符合该条件。对于第三个条件即“已支付的价款超过合同约定总价款的百分之五十”的判断,除确已支付超过50%购房款的情形,还应包括已支付接近50%价款且已按照合同约定将剩余价款支付给申请执行人或者按照人民法院的要求交付执行的情形。

综上,当债权方为商品房消费者,在该等商品房消费者满足《执行异议和复议案件规定》第29条规定的三个条件时,则该等商品房消费者享有优先于建设工程价款受偿的优先权。

(2)债权方为建设工程承包人

关于建设工程承包人享有优先权的规定主要有以下三条:①《民法典》第807条规定:“发包人未按照约定支付价款的,承包人可以催告发包人在合理期限内支付价款。发包人逾期不支付的,除根据建设工程的性质不宜折价、拍卖外,承包人可以与发包人协议将该工程折价,也可以请求人民法院将该工程依法拍卖。建设工程的价款就该工程折价或者拍卖的价款优先受偿。”②2021年最高人民法院《关于审理建设工程施工合同纠纷案件适用法律问题的解释(一)》(以下简称《建设工程施工合同解释(一)》)第36条规定:“承包人根据民法典第八百零七条规定享有的建设工程价款优先受偿权优于抵押权和其他债权。”③《建设工程施工合同解释(一)》第41条规定:“承包人应当在合理期限内行使建设工程价款优先受偿权,但最长不得超过十八个月,自发包人应当给付建设工程价款之日起算。”

综上,法律赋予了建设工程承包人就建设工程价款对建设工程的折价款或拍卖款享有优先权,且优先于抵押权和其他债权受偿。但该项权利行使需受到除斥期间限制,这主要是考虑到该项优先受偿权无须登记因而缺乏对外公示的效果,为避免出现权利人怠于行使权利进而妨碍其他权利实现的情形便作此规定。据此,当债权方为建设工程承包人,且其自发包方应当给付建设工程价款之日起18个月内向发包人或法院主张建设工程价款的,则该建设工程款项优先于抵押权和其他债权受偿。

(3)债权方为担保物权人

关于担保物权人享有优先权的规定主要有以下两条:①《民法典》第386条规定:“担保物权人在债务人不履行到期债务或者发生当事人约定的实现担保物权的情形,依法享有就担保财产优先受偿的权利,但法律另有规定的除外。”②《民法典》

第 394 条规定:“为担保债务的履行,债务人或者第三人不转移财产的占有,将该财产抵押给债权人的,债务人不履行到期债务或者发生当事人约定的实现抵押权的情形,债权人有权就该财产优先受偿。前款规定的债务人或者第三人为抵押人,债权人为抵押权人,提供担保的财产为抵押财产。”

综上,当债权方为担保物权人时,债权方对债务人设定担保的担保物享有优先受偿权。

2. 享有优先权的特定债权之间的清偿顺序

结合前文分析可知,建设工程价款的清偿优先于抵押权和其他债权的清偿,而商品房消费者能够在建设工程拍卖的执行程序中通过提出执行异议的方式就其特定债权主张排除强制执行,因此商品房消费者的特定债权将优先于建设工程价款得到清偿。据此,享有优先受偿权的特定债权清偿顺序为:①符合法律规定的商品房消费者的特定债权;②建设工程价款;③享有担保物权的债权。

(二)执行程序中债务清偿顺序的相关规定及法律评析

1. 执行程序中债务清偿顺序的相关规定

关于执行程序中债务清偿顺序的规定主要有以下四条:①最高人民法院《关于人民法院执行工作若干问题的规定(试行)》(2020 年修正)第 55 条第 1 款规定:“多份生效法律文书确定金钱给付内容的多个债权人分别对同一被执行人申请执行,各债权人对执行标的物均无担保物权的,按照执行法院采取执行措施的先后顺序受偿。”②最高人民法院《关于适用〈中华人民共和国民事诉讼法〉的解释》(2022 年修正)(以下简称《民诉解释》)第 514 条规定:“当事人不同意移送破产或者被执行人住所地人民法院不受理破产案件的,执行法院就执行变价所得财产,在扣除执行费用及清偿优先受偿的债权后,对于普通债权,按照财产保全和执行中查封、扣押、冻结财产的先后顺序清偿。”③2017 年最高人民法院《关于执行案件移送破产审查若干问题的指导意见》第 4 条规定:“……申请执行人、被执行人均不同意移送且无人申请破产的,执行法院应当按照最高人民法院《关于适用〈中华人民共和国民事诉讼法〉的解释》第五百一十六条(现《民诉解释》第 514 条)的规定处理,企业法人的其他已经取得执行依据的债权人申请参与分配的,人民法院不予支持。”④2022 年最高人民法院《关于正确处理轮候查封效力相关问题的通知》第 1 条规定:“轮候查封具有确保轮候查封债权人能够取得首封债权人从查封物变价款受偿后剩余部分的作用。首封法院对查封物处置变现后,首封债权人受偿后变价款有剩余的，该剩余价款属于轮候查封物的替代物，轮候查封的效力应当及于该替代物，即对于查封物变价款中多于首封债权人应得数额部分有正式查封的效力。轮候查封债权人对该剩余价款有权主张相应权利。”

综上，在执行程序中，多份生效法律文书确定金钱给付内容的多个债权应当按照如下顺序进行清偿：①符合法律规定的商品房消费者的特定债权；②建设工程价款；③享有担保物权的债权；④采取在先保全措施的普通债权；⑤采取轮候保全措施的普通债权；⑥未采取保全措施的普通债权。

2. 执行程序中 Q 公司债务清偿顺序法律评析

具体到本文案例，就 Q 公司所涉 9 笔债务在执行程序中的清偿顺序如下：

(1)享有优先受偿权的两位购房者已支付的购房款

由于购房者享有优先权的前提是对登记在被执行的房地产开发企业名下的商品房提出执行异议并获得法院支持，而获得法院支持的前提便是符合《执行异议和复议案件规定》第 29 条所规定的三个条件：在查封前商品房消费者已经与相关房产公司签订合法有效的书面买卖合同、名下无其他用于居住的房屋、已支付购房款超过合同总价款的 50%。在本债务重组案中，13 位购房者中有两位购房者就建设工程价款的执行提出执行异议并获得法院支持，故该两位购房者就其已支付的购房款享有优先受偿权。而其余 11 位购房者若未向法院申请排除强制执行措施，或申请但未得到法院的支持，则其无法就已付购房款主张优先受偿权。

(2)享有优先权的诚辉花园项目应付未付的建设工程价款

根据《民法典》第 807 条、《建设工程施工合同解释(一)》第 41 条的规定，承包人应当自 Q 公司应付建设工程价款之日起 18 个月内主张行使建设工程价款优先受偿权。若承包人未能在前述期限内主张行使，则将丧失建设工程价款优先受偿权，其所享有的对 Q 公司的特定债权将会变成普通债权。

(3)享有担保物权的债权人 D 债权

据法院作出的生效民事调解书确认，债权人 D 就 Q 公司名下共 10 套房屋享有抵押权。根据《民法典》第 386 条及第 394 条的规定，抵押权人就抵押财产享有优先受偿权，故债权人 D 可以就 Q 公司名下该 10 套房产拍卖、变卖所得价款享有优先受偿的权利。

(4)已采取保全措施的普通债权

债权人 A、债权人 B、债权人 C 已通过法院在先查封 Q 公司名下的相应财产，根据《民诉解释》第514条之规定,该债权均享有在先清偿的权利。

其中,由于债权人B与Q公司、J公司(案外公司)签订过《和解协议》,根据约定内容,债权人B对Q公司所享有的债权可能因为J公司向债权人B履行《和解协议》而消灭,进而债权人B对Q公司享有的债权项下的保全措施也依法予以解除,即债权人B对Q公司名下在建工程和房产享有的在先查封债权消灭,而债权人C对相同房产的轮候查封将变为在先查封,进而就该房产享有在先清偿的权利。

(5)未采取保全措施的普通债权

债权人E、债权人F、债权人G就其对Q公司享有的三笔债权不具备获得优先受偿的条件,也未采取查封保全措施,故该等普通债权应当按照执行法院采取具体执行措施的先后顺序受偿。

3. 执行程序中Q公司债务清偿顺序小结

结合前述分析,在执行程序中,Q公司对前述9笔债务的清偿顺序为:

①优先权:两位购房者已支付的购房款

②优先权:建设工程价款

③担保物优先受偿权:债权人D债权

④普通债权:债权人A采取保全措施的债权以及

⑤普通债权:债权人B采取保全措施的债权

⑥普通债权:债权人C采取轮候保全措施的债权

⑦普通债权:未采取保全措施的债权人E、债权人G、债权人F的普通债权以及11个未取得优先权的购房者已支付的购房款等普通债权。

若债权人B对Q公司所享有的债权因为J公司向其履行《和解协议》而消灭,则债权人C采取轮候保全措施的债权与债权人A采取保全措施的债权处于同一清偿顺位。

(三)破产程序中债务清偿顺序的相关规定及法律评析

在进入破产程序后,债务人所负担的债务主要被区分为:破产费用、共益债务、破产债权三种。根据《企业破产法》第41条①,破产费用主要包括三种类型的费用:①破产案件的诉讼费用;②管理、变价和分配债务人财产的费用;③管理人执行职

---

① 《企业破产法》第41条规定:"人民法院受理破产申请后发生的下列费用,为破产费用:(一)破产案件的诉讼费用;(二)管理、变价和分配债务人财产的费用;(三)管理人执行职务的费用、报酬和聘用工作人员的费用。"

务的费用、报酬和聘用工作人员的费用。根据《企业破产法》第42条[①]，共益债务主要包括下列六种类型的债务：①因管理人或者债务人请求对方当事人履行双方均未履行完毕的合同所产生的债务；②债务人财产受无因管理所产生的债务；③因债务人不当得利所产生的债务；④为债务人继续营业而应支付的劳动报酬和社会保险费用以及由此产生的其他债务；⑤管理人或者相关人员执行职务致人损害所产生的债务；⑥债务人财产致人损害所产生的债务。对于破产债权，2002年最高人民法院《关于审理企业破产案件若干问题的规定》（以下简称《企业破产案件规定》）第55条[②]通过非穷尽列举的形式规定了破产债权的类型，主要包括破产宣告前发生的无财产担保的债权、破产宣告前发生的虽有财产担保但是债权人放弃优先受偿的债权、破产宣告前发生的虽有财产担保但是债权数额超过担保物价值部分的债权等11种债权及人民法院认可的其他债权。此外，《企业破产案件规定》第71条[③]规定了抵押物、留置物、出质物、依法存在优先权的财产及于特定买卖中尚未转移占有但相对人已完全支付对价的特定物等9类财产不属于破产财产。

---

① 《企业破产法》第42条规定："人民法院受理破产申请后发生的下列债务，为共益债务：（一）因管理人或者债务人请求对方当事人履行双方均未履行完毕的合同所产生的债务；（二）债务人财产受无因管理所产生的债务；（三）因债务人不当得利所产生的债务；（四）为债务人继续营业而应支付的劳动报酬和社会保险费用以及由此产生的其他债务；（五）管理人或者相关人员执行职务致人损害所产生的债务；（六）债务人财产致人损害所产生的债务。"

② 《企业破产案件规定》第55条规定："下列债权属于破产债权：（一）破产宣告前发生的无财产担保的债权；（二）破产宣告前发生的虽有财产担保但是债权人放弃优先受偿的债权；（三）破产宣告前发生的虽有财产担保但是债权数额超过担保物价值部分的债权；（四）票据出票人被宣告破产，付款人或者承兑人不知其事实而向持票人付款或者承兑所产生的债权；（五）清算组解除合同，对方当事人依法或者依照合同约定产生的对债务人可以用货币计算的债权；（六）债务人的受托人在债务人破产后，为债务人的利益处理委托事务所发生的债权；（七）债务人发行债券形成的债权；（八）债务人的保证人代替债务人清偿债务后依法可以向债务人追偿的债权；（九）债务人的保证人按照《中华人民共和国担保法》（现已失效）第三十二条的规定预先行使追偿权而申报的债权；（十）债务人为保证人的，在破产宣告前已经被生效的法律文书确定承担的保证责任；（十一）债务人在破产宣告前因侵权、违约给他人造成财产损失而产生的赔偿责任；（十二）人民法院认可的其他债权。以上第（五）项债权以实际损失为计算原则。违约金不作为破产债权，定金不再适用定金罚则。"

③ 《企业破产案件规定》第71条规定："下列财产不属于破产财产：（一）债务人基于仓储、保管、加工承揽、委托交易、代销、借用、寄存、租赁等法律关系占有、使用的他人财产；（二）抵押物、留置物、出质物，但权利人放弃优先受偿权的或者优先偿付被担保债权剩余的部分除外；（三）担保物灭失后产生的保险金、补偿金、赔偿金等代位物；（四）依照法律规定存在优先权的财产，但权利人放弃优先受偿权或者优先偿付特定债权剩余的部分除外；（五）特定物买卖中，尚未转移占有但相对人已完全支付对价的特定物；（六）尚未办理产权证或者产权过户手续但已向买方交付的财产；（七）债务人在所有权保留买卖中尚未取得所有权的财产；（八）所有权专属于国家且不得转让的财产；（九）破产企业工会所有的财产。"

1. 破产程序中债务清偿顺序的相关规定

破产程序中与债务清偿顺序相关的规定主要有以下三条:①《企业破产法》第19条规定:“人民法院受理破产申请后,有关债务人财产的保全措施应当解除,执行程序应当中止。”②《企业破产法》第109条规定:“对破产人的特定财产享有担保权的权利人,对该特定财产享有优先受偿的权利。”③《企业破产法》第113条规定:“破产财产在优先清偿破产费用和共益债务后,依照下列顺序清偿:(一)破产人所欠职工的工资和医疗、伤残补助、抚恤费用,所欠的应当划入职工个人账户的基本养老保险、基本医疗保险费用,以及法律、行政法规规定应当支付给职工的补偿金;(二)破产人欠缴的除前项规定以外的社会保险费用和破产人所欠税款;(三)普通破产债权。破产财产不足以清偿同一顺序的清偿要求的,按照比例分配。破产企业的董事、监事和高级管理人员的工资按照该企业职工的平均工资计算。”

2. 破产程序中Q公司债务清偿顺序法律评析

根据前述规定,当债务人进入破产程序,有关债务人财产的保全措施依法会被解除,同时结合《企业破产案件规定》第71条及前文中对商品房消费者优先权、建设工程价款、担保债权的分析,商品房消费者的已付购房款、建设工程价款、享有担保物权的债权,其清偿顺位应优先于破产费用和共益债务。破产费用、共益债务系从债务人无担保财产中优先随时清偿,只有在担保财产清偿担保债权后尚有余额的情况下,才可用于对破产费用、共益债务和普通破产债权的清偿。

综上,债务人进入破产程序后,其债务应当按照如下顺序清偿:①符合法律规定的商品房消费者的购房款;②建设工程价款;③享有担保物权的债权;④破产费用和共益债务;⑤破产人所欠职工的工资和医疗、伤残补助、抚恤费用,所欠的应当划入职工个人账户的基本养老、医疗保险费用,以及法律、行政法规规定应当支付给职工的补偿金;⑥破产人欠缴的其他社会保险费用和所欠税款;⑦普通破产债权。

在本债务重组案中,若进入破产程序,由于13位购房者中有2位购房者已就建设工程价款的执行提出了执行异议并已获得法院支持,故该两位购房者有权就其已支付的购房款主张优先受偿权。诚辉花园项目应付未付的建设工程价款,享有担保物权的债权人口的债权亦相应享有优先受偿权。另外,由于进入破产程序后,债权人A、债权人B、债权人C就其债权所采取的保全措施将被解除,因此其债权无法像在执行程序中一样享有在先清偿的权利,而是沦为普通债权最后清偿。

3. 破产程序中Q公司的债务清偿顺序小结

结合前述分析，若进入破产程序，Q公司9笔债务的清偿顺序为：

①优先权：两位购房者已支付的购房款；

②优先权：建设工程价款；

③担保物优先受偿权：债权人D债权；

④破产费用和共益债务；

⑤破产人所欠职工的工资和医疗、伤残补助、抚恤费用，所欠的应当划入职工个人账户的基本养老、医疗保险费用，以及法律、行政法规规定应当支付给职工的补偿金；

⑥破产人欠缴的其他社会保险费用和所欠税款；

⑦普通债权：债权人A、债权人B、债权人C、债权人E、债权人F、债权人G的债权、11位购房者已支付的购房款等普通债权。

此外，如债权人B对Q公司的债权因债权人C清偿而消灭，则普通债权中债权人B的债权不复存在，Q公司无须再清偿该笔债务。

（四）执行程序与破产程序中债务清偿顺序的对比总结

基于前述分析可得，破产程序与执行程序中的债务清偿顺序不尽相同。执行程序是保障生效裁判文书内容实现的程序，旨在通过国家公权力机关的强制力在义务人不履行义务时帮助权利人实现权利。而破产程序则是对资不抵债的企业进行破产处理的司法程序，旨在通过公平、合理清偿优先权人和其他债权人债权，建立健全完善的企业市场退出机制，促进市场经济的健康发展。相较于执行程序，破产程序会产生除执行费用以外的其他费用，如在破产清算过程中产生的管理、分配等方面的必要费用，而这些费用是保障破产程序顺利运行所必要的，也是各个相关债权人利益得以保障的基础，故理应得到优先清偿。由于前文已就两个程序中的债务清偿顺序进行详细分析，此处便不再赘述，佐以执行程序中不同性质债权的清偿顺序图（见图1）与破产程序中不同性质债权的清偿顺序图（见图2），为读者更为直观地展示两种程序中债务清偿顺序的不同。

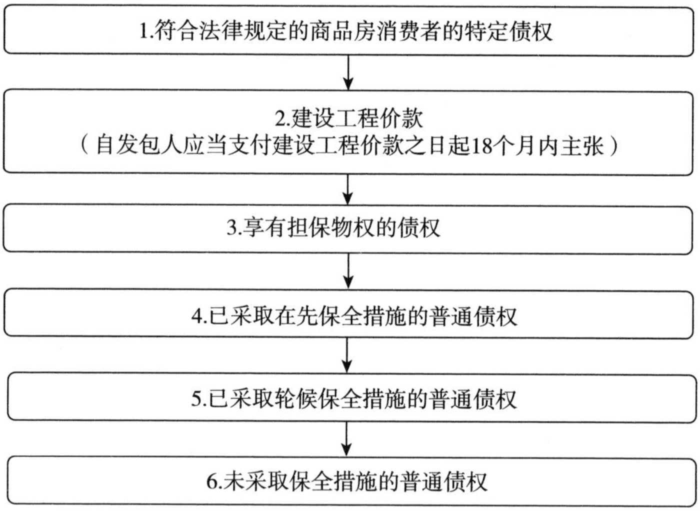

图1 执行程序中不同性质债权的清偿顺序

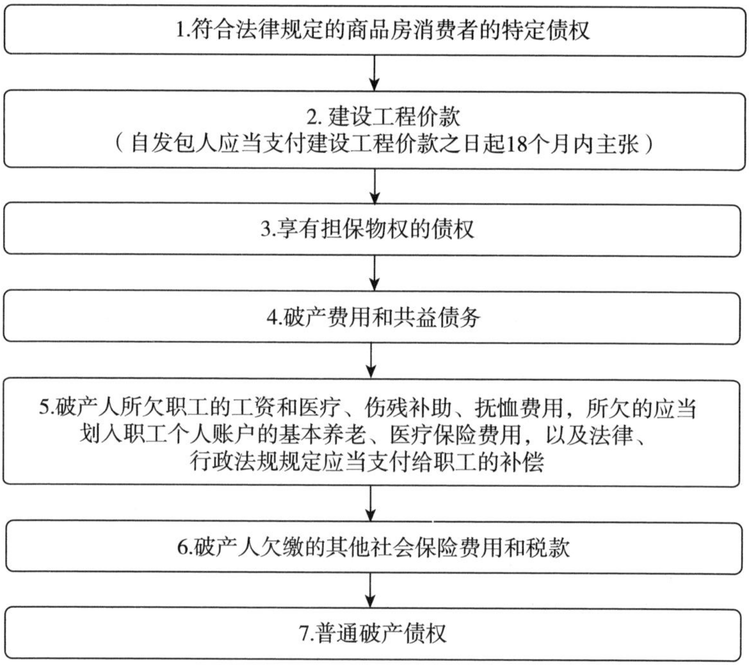

图2 破产程序中不同性质债权的清偿顺序

四、经验启示

1. 厘清不同程序中不同性质债权的清偿顺序能够推动债务重组的实施和提高债务重组的效率。Q公司当下陷入资不抵债困境,若各个债权人均以未经削减的债务金额对Q公司申请强制执行或破产清算,则即便Q公司将其名下全部资产予以拍卖、变卖也无法清偿所有债务。因此若能通过与债权人谈判争取削减实际债务金额(如以低于实际债权价值的金额购买该笔债权的方式)并通过资源整合与多方协调资助对削减后的债务进行清偿消灭则可以在很大程度上缓解债务危机进而盘活企业,而这一谈判的关键前提就在于明确各个债权是否能够在执行程序或破产程序中得到清偿以及能够得到多少比例的清偿。比如,对于享有优先权的债权而言,无论是在执行程序中还是破产程序中均能主张优先受偿权,则与该等债权人进行削减债权的谈判难度较高,而对于既无优先权也无采取保全措施的普通债权而言,由于其清偿顺序在后,往往面临最终得不到任何清偿的风险,因此与该等债权人就削减债权进行谈判则相对更有把握。另外,对于已采取在先保全措施的普通债权而言,若进入执行程序,则其能够优先于已采取轮候保全措施及未采取保全措施的普通债权得到清偿,但若进入破产程序,则其所采取的在先保全措施将被解除,解除后只能沦为普通破产债权进而面临得不到任何清偿的风险。因此,明晰不同程序中不同性质债权的清偿顺序能够帮助公司在债务重组过程中预测、把握债务重组工作的大致方向,同时有助于提高谈判效率。

2. 厘清债权清偿顺序也是保证全体债权人的债权能够得到公平、妥善处理的重要前提。由于房地产企业的债权人既包括银行等金融机构,也包括数量众多的商品房消费者,因此必须谨慎、妥善处理好各债权的清偿事宜,在严格遵守法定清偿顺序的前提下,对相应债权作出合法且合乎情理的处理。如Q公司债权人中的13名商品房消费者,其中有11名是既无优先受偿权也未就其债权采取保全措施的,因此无论是在执行程序中还是在破产程序中,该等债权均面临着得不到清偿的风险。同时由于房价波动,同类房产价值增长,即便取得其他债权人同意将已付购房款悉数退还,该购房款也已不足以支付现有同类房产的对价。在这种情况下,商品房消费者的利益无法得到充分的保护,也因此不排除该等商品房消费者可能会采取信访等方式进行维权,这无疑将进一步激化社会矛盾,不利于债务重组工作的开展,也会对企业产生不良的声誉影响。故在明晰其清偿顺位后,出于企业社会责任与维稳压力考虑，积极与其他债权人进行协商沟通，在取得其他债权人同意的前提下采取向购房者交付房产的方式或许更能够维护购房者之利益，防止矛盾激化，也能够更好地平衡各债权人间利益，维护社会稳定。

在有追索权的保理合同纠纷中，保理人能否向应收账款债权人和债务人一并主张应收账款债权

——以某保理合同纠纷案为例

许红学

一、案情简介

2022 年 3 月，某商业保理有限公司（以下简称 A 公司）向法院对某工程总承包集团有限公司（以下简称 B 公司）、某房地产有限公司（以下简称 C 公司）、某门窗有限公司（以下简称 D 公司）、汪某 1、汪某 2、张某提起诉讼，起诉的主要事实和理由如下：

2018 年 12 月 2 日，就某房地产项目的铝合金门窗工程，C 公司（发包人）与 D 公司（承包人）签订了一份《铝合金门窗工程施工合同》（以下简称《工程施工合同》），约定：D 公司承包 C 公司的铝合金门窗制作、安装工程，合同价款（含税金及附加税费）固定总价包干金额为 2500 万元。争议解决：因本合同引起的或与本合同有关的争议（除另有约定外），当事人不愿和解、调解或者和解、调解不成的，均提请广州仲裁委员会按照该会仲裁规则进行仲裁，仲裁裁决是终局的，对双方均有约束力。

2020 年 11 月 13 日，就某中学的改扩建工程采购铝合金门窗材料事宜，B 公司和 D 公司签订了一份《铝合金门窗采购合同》（以下简称《采购合同》），约定：B 公司向 D 公司采购铝合金门窗，合同总金额（暂定价）为 700 万元。争议解决：合同在执行中发生争议，双方应友好协商解决，若协商不成，任何一方有权向 B 公司所在地的法院提出诉讼。

截至 2021 年 4 月 1 日，在上述《工程施工合同》中，C 公司尚有 490 万元的合同

款未支付给D公司，即D公司对C公司享有应收账款490万元；在上述《采购合同》中，B公司尚有538万元的合同款未支付给D公司，即D公司对B公司享有应收账款538万元。

2021年4月1日，A公司与D公司签订了一份《国内保理业务合同》（以下简称《保理合同》），约定：D公司作为销货方以其与购货方B公司、C公司之间形成的应收账款，向A公司申请办理公开型有追索权的国内保理业务，即D公司将上述《采购合同》中对B公司享有的应收账款538万元及上述《工程施工合同》中对C公司享有的应收账款490万元，转让给A公司，由A公司向D公司提供有追索权的保理融资200万元；保理融资发放日为2021年4月1日，保理融资到期日为2021年9月28日；融资年利率为13%；保理融资到期日，A公司未收到购货方B公司、C公司付款，或购货方B公司、C公司付款金额不足以偿付融资本金、融资利息、罚息及有关费用，D公司应按A公司通知进行回购；对于有追索权的保理，D公司未按本合同约定回购应收账款的，A公司有权自逾期之日起在原融资利率基础上加收30%的利率计收罚息。争议解决：凡由本合同引起的或与本合同有关的一切争议、纠纷，当事人应首先协商解决，协商不成，在A公司所在地法院通过诉讼方式解决。同日，汪某1、汪某2、张某分别向A公司出具《不可撤销担保函》，就D公司向A公司申请的上述保理融资本息偿还及回购事宜，向A公司提供连带责任担保。

2021年4月1日，A公司依据上述《保理合同》约定，将上述保理融资款200万元，转账汇入D公司的银行账户。

2021年4月2日，A公司将上述应收账款的转让在中国人民银行征信中心动产融资统一登记公示系统进行了初始登记，并取得《中国人民银行征信中心动产担保登记证明－初始登记》。

2021年9月28日，保理融资到期，D公司仅偿还了保理融资期间的每月利息及手续费，保理融资本金200万元未偿还。

2021年10月21日，A公司与D公司签订了一份《保理融资展期协议》（以下简称《展期协议》），约定：鉴于D公司不能按期足额偿还与A公司签订的《保理合同》项下的融资，因而申请展期。A公司同意对《保理合同》项下D公司的保理融资款200万元进行展期至2021年12月28日；融资展期利率执行年利率14%。除涉及上述内容的条款外，原《保理合同》规定的其他各项条款仍然有效。

2022年3月3日，A公司将上述应收账款的转让在中国人民银行征信中心动产融资统一登记公示系统进行了展期登记，并取得《中国人民银行征信中心动产担保登记证明－展期登记》。

上述保理融资展期到期后，经A公司多次向D公司催促，D公司仍拒不偿还保理融资本金及利息。

2022年2月21日，A公司通过中国邮政EMS向B公司、C公司发出《应收账款转让及催收通知书》，告知B公司上述《采购合同》中的应收账款538万元及C公司上述《工程施工合同》中的应收账款490万元已经转让给A公司，要求B公司、C公司向A公司偿还应收账款，并告知两被告A公司对该应收账款享有优先受偿权。

2022年3月1日，B公司收到上述《应收账款转让及催收通知书》后，向A公司发出复函，认为该保理融资与其无关，请A公司自行处理。

因A公司快递给C公司的《应收账款转让及催收通知书》以"原址查无此单位"被退件，2022年3月2日，A公司再次通过中国邮政EMS向C公司发出《应收账款转让及催收通知书》，但被C公司拒收。

依据以上事实和理由及相关法律规定，A公司以B公司、C公司、D公司、汪某1、汪某2、张某为共同被告，向法院提起诉讼，要求：(1)判令B公司、C公司共同偿还A公司应收账款200万元；(2)判令D公司对上述应收账款200万元承担补充清偿责任；(3)判令D公司向A公司支付保理融资利息及至实际清偿之日的罚息；(4)判令汪某1、汪某2、张某对D公司在第(2)、(3)项诉讼请求中的债务承担连带清偿责任；(5)各被告共同承担本案的全部诉讼费用。

二、问题难点

商业保理合同纠纷案件是《民法典》实施以后的新类型案件。本案源于保理合同纠纷，案件涉及三类合同、四方主体，三类合同分别为：A公司与D公司签订的有追索权的《保理合同》及其《展期协议》、B公司与D公司签订的《采购合同》、C公司与D公司签订的《工程施工合同》；四方主体分别为：保理商A公司、应收账款债务人B公司、应收账款债务人C公司、应收账款债权人D公司。

根据《保理合同》及《展期协议》，D公司将其对B公司的应收账款债权538万元，以及对C公司的应收账款债权490万元转让给A公司，由A公司向D公司提供保理融资200万元的金融服务。A公司在无法收回保理融资的情形下，为最大限度地维护自身的合法权益，拟在同一案件中起诉B公司、C公司、D公司，但涉及三个问题:一是保理商A公司能否同时向应收账款债权人D公司和应收账款债务人(B公司和C公司)一并主张应收账款债权;二是案涉三份合同中的协议管辖条款和仲裁条款对A公司的效力;三是本案如何确定管辖法院。该等问题在法学理论上和司法实践中存在争议,也是本案的问题难点所在。

三、法律评析

笔者作为本案中A公司的诉讼代理人,在接受委托后,发现本案与(2016)最高法民辖终38号案非常相似,评析如下:

(一)保理商A公司能否同时向应收账款债权人D公司和应收账款债务人(B公司和C公司)一并主张应收账款债权

在本案诉讼立案时,法院立案庭存在有两种不同的观点:

第一种观点认为, A公司与D公司签订《保理合同》,双方存在保理合同法律关系;A公司在受让D公司对B公司《采购合同》中的应收账款538万元后,与B公司存在基于原采购合同基础法律关系并通过受让应收账款债权而成立的债权债务法律关系;A公司在受让D公司对C公司《工程施工合同》中的应收账款490万元后,与C公司存在基于原工程施工合同基础法律关系并通过受让应收账款债权而成立的债权债务法律关系。也就是说,在本案中存在三个合同法律关系,而一个案件中只能解决一个法律关系,故对于A公司同时向应收账款债权人D公司和应收账款债务人(B公司和C公司)一并主张应收账款债权,法院应不予受理。

第二种观点认为,A公司依据与D公司签订的《保理合同》中约定的应收账款回购追索权起诉D公司,依据其受让自D公司与B公司《采购合同》中的应收账款债权起诉B公司,依据其受让自D公司与C公司《工程施工合同》中的应收账款债权起诉C公司,是A公司基于该三个不同的原因分别向三个债务人D公司、B公司、C公司主张不同的债权请求权,但实际上最终给付目的只有一个,即追回200万元的保理合同融资本息,对D公司的追索权之诉与对B公司、C公司应收账款之诉的诉讼标的是共同的,由于一方当事人为二人以上,发生诉的主体合并,属于必要的共同诉讼,依据《民事诉讼法》第55条之规定,法院应当合并审理。

笔者赞同第二种观点。具体理由如下:

其一,《民事诉讼法》第55条第1款规定:“当事人一方或者双方为二人以上,其诉讼标的是共同的,或者诉讼标的是同一种类、人民法院认为可以合并审理并经当事人同意的，为共同诉讼。”本案虽然存在三个不同的合同法律关系，但A公司起诉的目的实际上只有一个，即追回200万元的保理合同融资本息。

其二，《民法典》第766条规定：“当事人约定有追索权保理的，保理人可以向应收账款债权人主张返还保理融资款本息或者回购应收账款债权，也可以向应收账款债务人主张应收账款债权。保理人向应收账款债务人主张应收账款债权，在扣除保理融资款本息和相关费用后有剩余的，剩余部分应当返还给应收账款债权人。”如果法院不合并审理，那A公司依据《保理合同》起诉D公司，但因D公司目前资金链条断裂经营困难，且涉及多宗诉讼案件，并被多家法院列为失信被执行人、限制高消费，即使法院判决A公司胜诉，A公司的诉讼目的也有可能无法实现。此时，A公司就只能依据《保理合同》及《采购合同》、《工程施工合同》分别起诉B公司和C公司，这样会造成司法资源的极大浪费。

其三，最高人民法院《关于适用〈中华人民共和国民法典〉有关担保制度的解释》（法释〔2020〕28号）第66条第2款规定：“在有追索权的保理中，保理人以应收账款债权人或者应收账款债务人为被告提起诉讼，人民法院应予受理；保理人一并起诉应收账款债权人和应收账款债务人的，人民法院可以受理。”即人民法院可以受理保理人A公司对应收账款债权人D公司、应收账款债务人B公司和C公司的一并起诉。

最终，法院立案庭接受了笔者建议，认为本案属于必要的共同诉讼，依法受理了本案。

（二）案涉三份合同中的协议管辖条款和仲裁条款对A公司的效力

A公司和D公司的《保理合同》约定：“凡由本合同引起的或与本合同有关的一切争议、纠纷，当事人应首先协商解决，协商不成，在A公司所在地法院通过诉讼方式解决。”因此，《保理合同》中约定的协议管辖条款对A公司有效，A公司可以在其所在地的人民法院对D公司提起诉讼。

B公司和D公司的《采购合同》约定：“合同在执行中发生争议，双方应友好协商解决，若协商不成，任何一方有权向B公司所在地的法院提出诉讼。”最高人民法院《关于适用〈中华人民共和国民事诉讼法〉的解释》第33条规定：“合同转让的，合同的管辖协议对合同受让人有效，但转让时受让人不知道有管辖协议，或者转让协议另有约定且原合同相对人同意的除外。”合同转让包括合同中权利的转让、义务的转让和权利义务的概括转让。D公司将其与B公司《采购合同》中的应收账款债权转让给A公司,属于合同中权利的转让,应适用上述司法解释的规定。A公司在接受该债权转让时,D公司有向其提供《采购合同》,即A公司知道有该管辖协议。因此,《采购合同》中约定的协议管辖条款对A公司有效,A公司可以在B公司所在地的人民法院对B公司提起诉讼。

C公司和D公司的《工程施工合同》约定:“因本合同引起的或与本合同有关的争议(除另有约定外),当事人不愿和解、调解或者和解、调解不成的,均提请广州仲裁委员会按照该会仲裁规则进行仲裁,仲裁裁决是终局的,对双方均有约束力。”最高人民法院《关于适用〈中华人民共和国仲裁法〉若干问题的解释》第9条规定:“债权债务全部或者部分转让的,仲裁协议对受让人有效,但当事人另有约定、在受让债权债务时受让人明确反对或者不知有单独仲裁协议的除外。”A公司受让D公司转让C公司的应收账款债权,也应适用上述司法解释的规定,且A公司没有上述司法解释中除外规定的情形。因此,《工程施工合同》中约定的仲裁条款对A公司有效,A公司可以在广州仲裁委员会对C公司提起仲裁。

(三)本案如何确定管辖法院

三份合同中的协议管辖条款和仲裁条款对A公司均有效,但由于本案属于法院应当合并审理的必要共同诉讼,三份合同中的协议管辖条款和仲裁条款内容相互矛盾冲突,分别指向不同的主管机关或管辖法院,而且《保理合同》与《采购合同》和《工程施工合同》之间也不存在主从关系,无法根据协议管辖条款和仲裁条款确定案件的主管与管辖。因此,本案不应适用三份合同中的协议管辖条款和仲裁条款。本案应依据《民事诉讼法》第24条关于合同纠纷的一般管辖原则确定管辖法院。《民事诉讼法》第24条规定:“因合同纠纷提起的诉讼,由被告住所地或者合同履行地人民法院管辖。”由于本案存在多个被告,故B公司、C公司、D公司住所地人民法院均有管辖权。

最终,笔者代理A公司向B公司住所地人民法院提起诉讼,B公司住所地人民法院也依法受理了本案。案件经过审理后,法院于2022年8月作出一审判决,基本支持了A公司的全部诉讼请求。

四、经验启示

1. 在民事诉讼中,代理律师如何为当事人制定诉讼策略非常重要。好的诉讼策略,不仅能帮助当事人挽回损失,实现诉讼目的,而且还能为当事人节约诉讼成本和诉讼时间，为社会节省司法资源。

笔者在接受A公司委托后，经分析认为帮助A公司实现其目的的诉讼策略有三个：

其一，A公司依据《保理合同》的约定，仅起诉D公司、汪某1、汪某2、张某，要求D公司偿还保理融资本金200万元及利息、罚息或回购应收账款，要求汪某1、汪某2、张某承担连带清偿责任。

其二，A公司依据《保理合同》《采购合同》《工程施工合同》的约定，仅起诉B公司、C公司，要求B公司、C公司偿还未付的应收账款。

其三，A公司依据《保理合同》《采购合同》《工程施工合同》的约定，一并起诉B公司、C公司、D公司、汪某1、汪某2、张某，要求B公司、C公司偿还未付的应收账款，要求D公司对应收账款承担补充清偿责任并支付保理融资利息及罚息，要求汪某1、汪某2、张某对D公司所负债务向A公司承担连带清偿责任。

笔者经进一步询问A公司得知，D公司目前资金链条断裂经营困难，无力支付A公司的保理融资本息款，且经笔者在网上查询发现D公司及担保人汪某1、汪某2、张某涉及多宗诉讼案件，被多家法院列为失信被执行人，并被限制高消费。也就是说，即使法院判决A公司胜诉，A公司的诉讼目的也有可能无法实现，还可能产生法院受理费、财产保全费、财产保全手续费、律师费等诉讼成本。此时，A公司就只能依据《保理合同》《采购合同》《工程施工合同》分别或一起起诉B公司和C公司，这样会增加A公司的诉讼成本也会花费更多的诉讼时间。同时，B公司为国有企业，C公司为房地产公司，目前经营正常，而且资金雄厚。故此，选择第三种诉讼策略，无疑是诉讼成本最低，也可最大限度地维护A公司的合法权益，是最为合理的。

2. 在民事诉讼中，确定案件的管辖也尤为重要，选择正确的管辖机构，一是可以为委托人节约诉讼成本，二是可以最大限度地避免管辖权异议，为委托人节约诉讼时间。

本案中，笔者作为A公司的诉讼代理人，通过与委托人的沟通、协商，制定了案件的诉讼策略。随后在案件管辖的选择上，与受理案件的法院立案庭的法官进行多次沟通，并提供了（2016）最高法民辖终38号案例作为参考，最终法院依法受理了本案。案件经过审理后A公司实现了其诉讼目的，为其节约了大量的诉讼成本和诉讼时间，笔者作为案件代理人也获得了A公司的高度肯定和赞赏。

作为被执行人的法定代表人，如何解除限制消费令

——以A公司法定代表人赵某所涉执行案为例

许红学

一、案情简介

A公司于1992年10月27日在某市工商行政管理局登记设立，注册资本为人民币1400万美元，营业期限为20年，自1992年10月27日至2012年10月27日，经营范围为计算机软件开发、计算机系统工程承接等，企业性质为有限责任公司（台港澳法人独资），法定代表人为赵某。

2011年8月15日，A公司因主营业务被某公司收购停止营业，并遣散了员工。23日，A公司成立清算组进行清算，但因无力承担未缴的税款，导致清算无法继续进行。

2012年10月27日，A公司营业期限届满没有续期。2018年6月7日，A公司因未按照规定接受年度检验被工商行政管理局吊销营业执照。

2018年9月，A公司的法定代表人赵某突然发现自己无法购买飞机票和高铁票，于是找到笔者咨询，笔者通过中国执行信息公开网查询，发现A公司因涉及2009年一起拖欠B公司货款820多万元的仲裁裁决恢复执行案，凑巧的是当年恰好是笔者作为A公司的仲裁代理人代理了本案。随即笔者联系了经办执行法官查阅了相关执行文书并了解到：在2010年法院受理B公司的执行申请后因A公司无财产可供执行，被法院裁定终结执行。2017年3月23日，B公司向法院申请恢复执行，执行金额为货款本息、律师费、仲裁受理费，以及迟延履行债务期间的利息等共计1250万元，并要求将A公司及其法定代表人赵某纳入失信被执行人名单、限制高消费，并对赵某采取限制出境措施。2018年5月23日，执行法院通过邮寄向A

公司发出《报告财产令》《限制消费令》,但因 A 公司住所地已经无人办公,法院邮寄的法律文书被退回,A 公司及其法定代表人赵某对 B 公司恢复执行情况一无所知。

因 2019 年春节将至,赵某急于出国走亲访友,为了尽快解除限制消费令,2019 年 1 月 31 日,A 公司、赵某和 B 公司经协商达成一致并签订《和解协议》,约定:由赵某代替 A 公司向 B 公司偿还款项 100 万元,在 B 公司收到该 100 万元后,A 公司和 B 公司关于本次执行全部了结,B 公司不再就本案向 A 公司主张任何款项,并向执行法院提交申请解除对赵某的限制高消费措施、终结本次执行。

2019 年 2 月,A 公司法定代表人赵某分期向 B 公司支付上述执行款项 100 万元,B 公司向法院提出解除对法定代表人赵某的限制高消费措施、终结本次执行的申请。随后,对赵某的限制消费令被解除。

但好景不长,2021 年 6 月,A 公司的法定代表人赵某再次发现自己无法购买飞机票和高铁票,于是又找到笔者咨询,笔者再次通过中国执行信息公开网查询,发现是 C 公司向法院申请恢复执行 2006 年与 A 公司货物买卖合同纠纷案,执行总金额近 1000 万元。随后赵某提出按上次他替 A 公司还款达成执行和解的方法,继续委托笔者和 C 公司协商谈判执行和解、解除限制高消费措施事宜,但这次 C 公司要求和解金额不低于 500 万元,否则免谈。因该笔拖欠的货款是 A 公司所欠,本与赵某不相干,且赵某短时间内也无法拿出 500 万元款项,赵某不同意 C 公司的要求,双方谈判陷入僵局,对赵某的限制高消费措施无法解除,这给其工作和日常生活造成了极大的影响。

二、问题难点

本案中,A 公司已经停止营业多年,名下无人员,财产仅剩一车位和对外投资公司的股权,即使变卖也无法清偿 C 公司近 1000 万元的债务。A 公司的唯一股东为境外某有限公司,其已经足额出资,且其在境外亦无人员、无财产,C 公司亦无法追究其股东的补充清偿责任。故此 C 公司唯有向法院申请对 A 公司的法定代表人赵某采取限制高消费措施,向其施压,逼迫其代 A 公司还款。

而对于赵某来说,一是该债务为 A 公司欠债,非本人欠债;二是自己的经济能力有限,短期内无法拿出巨额的款项替 A 公司还款。问题难点来了:赵某作为被执行人 A 公司的法定代表人,在 A 公司被纳入失信被执行人且本人被限制高消费的情形下，如何解除限制消费令？

三、法律评析

最高人民法院《关于限制被执行人高消费及有关消费的若干规定》（法释〔2015〕17 号，以下简称《若干规定》）第 3 条规定："被执行人为单位的，被采取限制消费措施后，被执行人及其法定代表人、主要负责人、影响债务履行的直接责任人员、实际控制人不得有高消费及非生活和工作必需的消费行为。"本案中，A 公司因拖欠 B 公司和 C 公司的款项，被列为失信被执行人并被采取限制消费措施，赵某作为 A 公司的法定代表人，虽然不是其欠债，但法院依据上述《若干规定》，限制了其高消费，给赵某的生活和工作造成了极大的影响。

如何解除对赵某的限制消费令？《若干规定》第 9 条规定："在限制消费期间，被执行人提供确实有效的担保或者经申请执行人同意的，人民法院可以解除限制消费令；被执行人履行完毕生效法律文书确定的义务的，人民法院应当在本规定第六条通知或者公告的范围内及时以通知或者公告解除限制消费令。"可见，解除限制消费令的措施只有三种：被执行人提供确实有效的担保；经申请执行人同意；被执行人履行完毕生效法律文书确定的义务。除此之外，还有两种临时解除限制消费的措施：因私以个人财产实施消费的，可以向执行法院提出申请，执行法院审查属实的，应予准许；因生活或者经营必需而进行规定禁止的消费活动的，应当向人民法院提出申请，获批准后方可进行。

本案中，A 公司一无足够的财产、二无人员、三被吊销营业执照无实际经营，根本无法偿还 C 公司的债务，也没有人愿意为已经被吊销营业执照的 A 公司提供担保，申请执行人 C 公司更不会同意解除对其的限制消费令。因此，想通过以上途径解除对赵某的限制消费令，完全是行不通的。

笔者考虑到，既然是 A 公司负债，那就应该由 A 公司的财产来清偿，如果 A 公司没有财产，怎么办？广东高院《关于限制消费及纳入失信被执行人名单工作若干问题的解答》第 24 条规定："人民法院作出破产申请受理裁定书前，不需要解除对被执行人的限制消费措施；作出破产申请受理裁定书后，应解除对被执行人的限制消费措施。"可见，向法院申请对 A 公司破产清算，在破产财产分配完毕后，A 公司对 C 公司尚未偿还的债务将得以豁免，此时解除对赵某的限制消费令顺理成章。A 公司的所有债务和法定代表人赵某被限制高消费的问题，可以一劳永逸地解决。

经向A公司原财务人员了解,笔者发现A公司已经严重资不抵债,但财务账册还算完整。经进一步慎重考虑,最终笔者建议A公司以严重资不抵债为由向法院申请破产清算,彻底解决A公司的所有债务问题和法定代表人赵某被限制高消费的问题。

事实证明以上策略是正确的,2021年9月17日,A公司委托笔者作为代理人,以A公司严重资不抵债为由向法院申请破产清算。2021年12月20日,法院裁定受理A公司的破产清算一案,并指定破产清算管理人。期间,C公司和赵某(替A公司向B公司清偿了债务100万元)作为债权人分别向管理人申报了上述债权。2022年4月22日,法院作出民事裁定书,宣告A公司破产。2022年4月25日,A公司法定代表人赵某向法院提出解除执行案中的限制消费令。2022年5月18日,对赵某的限制消费令被解除。

四、经验启示

实践中,因公司欠债,法定代表人被限制高消费的情况比比皆是,如何解除对法定代表人的限制消费令,通过本案,我们得出以下经验启示:

其一,公司在停止营业或被吊销营业执照之后,股东要尽快对公司进行清算。最高人民法院《关于适用〈中华人民共和国公司法〉若干问题的规定(二)》第18条规定:“有限责任公司的股东、股份有限公司的董事和控股股东未在法定期限内成立清算组开始清算,导致公司财产贬值、流失、毁损或者灭失,债权人主张其在造成损失范围内对公司债务承担赔偿责任的,人民法院应依法予以支持。有限责任公司的股东、股份有限公司的董事和控股股东因怠于履行义务,导致公司主要财产、账册、重要文件等灭失,无法进行清算,债权人主张其对公司债务承担连带清偿责任的,人民法院应依法予以支持。”

依据上述司法解释,公司在停止经营或被吊销营业执照之后,公司股东要尽快组成清算组对公司进行清算。否则,公司股东可能要在其造成公司损失的范围内对公司债务承担赔偿责任,或对公司债务承担连带清偿责任。同时,公司被列为失信被执行人的,其法定代表人会被限制高消费。

其二,经清算发现公司资不抵债的,要及时向法院申请破产。如果公司因欠债被列为失信被执行人,其法定代表人被限制高消费的,除《若干规定》中几种解除高消费的措施外,如果公司符合破产清算条件的,还可以考虑通过申请人民法院指定清算组进行清算或直接向法院提出破产清算，一劳永逸地解决公司的所有债务问题和法定代表人被限制高消费的问题。

其三，公司的普通员工不要随意担任公司的法定代表人。实践中，有一些公司的实际控制人为了规避担任公司的法定代表人可能承担的风险和责任，往往自己不担任公司的法定代表人，而是给普通员工一点好处费，让该员工担任公司的法定代表人，自己在幕后指挥。殊不知，这样的操作对于公司的实际控制人和普通员工来说，均潜藏着巨大风险。对于公司的实际控制人来说，法定代表人对外代表公司，万一普通员工以公司的名义和第三方签署与公司相关的合同、协议，则可能导致公司巨额的经济损失；对于普通员工来说，风险和责任更大，我国相关法律、法规赋予了公司法定代表人相关权力的同时科以相应的责任和义务，即法定代表人行使权力的同时会承担着较大的风险，这些风险也就是企业法定代表人需要承担的各项责任，包括民事、行政和刑事责任，而且这些风险和责任与收到的好处费相比，无疑是不成比例的。

打通实现债权之路

Chapter 3

第三部分　强清破产

破产申请受理后能否撤回

——兼评《九民纪要》第108条第2款

王春平　吴耀宏

一、案情简介

某市某矿业有限公司(以下简称矿业公司)系一家有限责任公司,2003年5月13日由某市市场监督管理局核准登记设立,当前注册资本为3600万元人民币,经营状态为存续(在营、开业、在册)。

2014年3月3日,某市某区人民法院(以下简称区法院)作出(2013)××法民二初字第×号《民事判决书》(以下简称第×号判决),判令矿业公司应在第×号判决发生法律效力之日起10日内向广东某物流有限公司(以下简称物流公司)返还500万元货款及滞纳金(自2013年5月25日起至该判决限定债务履行期间以所欠货款按中国人民银行同期一年期流动资金贷款利率的四倍计付);案件受理费58,840元和财产保全费5000元,合计63,840元,其中矿业公司承担51,072元。判决作出后矿业公司不服,向某市中级人民法院(以下简称市中院)提起上诉,该院于2014年6月16日作出(2014)×中法民二终字第×号《民事判决书》,判决驳回上诉,维持原判。前述判决生效后,因矿业公司未履行还款义务,物流公司依法向区法院申请强制执行前述第×号判决,该院予以立案执行,案号为(2014)××法执字第×号。

在执行前述生效判决过程中,区法院依职权对矿业公司名下的财产状况展开调查取证工作,分别查询了矿业公司名下的银行存款、房屋、车辆等情况,均未发现矿业公司名下有可供执行的财产。2017年10月12日,区法院以“未发现被执行人名下有可供本案执行的财产”为由,裁定终结(2014)××法执字第×号案的本次执行。

2018 年 4 月 25 日，物流公司以其对矿业公司享有生效判决确认的货款债权本金 500 万元及滞纳金尚未执行到位，而且矿业公司还有其他执行案件 5 宗，执行标的达 3800 万元，其他未清偿的债务 22,093,343.08 元，已被列入失信被执行人名单，已符合不能清偿到期债务，且资产不足以清偿全部债务或明显缺乏清偿能力为由，向市中院申请对矿业公司进行破产清算。

市中院在收到物流公司的申请后，组织物流公司及矿业公司召开了听证会。矿业公司对物流公司提出的破产清算申请有异议，认为其公司的财产应包括采矿权及矿产，矿产正常开采后的收益远大于本案的债权。

2019 年 3 月 8 日，市中院作出民事裁定书，裁定受理对矿业公司进行破产清算。

2019 年 4 月 6 日，矿业公司与物流公司达成和解，同意设法偿还 500 万元货款及滞纳金，同时矿业公司要求物流公司撤回破产申请。

二、问题难点

《企业破产法》第 9 条规定：“人民法院受理破产申请前，申请人可以请求撤回申请。”最高人民法院《关于审理企业破产案件若干问题的规定》(以下简称《企业破产案件规定》)第 11 条第 1 款规定：“在人民法院决定受理企业破产案件前，破产申请人可以请求撤回破产申请。”

虽然《企业破产法》第 9 条和《企业破产案件规定》第 11 条第 1 款明确规定了法院受理破产申请前，申请人依法可以撤回破产申请，但对于申请人在法院受理破产申请后能否请求撤回破产申请，法律并未作出明确规定。这是否意味着法院受理破产申请后，申请人依法就不能撤回破产申请了呢？申请人能否参照《民事诉讼法》第 148 条第 1 款关于“宣判前，原告申请撤诉的，是否准许，由人民法院裁定”之规定请求撤回破产申请？若准许撤回破产申请是否违反了破产程序不可逆原则，是否会损害其他债权人利益？如果全体债权人同意在受理破产申请后撤回破产申请，法院是否应当准许？

三、法律评析

2019 年 11 月 8 日，最高人民法院发布《全国法院民商事审判工作会议纪要》

（法〔2019〕254 号，以下简称《九民纪要》），其中第 108 条第 2 款明确规定：“人民法院裁定受理破产申请系对债务人具有破产原因的初步认可，破产申请受理后，申请人请求撤回破产申请的，人民法院不予准许。……”

然而，在《九民纪要》之前，对于“破产申请受理后能否撤回破产申请”这一问题，理论上与实务上存在较大争议。

（一）肯定说：认为破产申请受理后，依法应准许撤回破产申请

1.《企业破产法》第 9 条和《企业破产案件规定》第 11 条第 1 款仅仅是规定了法院受理破产申请前申请人可以撤回破产申请，并未明确禁止法院受理破产申请后申请人不可以撤回破产申请。根据《企业破产法》第 4 条关于“破产案件审理程序，本法没有规定的，适用民事诉讼法的有关规定”和参照《民事诉讼法》第 148 条第 1 款关于“宣判前，原告申请撤诉的，是否准许，由人民法院裁定”之规定，申请人依法可在法院受理破产申请后请求撤回破产申请。如四川省泸县人民法院在（2017）川 0521 破 1 号之一民事裁定书中认为：“人民法院受理破产申请后，申请人撤回破产申请的，符合法律规定。根据《中华人民共和国企业破产法》第四条‘破产案件审理程序，本法没有规定的，适用民事诉讼法的有关规定’、《中华人民共和国民事诉讼法》第一百四十五条第一款：‘宣判前，原告申请撤诉的，是否准许，由人民法院裁定’、《中华人民共和国民事诉讼法》第一百五十四条第一款第五项‘裁定适用于下列范围：……（五）准许或者不准许撤诉……’的规定，裁定如下：准许申请人泸州长锋废旧金属回收有限责任公司撤回破产清算申请。”

2. 我国企业破产立法对于破产程序的启动采取申请主义原则，而非依靠国家强制力的职权主义原则。这种立法主义就意味着立法在赋予相关主体是否启动破产程序选择权的同时，应当赋予相关主体决定是否撤回破产申请的权利。无论申请人是债权人还是债务人自己，申请人在法院受理破产申请前或后又撤回破产申请的，均是对自己权利的处分。如广东省珠海市中级人民法院在（2017）粤 04 破 8 号民事裁定书中认为：“珠海市香洲金香顺食品商行请求撤回破产申请，是对其权利的处分，且不存在法律规定不准撤回破产申请的情形，应予准许。”况且，申请人在破产申请受理后又撤回破产申请的这种权利处分行为并没有影响其他债权人利益，其他债权人依法可另行向法院申请债务人破产。

3. 企业破产法的立法目的并不是要企业“非死不可”，而应当是“能拯救就拯救，能不死就不死”，最大限度维护债权人与债务人的利益。如果在法院受理破产

申请后,债务人和债权人达成了和解,且向法院申请撤回破产申请的,法院不应当违背债权人与债务人的意志,强行推进破产程序。如在(2015)佛中法民二破字第36-12号案件中,法院裁定受理破产申请后,2017年6月13日,申请人广州市东相投资咨询有限公司以已与债务人佛山市石湾华南装饰砖厂达成和解为由撤回破产申请。广东省佛山市中级人民法院认为:"《企业破产法》规定,在人民法院受理破产申请前,申请人可以请求撤回申请,但未明确禁止申请人在破产受理后撤回申请。本案中,在本院裁定受理东相公司的申请后,该公司撤回破产申请,其他债权人对此亦不持异议,故该行为不违反法律强制性规定,亦未损害其他债权人的利益,本院予以准许。"

4. 强制清算与破产清算是企业退出市场的两种不同方式,参照最高人民法院《关于审理公司强制清算案件工作座谈会纪要》(法发〔2009〕52号,以下简称《强清纪要》)第18条关于"公司因公司章程规定的营业期限届满或者公司章程规定的其他解散事由出现,或者股东会、股东大会决议自愿解散的,人民法院受理强制清算申请后,清算组对股东进行剩余财产分配前,申请人以公司修改章程,或者股东会、股东大会决议公司继续存续为由,请求撤回强制清算申请的,人民法院应予准许"之规定,法院受理破产申请后,申请人请求撤回破产申请的,法院依法也应当准许。

表1 关于破产申请受理后依法应准许撤回破产申请的司法裁判观点

序号	案号	申请人撤回破产申请理由	法院裁定准许撤回理由
1	(2017)川0521破1号之一	申请人(债务人)以其经营状况有所好转为由申请撤回	申请人在法院受理破产申请后申请撤回破产申请符合《企业破产法》和《民事诉讼法》关于原告撤诉的规定
2	(2017)粤04破8号	申请人与债务人达成和解协议并履行完毕	申请人请求撤回破产申请,是对其权利的处分,且不存在法律规定不准撤回破产申请的情形
3	(2015)佛中法民二破字第36-12号	申请人已与债务人达成和解;管理人已将有关情况报告债权人会议,其他债权人对此均无异议	《企业破产法》未明确禁止申请人在破产受理后撤回申请;其他债权人不持异议;不违反法律强制性规定,亦未损害其他债权人的利益;债权人认为债务人具备破产原因,可另行申请破产

(二)否定说:认为破产申请受理后,依法不应准许撤回破产申请

此种观点是目前司法实践的主流观点,其主要理由如下:

1. 就法律适用角度而言,特别法优于一般法。虽然根据《企业破产法》第 4 条和参照《民事诉讼法》第 148 条第 1 款的规定,申请人似乎可以在法院受理破产申请后申请撤回破产申请,但前述《民事诉讼法》第 148 条第 1 款属于《民事诉讼法》第二编"审判程序"第十二章"第一审普通程序"第三节"开庭审理"的相关规定,此为普通民事诉讼程序的一般性规定。且不管破产程序是否属于民事诉讼程序的范畴,破产程序是一种专门针对符合破产条件的企业进行破产处理的独立的法定程序,依法应当优先适用特别法的规定。而《企业破产法》第 9 条和《企业破产案件规定》第 11 条第 1 款实际上已经作了明确规定,强调了只有在"法院受理破产申请前"这个时间段,申请人才可以请求撤回破产申请。换言之,在法院裁定受理破产申请后,申请人请求撤回破产申请缺乏法律依据。

2. 就破产程序的不可逆角度而言,法院受理破产申请的裁定作出后,一系列的法定程序已经开始进行,如指定管理人、中止诉讼、解除保全、中止执行、解除未履行完毕的合同,等等,前述法定程序和工作并不会因为允许申请人撤回申请而可"恢复原状",如果此时允许申请人撤回破产申请势必会给债权人与债务人造成相当的损失。

3. 就制度价值与规范目的角度而言,破产程序遵循债权平等与集体受偿原则,法院一旦受理了破产申请,即是初步认定债务人已经具备了破产原因,无论是债务人提出破产申请,还是债权人提出破产申请,所涉及的利益关系不再限于申请人。在债务人具备破产原因时,其他债权人的利益也依赖破产程序保障,如果允许申请人在破产申请受理后撤回申请,势必会损害债权人整体利益。

4. 就制度供给角度而言,法院受理破产申请后,不准许撤回破产申请并不意味着债务人"非死不可",债权人与债务人依法可以通过破产重整、破产和解制度予以救济。如《企业破产法》第 105 条规定:"人民法院受理破产申请后,债务人与全体债权人就债权债务的处理自行达成协议的,可以请求人民法院裁定认可,并终结破产程序。"广东省高级人民法院《关于审理企业破产案件若干问题的指引》(粤高法发〔2019〕6 号)第 21 条规定:"破产申请受理后,申请人请求撤回申请的,人民法院不予准许。申请人以债务人与全体债权人就债权债务的处理自行达成协议为由申

请撤回的,可以按照企业破产法第一百零五条的规定办理。”①

从以上分析可知,“肯定说”侧重考虑申请人的权利处分与债权人决策意志,而“否定说”更加强调破产程序的不可逆与债权的集体受偿。

事实上,无论是“肯定说”还是“否定说”均存在合理性。一方面,当企业(公司)正常经营时,股东是公司的主要风险承担者和剩余价值索取者;而当企业(公司)进入破产程序时,公司的主要风险承担者和剩余价值索取者变更为公司的债权人。根据“谁承担风险谁决策”的原则,当企业(公司)进入破产程序后,是否允许申请人撤回破产申请应充分尊重全体债权人的决策。换言之,法院受理破产申请后,如果全体债权人认为不继续推进破产程序、同意撤回破产申请更加符合全体债权人利益的,则法院应当尊重债权人的意志,准许申请人撤回破产申请。如果全体债权人认为申请人撤回破产申请的行为涉嫌个别债权清偿,损害了全体债权人利益的,法院依法应当不予准许申请人撤回破产申请。

另一方面,虽然破产程序的不可逆性是企业破产法的重要特征,破产申请受理后不允许撤回破产申请是破产程序不可逆的重要体现,但过分强调程序正义有时必然会影响实体公正的实现。在债务人与债权人均不愿意推进破产程序的情况下,如果机械地固守破产程序不可逆性,让债务人“死掉”,这显然不符合企业破产法“维护债权人与债务人利益最大化”之立法目的。况且,在此情形下,法院也没有理由强行推进破产程序。故应当对破产程序不可逆性进行适当修正。

基于此,我们认为,在既不区分债权人是否同意,也不问撤回破产申请具体原因的情况下,《九民纪要》第 108 条第 2 款就断然统一规定破产申请受理后法院不予准许撤回破产申请,这似乎不太合理。

结合司法实践中法院支持在受理破产申请后准许申请人撤回申请的案例,参照《强清纪要》第 19 条关于“公司因依法被吊销营业执照、责令关闭或者被撤销,或者被人民法院判决强制解散的,人民法院受理强制清算申请后,清算组对股东进行剩余财产分配前,申请人向人民法院申请撤回强制清算申请的,人民法院应不予准许。但申请人有证据证明相关行政决定被撤销,或者人民法院作出解散公司判决

① 其他省高级人民法院也有类似规定。如《江苏省高级人民法院破产案件审理指南》(2017 年修订)第 2 条第 5 款第 12 项规定:“人民法院受理破产申请前,申请人请求撤回破产申请的,可予准许。……人民法院受理破产申请后,申请人请求撤回破产申请的,不予准许。人民法院受理破产申请后,债务人与全体债权人就债权债务的处理自行达成协议的,可以依据企业破产法第一百零五条的规定,请求人民法院裁定认可,终结破产程序。”

后当事人又达成公司存续和解协议的除外”之规定，基于尊重债权人意思自治与利益平衡的原则，我们认为，法院受理破产申请后，符合一定条件的，申请人依法可以撤回破产申请。具体条件为：(1)申请人须在破产宣告之前申请；(2)债务人的财产依法尚未被处置；(3)全体债权人一致同意撤回破产申请；(4)撤回申请不损害社会公共利益。

唯有如此，才能在避免申请人滥用程序权利、恶意进行个别债权清偿的同时充分尊重债权人意志，最大限度维护债权人与债务人合法利益，最终实现法律效果、经济效果与社会效果的统一。

四、经验启示

不良资产处置案件中，在债务人长期拖欠债权金额且债务人尚存有价值资产的情况下，债权人时常会将申请债务人破产的这一权利作为谈判筹码，“倒逼”债务人积极与自己协商、谈判，以期通过和平手段最大限度实现债权回收。

但在此过程中，基于破产程序的不可逆性，我们建议债权人慎重启动破产程序，只有在穷尽其他救济手段的基础上才行使这种权利。否则，一旦启动，将难以回到起点。

破产受理后，执行追加程序是否应当中止

——以某借款合同纠纷案为例

王春平　王琦璇

一、案情简介

（一）案件事实及争议焦点

某银行某市第一支行（以下简称第一支行）与某供销公司（以下简称供销公司）、某建材公司（以下简称建材公司）之间借款纠纷一案，某区人民法院（以下简称区法院）于2003年2月19日作出判决，判令供销公司于判决发生效力之日起10日向第一支行偿还借款500万元及利息，建材公司对供销公司的前述债务承担连带责任。前述法院判决生效后，第一支行于2003年向区法院申请强制执行，执行立案受理后，涉案债权被多次转让，于2017年由某投资顾问公司（以下简称投资公司）受让，区法院依投资公司的申请于2017年8月3日作出执行裁定，变更投资公司为该案的申请执行人，第一支行在该案的权利义务由投资公司继受。

2018年12月20日，某市中级人民法院（以下简称中院）作出民事裁定书，受理供销公司的破产清算申请；2019年2月7日，中院作出民事裁定书，受理建材公司的破产清算申请。

2019年，投资公司通过查询档案发现：某石膏矿供销公司（以下简称石膏矿）隶属于某省建筑材料工业局（以下简称省建材局），省建材局于1996年根据省人民政府《关于某省建筑材料工业局成建制转为经济实体实施方案的批复》转制为建材公司（被执行人）。建材公司上级主管单位和出资人某资产经营公司（以下简称资产公司）于2002年4月12日印发《关于某石膏矿改制为某建材产业集团有限公司的决定》，将石膏矿改制为某建材产业集团有限公司（以下简称建材集团）。同年6月

1日,资产公司印发《关于变更石膏矿投资主体的通知》,决定将石膏矿转由资产公司持有和经营,并将石膏矿的投资主体由建材公司变更为资产公司。2008年,省人民政府国有资产监督管理委员会作出《关于某省建材产业集团有限公司整体划转到某省轻化工业集团有限公司重组方案的批复》,同意将建材集团整体划转到某省轻化工业集团有限公司(以下简称轻工集团),作为轻工集团的全资企业。2013年,某省工商行政管理局作出《核准变更登记通知书》,正式核准建材集团的出资单位由资产公司变更为轻工集团。

基于此,投资公司以资产公司、轻工集团先后无偿接受建材公司投资的石膏矿的所有财产为由,向区法院申请追加资产公司、轻工集团为被执行人,并在无偿接收建材公司财产范围内对本案债务承担连带清偿责任。

(二)法院裁判

区法院作出《执行裁定书》认定:"根据《企业破产法》第十九条、第四十四条等有关规定,被执行人供销公司、建材公司均已被受理破产申请,则本案执行程序应当中止,未执行的被执行人的财产均属于破产财产,由破产管理人进行统筹处理。投资公司申请追加资产公司、轻工集团为被执行人并不属于执行程序的追加范围,其应依法向破产管理人申报债权行使权利,故对投资公司提出的追加申请,本院予以驳回。"

投资公司不服该裁定,向中院申请复议。中院作出《执行裁定书》认定:"被执行人供销公司、建材公司已分别进入破产清算程序,根据《企业破产法》第19条、最高人民法院《关于人民法院执行工作若干问题的规定(试行)》第102条第1项的规定,对该两公司的执行程序应当中止。执行程序包括执行申请和移送、被执行人财产查扣和处置、对被执行人到期债权执行、对案外人异议的处理、被执行人主体的变更和追加、执行担保、执行和解等环节。在本案中止执行后,投资公司仍要求追加被执行人,缺乏依据。"故中院驳回了投资公司的复议申请,维持了区法院的执行裁定。

二、问题难点

《企业破产法》第19条明确规定,人民法院受理破产申请后,有关债务人财产的保全措施应当解除,执行程序应当中止。该条规定旨在保障破产财产的完整性,尽可能地减少债务人财产的损失,避免个别清偿的发生,以实现破产法的程序公平有序、统一合法清偿、维护债权人集体利益的价值追求。

而根据最高人民法院《关于人民法院执行工作若干问题的规定(试行)》及最高人民法院《关于民事执行中变更、追加当事人若干问题的规定》等司法解释,在执行过程中,可依据法定事由使与执行依据中载明的权利义务关系有利害关系的第三人承担部分或全部债务,从而增加可被执行的财产份额,保障个别债权的实现。

两个制度的立法目的均是保障债权人的合法权益,但在价值取向上存在冲突,当两个程序重叠之时,如何协调两者之间的关系,在法律上留有真空地带。就本案而言,债务人被受理破产后,执行法院是否应当中止执行追加程序,现行法律未作明确规定,以至于理论探讨与司法实务均有颇多争议。

三、法律评析

针对前述难点问题,可依据执行追加程序不同阶段,分为被执行人(债务人)被受理破产后,执行法院是否应当中止对追加其他被执行人的审查与被执行人(债务人)被受理破产后,执行法院是否应当中止对被追加的其他被执行人的执行两种情形进行具体分析与讨论。

(一)被执行人被受理破产后,执行法院是否应当中止对追加其他被执行人的审查?

尽管根据《企业破产法》第19条规定,人民法院受理破产申请后,执行程序应当中止,但对于是否应当中止对执行追加的审查未有明确规定,实践中存在不同观点:

一种观点认为,被执行人被受理破产后应中止对追加其他被执行人问题的审查。原因在于:破产制度是一种市场主体退出的法律机制和债务概括清偿机制,一旦进入破产程序,则应以相应的债权债务关系均在破产程序中解决为原则。由此确立了“执行中止”制度,以保障债务人财产的完整性,避免个别清偿的发生,而被执行人主体的追加就属于执行程序中的一个环节,在被执行人破产案件审理期间当然应一并中止。而且,如果不中止执行追加程序,实践中必然出现这样一种现象:一方面,在受理破产法院的主持下,对破产企业进行清算,对破产财产进行全面接管;另一方面,不同的个别债权人申报债权的同时向法院申请执行,进而导致多个法院对破产企业的财产进行审查与处理。在此情形下,法院之间在执行力度与速度上必然出现竞争,从而出现大量地方保护主义之情形,将无法确保破产程序的顺利进行，也难以保证司法的统一。

另一种观点则认为，被执行人被受理破产后不应中止对追加其他被执行人问题的审查。原因在于，依据全国人大法制工作委员会对《企业破产法》第19条的解释："执行程序是指人民法院按照已经发生法律效力的判决、裁定或者仲裁机构的裁决等法律文书，运用国家司法权，依据法定程序迫使被执行人实现法律文书确定的内容的行为及其程序。……因此，人民法院受理破产申请后，有关债务人财产的执行程序应当中止，即使人民法院已经接受了当事人的执行申请，也不应当将生效的判决、裁定、支付令等交付执行机构执行；人民法院正在实施的执行措施，如冻结、划拨存款、扣押、变卖财产等，也应当中止。"即《企业破产法》第19条的规定主要适用于执行实施行为，并不必然涵盖执行追加程序。另外，参照最高人民法院在(2018)最高法执复87号执行裁定书、广东省佛山市中级人民法院在(2017)粤06民终9399号民事裁定书中的司法裁判观点，法律未禁止债权人在破产程序中向负有连带责任的其他债务人单独提起诉讼，同理，债权人以法定事由申请追加被执行人亦未违反相关法律规定，执行法院不应中止对追加其他被执行人申请的审查。

笔者认为，被执行人被受理破产后不中止对追加其他被执行人问题的审查具有一定的可行性与合理性。首先，执行中止并不当然排除执行追加程序的适用，参照《北京市法院执行工作规范》第93条①之规定，在破产受理后，执行法院应结合个案情况作出判断与处理。又，追加被执行人的行为不等同于对债务人财产的处置行为，并不会导致破产财产个别清偿的发生，法院对追加申请的审查行为未违反相关法律规定，亦未违背破产制度的基本原理。其次，债务人进入破产程序表明其已存在资不抵债的迹象，债权人的利益已被初步确认将遭受损失。如果法院在债务人被受理破产后"一刀切"地裁定中止执行程序，可能出现因已超出管理人撤销权行使期限而无法追回财产，债权人再难有途径维护自身权益的情况，而破产程序一旦终结，未受偿的债权也将被强制豁免，债权人的利益也将无从主张。故此，破产受理后仍应依法对追加被执行人的申请进行审查，在不违背全体债权人公平受偿原则的情况下，可为债权人利益保护多设一道关卡，也有利于减少债权人遭受损失的风险、降低实现债权的成本。

---

① 《北京市法院执行工作规范》第93条规定："中止执行期间，当事人申请变更申请执行人的，执行法院应当依法审查并作出裁定；当事人申请变更或追加被执行人的，执行法院应当区分中止执行的具体情形作出处理。"

(二)被执行人被受理破产后,执行法院是否应当中止对被追加的其他被执行人的执行?

笔者认为,执行追加的情形各不相同。在破产受理后,对已被裁定追加的其他被执行人的执行是否中止不可一概而论,应以被追加的法定事由是否可能影响债务人财产的变化为标准进行判断,在不违背破产制度的基本价值之基础上,充分保障债权人的权利。

根据最高人民法院《关于民事执行中变更、追加当事人若干问题的规定》等有关规定,在执行程序中,有多达近20种可以依法变更、追加被执行人的法定事由。本文主要以被执行人(债务人)的股东存在"出资不足""出资不实""抽逃出资"(以下简称出资瑕疵)与第三人依行政命令无偿接受了调拨、划转的被执行人(债务人)财产两种常见的法定事由为例进行分析与论述,并在此基础上对其他法定事由进行梳理与总结。

1. 被执行人(债务人)的股东(出资人)因出资瑕疵被追加为被执行人,如被执行人被受理破产,则对被追加为被执行人的股东应当中止执行。

根据《企业破产法》第35条①、最高人民法院《关于适用〈中华人民共和国企业破产法〉若干问题的规定(二)》第21条②的有关规定,在被执行人被受理破产后,应当中止对于债务人的股东(出资人)是否应当承担出资不实或者抽逃出资责任的审理,有关债权债务应在破产程序中处理。

对此,最高人民法院在(2013)民提字第161号民事裁定书中作出如下裁判观点:赣州银行公司向人民法院提起诉讼时,昆仑证券公司已进入破产程序,尚未终结。如果允许赣州银行公司起诉昆仑证券公司的两个股东西宁特钢公司、青海国

---

① 《企业破产法》第35条规定:"人民法院受理破产申请后,债务人的出资人尚未完全履行出资义务的,管理人应当要求该出资人缴纳所认缴的出资,而不受出资期限的限制。"

② 最高人民法院《关于适用〈中华人民共和国企业破产法〉若干问题的规定(二)》第21条规定:"破产申请受理前,债权人就债务人财产提起下列诉讼,破产申请受理时案件尚未审结的,人民法院应当中止审理:(一)主张次债务人代替债务人直接向其偿还债务的;(二)主张债务人的出资人、发起人和负有监督股东履行出资义务的董事、高级管理人员,或者协助抽逃出资的其他股东、董事、高级管理人员、实际控制人等直接向其承担出资不实或者抽逃出资责任的;(三)以债务人的股东与债务人法人人格严重混同为由,主张债务人的股东直接向其偿还债务人对其所负债务的;(四)其他就债务人财产提起的个别清偿诉讼。债务人破产宣告后,人民法院应当依照企业破产法第四十四条的规定判决驳回债权人的诉讼请求。但是,债权人一审中变更其诉讼请求为追收的相关财产归入债务人财产的除外。债务人破产宣告前,人民法院依据企业破产法第十二条或者第一百零八条的规定裁定驳回破产申请或者终结破产程序的,上述中止审理的案件应当依法恢复审理。"

投公司并获得赔偿，则损害了昆仑证券公司其他债权人的合法权益，也违背了《企业破产法》确立的公平清理债权债务原则。最高人民法院《关于适用〈中华人民共和国企业破产法〉若干问题的规定（二）》第 21 条、第 23 条规定，破产申请受理后，债权人向人民法院主张债务人的出资人、发起人和负有监督股东履行出资义务的董事、高级管理人员承担出资不实或者抽逃出资责任的，人民法院不予受理。

可见，尽管现有法律未明确在破产申请被受理后是否应当中止对被追加的其他被执行人的执行，但结合破产法的有关规定及基本原理，在债务人的股东（出资人）存在出资瑕疵的情形下，股东（出资人）依法需要补缴（补足、返回）的出资是公司责任财产的一部分，管理人可依法向该股东（出资人）主张权利，要求其缴纳所认缴的出资。也即，该部分补缴（补足、返回）的财产直接影响债务人财产的变化，应当由管理人通过相关法律途径将之纳入到破产财产中一并管理和处分。如果不中止对该股东（出资人）的执行，仍允许由个别债权人对股东（出资人）财产进行执行，将导致部分破产财产优先满足于个别债权人受偿，有损债权人的集体利益。

2. 第三人因依行政命令无偿接受了调拨、划转的被执行人（债务人）财产而被追加为被执行人的，对第三人的执行不应中止。

第一，被执行人（债务人）因行政命令调转、划拨给第三人的所有财产，实际上已归第三人所有，不属于破产财产。

根据《企业国有产权无偿划转管理暂行办法》第 2 条①、最高人民法院《关于审理与企业改制相关的民事纠纷案件若干问题的规定》（2020 年修正）第 3 条②等有关规定，国有资产无偿划转是指企业国有产权的权属基于行政机关依行政职权作出的决定在政府机关、事业单位、国有独资企业、国有独资公司之间发生变动，属于国有资产转移的一种特殊方式。

由此，在第三人因依行政命令无偿接受了调拨、划转的被执行人（债务人）财产而被追加为被执行人的情形下，虽第三人无法清偿债务的原因可能与无偿划转相关，但该无偿划转的财产的权属关系已经依合法的行政命令而发生了变动，不会再

---

① 《企业国有产权无偿划转管理暂行办法》第 2 条规定："本办法所称企业国有产权无偿划转，是指企业国有产权在政府机构、事业单位、国有独资企业、国有独资公司之间的无偿转移。国有独资公司作为划入或划出一方的，应当符合《中华人民共和国公司法》的有关规定。"

② 最高人民法院《关于审理与企业改制相关的民事纠纷案件若干问题的规定》（2020 年修正）第 3 条规定："政府主管部门在对企业国有资产进行行政性调整、划转过程中发生的纠纷，当事人向人民法院提起民事诉讼的，人民法院不予受理。"

因债务人进入破产程序或其他法律事实的发生而导致权属变更为债务人所有。也即被无偿划转的财产再不是债务人的财产,不属于破产财产,对该财产的继续执行并不会导致债务人财产的变化,也不会影响到其他债权人对债务人财产的公平受偿。

第二,如第三人于法院受理破产申请一年以前无偿接受被执行人(债务人)财产的,债权人将无法获得法律救济。

根据《企业破产法》第31条①、第34条②等有关规定,只有当债务人无偿转让财产的行为发生于人民法院受理破产申请前一年内,管理人才有权请求人民法院撤销相关无偿转让财产的行为。

就前述案例而言,资产公司、轻工集团无偿接收建材公司财产的行为分别发生于2002年和2013年。而中院于2019年2月7日才受理建材公司的破产申请。在此情形下,该案已无法适用《企业破产法》的上述规定。也即,如果第三人无偿接收债务人财产的行为发生于法院受理破产申请一年以前,对第三人的执行被中止,则债权人将无法通过此途径获得法律救济,在后续破产程序中也无法通过管理人行使撤销权获得救济,这不仅增加了债权人实现债权的成本,也加大了债权人遭受损失的风险。

综上,判断在被执行人(债务人)进入破产程序后是否应当中止执行追加程序的核心仍在于是否违背全体债权人对债务人财产的公平受偿原则。

3. 对其他追加被执行人的法定事由的分析与梳理。

依据前述分析总结的观点,对最高人民法院《关于民事执行中变更、追加当事人若干问题的规定》中依其他法定事由被追加为被执行人的执行是否应当中止,可进行如下梳理(见表1):

---

① 《企业破产法》第31条规定:"人民法院受理破产申请前一年内,涉及债务人财产的下列行为,管理人有权请求人民法院予以撤销:(一)无偿转让财产的……"

② 《企业破产法》第34条规定:"因本法第三十一条、第三十二条或者第三十三条规定的行为而取得的债务人的财产,管理人有权追回。"

表1 关于其他法定事由类型梳理

是否应当中止	追加的法定事由	具体理由与分析	法律依据
应当中止执行	公司分立	如被执行人(债务人)在分立前与申请执行人未就债务清偿达成书面协议的,根据《公司法》第176条规定,新设立的法人或其他组织需对被执行人的债务承担连带责任。也即,任何对新设立的法人或其他组织的个别执行均会影响到其他债权人的受偿,因此,应中止对其的执行	第12条
	一人有限责任公司财产混同	如债权人(公司)的股东财产与公司财产可能发生混同,个别债权人对被追加股东的执行,有可能影响其他债权人对债务人(公司)财产的受偿,故应当依法中止执行	第20条
不应当中止执行	第三人债务的加入	如被追加的第三人系债务的加入,其以自身财产清偿被执行人(债务人)的债务,并不影响被执行人(债务人)财产的变化(减少),故不应中止对第三人的执行	第24条
(不涉及破产程序)	债务人不符合破产主体资格	因无法进入或不进入破产程序,不属于本文讨论范围	第10条、第13条至第16条
	企业法人资格终止		第21至23条

四、经验启示

根据破产法及其基本原理,进入破产程序后,中止对债务人的执行程序,目的在于防止将债务人财产用作对个别债权人的清偿,使得债务人财产不当减少,进而损害其他债权人公平受偿的权益。但相关法律规定为原则性规定,对于如何协调执行程序与破产程序的关系,尚留有空白。

基于上述分析,在司法实践中,被执行人(债务人)进入破产程序后,对被追加的被执行人的执行并不必然会对债务人财产产生影响,因追加的法定事由各不相同而有所区别。因此,笔者认为,在破产受理后,可先抛开《企业破产法》第 19 条规定中的“执行中止”是否包括“执行追加程序”的争论,继续对债权人提出的追加被执行人申请进行审查,而对于被追加的其他被执行人的执行是否应当中止的处理,则应以对被追加的其他被执行人的执行是否影响债务人财产的变化为导向,以是否违背全体债权人对债务人财产的公平受偿原则作为严格判断标准,既依法充分保障全体债权人的集体利益,又兼顾特殊情形下特定债权人的个体利益,实现集体利益与个体利益的平衡与协调保护。

破产受理前发生的债务是否可以认定为共益债务

——以永某公司清算案为例

肖小俊

一、案情简介

广州市某区人民法院于2018年受理了广州永某房地产发展有限公司(以下简称永某公司)的破产清算申请,指定广东广信君达律师事务所担任管理人,负责人为肖小俊。本案中,笔者所作为管理人精准灵活地适用了破产法共益债务制度,将破产受理前拖欠村集体的租金500多万元作为共益债务优先清偿,在充分保障职工债权和税款债权的同时,大大提高了清算效率和普通债权人的清偿率,成功化解了破产企业与村民的矛盾,得到了法院和社会各界的高度认可。

本所作为管理人接受指定后,全面展开对永某公司的债务清理和资产清查工作,发现永某公司原实际控制人失联,负债高达1亿多元,永某公司名下没有任何房产、车辆、银行存款和证券资产,未接管到账簿,应收账款也无法核查。从初查结果来看,永某公司没有可供分配的财产,清偿率可能为0。随着调查的深入,本所发现永某公司是一个项目公司,从广州市永某街永岗社区田某经济合作社(以下简称田某社)租赁土地,再以田某社的名义建造厂房,对外出租。在项目竣工验收投入使用前,公司资金链断裂,拖欠大量外债,尤其是拖欠了田某社的土地租金500多万元。田某社曾于2014年起诉到法院,要求解除土地租赁合同,并腾空房屋,最终得到法院支持。至此,本案所涉及的焦点问题浮现,拖欠村集体的租金成为管理人处置厂房的障碍,双方利益诉求针锋相对,互不相让。

对此,管理人运用共益债务制度拟定调解方案,在确保拖欠租金优先清偿的前提下,决定继续履行租赁合同,进而换取田某社同意管理人将厂房剩余的19年经营权对外拍卖的决议。最终,管理人将两栋厂房对外拍卖,以人民币2554万元的价格成交。分配时,职工债权、税款债权全额得到了清偿,普通债权人的清偿率大幅提高,从无财产可供分配提高到18%,各债权人的合法权益都得到了充分保障,也成功化解了破产企业与村民的矛盾,破产案件得以顺利终结。

二、问题难点

本案的难点是欠付村集体租金的事实成立于破产受理以前,一般不能认定为共益债务优先清偿,应如何突破?

三、法律评析

本案中,管理人积极寻求解决方案,通过灵活运用共益债务制度,解开棘手的困局,下文中将向读者朋友介绍共益债务制度并探讨破产受理前成立的债务是否可以认定为共益债务。

(一)共益债务的法律规定和特点

共益债务是指在破产程序中为全体债权人的共同利益所负担的债务。从债权人的视角看,对应的债权称之为共益债权。破产法中设置共益债务制度的目的是维持或者增益债务人财产而让全体债权人负担的破产成本。《企业破产法》第42条规定:"人民法院受理破产申请后发生的下列债务,为共益债务:(一)因管理人或者债务人请求对方当事人履行双方均未履行完毕的合同所产生的债务;(二)债务人财产受无因管理所产生的债务;(三)因债务人不当得利所产生的债务;(四)为债务人继续营业而应支付的劳动报酬和社会保险费用以及由此产生的其他债务;(五)管理人或者相关人员执行职务致人损害所产生的债务;(六)债务人财产致人损害所产生的债务。"《企业破产法》第43条规定:"破产费用和共益债务由债务人财产随时清偿。债务人财产不足以清偿所有破产费用和共益债务的,先行清偿破产费用。债务人财产不足以清偿所有破产费用或者共益债务的,按照比例清偿。"

由此可见,共益债务一般具有以下特点:

1. 共益债务是破产申请受理后的债务

共益债务是法院受理破产申请之后发生的债务,其目的在于使债务人财产有所增益,进而有利于全体债权人的最大限度受偿。故此,破产申请受理前发生的债务,一般属于普通破产债权,不属于共益债务。

2. 共益债务的目的是能让全体债权人受益

共益债务的产生使全体债权人受益，故此，共益债务应当由债务人财产负担，共益债权的债权人可以向管理人或者自行重整的债务人提出清偿请求。当前，让全体债权人受益的特征衍生出了新的运作模式，即共益债务借款投资。2020 年 3 月 3 日上海市某中级人民法院裁定受理了悦合置业的破产重整案，经法院确认的债权超百亿元：涉及工程方、抵押贷款、购房业主、民间借贷、债务人等，各方利益错综复杂。这时候如果单纯引入重整投资人，面对如此错综复杂的各方利益博弈，很可能资金会“打水漂”。这时法院考虑到解决项目问题的核心首先是盘活项目，若项目无法盘活，其他人的债权利益即使有也是空中楼阁。经过法院及管理人推动，债权人会议高票通过以共益债务借款的方式引入第三方投资者盘活项目，其项目销售回款优先偿还该项投资及投资收益，这样就同时解决了两个问题：一是解决了第三方投资者怕整体债务关系过于复杂，若以重整方介入需要投入巨大的资金且资金安全性无充足的保障问题；二是解决了项目急需先行恢复建设以防止烂尾的风险。经债权人委员会确认，绿庭投资作为重整投资人以共益债方式投资悦合置业，借款额度为 2.5 亿元，利率为年化 12%，可根据项目回款中的可供共益债偿付金额按约予以还本。并且，绿庭投资参与此次破产重整项目，将作为受托管理方收取项目管理费，负责悦合国际广场的后续的开发续建管理、招商和运营管理、销售管理。管理费 4 年预计为 4200 万元，其中首笔共益债资金到账起 18 个月内，按 120 万元/月收取管理费；18 – 36 个月内，按 90 万元/月收取管理费；36 个月后，按 35 万元/月收取管理费。

（二）司法实践中对破产受理前发生的债务是否认定为共益债务

相对于其他领域，我国破产法出台的时间晚，相关制度在实践中不断得以总结和完善，共益债务制度更是在“摸着石头过河”，需要人民法院和破产管理人在案件中灵活而准确地适用。从《企业破产法》第 42 条的文义看，共益债务只能发生在破产申请受理以后。然而，实践中涉及共益债务认定的范围呈现扩大化趋势，《企业破产法》及相关司法解释对于共益债务的具体规定在一定程度上已不能完全涵盖破产案件的诸多特殊情形，与实际需求之间存在一定缺位。

如上文所述，破产法上的共益债务发生在破产申请受理以后，而本案的租赁关系及欠付租金的行为产生在破产申请受理以前，初步来看并不能认定为共益债务。但如果不让租金优先受偿，那么破产企业与村集体的矛盾将导致破产企业的所有

财产都无法变现处置,各方权益都无法保障。对此,管理人进行了如下的思考:

第一,从目的上看,租金问题是本案核心争议,妥善解决后才能进一步处置资产,优先支付租金符合全体债权人的利益。

第二,从行为上看,管理人支付租金实际上是对租赁合同效力的认可,存在继续履行租赁合同的意思表示,符合《企业破产法》第42条第1项"因管理人或者债务人请求对方当事人履行双方均未履行完毕的合同所产生的债务"之规定的行为结构。

第三,从时间上看,虽然租赁法律关系发生在破产申请受理以前,但是租赁合同具有继续性、长期性的特点,支付欠缴的租金是继续履行租赁合同的前提,可以看作为了处置财产在继续履行合同过程中承担费用的费用,支付行为发生在破产申请受理后,符合共益债务构成要件。

第四,从结果上看,债权人会议同意管理人向村集体优先清偿,因此共益债务的认定并不损害其他当事人的利益。

综上,破产申请受理前发生的债务,如果构成破产后处置财产的前置条件,那么清偿该债务就可视作破产申请受理后处置财产工作中必然产生的费用,作共益债务认定。

四、经验启示

通过本案,笔者向律师同行提出以下建议:

(一)破产申请受理前的债务如构成破产后处置财产的前提,可以将该部分债务作为共益债务清偿

实践中,大量破产企业欠缴土地出让金,土地出让金的欠缴必然产生于破产申请受理以前,如果僵化地理解《企业破产法》第42条的规定,那么国土部门只能作为普通债权人按照清偿比例进行分配,在变更登记环节将阻止破产管理人在未缴足土地出让金的情况下处置不动产,最终造成"全盘皆输"的局面。如果换一个思路,将土地出让金理解为破产申请受理后因继续履行《国有土地出让合同》而产生的费用或管理人在变现财产工作过程中必须缴纳的费用,进而认定为共益债务,那么破产财产最终将得以处置,各方债权人均能实现债权受偿。

(二)从结果出发认定共益债务

管理人应将共益债务的认定结果提交债权人会议审查,如果有债权人认为债

权人会议的决议损害其合法权益，那么有权在债权人会议作出决议之日起 15 日内向人民法院起诉，后续管理人将按照判决结果执行。本案管理人就是从兼顾各方利益的角度出发，进行了大量的沟通疏导工作，让大家对共益债务理解并认可，结果没有任何当事人针对共益债务提出异议或者起诉，最终排除了全部法律障碍。

如何正确理解《企业破产法》第18条第1款中的“合同双方均未履行完毕义务”

——以某公司破产清算案为例

张泽宇

一、案情简介

2018年12月20日，广州市某法院裁定受理了某公司破产清算案，并指定广东广信君达律师事务所担任管理人。接管公司后，管理人发现破产企业名下虽未登记有任何不动产，但承租村集体经营性用地一块，出租收益巨大。由于案涉土地属村集体所有，不能纳入破产财产的范围，管理人不能直接处置，但破产企业基于与村集体的《租赁合同》取得了土地的承租权，应当理解为《企业破产法》第18条规定的“双方均未履行完毕的合同”。此时，管理人解除或是继续履行合同将极大影响案件走向，如果管理人能正确理解和处理该合同，合同权益将能发挥经济价值，为债权人挽回损失。

经查，破产企业整体承租土地后并未自用，而是作为“二房东”将土地分租给老板A，老板A又将土地分租给100个小租户，因此100个小租户的生计和破产出清形成了交集。如果管理人选择解除与村集体的合同，那么老板A的承租权没有法律基础，导致100个小租户的生活也没有保障，容易引发不稳定事件。经过充分研究论证，本所作为管理人进行了以下工作：

第一，管理人与出租人（村委会）取得联系，解释说明受理破产事宜，将合同解除与继续履行的法律后果向村委会介绍。最后双方友好协商，决定按照《企业破产法》第18条的规定继续履行合同，排除合同解除带来的法律和社会风险，得以开展下一步工作。

第二,管理人将村集体经营性用地的租赁权(经营权)评估、挂网公开拍卖。最终由实际承租人老板A竞价取得,获得租赁权(经营权),进而代替了破产企业直接与村集体建立租赁关系,破产企业得以平稳退出。

如此一来,管理人继续履行合同产生了四点积极效果:一是场地一切秩序依旧,不需要清场;二是保障了100个小租户基本生活;三是村集体可以继续收取租金;四是老板A支付的对价还能清偿给破产企业的债权人,让早已绝望的债权人得以高额受偿。

二、问题难点

本案主要有两个难点:首先,破产企业与村集体的租赁合同能否理解为《企业破产法》第18条范围内的“双方均未履行完毕合同”?其次,管理人应当选择解除合同还是继续履行合同?

三、法律评析

企业一旦进入破产程序,意味着企业主体资格将消灭,此前存在的法律关系趋于终止。对此,《企业破产法》第18条赋予了管理人对双方均未履行完毕合同的解除权。管理人如何正确理解破产法意义上的“双方均未履行完毕合同”,又如何行使法定的解除权,目前还没有统一的操作指引,难免让管理人在行使合同解除权时一筹莫展。

(一)如何识别双方均未履行完毕合同

1. 现有法律规定

《企业破产法》第18条规定:“人民法院受理破产申请后,管理人对破产申请受理前成立而债务人和对方当事人均未履行完毕的合同有权决定解除或者继续履行,并通知对方当事人。管理人自破产申请受理之日起二个月内未通知对方当事人,或者自收到对方当事人催告之日起三十日内未答复的,视为解除合同。管理人决定继续履行合同的,对方当事人应当履行;但是,对方当事人有权要求管理人提供担保。管理人不提供担保的,视为解除合同。”该条款是当前法律体系中关于管理人合同解除权的集中体现,其概括地赋予管理人法定解除权,明确解除权的对象与期限,但个案中管理人难以在笼统的规定中找到明确的工作方向。

2. 解除的客体必须是双务合同

双务合同是与单务合同相对应的概念，指当事人双方互相承担义务和享有权利的合同，双方均承担对待给付义务。典型的单务合同是赠与合同，如果破产企业是赠与财产的一方，假设赠与行为已经发生，管理人可适用《企业破产法》第 31 条规定通过行使撤销权进行处理而非解除合同；假如赠与行为还未发生，选择继续履行合同将构成个别清偿，为法禁止，管理人对此并无选择空间。

3. 一方已经履行完毕的合同不在此调整之列

有的专家称双方未履行完毕合同为“待履行完毕合同”①，顾名思义，就是指没有履行完毕的合同，如果一方当事人已经履行完毕，管理人就不应适用《企业破产法》第 18 条规定进行处理。

具体来说，在双务合同中，如破产企业已履行完毕合同义务，而相对方未履行完毕合同义务，此时管理人应将相对方的对待给付视作破产企业的债权或其他权益进行追收，工作的重心在于追讨而非合同解除；如果相对方已经履行完毕合同义务，而破产企业未履行完毕，此时又应如何处理呢？由于《企业破产法》并没有明确规定，而实践中确实产生了问题，很多地方高级人民法院研究后以“指引”的方式给出了辖区内管理人处理建议，内容大致相同。以广东省高级人民法院 2019 年 11 月 29 日印发的《关于审理企业破产案件若干问题的指引》为例，其中第 36 条规定：“破产受理前成立，债务人未履行完毕，对方当事人履行完毕的合同，自破产受理之日解除。”也就是说，合同因破产受理的事实而被动地解除，管理人只需按照合同解除的后果进行处理即可，无须考虑合同解除或继续履行。笔者认为，该规定为管理人提供了大的思考方向，在企业进入破产程序后，为使破产财产最大化，解除对方已履行完毕的合同，相当于破产企业受益后无须进行对待给付，有利于充实破产财产，保护债权人利益。但值得注意的是，相关司法解释明确予以特别保护的主体，如不动产买卖合同中一方已经支付完毕所有（大部分）合同价款而主张管理人协助过户的购买方，管理人仍应当按照司法解释的特别规定保护其特定利益，不能一概解除合同。

4. 未履行完毕的义务指的是“主合同义务”

在一份双务合同中，各方当事人的义务往往是有层次的，应分为主合同义务、

---

① 王欣新、余艳萍：《论破产程序中待履行合同的处理方式及法律效果》，载《法学杂志》2010 年第 6 期。

从合同义务及附随义务。那么,破产法上的“双方均未履行完毕合同”是指主合同义务还是包括主、从及附随义务等所有义务,目前存在争议。通说认为,《企业破产法》第 18 条所述合同义务指的是主合同义务,王欣新教授认为:“我国的待履行合同,即未履行完毕的合同,是指双方当事人对合同中规定的主要义务均尚未履行完毕的合同。”①实际上,管理人不难从一份合同中提炼出主合同义务,但实务中容易出现的问题是主合同义务也存在履行程度的差异,这影响着管理人对主合同义务是否履行完毕的认定。笔者认为,如果相对人已经履行完毕了大部分的主合同义务,少部分的主合同义务未履行完毕,管理人此时应格外谨慎行使合同解除权,或者倾向于认定已履行完毕了主合同义务。

例如:A 与 B 签订厂房买卖合同,约定房屋价款 100 万元,A 须在合同签订后 5 日内向 B 支付价款 80 万元,付款后 B 应协助 A 办理过户手续,过户手续完成后 A 向 B 支付尾款 20 万元。合同签订后,A 向 B 如期付款 80 万元,而 B 收到款项后自认为厂房可卖出更高的价格,一直拖延办理过户手续。不久,B 公司被其他债权人申请破产清算。破产程序中,管理人查明该厂房是破产企业 B 的核心资产,而买家 A 公司却向管理人主张继续履行该厂房买卖合同,要求管理人将房屋过户至其名下。这时,管理人就陷入了两难的决策,从合同的履行情况看,B 交付房屋的义务未履行,而 A 还有 20 万元购房款未支付,结构上可视作双方均未履行完毕合同,管理人有权解除合同。另外,B 公司名下其他资产很少,管理人如选择将房屋过户至 A 名下,将导致本案其他债权人只能分配尾款 20 万元,让管理人面临极大压力。对此,管理人请示了人民法院,得到的指导意见大致为:A 公司已按照合同约定履行了大部分合同义务,剩余小部分购房款虽未支付,却是由债务人 B 公司过错所致,管理人不宜行使合同解除权,而应协助办理过户手续(继续履行)。

由上述案例可见,人民法院虽然未对合同是否属于双方均未履行完毕合同的性质直接认定,但从双方履行程度的角度出发,显然认可一方当事人已经履行完毕主要合同义务的事实,此时不宜适用《企业破产法》第 18 条规定行使合同解除权。

综上,目前虽无法律、司法解释对“双方均未履行完毕合同”给出准确的判断标准,实务中存在争议,但管理人在识别双方均未履行完毕合同过程中,应把握主要合同义务履行情况,具体考察的因素有:一是合同的签订时间;二是主要义务的履

---

① 王欣新:《破产法学》,中国人民大学出版社 2004 年版,第 171 页。

行程度;三是未履行义务所占比例;四是双方当事人的过错。只有对各种相关因素充分进行考量,才能更准确地对合同性质进行认定进而判断是否解除。

（二）管理人应当选择解除合同还是继续履行合同

一旦管理人查明破产企业有双方均未履行完毕合同,就涉及是否行使解除权的问题。解除合同是法律赋予管理人的权利,本身具有合法性,但解除行为是否合理妥当,关系着破产案件的走向,有时甚至会影响社会和谐安定,对此笔者总结以下几个要点供读者参考:

1. 财产最大化原则的适用

2018 年出台的《全国法院破产审判工作会议纪要》中明确规定“破产财产处置应当以价值最大化为原则,兼顾处置效率”。破产财产价值的最大化,意味着债权人尽可能多地得到分配,挽回损失,这是破产法的价值,也是管理人需要考虑的重要因素。假设破产企业名下登记有大型物业,与各小租户签订了长租协议,租金是合理的。此时,管理人如果决定继续履行合同将为破产企业带来不菲的租金,同时能减少因解除合同而重新招商的成本,后续甚至可以卖出更高的价格,显然比解除合同后再处置更为经济科学。例如,破产企业名下存在不动产,破产受理前以低于市场的价格租赁给相对人,那么管理人应倾向于解除合同,释放财产价值,维护所有债权人的合法利益。又如,在加工承揽合同中,破产企业仅支付了 50% 的第一期款项,在承揽人即将完成产品时,委托人却进入破产程序,此时如管理人解除合同,破产企业不仅无法获得成品,还可能为此赔上违约金;如果管理人选择继续履行合同,支付尾款,那么最终获得成品价值可能远远大于解除合同所带来的负担,从而实现破产财产价值的最大化。

因此,管理人在行使合同解除权时,要考虑合同解除给财产价值带来的影响,综合评析,做到财产价值的最大化,切实维护债权人的利益。

2. 破产与信赖利益保护的权衡

与一般的违约行为导致的合同解除不同,管理人解除权是法定解除权,而破产受理对于合同相对人来说是偶然的,即相对方在没有任何预期和过错的情况下仍面临合同被解除的风险。这时,破产法的财产价值最大化等原则可能与民法最基本的诚实信用原则及信赖利益保护原则存在冲突,如何化解与平衡这种冲突,是管理人需要斟酌考量的。

广东省高级人民法院 2019 年 11 月 29 日印发的《关于审理企业破产案件若干

问题的指引》第111条充分体现了对信赖利益保护的考量，其规定："破产案件受理前债务人出售不动产，符合下列条件的，买受人可以要求管理人协助办理过户手续：(一)破产案件受理之前已经签订合法有效的书面买卖合同，且合同签订时不动产未被采取保全措施的；(二)破产案件受理之前已经合法占有该不动产；(三)已经支付全部价款或已经按照合同约定支付部分价款且同意将剩余价款交付管理人；(四)非因买受人的原因未办理过户登记。"

该规定为管理人处理不动产买卖合同的解除问题提供了较为明确的指引，同时为管理人处理其他类型未履行完毕的合同带来了启发。管理人在决定解除合同前，不仅要考虑财产价值最大化，还要考虑相对方的信赖利益，在两种价值之间找到平衡点，具体应从合同的签订时间、目的、双方过错、履行情况及相对方是否愿意继续履行的意思表示等方面进行综合考量。

3. 维护社会和谐稳定的考量

管理人在破产程序中居重要位置，有序推进案件处置是本职工作，但更应体现人文关怀，做到经济效益与社会效果的统一。这集中体现在以下几种类型的合同中，相关处理经验仅供参考：

(1)房屋买卖合同

商品房买卖合同(房屋买卖合同)解除问题常见于房地产公司破产案，管理人接管企业后重要的工作之一就是梳理购房合同的签订与履行情况，分析研究后得出处理方案。此类合同的特点是小业主人数多、涉及范围广、社会影响大，一旦处理不当，可能发生影响社会稳定事件。具体的处理方式有比较大的争议，不同的管理人有不同的做法，各地的法院也有不同指导意见，笔者在此仅针对"买受人已经支付全款而要求转移房屋所有权的合同"这一常见情形进行分析。

2013年以前，对已支付全款的合同是否可以解除存在很大争议，主要问题有两个：第一个问题，已付全款的房屋是否属于破产财产？第二个问题，管理人如果将房屋转移登记至购房人名下(继续履行合同)是否构成法律所禁止的个别清偿？

关于第一个问题，即已经支付全款的房屋是否属于破产财产。根据2002年9月1日实施的最高人民法院《关于审理企业破产案件若干问题的规定》第71条第5项规定："特定物买卖中，尚未转移占有但相对人已完全支付对价的特定物不属于破产财产。"依照该规定，如房企破产，买方已支付全部房款，管理人因房屋不属于破产财产而无权处置。但现行《企业破产法》第30条规定："破产申请受理时属于债务人的全部财产,以及破产申请受理后至破产程序终结前债务人取得的财产,为债务人财产。”由于我国的不动产物权变动须经依法登记,未经登记的不发生效力,如房屋登记在破产企业名下,那么仍应认定为破产企业的财产。最高人民法院《关于适用〈中华人民共和国企业破产法〉若干问题的规定(二)》第48条又规定:“本规定施行前本院发布的有关企业破产的司法解释,与本规定相抵触的,自本规定施行之日起不再适用。”因此,在2002年的司法解释已经与现行的破产法认定结果截然相反的情况下,未转移占有但相对人已完全支付对价的房屋应被认定为破产财产。但值得注意的是,虽然房屋可以被认定为破产财产,但由于买受人已经支付了全部合同价款,主要合同义务已经履行完毕,管理人无权再适用《企业破产法》第18条规定行使合同解除权。

关于第二个问题,一旦管理人选择继续履行而非解除合同,是否构成破产法所禁止的“个别清偿”。对此,最高人民法院进行了论证。《企业破产法》第109条规定:“对破产人的特定财产享有担保权的权利人,对该特定财产享有优先受偿的权利。”由于并非所有的个别清偿行为均属于《企业破产法》第16条所规定的无效行为,认定个别清偿行为无效的关键要件之一是该清偿行为损害了其他债权人的权益。法律既然赋予全款购房人比担保物权人更加优先的权利,那么基于这种法定的优先性,在担保物权的优先受偿都不被视为个别清偿的情况下,管理人为全款购房人办理过户登记,更不会造成其他债权人权益的损害,不构成法律所禁止的个别清偿。[①] 也就是说,建设工程价款优先于担保物权受偿,却劣后于全款购房人受偿,管理人在没有其他过户障碍的情况下,应当支持全款购房人过户的主张而不应选择解除合同。

上述观点,均是在房屋竣工验收、不存在过户障碍的前提下论证的,如果房屋因工程进度等问题无法特定化,那将涉及债权性质认定与清偿顺序问题,主要矛盾并非合同解除与继续履行,本文不在此详述。

(2)租赁类合同

由于租赁合同的类型较多,笔者通过以下几种情况进行具体分析:

第一,假设破产企业是业主,名下有大型仓库,作为出租人10年前将仓库分割,

---

① 最高人民法院民一庭:《房地产开发企业进入破产程序的,买受人已经支付了全部购房款但未完成所有权转移登记的房屋是否属于债务人财产及其权利实现顺位》,载《民事审判指导与参考》2018年第2辑,第152页。

以每平方米20元出租给100个小租户，租期20年，到了第10年企业进入破产清算程序。经调查，该仓库有500名工人从事劳动，仓库周边建设了各类房屋供储存货物及工人生活，但仓库周边的租金已高达30元每平方米。这时，如管理人解除租赁合同并主导清场，最终很可能卖出高价，取得更高的清偿率。而一旦解除合同，数百名工人面临失业的困境，可能发生影响社会稳定的事件。这时，管理人从社会角度出发，选择以“带租约拍卖”的方式处置资产，在评估报告中对因租赁导致的价值减损如实测算，并在拍卖公告中进行充分披露，提示买受人接受租赁合同的制约。

第二，假设破产企业是承租人，租有某村集体经营性用地，再将土地分租给老板A，老板A又将土地分租给100个小租户。这时，100个小租户的生计和破产程序形成了交集，极大地考验着管理人的决断。此种情形下，管理人应优先考虑取得双方继续履行合同的合意。如此处理，不仅可以保障100个小租户基本生活和村集体的租金收益，实现土地本身的经济价值，还可以让债权人的债权得以较大程度地受偿。

四、经验启示

破产程序错综复杂，涉及合同种类众多，法律无法逐一规制，实践中考验着管理人的智慧。建议担任管理人的律师同行，在行使解除权前，应把握合同特征，查明履行情况，遵守基本原则，兼顾各方利益，重要决策请示主审法院，尽量做到妥善、合理地行使《企业破产法》第18条所赋予的合同解除权，依法履行和完成法律赋予的职责。

《企业破产法》第18条第1款中的"管理人未在法定期限内通知，视为解除合同"应否有条件限制

——以某抵押担保合同纠纷案为例

王春平　黎月梅

一、案情简介

2013年6月，某省国际集团和某石化公司、某地产公司签署《合作框架协议》，约定：第一，为进行燃料油、玻璃等大宗商品贸易，石化公司以其自身或指定的贸易公司与省国际集团签订上、下游的贸易合同；第二，石化公司同意为其指定的上、下游贸易公司履行/承担与省国际集团贸易合同下的合同义务/违约责任的行为提供连带保证；第三，就石化公司或其指定的上、下游贸易公司履行/承担与省国际集团贸易合同下的合同义务/违约责任，地产公司自愿提供连带保证，并将其名下10间商铺抵押给省国际集团，等等。

同日，省国际集团和地产公司签署《抵押合同》并办理了10间商铺的抵押登记手续。

根据石化公司的指定，省国际集团于2013年7月17日与某省燃料油公司签订了下游合同，约定由省国际集团向燃料油公司提供燃料油，省国际集团委派上游供应商直接向燃料油公司或该公司指定的下游客户交付燃料油，燃料油公司收货后应出具交货确认书，双方凭交货确认书按实结算。为保证该下游合同的履行，省国际集团与石化公司指定的上游供应商签署了上游合同，约定由上游供应商直接向燃料油公司或该公司指定的下游客户交付燃料油，完成交货后，上游供应商应提供交货确认书给省国际集团。该上游合同签订后，省国际集团按约预付了货款给上游供应商。在下游合同履行过程中，省国际集团收到了上游供应商提供的经燃料

油公司盖章确认的交货确认书,然而,燃料油公司却表示“从未收到过上游供应商交付的燃料油,交货确认书中的燃料油公司印章是假的”。省国际集团随即多次与上游供应商联系交涉,但因上游供应商已人去楼空,最终无果。

省国际集团认为,按照《合作框架协议》约定,在上游供应商违约的情况下,石化公司应就上游供应商的违约行为承担连带保证责任,地产公司应就石化公司前述未履行连带保证责任的行为承担连带保证责任及抵押担保责任,省国际集团有权行使抵押权。

考虑到法院于 2013 年 8 月 5 日裁定受理了债权人对石化公司提出的破产申请,于 2013 年 8 月 25 日指定了破产管理人,上游供应商已人去楼空,如将石化公司、上游供应商列为共同被告,意义不大,故省国际集团以地产公司为被告,向法院提起了抵押合同纠纷诉讼。法院受理后,为了查明案件事实,裁定追加石化公司、上游供应商为第三人参与本案诉讼。

在案件审理过程中,地产公司、石化公司抗辩称“依据《企业破产法》第 18 条第 1 款规定,由于石化公司管理人在破产申请受理后 2 个月内未通知省国际集团《合作框架协议》是解除还是继续履行,视为该协议已解除,从合同《抵押合同》也一并解除”。省国际集团主张“省国际集团已经履行完毕《合作框架协议》及上游合同下的义务,且法院裁定受理破产申请、指定管理人的时间存在时间差,石化公司管理人存在未勤勉尽责的情形,所以本案不符合《企业破产法》第 18 条第 1 款规定的适用条件,不能据此认定案涉主、从合同已解除”。

经一审、二审,两审法院均支持了省国际集团对《合作框架协议》《抵押合同》未解除的主张,但认为《抵押合同》约定的主债权未特定,最终未支持省国际集团的诉请。

二、问题难点

《企业破产法》第 18 条第 1 款[①]规定赋予了管理人决定债务人与对方当事人之间的相关合同是继续履行还是解除的选择权。

---

① 《企业破产法》第 18 条第 1 款规定:“人民法院受理破产申请后,管理人对破产申请受理前成立而债务人和对方当事人均未履行完毕的合同有权决定解除或者继续履行,并通知对方当事人。管理人自破产申请受理之日起二个月内未通知对方当事人,或者自收到对方当事人催告之日起三十日内未答复的,视为解除合同。”

由于破产程序涉及的利益主体较多，包括债务人、债务人的股东及员工、债权人、税务机关，以及相关政府主管部门，各债权主体的利益常常处于此消彼长的对立状态，相关合同是继续履行还是解除，往往牵涉多方主体的切身利益。而这一选择权掌握在管理人手中，并由其单方判断和决定，合同相对方及相关方处于被动接受的地位。如管理人肆意而为，合同相对方及相关方的权利恐难以保障。

《企业破产法》第 18 条第 1 款看似已对管理人行使该选择权的适用条件、合同范围、行使程序作出了规限，但是，“具体的合同范围应如何界定？有无其他隐藏的限制性条件？如有，具体的界定标准又是哪些？”等问题均未予明确，引起了学界和实务界的高度关注和热烈讨论。前述问题，也是本案的难点。

三、法律评析

1.《企业破产法》第 18 条第 1 款限定了管理人有权选择继续履行或解除的合同为“在破产申请受理前成立，且债务人和对方当事人均未履行完毕的合同”。非属于前述范围的合同，管理人不能依据前述法律规定选择继续履行或解除。

实践中，因情况复杂多变，对于《企业破产法》第 18 条第 1 款规限的合同范围应如何认定，存在诸多争议。由于前述问题将会影响“管理人对债务人在破产申请受理前签署的合同是否享有解除权”之认定，不宜望文生义。

《〈中华人民共和国企业破产法〉释义及实用指南》一书中指出：“在国外的立法例中，对于受影响的合同的范围，也没有明确的定义。法国的提法是‘有效合同’，范围相当模糊。德国的提法是‘未履行（或者未完全履行）的双务合同’，稍微清楚一些。美国使用‘待履行合同’一语，未作具体界定。根据美国国会报告，‘它一般包括双方当事人在一定程度上都未履行的合同。票据通常不是待履行合同，只要其尚未履行的仅仅是单方的支付。如果合同的一方已经履行完毕，合同就不是待履行的了’。（但是，这种定义并不包括租赁合同）本法规定的是‘破产申请受理前成立而债务人和对方当事人均未履行完毕的合同’，明确了受影响的合同要具备两个条件：一是合同成立的时间，必须是在破产申请受理前，即破产程序开始前成立的合同；二是该合同债务人和对方当事人均未履行完毕，这包括了双方当事人均未开始履行、双方均已开始履行但是均未履行完毕、一方已经开始履行但是未履行完毕同时另一方尚未开始履行这三种情形。”①

笔者认为，前述法律规定的可由管理人选择继续履行或解除的合同应同时具备以下四个条件，缺一不可，否则不适用前述法律规定：

(1)须在破产申请受理前成立

为了防止债务人在收到破产申请受理裁定后，继续利用掌控企业的机会，隐匿、转移、私分、浪费财产，或者隐匿、篡改甚至毁坏财务资料等重要证据，从而损害债权人合法权益、妨碍破产程序正常运行的行为发生，根据《企业破产法》的规定，破产程序一旦开始，有关债务人的事务就都应依法由管理人全面接收、管理、决定。为此，人民法院在裁定受理破产申请的同时，都应同时指定管理人。② 但是，在司法实务中，法院受理破产申请与指定管理人之间会存在一定时间差，使得债务人或其他相关人员有机可乘：在债务人被管理人接管之前，会存在债务人或其股东、实际控制人、主要负责人、其他人员利用职务便利，私自使用债务人印章对外签署合同，甚至倒签合同的情形，借此虚构合同且相关合同成立于破产申请受理之前的假象。对于此类合同，尽管其表面成立于破产申请受理之前，但因其实质系债务人或相关人员恶意虚构，如存在法律规定的无效或可撤销等情形的，依法应适用其他法律规定进行处理（如确认为无效合同、撤销该合同等），不宜适用前述法律规定进行处理。

(2)不存在法定无效的情形

我国法律规定，合同无效系自始无效，自然不存在需要选择继续履行还是解除的基础和必要。

在实务中存在较大争议的是：在破产申请受理前成立但效力待定的合同，管理人能否选择继续履行或解除？

持肯定观点的认为：如对附期限、附条件等合法成立但因为期限未至或者条件尚未成就而未发生效力的合同，待期限届满或者条件成就后，仍然由管理人决定是否继续履行。不然，如果不包括这种附期限、附条件的合同，在债务人与对方当事人双方均未履行的情况下，就不会存在《企业破产法》第 47 条规定的“附条件、附期限的债权和诉讼、仲裁未决的债权，债权人可以申报”的问题，为此，这一规定就没有

---

① 《中华人民共和国企业破产法》释义及实用指南编写组编著：《〈中华人民共和国企业破产法〉释义及实用指南》，中国民主法制出版社 2006 年版，第 64 页。

② 贺小电：《破产法原理与适用》，人民法院出版社 2012 年版，第 149 页。

任何意义。①

持否定观点的认为:破产管理人对待履行合同的选择权也有相应的例外,即一些行为不属于破产管理人行使选择权的范围。比如,附条件或者附期限的继续履行或者解除、延长选择权的行使时间或者指定选择权的行使条件、在决定继续履行时修改或增加合同条款。②

笔者认为,针对破产申请受理前成立但因条件尚未成就或期限未至而效力待定的合同是继续履行还是解除,应结合具体情况区分处理:

第一,在破产申请受理后2个月内,如所附的条件成就或期限届至的,管理人可待条件成就或期限届至时确定是继续履行或解除合同。

第二,在破产申请受理后2个月内,如所附的条件依然未成就或期限依然未届至的,因在管理人可以选择继续履行或解除的法定期限内相关合同尚未生效,且在债务人破产的场合之下,相关合同签订的客观情况发生了重大变化,管理人不适宜直接依据《企业破产法》第18条第1款规定选择继续履行或解除合同,此时由债权人依据《企业破产法》第47条之规定申报债权,并由管理人进行债权审核,更为妥当、合理。

(3)须是双务合同

如不是双务合同,将不存在"债务人和对方当事人均未履行完毕"一说。针对中信富通融资租赁有限公司诉江苏隆亨纸业有限公司等融资租赁合同纠纷案[案号:(2015)津高民二终字第0070号],天津市高级人民法院评论道:"这里的合同通常指双务合同,即双方当事人互负具有对价意义的债务且双方当事人的主给付义务之间具有密切牵连关系的合同,如买卖、租赁、承揽、有偿保管、有偿委托,等等。"[《人民法院案例选》(2015年第1辑)(总第95辑)]

(4)须是破产申请受理前双方均未履行完毕的合同

在破产申请受理前,如果双方已经对合同履行完毕,自然不存在解除或者继续履行的问题。如果债务人或者对方当事人有一方已经履行完毕,另一方没有履行或者未履行完毕的,不属于前述法律规定的"双方均未履行完毕"。

对此,《人民法院案例选》(2015年第1辑)(总第95辑)"中信富通融资租赁有限公司诉江苏隆亨纸业有限公司等融资租赁合同纠纷案"中认为:"融资租赁合同

---

① 贺小电:《破产法原理与适用》,人民法院出版社2012年版,第301页。

② 李震东:《公司重整中债权人利益衡平制度研究》,中国政法大学出版社2015年版,第139页。

承租人逾期支付租金，承租人管理人以《企业破产法》第18条规定的管理人合同解除权抗辩出租人支付租金请求的，法院需综合考量合同履行状态、解除合同是否有利于破产财产价值最大化，以及平衡出租人利益。当出租人已完成支付租赁物购买价款、将租赁物交付承租人使用的合同义务时，应认为出租人一方就融资租赁合同已履行完毕，在出租人在先提起诉讼要求承租人支付全部租金的情况下，人民法院对承租人管理人行使解除权的抗辩不予支持。”

2. 适用“管理人自破产申请受理之日起二个月内未通知对方当事人的，视为解除合同”这一条款时，应当同时将“管理人是否勤勉尽责、忠实履行职责”作为前提条件之一进行综合考量。

《企业破产法》第25条规定了管理人应当履行的主要职责：“（一）接管债务人的财产、印章和账簿、文书等资料；（二）调查债务人财产状况，制作财产状况报告；（三）决定债务人的内部管理事务；（四）决定债务人的日常开支和其他必要开支；（五）在第一次债权人会议召开之前，决定继续或者停止债务人的营业；（六）管理和处分债务人的财产；（七）代表债务人参加诉讼、仲裁或者其他法律程序；（八）提议召开债权人会议；（九）人民法院认为管理人应当履行的其他职责。”

《企业破产法》第27条、第130条进一步规定：“管理人应当勤勉尽责，忠实执行职务。管理人未依照本法规定勤勉尽责，忠实执行职务的，人民法院可以依法处以罚款；给债权人、债务人或者第三人造成损失的，依法承担赔偿责任。”

根据前述法律规定，《企业破产法》第18条第1款的规定，实际上应该包含了“管理人应当勤勉、尽责、善良地核查债务人合同的签署时间、履行情况，审慎筛选确定哪些合同属于该条文规定的合同类型，只有对破产申请受理前成立而双方均未履行完毕的合同，管理人才有决定继续履行合同或者解除合同的权利”等应有之意，以督促管理人对符合条件的合同及时采取行动，最大程度地维护债务人和包括合同相对方在内的广大债权人的合法权益。如因管理人怠于履职（如根本不去通知包括合同相对方在内的债权人），此时不加区分地认为自法院受理破产申请之日起计2个月期限届满或经对方催告后30日期限届满之时合同解除，无疑会对合同相对方极为不公。

而如何界定“管理人在行使《企业破产法》第18条第1款规定的选择权时是否勤勉尽责、忠实履行职责？”这一问题，也是破产实务中的一个争议难点。

笔者认为，一种真正中立的破产制度安排应当尽可能地避免任何特殊的利益关联,无论这种关联是直接的还是间接的。[①] 因此,破产管理人必须具备中立性。该中立性是指,破产管理人保持利益中立,超脱于债权人与债务人之间的利益纠葛与纷争。[②] 否则,一旦破产管理人自身的利益牵涉其间,公正的天平就会发生倾斜,必然要损害部分利害关系人的合法权益。[③] 据此,在行使《企业破产法》第18条第1款赋予的选择权时,无论是决定继续履行合同还是解除合同,管理人应当站在客观公正的立场,遵循如下主要原则,审慎选择,以尽管理人之职责:一方面注意不能扩大债务人的财产损失,坚持有利于减少债务人的财产损失与实现债务人财产的保值与增值,财产价值最大化之原则;另一方面还应当以“有利于债权人合法权益的保护”“有利于实现各方利益的平衡”“有利于破产程序的合法顺利进行”等为原则。如管理人违背忠实义务和勤勉尽责义务,导致债务人财产价值贬损,损害债权人利益的,可依法追究其损害赔偿责任。

3. 在法院受理破产申请、指定管理人、管理人接管破产企业的时间不一致,尤其存在较大时间差的场合下,应视为不符合《企业破产法》第18条第1款规定的“自法院受理破产申请”这一起算时间的适用条件。

《企业破产法》第13条规定:“人民法院裁定受理破产申请的,应当同时指定管理人。”裁定受理破产申请的同时,是指作出受理破产申请裁定的同一时间,并由管理人依法对债务人的财产、营业等所有事项进行全面接管。[④]但是,如前所述,在司法实务中,由于法院内部分工细化、管理人选定程序规范化、送达程序复杂化等,法院受理破产申请与指定管理人之间会存在一定时间差,法院指定管理人与管理人接管债务人之间也会存在一定时间差。

石化公司破产案就是一宗多个时间节点存在时间差的典型案例。根据石化公司提交的证据,法院受理破产申请的裁定落款时间是2013年8月5日,指定管理人的决定书落款时间是2013年8月25日,但是无证据可以显示前述裁定、决定是何时送达给包括管理人在内的当事人、管理人到底何时全面接管石化公司等具体事实。石化公司管理人在庭审中陈述,其系于2013年9月上旬才全面接管石化公司。由此,法院受理破产申请、指定管理人、管理人知悉其被法院指定、管理人接管石化

① 陈丽华:《破产法修订的价值定位刍议》,载《湖南社会科学》2002年第4期。

② 李震东:《公司重整中债权人利益衡平制度研究》,中国政法大学出版社2015年版,第125页。

③ 黄锡生:《破产管理人的法律地位及其职业化研究——以破产法律制度的目标价值为基础》,载《浙江学刊》2004年第5期。

④ 贺小电:《破产法原理与适用》,人民法院出版社2012年版,第149页。

公司的时间均不一致，各个时间跨度较大。

此种情况下，“法院受理破产申请之日至管理人全面接管石化公司之日”这一期间显然被彻底留空，如果依然僵化地直接以“法院受理破产申请之日”作为确定 2 个月期限届满或经对方催告后 30 日期限届满之时石化公司签署的合同是继续履行还是解除的起算始点，则无疑明显不合理。此时管理人决定有关合同是继续履行还是解除的实际时间根本不足 2 个月（详见图 1），对方当事人可能还未获悉债务人破产、不知道管理人是谁、尚未得以进行催告，合同就已被“视为解除”了。如若法院指定管理人的时间距离法院受理破产申请的时间较长，则管理人全面接管破产企业时可能已经超过 2 个月了，此时再去谈自法院受理破产申请之日起 2 个月期限或经对方当事人催告后 30 日期限届满后合同继续履行还是解除，已经不再有任何意义。

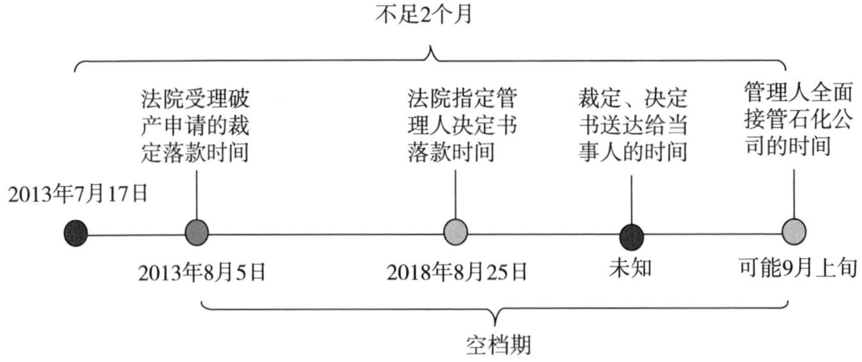

图 1　关于法院受理破产申请至管理人接管石化公司期间的关键时间节点

在根本不足 2 个月的短时间内，在需要履行《企业破产法》第 25 条等法律规定的管理人职责之同时，管理人能否勤勉、忠实地完成债务人所有合同签署时间、履行情况的核查，哪些合同属于《企业破产法》第 18 条第 1 款规定的合同类型的筛选，决定相关合同是继续履行还是解除等工作，显然是难以保证的。

据此，笔者认为，《企业破产法》第 18 条第 1 款规定的“自破产申请受理之日起 2 个月内”应当仅适用于“法院受理破产申请、指定管理人、管理人接管债务人的时间均一致”的场合，不适用于存在时间差尤其是时间差较长的场合，否则，将有悖于前述法律规定的立法初衷和应有之义。

需要说明和强调的是：《企业破产法》第 53 条规定：“管理人或者债务人依照本法规定解除合同的，对方当事人以因合同解除所产生的损害赔偿请求权申报债权。”第58条第3款规定：“债务人、债权人对债权表记载的债权有异议的，可以向受理破产申请的人民法院提起诉讼。”由于合同解除后必然会涉及债权债务的处理问题，参照上述法律规定，在债权人、债务人对合同是否解除存在争议或有异议的情况下，依法应当允许当事人提起异议之诉，由法院对此予以认定，不应不切实际、机械、生搬硬套地适用《企业破产法》第18条第1款认定相关合同已解除。否则，将会对债权人不公。

四、经验启示

“正义”是我国法律制度的首要价值，也是我国法律信仰的关键内容，破产法作为市场经济体系下法律中必不可少的组成部分，“正义”也理应在破产程序中得以实现。管理人作为法院受理破产申请后依法指定的破产事务管理机构，其在破产程序中作出的有关决定直接影响破产各方利益及社会公共利益，其行使权利是否公正、公平也会影响破产程序的正当性。

因此，在行使包括《企业破产法》第18条第1款赋予的选择权在内的权利之时，即便法律规定存在不明确或留白之处，管理人也应当结合自身所负有的职责和可能承担的责任，洞察法律规定所暗含的限制性条件，在权衡各方利益的基础上，审慎行使权利，勤勉履责，以实现破产法的法律价值与社会价值。

《海南会议纪要》发布实施之日起至破产申请受理前已经发生的利息是否应当被确认为破产债权

——以华×公司破产清算案为例

王春平　王琦璇

一、案情简介

某银行某支行（以下简称P支行）与某国有企业华×公司于1998年1月12日签订了一份楼宇按揭（抵押）借款合同，约定由P支行贷给华×公司人民币3300万元。1998年7月29日，华×公司向P支行出具了金额为3300万元的借款借据，该借款借据载明借款期限从1998年7月29日至2003年7月28日；借款利率为月利率6.6975‰。

自1999年4月起，华×公司拖欠还款，P支行诉至法院，后由某省高级人民法院于2001年6月22日作出判决，判令终止双方签订的楼宇按揭（抵押）借款合同，华×公司应在收到判决之日起10日内偿还贷款本金2933万元及利息（合同期内按合同计算，逾期部分按中国人民银行有关逾期付款的规定计算，从拖欠之日起至还请款日止）给P支行，逾期按《民事诉讼法》第232条规定处理。前述判决于2001年11月26日生效。

2005年4月10日，P支行与中国某资产管理公司某市分公司（以下简称资产公司）签订《债权转让协议》，约定P支行将"第0×6号"债权文书下的全部债权及从权利（案涉债权）转让给资产公司。2005年11月8日，P支行与资产公司共同在《××日报》刊登债权转让暨债务催收联合公告。

2007年1月，资产公司将案涉债权转让给A公司（某民营投资企业）。2007年5月15日，法院依据A公司的申请作出裁定，变更A公司为该案的申请执行人。

2017 年 7 月 19 日,某市中级人民法院裁定受理华×公司的破产清算申请。A 公司向华×公司管理人申报债权总额 104,131,165.91 元,其中本金 2933 万元,利息 74,602,645.91 元,诉讼费 198,520 元。华×公司管理人予以确认的债权总额为 49,667,055.27 元,其中本金 2933 万元,利息 20,138,535.27 元,诉讼费 198,520 元。

华×公司管理人认为:第一,根据《某中院债权审核指引》第 59 条第 2 款规定,A 公司的债权是受让的不良金融债权,受让日期为 2007 年 5 月 15 日,因此于 2009 年 3 月 30 日之后不应当计算利息。第二,在华×公司未履行生效法律文书确定的支付义务期间,一般的利息、正常的利息应当以借款本金为基数,按银行同期贷款利率进行计算,计算基数不应当包括之前欠付的利息、诉讼费等因素。第三,A 公司主张迟延履行金是加倍利息部分,依据相关法律法规,不属于破产债权。

A 公司对华×公司管理人确认的利息金额不服,提出异议,主要理由有:第一,本案债权不属于最高人民法院《关于审理涉及金融不良债权转让案件工作座谈会纪要》(以下简称《海南会议纪要》)规定的"不良债权",A 公司有权收取 2009 年 3 月 30 日之后直至华×公司破产受理之日期间的一般债务利息。第二,一般债务利息的计算基数应当为生效法律文书确定的全部金钱债务,包括本金、合同履行期限内利息、判决履行期内利息。第三,本案破产申请受理时间为 2017 年 7 月 19 日,A 公司有权收取 2017 年 7 月 19 日之前华×公司未执行生效法律文书应当加倍支付的迟延利息。

华×公司管理人经复核仍未予采纳确认,A 公司遂向法院提起诉讼,要求确认华×公司应支付给 A 公司的借款利息。

二、问题难点

根据前述案件中双方当事人的主张,本案争议焦点为华×公司被受理破产后,其应支付给 A 公司的借款利息是多少?借款利息可分为三个部分,即生效判决确定的合同履行期内的利息、生效判决确定的履行期间内的利息、未在生效判决指定的期间履行而应当支付的迟延履行利息。前两项已在生效判决中明确并无争议,而对"迟延履行期间的债务利息"部分的认定存在不同意见。

一方面,对于破产受理前的迟延履行利息计算是否适用《海南会议纪要》的"止息规则"观点不一。尽管《海南会议纪要》第 12 条对适用范围作了明确规定,对相关概念作了较为详细的解释,但随着不良资产处置行业的快速发展,出现了许多新情况、新问题,各法院对该纪要的理解和适用出现了严重分歧,司法裁判并不统一。

另一方面,对于破产申请受理前已产生的的迟延履行利息是否应被确认为破产债权存在不同意见。根据《企业破产法》第46条的有关规定,破产申请受理前产生的迟延履行期间的一般债务利息被确认为破产债权并无争议,但对于破产申请受理前的迟延履行期间的加倍支付的债务利息部分是否属于破产债权未作明确,司法实践中对此存在诸多争议。

三、法律评析

(一)本案中破产申请受理前的迟延履行利息计算是否应当适用《海南会议纪要》的“止息规则”

1.《海南会议纪要》的适用范围

《海南会议纪要》第9条明确规定,非金融机构受让人向国有企业债务人主张不良债权受让日之后发生的利息的,人民法院不予支持。但该纪要系最高人民法院在特定历史背景和条件下作出的,其主要目的在于规范金融不良债权转让行为,防止国有资产流失,其适用范围具有明确的限制:

(1)对象特定(见图1)

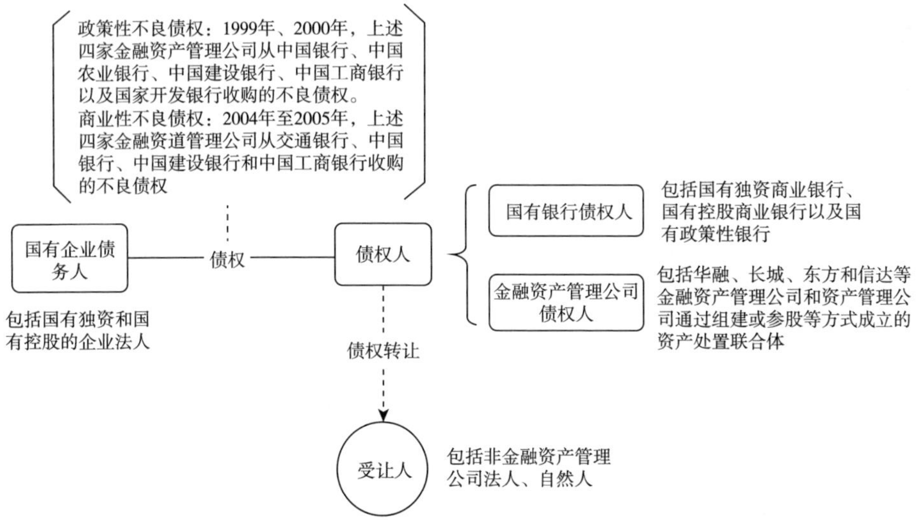

图1 《海南会议纪要》适用主体

(2)时间特定

该纪要适用于“2009 年 3 月 30 日之后尚在一审或者二审阶段的涉及最初转让方为国有银行、金融资产管理公司通过债权转让方式处置不良资产形成的相关案件,不包括人民法院依照审判监督程序决定再审的案件”。

2.《海南会议纪要》适用范围的扩张

《海南会议纪要》出台不久后,最高人民法院通过对个案有关问题的答复对纪要的适用范围作了一定的扩张:

2009 年 9 月 25 日,最高人民法院发布《关于如何理解最高人民法院法发(2009)19 号〈会议纪要〉若干问题的请示之答复》(〔2009〕民二他字第 21 号),明确:“根据《纪要》的精神与目的,涉及非国有企业债务人的金融不良债权转让纠纷案件,亦应参照适用《纪要》的规定。”即债务人为非国有企业的金融不良债权转让的案件,在诉讼中也可以适用《海南会议纪要》的规定。

2011 年 3 月 28 日,最高人民法院发布《关于审理涉及中国农业银行股份有限公司处置股改剥离不良资产案件适用相关司法解释和司法政策的通知》(最高人民法院公告〔2011〕144 号),明确:“人民法院在审理涉及农业银行处置上述不良资产案件时,可以适用最高人民法院就审理涉及金融资产管理公司处置不良资产案件所发布的相关司法解释、司法政策及有关答复、通知的规定。”据此,中国农业银行受财政部委托处置剥离的不良债权同样适用《海南会议纪要》的规定。

2011 年 11 月 14 日,最高人民法院在(2011)执他字第 7 号答复函中明确:“在执行程序中,涉及金融不良债权转让的案件,应当参照适用最高人民法院《纪要》的相关规定。非国有金融机构受让人向国有企业债务人主张已发生转让的金融债权利息,应当按照第九条的规定执行,即以借款合同本金为计算基数,利息计算至金融不良债权转让之日止,不能计收复利。”由此,《海南会议纪要》的适用范围由诉讼程序扩大到执行程序。

2013 年 11 月 26 日,最高人民法院在《关于非金融机构受让金融不良债权后能否向非国有企业债务人主张全额债权的请示的答复》(〔2013〕执他字第 4 号)中进一步明确:“一、非金融机构受让经生效法律文书确定的金融不良债权能否在执行程序中向非国有企业债务人主张受让日后利息的问题,应当参照我院 2009 年 3 月 30 日《关于审理涉及金融不良债权转让案件工作座谈会纪要》(法发〔2009〕19 号,以下简称《海南座谈会纪要》)的精神处理。二、根据《海南座谈会纪要》第十二条的规定,《海南座谈会纪要》不具有溯及力。《海南座谈会纪要》发布前,非金融资产管理公司的机构或个人受让经生效法律文书确定的金融不良债权,或者受让的金融不良债权经生效法律文书确定的,发布日之前的利息按照相关法律规定计算;发布日之后不再计付利息。《海南座谈会纪要》发布后,非金融资产管理公司的机构或个人受让经生效法律文书确定的金融不良债权的,受让日之前的利息按照相关法律规定计算;受让日之后不再计付利息。根据上述规定,本案中的利息(包括《中华人民共和国民事诉讼法》第二百五十三条的迟延履行利息)应按照法律规定计算至《海南座谈会纪要》发布之日。"至此,确立了"跨越《海南会议纪要》发布实施之日的不良债权转让案件,利息计算至纪要发布实施之日,《海南会议纪要》发布实施后受让的不良债权转让案件,受让日后不再计付利息"的处置规则(见图2)。在执行程序中,迟延履行利息亦统一按照《海南会议纪要》止息规定计算。

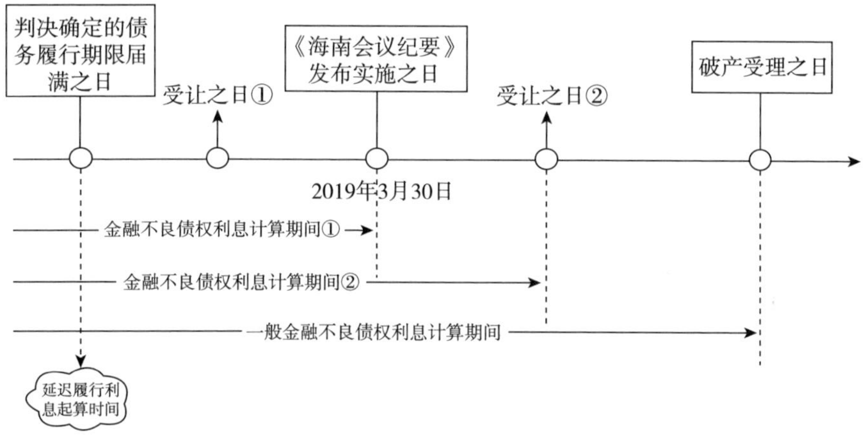

图2　迟延履行利息计算期间

3.《海南会议纪要》适用范围的争议

尽管最高人民法院对《海南会议纪要》的适用范围进行了明确,但随着不良资产处置行业快速发展,政策导向下的不良债权基本处置完毕,商业性的不良债权不断涌现,对于《海南会议纪要》是否仅适用于第12条规定的"政策性不良债权"和"商业性不良债权",司法实践中裁判观点不一。

较为典型的是,在明策伟华有限公司、厨师食品股份有限公司等金融不良债权转让合同纠纷两案中,两案所涉债权属于同一份《债权转让协议》项下的两笔债权,两案一审法院(福建省高级人民法院)均认为所涉债权属于政策性不良债权,可以适用《海南会议纪要》的相关规定处理。明策伟华有限公司均不服提起了上诉，最高人民法院在二审中却作出了完全相反的观点：

在(2020)最高法民终631号《民事判决书》中认定："……本案中明策伟华公司在《会议纪要》发布之后受让案涉金融不良债权，原审法院根据上述文件精神，参照适用《会议纪要》，对明策伟华公司主张受让日之后继续计息的诉请未予支持与法相符，本院予以维持。"

在(2021)最高法民终426号《民事判决书》中认定："……本案所涉债权发生时间为2014年，2015年3月工行漳州分行将债权转让至华融公司，华融公司于2015年5月又将债权转让至明策伟华公司，其具体形式与发生时间均不属于《海南纪要》中规定的政策性不良债权，无法适用《海南纪要》的规定。"

对此，笔者认为，《海南会议纪要》对其适用的金融不良债权的转让时间及转让主体均有明确限定，实践中应当从这两个方面进行严格把控，对于不属于纪要规定的金融不良债权转让纠纷案件，不应参照适用。

第一，《海南会议纪要》是在特定历史环境和背景下产生的，其适用范围具有特殊性、时代性和针对性，对其适用范围的理解也应当作限制解释。

《海南会议纪要》是专门针对特定的案件作出的有别于一般民商事法律原则的特殊规定，这种特殊规定主要是基于特定的经济环境和不良资产历史背景产生和存在，其能及时解决当时有效的法律法规及司法解释不能处理的司法实践问题，在司法审判实践中具有指导性意义。但该纪要具有浓重的政策色彩，其核心目的、价值衡量均有其特殊性，这也决定了该纪要仅适合在特定的历史时期下处理特定的历史遗留问题，应当严格依照特殊规定的内容进行处理。如果实践中一旦遇到新的问题就对其不断进行扩大化解释，不仅将违背该纪要设立的初衷，也会严重损害司法的公平正义，破坏社会主义法制的和谐统一。

第二，一般金融不良债权转让应兼顾债务人与受让人的利益，注重公平原则，不应参照适用《海南会议纪要》的止息规定。

随着经济的不断发展，不良资产处置的主体也越来越多元化，大量民间资本进入不良资产处置领域，出现了一些新型资产公司，所受让的不良资产对应的债务人大多是非国有企业，债权人与受让人实质上属于平等民事主体，应当得到平等保护。如参照适用《海南会议纪要》的止息规定，债务人无须支付于受让日之后所发生的利息，势必出现债务人的违约责任因债权转让而得以减免的不合理现象，这将严重损害债权受让人的合法权益,也有违公平原则。因此,在《海南会议纪要》规定之外的金融不良债权转让案件中,应对受让日之后的借款利息持续计算,使债务人的违约成本不致减少、债权人的利益仍可受到一定保护,在平衡双方利益的同时能体现公平原则,从而加快金融不良资产处置速度,维护社会经济的稳定。

（二）本案中《海南会议纪要》发布实施之日起至破产申请受理前已产生的利息是否应被确认为破产债权

基于上述分析,已明确在破产语境下金融不良债权的迟延履行利息的计算方式,但由此计得的利息能否被确认为破产债权有待进一步讨论。

根据《企业破产法》第46条第2款"附利息的债权自破产申请受理时起停止计息"之规定,在通常情况下,破产申请受理前产生的一般债务利息被确认为破产债权并无争议,而破产申请受理前已产生的加倍支付的迟延履行利息是否属于破产债权,因无法律明确规定而存在诸多争议。

最高人民法院于2002年7月出台了《关于审理企业破产案件若干问题的规定》(以下简称《审理破产案件规定》),其中第61条第1款第2项规定,人民法院受理破产案件后债务人未支付应付款项的滞纳金,包括债务人未执行生效法律文书应当加倍支付的迟延利息和劳动保险金的滞纳金,不属于破产债权。从文义上来看,该规定限定了"受理破产案件后"这一时间节点,但对于破产受理前的迟延履行期间的债务利息是否属于破产债权未进行明确,导致实践中出现了两种截然不同的理解。

2019年3月28日,最高人民法院《关于适用〈中华人民共和国企业破产法〉若干问题的规定(三)》(以下简称《破产法司法解释三》)开始实施,该司法解释第3条几乎延续了《审理破产案件规定》,仅是将理解有争议的"人民法院受理破产案件后"修改为"破产申请受理后",而未对破产申请受理前产生的滞纳金与加倍支付的迟延利息的认定及清偿顺位问题作出任何回应。2020年,最高人民法院对该司法解释进行了修订,但也未对前述问题作出回应,由此造成司法实践中争议进一步加大,目前存在三种代表性观点:

第一种观点认为,加倍支付的迟延履行期间的债务利息属于破产债权。

其主要理由是:《企业破产法》第46条第2款明确规定:"附利息的债权自破产申请受理时起停止计息。"即加倍部分的迟延履行期间的债务利息应计算至破产申请受理之日,而《破产法司法解释三》第3条仅对"破产申请受理后债务人应当加倍支付的迟延履行利息排除在破产债权外”作了明确规定，未排除破产申请受理前迟延履行期间的债务利息。另外，最高人民法院在《关于税务机关就破产企业欠缴税款产生的滞纳金提起的债权确认之诉应否受理问题的批复》（法释〔2012〕9号）中明确：“破产企业在破产案件受理前因欠缴税款产生的滞纳金属于普通破产债权。”最高人民法院在《关于人民法院受理破产案件前债务人未付应付款项的滞纳金是否应当确认为破产债权请示的答复》（〔2013〕民二他字第9号）中明确：“人民法院受理破产案件前债务人未付款项的滞纳金应确认为破产债权。”从债权平等保护原则出发，破产案件受理前同样具有惩罚性的加倍支付的迟延履行利息也不应被排除在破产债权以外。

第二种观点认为，加倍支付的迟延履行期间的债务利息不属于破产债权。

其主要理由是：根据《破产法司法解释三》第3条文义，无法得出破产申请受理前产生的迟延履行利息可以被确认为破产债权的结论，亦不能反推破产申请受理前产生的迟延履行利息可以被确认为破产债权的结论。且根据《全国法院破产审判工作会议纪要》第28条关于“破产财产依照企业破产法第113条规定的顺序清偿后仍有剩余的，可依次用于清偿破产受理前产生的民事惩罚性赔偿金、行政罚款、刑事罚金等惩罚性债权”之规定，迟延履行期间利息属于惩罚性债权，不属于破产债权，不应在破产程序中处理。另外，债务人未履行生效法律文书应当加倍支付的迟延利息具有一定的惩罚性，目的在于敦促债务人及时履行生效法律文书确定的金钱给付义务，如将该部分利息作为破产债权予以确认，将导致惩罚措施转嫁于其他债权人，有违破产程序公平受偿的基本原则。

第三种观点认为，加倍支付的迟延履行期间的债务利息应作为劣后债权予以确认。

其主要理由是：根据《破产法司法解释三》第3条之规定，对于破产申请受理后因未履行生效判决所产生的加倍支付的迟延利息，不能认定为破产债权。且根据《民事诉讼法》的有关规定，在破产申请受理之日前因未履行生效判决而产生的加倍支付的迟延利息，其性质为民事惩罚性赔偿金，属于公法性债权，不能认定为优先债权或者普通债权，应当劣后于普通债权清偿。也即，只有破产财产依照《企业破产法》第113条规定的顺序清偿后仍有剩余的，才能清偿。

笔者更倾向于第三种观点，同时认为“劣后债权”制度应在立法层面上进行明确。

一方面,加倍支付的迟延履行债务利息的惩罚性特征与破产程序的内核不契合,不应被认定为破产债权。加倍支付的迟延履行利息是针对未积极履行义务的债务人实施的一种民事制裁措施,目的是捍卫法治的尊严,而破产程序的本质是债务清偿不能时适用的法定强制清偿程序,目的在于保障全体债权人能从债务人的现有财产中得到平等受偿。在债务人破产的情形下,如将加倍支付的迟延履行债务利息作为破产债权予以确认,实际上是将该惩罚性的法律后果转由全体债权人承担,这显然有悖于该条款的立法原意,也与破产法公平保护全体债权人的基本精神不符。

另一方面,加倍支付的迟延履行期间债务利息,本身具有一种维护债权人合法利益的正当性,是债权人享有的合法、有效的权利,应当受到法律保护,不得因债务人进入破产程序而对此权利进行否定性评价。如债务人被受理破产,这部分债权因不能归入破产债权而无法得到法律的保护,必然导致目的解释下的结论与对特定债权人的保护二者冲突。

因此,参照《全国法院破产审判工作会议纪要》第 28 条对于民事惩罚性赔偿金、行政罚款和刑事罚金的赔偿顺序的规定,将加倍支付的迟延履行利息视为"劣后债权",不失为利益最大化的一种折中方式,在实现破产程序中形式意义上的公平的同时,有利于债权人利益的保护和冲突的解决。

但应强调的是,对于"劣后债权"制度,目前的《企业破产法》并没有作出任何规定,而《全国法院破产审判工作会议纪要》作为司法政策性文件,仅具有一定的指导意义,不属于真正意义上的"法律",以此来对《破产法司法解释三》第 3 条进行"解释"的合法性仍有待商榷。因此,笔者认为,对于加倍支付的迟延利息的争议问题,迫切需要法律层面进行口径统一,完善相应制度的建设,有效解决不同主体间的权利冲突。

四、经验启示

破产制度是一种市场主体退出的法律机制和债务概括清偿机制。在债务人财产不足以清偿债务已成既定事实的情况下,破产程序可以确保债务人的有限责任在债权人之间进行公平分配,而公平分配就需要明确各债权人的债权份额。可见,债权正确确认对债权人的权利能否充分实现有着至关重要的作用。

但在涉及金融不良资产处置案件中,我国现行法律制度对《海南会议纪要》发布实施之日起至破产申请受理前的迟延履行债务利息的计算,以及产生迟延履行债务利息是否应当被确认为破产债权等有关问题的规定存在理解歧义,导致实践中存在诸多争议,各地法院的裁判标准不一,出现许多“同案不同判”的司法弊端。为更好地保护债权人的利益,维护公平与正义,应当尽快完善相应的法律规定,规范破产案件的审判执行工作。

执行回转案件的申请执行人在被执行人破产案件中能否得到优先受偿保护

——以某案外人执行异议案为例

王春平　韩　秀

一、案情简介

关于原告某物流公司诉被告某科技公司、阮某、第三人沈某债权转让合同纠纷一案，某区法院于2016年5月20日作出一审《民事判决书》，判决：一、被告阮某、科技公司应于本判决生效后3日内返还原告物流公司借款本金260万元；二、被告阮某、科技公司应支付原告物流公司借款利息（从2007年2月20日起至本判决确定履行之日按中国人民银行同期同档次贷款基准利率计付），与前款一并履行；三、驳回原告的其他诉讼请求。案件受理费33,749元，财产保全费5000元，合计38,749元，由两被告负担。阮某对一审判决不服，向某市中院提起上诉。市中院经审理，于2016年8月31日作出二审《民事判决书》，判决驳回上诉，维持原判。

上述两审判决生效后，因科技公司、阮某未按照生效判决履行义务，物流公司向区法院申请强制执行，区法院经审查于2016年9月15日立案执行，执行标的2,638,749元及利息。在执行过程中，区法院于2016年10月9日划拨了科技公司名下账户存款39,230元，于2016年12月23日划拨了科技公司名下账户存款358万元。因物流公司在区法院有作为被执行人的执行案件，故区法院提取上述被划拨的款项358万元，同于清偿另案债权人张某。

执行期间，科技公司向某省高院申请再审，省高院裁定对该案予以提审，经审理于2019年3月18日作出再审《民事判决书》，撤销了作为执行依据的两审判决书。

2019年7月24日，科技公司向区法院提出执行回转申请。区法院经审查于2019年8月7日作出第2454号《执行裁定书》，裁定："物流公司应在本裁定生效之日起十日内向科技公司返还已取得的人民币358万元及其从2017年1月1日起按同期银行贷款利率计算的孳息。逾期拒不履行的，本院将依法强制执行。"

2021年1月2日，法院裁定受理物流公司的破产清算申请。

2021年1月13日，区法院在办理执行回转过程中冻结了物流公司破产管理人（以下简称管理人）名下银行账户存款3,577,800元。该账户冻结存款主要源于管理人处置物流公司抵押给案外人某贸易公司的抵押物所得款。

2021年3月6日，案外人贸易公司向区法院提出执行异议，主张："1. 区法院在第2454号案中冻结物流公司破产管理人账户资金3,577,800元，该资金是由物流公司提供给贸易公司的抵押物拍卖、变卖而来，贸易公司作为抵押权人对该款项的优先受偿权优先于其他债权，区法院在执行过程中冻结该款项侵犯了贸易公司的合法权益；2. 物流公司已进入破产清算程序，且科技公司已按破产程序向管理人申报债权，第2454号案依法应中止执行；3. 科技公司申报债权时，主张其有优先权，管理人审查后确认其债权金额为358万元及利息，不确认优先权。如科技公司对此有异议的，或者认为其权利优先于职工工资债权，甚至优先于抵押权，科技公司有救济途径，其可提起优先权确认之诉，以诉讼程序解决。申请执行人科技公司至今未提起确认之诉，而区法院继续执行，在执行程序中解决实体问题，显系程序不当。故请求解除对物流公司破产管理人账户资金3,577,800元的冻结，并中止第2454号案的执行活动。"

2021年8月2日，区法院就贸易公司提出的前述异议作出《执行裁定书》，以"当事人因原错误判决而被执行的财产，并非因其自主交易而转移。为此，不应当将当事人请求执行回转的权利作为普通债权对待。人民法院在执行回转案件被执行人破产的情况下，可以比照取回权制度，对执行回转案件申请执行人的权利予以优先保护，认定应当执行回转部分的财产数额，不属于破产财产。本案中，本院依据执行裁定，冻结物流公司管理人账户中应执行回转部分的款项，并无不当。故案外人贸易公司提出的异议请求，依据不足，本院不予支持"为由，裁定驳回了贸易公司的异议请求。

二、问题难点

根据《企业破产法》第19条等有关法律规定，人民法院受理破产申请后，有关债务人财产的保全措施应当解除，执行程序应当中止，其遗留问题由破产法律调整。执行回转作为民事执行程序中的一种，是否因被执行人进入破产程序而中止？应当执行回转的财产是否属于破产财产？申请执行人能否比照取回权制度获得优先受偿？

三、法律评析

执行回转作为一项被执行财产事后救济制度，在新中国成立初期我国民事诉讼就开始引进并付诸实践①，然而实施至今我国现行法律的有关规定却寥寥无几，且多为宽泛的原则性规定，缺乏针对性。具体到执行回转过程中被执行人破产情形下的处理，法律规定更是严重缺失，关于前述难点问题，我国已失效及现行有效的有关法律及司法解释对此均无明确规定。

早在 2005 年，鉴于彼时施行有效的法律及司法解释对相关问题未作出明确规定，天津市高级人民法院在办案过程中向最高人民法院报送了《关于执行回转案件的申请执行人在被执行人破产案件中能否得到优先受偿保护的请示》（以下简称《请示》），所涉及的情况及问题主要为："天津二中院依据该院及高院的二审判决，已经对原被执行人执行 1186 万元，划给原申请执行人。后该案经最高人民法院提审，推翻了原生效判决，据此原被执行人申请执行回转。但是在回转执行过程中，现被执行人（原申请执行人）被宣告破产。需要解决的问题是：现申请执行人能否从破产财产中就其执行回转的债权优先受偿。"

针对上述《请示》，最高人民法院执行工作办公室作出《关于执行回转案件的申请执行人在被执行人破产案件中能否得到优先受偿保护的请示的答复》（〔2005〕执他字第 27 号，以下简称《答复》），其中明确："人民法院因原错误判决被撤销而进行执行回转，申请执行人在被执行人破产案件中能否得到优先受偿保护的问题，目前我国法律尚无明确规定。我们认为，因原错误判决而被执行的财产，并非因当事人的自主交易而转移。为此，不应当将当事人请求执行回转的权利作为普通债权对待。在执行回转案件被执行人破产的情况下，可以比照取回权制度，对执行回转案件申请执行人的权利予以优先保护，认定应当执行回转部分的财产数额，不属于破产财产。因此，审理破产案件的法院应当将该部分财产交由执行法院继续执行。"

---

① 郭学贡编：《中华人民共和国民事诉讼讲义》（油印本），东北人民大学教材出版社 1957 年版，第 157 页。

结合上述《请示》相关内容进行分析,《答复》事实上明确了以下两点:(1)应当执行回转部分的财产数额,不管是否属于特定物,不属于破产财产,可以比照取回权制度,对执行回转案件申请执行人的权利予以优先保护;(2)执行回转程序不因被执行人进入破产程序而中止,审理破产案件的法院应将执行回转部分财产交由执行法院继续执行。

《答复》作出后,《企业破产法》及相关司法解释相继颁布和实施,部分司法解释业经修正,然而,《企业破产法》及相关司法解释均未就《答复》中的意见通过法律规定的形式予以确定,也未对前述难点问题作出任何回应。故此,在无法律及司法解释明文规定,且无相反法律解释的情况下,《答复》的原则和精神成为实务中部分案件参照处理的依据。

然而,因《答复》属于具体个案的请示答复,其法律拘束力仅限于个案本身,而不具有普遍的法律效力,不同法院甚至同一法院内部对《答复》的理解与适用观点不一致,所以对前述难点问题的解决在司法实践中并未因《答复》的作出而形成统一的裁判观点,目前仍存在极大争议:

(一)肯定说

持该观点的主要理由为:(1)在制度价值层面,执行回转作为审判监督程序的辅助手段,其执行效果与审判监督制度价值的实现和当事人受损权益的补救息息相关。古人云,“知过不讳,改过不惮”,执行回转制度的顺畅运行对于提高司法公信力、树立司法权威、维护司法尊严具有重要意义。(2)在债权形成原因层面,有别于一般不当得利债权,执行回转财产是因公权力错误干预而使其暂时脱离了真正权利人的掌控,非因当事人之间的自主交易而转移,如将该等财产纳入破产财产的范围进而成为其他债权人分配的基础,对执行回转债权人显失公平公正。(3)在法律依据层面,《企业破产法》第38条①、最高人民法院《关于适用〈中华人民共和国企业破产法〉若干问题的规定(二)》第2条第1项②、最高人民法院《关于审理企业

① 《企业破产法》第38条规定:“人民法院受理破产申请后,债务人占有的不属于债务人的财产,该财产的权利人可以通过管理人取回。但是,本法另有规定的除外。”

② 最高人民法院《关于适用〈中华人民共和国企业破产法〉若干问题的规定(二)》第2条规定:“下列财产不应认定为债务人财产:(一)债务人基于仓储、保管、承揽、代销、借用、寄存、租赁等合同或者其他法律关系占有、使用的他人财产……”

破产案件若干问题的规定》第 71 条第 1 项[①]等有关法律规定的"债务人占有的不属于债务人的财产"应当包括应执行回转的财产。在司法实践中可以运用民商事法律的文义解释方法，对破产法律相关条文内容进行阐释来加以解决，认定其不属于破产财产，进而可以比照取回权制度通过管理人取回。[②]

例如，山东省高级人民法院在（2021）鲁民申 11780 号《民事裁定书》中查明和认定："涉案债权系执行回转债权，是一种特殊的财产，有必要区别于破产债务人的一般财产。这种财产是通过法院错误判决而强制执行的，是因公权错误干预而使其暂时处于非真正权利人掌控之下的一种特殊的财产，不以原债务人（现债权人）的自由意志为转移，与当事人之间通过自主交易行为而转移资金，有本质不同。二审法院参照最高人民法院执行工作办公室《关于执行回转案件的申请执行人在被执行人破产案件中能否得到优先受偿保护的请示的答复》（〔2005〕执他字第 27 号），认定应当执行回转的财产不属于破产财产，与最高人民法院《关于审理企业破产案件若干问题的规定》第七十一条规定相一致，因此二审判决适用法律并无不当。"

大连市中级人民法院在（2020）辽 02 执复 99 号《执行裁定书》、绍兴市中级人民法院在（2016）浙 06 执复 9 号《执行裁定书》中均持该观点。

（二）否定说

持该观点的主要理由为：（1）执行回转程序与破产程序交叉时，应坚持"破产程序优先"原则。破产程序作为司法权介入的特殊偿债程序，旨在为全体债权人创造公平受偿的条件和机会，关乎广大债权人权益实现的可能性、程度和效率，关乎社会稳定，在深化供给侧结构性改革的背景下，其价值和重要性不可忽视。（2）《企业破产法》第 19 条明确规定，人民法院受理破产申请后，有关债务人财产的保全措施应当解除，执行程序应当中止。此处的执行程序并未限定是"对被执行人到期债权执行""对案外人异议的处理""执行和解"还是"执行回转"等，应当理解为所有执行程序均应当中止。（3）取回权是破产法上的一项特殊权利，系民法上物的返还请求权在破产程序中之映射，取回权涉及的财产一般具有物的形态或者源于有体物，

---

① 最高人民法院《关于审理企业破产案件若干问题的规定》第 71 条规定："下列财产不属于破产财产：（一）债务人基于仓储、保管、加工承揽、委托交易、代销、借用、寄存、租赁等法律关系占有、使用的他人财产……"

② 周建良：《企业破产案件中的三个新问题探析》，载《人民法院报》2016 年 10 月 19 日，第 7 版。

具有物权性,而执行回转的财产通常表现为款项,为种类物,非特定物,不加区分地比照取回权制度对执行回转的财产进行优先保护,没有法律依据。(4)《答复》作出时处于《企业破产法(试行)》实施阶段,其后施行的《企业破产法》及相关司法解释均未就《答复》的原则和精神在相关规定中予以明确,事实上暗含了对《答复》意见的否定。最高人民法院《关于适用〈中华人民共和国企业破产法〉若干问题的规定(二)》第2条对不应认定为债务人的财产进行了明确,其第4项兜底条款为"其他依照法律、行政法规不属于债务人的财产",《答复》不属于法律、行政法规,因而不能据以认定执行回转的财产不属于破产财产。

例如,江苏省阜宁县人民法院在(2019)苏0923民初3930号《民事判决书》中查明和认定:"《中华人民共和国企业破产法》第三十八条规定,人民法院受理破产申请后,债务人占有的不属于债务人的财产,该财产的权利可以通过管理人取回,但是本法另有规定的除外。本案中,黑龙江力佳公司要求确认执行回转的1,390,746.31元行使取回权,因取回权是破产法上的一项特殊权利,它源于民法上的财产返还权,该权利是以所有权及其他物权为基础,具有物权性,而本案中是款项返还,为种类物,而非特定物,不具有取回的物权属性。故对黑龙江力佳公司要求确认1,390,746.31元具有取回权的诉请,因无事实和法律依据,本院不予支持。最高人民法院《关于适用〈中华人民共和国企业破产法〉若干问题的规定(二)》第二条规定,下列财产不应认定为债务人的财产:(一)债务人基于仓储、保管、承揽、代销、借用、寄存、租赁等合同或者其他法律关系占有、使用的他人财产;(二)债务人在所有权保留买卖中尚未取得所有权的财产;(三)所有权专属于国家且不得转让的财产;(四)其他依照法律、行政法规不属于债务人的财产。本案中,最高人民法院执行工作办公室〔2005〕执他字第27号《关于执行回转案件的申请执行人在被执行人破产案件中能否得到优先受偿保护的请示的答复》是针对最高人民法院《关于审理企业破产案件若干问题的规定》第七十一条列举的不属于破产财产的一种补充答复,原规定是列举7种情形不是破产财产情形,而最高人民法院《关于适用〈中华人民共和国企业破产法〉若干问题的规定(二)》第二条第一款第四项对不是破产财产进行了兜底条款规定,最高人民法院执行工作办公室〔2005〕执他字第27号《关于执行回转案件的申请执行人在被执行人破产案件中能否得到优先受偿保护的请示的答复》并不是法律、行政法规,故对黑龙江力佳公司以此为依据,要求确认1,390,746.31元具有优先权的诉请,本院不予支持。"

从上述分析可知,“肯定说”和“否定说”都具备合理之处,但法律规定的不完善致使两种观点又都缺乏相应法律依据支持。

笔者认为,任何一种法律制度的背后都无不暗含一定的价值取舍和利益平衡,破产制度和执行回转制度的价值均不容忽视。在两种制度的价值取向出现冲突时,应注意两者背后利益保护的协调与平衡,既要注重保护执行回转申请执行人的合法权益,又要注重保护执行回转财产善意相对人的合法权益,还要兼顾保护执行回转被执行人之债权人的合法权益。在特定情形下,除可通过将被执行财产进行执行回转以保护申请执行人合法权益之外,在无法执行回转的情况下,执行回转申请执行人亦可考虑通过申请司法赔偿获得法律救济。因而,执行回转财产的特殊性不能回避,但如若不加区分地肯定或者否定执行回转申请执行人获得优先受偿的权利,显然也不一定完全合理。故此,应在现行法律规定的框架下,对执行回转案件的申请执行人进行有区别、适度的优先受偿保护。具体而言:在程序上,应严格遵循《企业破产法》第 19 条规定,人民法院受理执行回转被执行人的破产申请后,执行回转程序应当中止,不能在法律无明确规定的情况下赋予执行回转程序以特权,使其游离于破产程序之外;在实体上,应当结合执行回转财产的状况等作区分处理。

1. 执行回转的财产系特定物的,可以比照取回权制度,对执行回转案件申请执行人的权利予以优先保护:

第一,如该等财产由管理人接管且未毁损、灭失的,依据《企业破产法》第 38 条①规定处理,申请执行人可以通过管理人取回。

第二,如该等财产被违法转让给第三人,第三人已向被执行人支付了转让价款,但依据《民法典》第 311 条②的规定未取得财产所有权的,申请执行人可以通过管理人依法追回转让财产。

第三,如该等财产已被违法转让给第三人,第三人已善意取得财产所有权,无

① 《企业破产法》第 38 条规定:“人民法院受理破产申请后,债务人占有的不属于债务人的财产,该财产的权利人可以通过管理人取回。但是,本法另有规定的除外。”

② 《民法典》第 311 条规定:“无处分权人将不动产或者动产转让给受让人的,所有权人有权追回;除法律另有规定外,符合下列情形的,受让人取得该不动产或者动产的所有权:(一)受让人受让该不动产或者动产时是善意;(二)以合理的价格转让;(三)转让的不动产或者动产依照法律规定应当登记的已经登记,不需要登记的已经交付给受让人。受让人依据前款规定取得不动产或者动产的所有权的,原所有权人有权向无处分权人请求损害赔偿。当事人善意取得其他物权的,参照适用前两款规定。”

法取回该财产的，依据最高人民法院《关于适用〈中华人民共和国企业破产法〉若干问题的规定（二）》第30条①规定处理：转让行为发生在破产申请受理前的，申请执行人因财产损失形成的债权，作为普通破产债权清偿；转让行为发生在破产申请受理后的，因管理人或者相关人员执行职务导致申请执行人损害产生的债务，作为共益债务清偿。

第四，如该等财产已毁损、灭失，因此获得的保险金、赔偿金、代偿物尚未交付给被执行人，或者代偿物虽已交付给被执行人但能与被执行人财产予以区分的，申请执行人可以通过管理人取回就此获得的保险金、赔偿金、代偿物。

第五，如该等财产已毁损、灭失，因此获得的保险金、赔偿金已交付给被执行人，或者代偿物已经交付给被执行人且不能与被执行人财产予以区分，或者该等财产毁损、灭失，没有获得相应的保险金、赔偿金、代偿物，或者保险金、赔偿物、代偿物不足以弥补其损失的部分，依照最高人民法院《关于适用〈中华人民共和国企业破产法〉若干问题的规定（二）》第32条②规定处理：财产毁损、灭失发生在破产申请受理前的，申请执行人因财产损失形成的债权，作为普通破产债权清偿；财产毁损、灭失发生在破产申请受理后的，因管理人或者相关人员执行职务导致申请执行人损害产生的债务，作为共益债务清偿。

2. 执行回转的财产系不特定物的，因该等财产与破产财产无法区分，不能比照适用破产取回权，应纳入破产程序统一处理。从执行回转申请执行人对执行回转财产享有的权利性质来看，其不属于建设工程价款、担保债权等优先债权，也不属于职工债权、社保债权、税收债权，依法应当被认定为普通债权，按照普通债权顺位

---

① 最高人民法院《关于适用〈中华人民共和国企业破产法〉若干问题的规定（二）》第30条规定："债务人占有的他人财产被违法转让给第三人，依据民法典第三百一十一条的规定第三人已善意取得财产所有权，原权利人无法取回该财产的，人民法院应当按照以下规定处理：（一）转让行为发生在破产申请受理前的，原权利人因财产损失形成的债权，作为普通破产债权清偿；（二）转让行为发生在破产申请受理后的，因管理人或者相关人员执行职务导致原权利人损害产生的债务，作为共益债务清偿。"

② 最高人民法院《关于适用〈中华人民共和国企业破产法〉若干问题的规定（二）》第32条规定："债务人占有的他人财产毁损、灭失，因此获得的保险金、赔偿金、代偿物尚未交付给债务人，或者代偿物虽已交付给债务人但能与债务人财产予以区分的，权利人主张取回就此获得的保险金、赔偿金、代偿物的，人民法院应予支持。保险金、赔偿金已经交付给债务人，或者代偿物已经交付给债务人且不能与债务人财产予以区分的，人民法院应当按照以下规定处理：（一）财产毁损、灭失发生在破产申请受理前的，权利人因财产损失形成的债权，作为普通破产债权清偿；（二）财产毁损、灭失发生在破产申请受理后的，因管理人或者相关人员执行职务导致权利人损害产生的债务，作为共益债务清偿。债务人占有的他人财产毁损、灭失，没有获得相应的保险金、赔偿金、代偿物，或者保险金、赔偿物、代偿物不足以弥补其损失的部分，人民法院应当按照本条第二款的规定处理。"

予以清偿。

四、经验启示

关于执行回转案件的申请执行人在被执行人破产案件中能否得到优先受偿保护，目前我国尚无明确法律规定，司法实践中也争议颇多。在办理该类案件时，可以尝试参照最高人民法院执行工作办公室《关于执行回转案件的申请执行人在被执行人破产案件中能否得到优先受偿保护的请示的答复》(〔2005〕执他字第 27 号)的精神，从债权形成原因的特殊性等角度切入，主张“可以比照取回权制度，对执行回转案件申请执行人的权利予以优先保护，认定应当执行回转部分的财产数额，不属于破产财产”，以期最大化维护申请执行人的合法权益。

同时，律师要注重培养对法律事务的全局把控能力，审慎斟酌、全盘分析，对法律处理方案及策略的选择予以足够重视，尽量避免委托人因财产被错误执行又执行回转不能而遭受损失。

破产案件中债务人拒不移交账册的法律责任

——以某公司破产清算案为例

张泽宇　付　星

一、案情简介

近年来，债务人没有账册或者拒不移交账册的破产案件涌现。由于没有账册，管理人难以开展清产核资工作，债权人会议多为不满，进而要求管理人追究债务人及其相关人员的责任。

2020年5月，本所作为管理人在经办广州某法院受理的某公司破产案中，债务人及股东未提交任何账册，此举引发债权人与债务人之间的巨大争议。办案过程中，债务人向管理人解释了不能移交账册的两个理由：第一，破产企业在运营过程中交由专业运营团队管理，债务人没有直接保管账册；第二，破产企业作为“二房东”，在经营过程中与业主产生过激烈冲突，账册很可能是在冲突过程中遗失，因此账册遗失的责任在于业主。

对于上述理由，人民法院认为管理人应当开展实体调查。管理人首先在公安部门调取了破产企业与业主在冲突当日的出警档案，档案显示确实存在业主组织保安“封场”的情况，但未反映出任何财物遗失和人员伤亡。

债权人会议认为，债务人的相关人员不移交账册没有正当理由，管理人必须起诉追究相关股东、高管拒不移交账册的法律责任。

破产法院认为：第一，职业经理人掌管公司账册不构成拒不移交账册的合理理由；第二，管理人调查取证的结果与债务人的陈述不能互相印证。但鉴于破产法院在债权人、债务人之间处于中立状态，不宜在实体上审查股东是否存在过错，又因破产案件的数量在近些年才呈现爆发趋势，追究股东拒不移交账册责任的案例不多,最终建议管理人提起诉讼,以便进一步查明事实,厘清责任。

随后,管理人向基层法院提起了追究相关主体拒不移交账册的法律责任,最终得到支持,判令被告股东、高管赔偿公司损失1700余万元。

二、问题难点

《企业破产法》第15条规定:“自人民法院受理破产申请的裁定送达债务人之日起至破产程序终结之日,债务人的有关人员承担下列义务:(一)妥善保管其占有和管理的财产、印章和账簿、文书等资料;……前款所称有关人员,是指企业的法定代表人;经人民法院决定,可以包括企业的财务管理人员和其他经营管理人员。”《企业破产法》第127条第1款规定:“债务人违反本法规定,拒不向人民法院提交或者提交不真实的财产状况说明、债务清册、债权清册、有关财务会计报告以及职工工资的支付情况和社会保险费用的缴纳情况的,人民法院可以对直接责任人员依法处以罚款。”

上述规定确定了债务人及其相关人员需要承担移交财务账册的法律义务,但拒不移交账册的责任主体是谁、过错如何认定、损失如何量化、举证责任应该如何分配,目前并没有非常明确的规定。正因如此,这些问题也是办理此类案件中的难点,笔者将在下文结合经办案件进行分析。

三、法律评析

(一)拒不移交账册的责任主体

在破产案件中,管理人由人民法院指定,遇到债务人违反《企业破产法》第15条规定不履行移交账册义务时,管理人必须先行对相关证据材料进行审查,进而再决定是否对债务人的相关人员提起诉讼,而非不加思考地直接起诉,以免浪费司法资源。

管理人审查工作的第一步就是识别和明确责任承担主体。最高人民法院《关于债权人对人员下落不明或者财产状况不清的债务人申请破产清算案件如何处理的批复》(以下简称《批复》)第3款规定:“债务人的有关人员不履行法定义务,人民法院可依据有关法律规定追究其相应法律责任;其行为导致无法清算或者造成损失,有关权利人起诉请求其承担相应民事责任的,人民法院应依法予以支持。”

《全国法院民商事审判工作会议纪要》(以下简称《九民会议纪要》)第118条针

对上述《批复》的内容进一步细化:“……上述批复第3款规定的‘债务人的有关人员不履行法定义务,人民法院可依据有关法律规定追究其相应法律责任’,系指债务人的法定代表人、财务管理人员和其他经营管理人员不履行《企业破产法》第15条规定的配合清算义务。”可见,现有规定将拒不移交账册的责任主体限定为三类,即“法定代表人”“财务管理人员”“其他经营管理人员”。“其他经营管理人员”的字面含义较为宽泛,从过往案例看,该类人员包括对公司经营决策产生影响的一切人员,包括股东、董事、监事等。

(二)过错如何认定

根据《批复》第3款规定,债务人的有关人员不履行移交账册法律责任造成无法清算及其他损失,应承担法律责任。笔者认为,债务人及其相关人员不移交破产企业财务账册造成损害的行为实际上是一种侵权行为,管理人也应该根据民法侵权责任构成理论加以判断与识别,即债务人及其相关人员的前述行为是否符合承担一般侵权责任所应具备的行为、过错、因果关系和损害结果四个构成要件。

账册是企业在经营过程中最重要的资料,公司股东、高管应尽到最大的注意义务对账册进行保管,在进入破产程序后更应无条件将账册移交给破产管理人。由于拒不移交账册是一种消极地不履行法定义务的行为,只要拒不移交,就在法律形式上具备主观过错,需要由债务人及其相关人员进一步举证证明其没有过错。

是否存在过错,要分两种情况讨论,一是有账册但拒不移交,二是账册因丢失而无法移交。此处举证责任是倒置的,由债务人及其相关人员对其不能移交账册没有过错进行举证,或者对账册丢失存在合理理由进行举证(如档案依法销毁、其他人员暴力损坏)。

(三)因果关系的举证责任分配

《九民会议纪要》第118条规定:“上述批复第三款规定的‘其行为导致无法清算或者造成损失’,系指债务人的有关人员不配合清算的行为导致债务人财产状况不明,或者依法负有清算责任的人未依照《企业破产法》第七条第三款的规定及时履行破产申请义务,导致债务人主要财产、账册、重要文件等灭失,致使管理人无法执行清算职务,给债权人利益造成损害。”

根据上述规定,不移交账册法律责任的结果要件指的是“管理人无法执行清算职务,给债权人利益造成损害”。可见,法律构建的因果关系是:拒不移交账册的行为造成管理人未能接管账册,管理人就无法通过审计程序发觉财产线索和资金流向，进而不能排除股东、董事、高管占用或转移公司财产的嫌疑，最终给债权人利益造成损害。

笔者认为，破产案件中债权人及其相关人员拒不移交账册的必然结果就是管理人无法进行清算，该行为与结果之间存在很强的关联性，不需要特别地加以证明，而应当由债务人及其相关人员对不存在因果关系进行举证。对此，笔者摘引生效判决对因果关系的说理部分供读者理解："被告拒绝配合清算义务的行为致使管理人无法接管到债务人财产、账簿等财务资料，阻碍了管理人追收财产等破产清算工作的正常开展，管理人也无法彻底查明公司财产状况，致使公司的财产状况不明。由此可见，被告拒不配合清算义务的行为已致使管理人无法执行清算职务，并给债权人利益造成了损害，即其行为与损害结果之间存在法律上的因果关系，被告应对此承担赔偿责任。"

（四）损害结果如何理解和量化

如前文所述，拒不移交账册造成损害应承担侵权责任，因此损害结果的查明与举证是管理人应有的工作内容。从物理上来说，账册是记载特定内容的纸张，其本身没有价值，管理人如何判断是否存在损害结果，损害的金额是多少，确是实务中困扰管理人的问题，下文笔者将结合办案经验进行分析。

1. 是否存在损害结果

根据《九民会议纪要》及《批复》第 3 款规定，承担拒不移交账册的法律责任需存在损害结果。上文生效判决也论述道："被告拒不配合清算义务的行为已致使管理人无法执行清算职务，并给债权人利益造成了损失。" 可见，损害结果分为两个层次，一是导致管理人无法执行清算职务，二是给债权人利益造成损害。

从第一个层次看，债务人不移交账册有不同程度之分，在许多老国有"僵尸企业"出清过程中，债务人或者上级主管单位遗失了部分财务账册，但大部分年度的账册保存完好，例如，可以移交 2000 年至 2015 年账册，2015 年至 2018 年遗失，2019 年至 2020 年完整，遗失的年份能够通过提供审计报告及汇算清缴报告予以佐证。对于这种情况，从主观上看，债务人是愿意履行法定义务的，却因遗失无法移交；从客观上看，不能移交的年份能够通过提交审计报告及汇算清缴报告予以佐证，不影响管理人对相关信息的了解，不影响后续的审计工作。对于这种情况，笔者认为不存在损害结果，管理人不应追究债务人及其相关人员的责任。另一种情况是债务人及其相关人员未向管理人移交任何的财务账册、审计报告等重要文件，这必然会导致管理人无法对公司进行清算审计，进而无法完整地执行清算职务。

从第二个层次看，确定是否给债权人利益造成损害存在很大争议。有一种观点认为，债权债务关系的产生与账册是否保存完好没有任何关系，不移交财务资料与债权人损失无关，因此债权人无法得到清偿根本不是拒不移交账册造成的损害结果。笔者不同意这样的观点：首先，账册等财务资料能反映公司的资产情况，如果账册不移交给管理人，那么公司资产将可能会被隐藏，导致管理人无法处置资产进而清偿给债权人；其次，公司的账册能够反映公司的股东、高管及其他相关人员是否有侵占公司资产的行为，如果股东、高管等拒不移交账册，那么就存在股东、高管侵占公司资产的可能性，无法排除合理怀疑，进而造成债权人无法得到清偿。因此，笔者认为"管理人无法执行清算职务"与"给债权人利益造成损害"两个损害结果是彼此相连的，只要客观上债务人拒不移交账册导致管理人无法执行清算职务，那么"给债权人利益造成损害"的损害结果就应当同时予以确认。

2. 债权人的意思表示一定程度上反映是否存在损害结果

"管理人无法执行清算职务"与"给债权人利益造成损害"是拒不移交账册的结果，一方面管理人可综合案情进行判断，另一方面则是了解债权人真实的意思表示，即债权人是否认为拒不移交账册的行为对其造成了损害。管理人是否起诉虽然不是《企业破产法》第61条关于债权人会议决议事项的规定，但从实践经验看，管理人需要把起诉事宜报告债权人会议，如果多数债权人要求管理人起诉追究相关人员责任，那么至少说明债权人认为拒不移交账册的行为侵害其合法权益，存在损害结果。

如此，有人质疑管理人询证债权人会议的必要性，因为"管理人无法执行清算职务"与"给债权人利益造成损害"之间存在强关联性，管理人的行为有多此一举之嫌。其实不然，每个破产企业的债权人会议组成结构是不同的，每个破产案件的社会价值和历史使命也是不同的。在国有"僵尸企业"出清案件中，消灭落后产能释放社会资源是追求的价值，这种企业在进入破产程序前大多经过债务重组，债权人往往就是上级股东或者集团内的兄弟单位，确实因为年代过于久远而遗失了账册，此时债权人会议大概率不会认同起诉追究拒不移交账册责任的提议，这种情况下，"给债权人利益造成损害"的客观要件就不存在。如果管理人不征询债权人会议意见而径直起诉追究股东、高管责任，那么不过是将债权人左口袋的钱交还到了右口袋，实际上是在浪费司法资源。

3. 如何量化损害结果

很多人疑惑，账册是记载公司财务信息的纸张，本身不具有价值，但管理人起诉相关主体最终仍会落脚于金钱给付义务，即赔偿损失，所以管理人必须找到相应的依据将损害结果予以量化。

目前虽然没有相关的法律和司法解释对拒不移交账册造成的损失如何计算进行规定，但人民法院可能会依据无异议债权裁定所载金额判决债务人及其相关人员承担全部赔偿责任，因此破产法院作出的无异议债权裁定是量化损害结果的主要依据。

四、经验启示

在债务人拒不移交账册的案件中，过错、因果关系的证明责任是倒置的，这种规则并不是在《民事诉讼法》中直接予以规定，而是根据现有规定结合审判经验总结而来，即由被告对损害结果与拒不移交账册之间不存在因果关系进行举证，而管理人仅需证明拒不移交账册的事实以及损害结果的存在。需要注意的是，虽然适用举证责任倒置的规则，但并不意味着管理人可以不承担任何举证责任。管理人必须在诉讼的过程中及时完成破产企业财产调查、不移交账册原因调查、债权审查等基础工作，并及时报请受理破产的人民法院，否则审理拒不移交账册案件的法院将无法结合破产企业的财产状况认定损害结果，导致管理人承担败诉风险。

全民所有制企业清算义务人违反清算义务可否适用公司法追究其相关民事责任

——以某清算责任纠纷案为例

王春平　黎月梅

一、案情简介

某进出口公司(以下简称进出口公司)系原某省农场管理局投资设立的全民所有制企业,成立于1986年9月,经营截止日期为2003年11月19日。2000年8月7日,某省经济贸易委员会、某省财政厅作出划拨通知,决定将包括进出口公司在内的100多户企业划拨给某省商业公司(以下简称商业公司)。因交接不规范,除一枚公章外,商业公司未能取得、接管进出口公司的财务账册、营业执照等相关材料。

2006年,进出口公司因逾期未年检被工商部门吊销营业执照。

2018年,为配合和推进“僵尸企业”出清工作,商业公司向法院申请对进出口公司进行强制清算,法院依法予以了立案受理。案件公告期间,李某向清算组申报债权5000余万元并获确认为普通债权。

2019年3月,法院以“进出口公司没有任何财产、账册、重要文件,无法清算”为由,裁定终结该司的强制清算程序。

2019年7月,李某以商业公司为被告,以进出口公司为第三人,向法院提起诉讼,要求商业公司承担未及时履行清算义务的赔偿责任,主要理由是:“商业公司作为进出口公司的主管机关和履行出资义务主体,未及时成立清算组进行清算,且怠于履行清算义务,导致进出口公司财产、账册、重要文件灭失,无法清算,严重损害了李某等债权人的合法权利,最终导致债权无法清偿。”商业公司认为,李某提出的“未及时成立清算组进行清算,且怠于履行清算义务”等内容属于最高人民法院《关于适用〈中华人民共和国公司法〉若干问题的规定(二)》(以下简称《公司法司法解释二》)(2020 年已修正)规定的内容,进出口公司属于全民所有制企业,不属于公司法调整的对象,故李某该项主张缺乏法律依据;暂且不管进出口公司是否属于公司法调整的对象,商业公司并非进出口公司的清算义务主体,而且,在商业公司接管进出口公司之前,进出口公司财产、账册、重要文件便已灭失,商业公司其后也审慎管理经营进出口公司,并依据“僵尸出清”的政策要求对进出口公司进行强制清算,商业公司不存在过错,依法无须承担责任。

经一审、二审,两审法院均认为李某提交的证据不能证实商业公司的行为与进出口公司主要财产、账册、重要文件灭失、无法进行清算的结果之间存在必然的因果关系,最终均不支持李某的全部诉讼请求。

二、问题难点

随着公司法的颁布以及全民所有制企业等企业改制进程的加快,全民所有制企业等特殊“国有企业”的规模不断缩小,但仍有相当数量企业处于歇业、停产、被吊销营业执照却未被清退的“僵而不死”状态。近年来,随着供给侧结构性改革的推进,中央要求“更加注重运用市场机制、经济手段、法治办法化解产能过剩,加大政策引导力度,完善企业退出机制”。清算义务人纷纷出清历史遗留的“僵尸企业”。在全民所有制企业等非公司制法人的清退过程中,为维护自身的合法权益,债权人会依据《公司法司法解释二》第 18 条①规定,要求全民所有制企业清算义务人承担相应的民事责任,而全民所有制企业清算义务人往往会以“公司法不适用于全民所有制企业”作为抗辩理由。

本案就是一起典型的债权人要求全民所有制企业清算义务人承担全民所有制企业清算义务及清算责任的案例,难点和争点也显而易见:《公司法司法解释二》第 18 条规定的调整对象是否包括作为全民所有制企业的进出口公司及其清算义务人

① 最高人民法院《关于适用〈中华人民共和国公司法〉若干问题的规定(二)》第 18 条规定:“有限责任公司的股东、股份有限公司的董事和控股股东未在法定期限内成立清算组开始清算,导致公司财产贬值、流失、毁损或者灭失,债权人主张其在造成损失范围内对公司债务承担赔偿责任的,人民法院应依法予以支持。有限责任公司的股东、股份有限公司的董事和控股股东因怠于履行义务,导致公司主要财产、账册、重要文件等灭失,无法进行清算,债权人主张其对公司债务承担连带清偿责任的,人民法院应依法予以支持。上述情形系实际控制人原因造成,债权人主张实际控制人对公司债务承担相应民事责任的,人民法院应依法予以支持。”

商业公司？如果不能，作为债权人的李某，还可以依据哪些法律规定，通过何种法律途径，主张商业公司系全民所有制企业进出口公司的清算义务人，并要求其就进出口公司无法清算的结果承担法律责任？

三、法律评析

1. 全民所有制企业是具有计划经济时代特性的特殊“国有企业”。

在我国，法人分为企业法人、机关法人、事业单位法人和社会团体法人，其中企业法人包括有限责任公司、股份有限公司、全民所有制企业、集体所有制企业、联营企业等。

所谓“全民所有制”，是全民族、整个国家或整个社会占有生产资料的一种所有制。①《中华人民共和国全民所有制工业企业法》（以下简称《全民所有制工业企业法》）第 2 条明确了“全民所有制企业”的定义：“是指企业财产属于全民所有的，依法自主经营、自负盈亏、独立核算的社会主义商品生产和经营单位。”

结合其历史沿革及演变过程，全民所有制企业实际上是国家在当时特定经济环境下，为了实现一定的经济目的独资创办的企业，是受国家委托对国家财产进行经营管理的经营人。国家依照所有权和经营权分离的原则授予全民所有制企业经营管理国家财产，全民所有制企业对国家授予其经营管理的财产享有占有、使用和依法处分的权利。

2. 全民所有制企业不是公司法调整的对象，直接依据公司法相关法律规定要求全民所有制企业清算义务人承担民事责任，存在适用法律不准确之虞。

《公司法》第 2 条规定：“本法所称公司是指依照本法在中国境内设立的有限责任公司和股份有限公司。”

根据前述法律规定，公司法的调整对象是在我国境内设立的有限责任公司、股份有限公司，不包括全民所有制企业。

尽管 2014 年 3 月 1 日施行的最高人民法院《关于适用〈中华人民共和国公司法〉若干问题的规定（一）》（以下简称《公司法司法解释一》）第 2 条规定：“因公司法实施前有关民事行为或者事件发生纠纷起诉到人民法院的，如当时的法律法规和司法解释没有明确规定时，可参照适用公司法的有关规定。”2017 年 10 月 1 日施行的《民法总

---

① 奚兆永：《论全民所有制：理论和现实——兼评胡德巧等同志的观点》，载《当代经济研究》1996 年第 4 期。

则》(现已被废止)第71条,以及2021年1月1日施行的《民法典》第71条也均规定了:"法人的清算程序和清算组职权,依照有关法律的规定;没有规定的,参照适用公司法律的有关规定。"但是前述法律规定的也只是可"参照适用"而非"直接适用",且"参照适用"须符合"有关法律没有规定"这一前提。对此,《中国民法典释评·总则编》载明了对《民法典》第71条的释明和评析,"如果法律或者行政法规对法人的清算程序和清算组职权没有规定的,应当参照适用公司法的有关规定。这表明,公司法有关清算程序和清算组职权的规定,对于其他法人具有参照适用的功能"①。

为了进一步求证"能否适用公司法相关法律规定处理全民所有制企业有关的纠纷"这一问题,笔者围绕前述问题进行了司法裁判文书的检索和研究,结果显示(见表1),大部分法院对前述问题仍持否定态度②,理由主要是"全民所有制企业并非公司法调整的对象"。

表1　关于能否参照适用公司法相关规定处理全民所有制企业有关纠纷的裁判观点

审理法院	裁判观点
最高人民法院	(2015)民提字第197号债权转让合同纠纷案: 蔬菜集团其工商登记信息及法人营业执照均显示为全民所有制企业,蔬菜集团并非依照《公司法》设立的有限责任公司或股份有限公司,而是依照《民法通则》设立的全民所有制企业法人,《民法通则》第48条规定"全民所有制企业法人以国家授予它经营管理的财产承担民事责任",故蔬菜集团并非《公司法》调整的主体范围,更非《公司法》规定的一人有限责任公司
广州市中级人民法院	(2014)穗中法审监民再字第136号股东滥用股东权利赔偿纠纷案: 海外公司系成立于1993年2月19日的全民所有制企业法人,其出资问题应适用《全民所有制工业企业法》的相关规定。……现中国印刷物资总公司要求上述出资人应提供《公司法》规定的相关验资证明,不符合最高人民法院《关于适用〈中华人民共和国公司法〉若干问题的规定(一)》第1条的规定
	(2016)粤01民终5797号股东损害公司债权人利益责任纠纷案: 根据《公司法》第2条规定,白某集团不属该法的调整对象,因此,东方联合公司主张适用《公司法》及相关司法解释的规定,认定韩某靛系白某集团的实际股东、实际控制人并据此追究韩某靛的个人责任,缺乏事实及法律依据

① 王利明主编:《中国民法典释评·总则编》,中国人民大学出版社2020年版,第169-170页。

② 在部分全民所有制企业相关的纠纷案件中,法院会根据《公司法司法解释一》第2条规定参照公司法相关规定进行审理,但是,在适用前述规定之前,法院会先行判断"当时的法律法规和司法解释有无明确规定"。

续表

审理法院		裁判观点
北京地区法院	北京市第二中级人民法院	(2018)京02民终1600号执行异议之诉案： 北京华智达中心以北京电子控股公司在现代防腐剂中心注销时未经清算即同意注销为由，申请追加北京电子控股公司为被执行人，并称由于现代防腐剂中心经济性质为全民所有制，并非公司，故应参照适用最高人民法院《关于民事执行中变更、追加当事人若干问题的规定》第21条规定，但该主张缺乏法律依据
	北京市海淀区人民法院	(2018)海民初字第34397号借款合同纠纷案： 远能公司属于全民所有制企业，其依据公司法中关于有限责任公司、股份有限公司股东清算责任的规定，要求工业大学承担清算赔偿责任，缺乏法律依据
上海地区法院	上海市第一中级人民法院	出版案例“上海Z公司诉上海科技交流中心股东损害公司债权人利益责任纠纷案”： ……《公司法》关于清算义务人的清算赔偿责任不能当然地适用于非公司制法人清算义务人的清算义务和责任认定……最高人民法院《关于适用〈中华人民共和国公司法〉若干问题的规定(二)》中有关公司清算义务人承担赔偿责任的规定，仅适用于公司制企业
	上海市第二中级人民法院	(2017)沪01民终2827号清算责任纠纷案： B公司性质为全民所有制……B公司并不属于公司法中所称的公司，不适用公司法及公司法的相关规定，故明鹏公司要求地矿勘察院根据公司法的相关规定承担赔偿责任，无法律依据
		(2014)沪二中民四(商)终字第1520号清算责任纠纷案： 科教公司系非公司制企业，故本案争议不适用我国《公司法》及其司法解释关于公司清算的相关规定
		(2014)沪二中民四(商)终字第1119号联营合同纠纷案： 医用仪表厂系全民所有制企业，非公司法人，有关其出资人责任承担问题不适用我国《公司法》相关规定
徐州市中级人民法院		(2016)苏03民终2205号建设工程合同纠纷案： 因华盛建安公司系全民所有制企业，有关该企业的涉及出资问题纠纷应当适用《全民所有制工业企业法》的有关规定，一审法院适用《公司法》有关规定处理本案纠纷系属不当

综上所述，笔者认为，直接依照公司法相关法律规定要求全民所有制企业清算义务人承担民事责任，存在适用法律不准确之虞。

3. 全民所有制企业的出资人、开办单位或主管单位依法系其清算义务人。

企业法人的清算实际是对企业法人的债权债务进行梳理、解决，对其财产进行分配处置的过程。清算义务人在清理企业法人债权债务过程中的主要职能和义务是尽量保全企业的财产，采取合法的措施回收企业的对外债权，从而实现企业财产的保值甚至增值。

1988 年 4 月 13 日，我国颁布《全民所有制工业企业法》，明确了全民所有制企业的权利和义务，后于 2009 年 8 月 27 日修正了该法律。但是，无论是修正前还是修正后的《全民所有制工业企业法》，均只对全民所有制企业的终止原因、终止程序、债权债务清理等作出了一般性的规定，未明确全民所有制企业的清算义务主体及其他相关问题。

而关于“全民所有制企业的清算义务主体”这一问题，散见于如下法律规定：2009 年 8 月 27 日施行的《民法通则》（现已被废止）第 47 条、2017 年 10 月 1 日施行的《民法总则》（现已被废止）第 70 条、2021 年 1 月 1 日施行的《民法典》第 70 条、《企业法人登记管理条例》（2022 年已失效）第 33 条、《企业登记程序规定》（国家工商行政管理总局令第 9 号，2020 年已失效）第 18 条、最高人民法院法经（2000）24 号函、最高人民法院《关于债权人对人员下落不明或者财产状况不清的债务人申请破产清算案件如何处理的批复》（法释〔2008〕10 号，以下简称法释〔2008〕10 号《批复》），等等。

广东省高级人民法院《关于企业法人解散后的诉讼主体资格及其民事责任承担问题的指导意见》（现已失效）第 4 条还规定了：“下列组织或个人为企业法人的清算义务人……（三）非公司制的国有企业的主管部门；（四）非公司制的集体企业的开办者或出资者……”

根据上述法律规定和指导意见，全民所有制企业的清算义务人应为其出资人、开办单位或主管单位。

4. 如《全民所有制工业企业法》没有规定，债权人可依据《民法总则》第 71 条、《民法典》第 71 条规定要求全民所有制企业清算义务人承担责任。

对于“全民所有制企业清算义务人应在何时成立清算组、成员由哪些人组成、清算组享有哪些职权和负有哪些义务、应按照何种程序进行清算、如何才构成未及时履行清算义务、应承担何种民事责任”等相关问题，《全民所有制工业企业法》未作出进一步的规定，存在较大空白。

其中，关于“清算义务人所负民事责任”，对比《全民所有制工业企业法》，公司

法的规定可谓十分详尽。(见表2)

表2 关于全民所有制企业、有限责任公司、股份有限公司的清算义务人及民事责任对比

全民所有制企业	有限责任公司	股份有限公司
《全民所有制工业企业法》的规定:依法清理债权、债务,并依法办理注销登记	《公司法》及其司法解释的规定: (1)未在法定期限内成立清算组开始清算,导致公司财产贬值、流失、毁损或者灭失的赔偿责任 (2)怠于履行义务,导致公司主要财产、账册、重要文件等灭失,无法进行清算的连带清偿责任 (3)在公司解散后,恶意处置公司财产给债权人造成损失,或者未经依法清算,以虚假的清算报告骗取公司登记机关办理法人注销登记的赔偿责任 (4)公司未经清算即办理注销登记,导致公司无法进行清算,而对公司债务的清偿责任 (5)公司解散时,公司财产不足以清偿债务时,在未缴出资范围内对公司债务的连带清偿责任	

2017年10月1日施行的《民法总则》、2021年1月1日施行的《民法典》,对《全民所有制工业企业法》的前述空白起到了一定的填补作用——根据《民法总则》第71条、《民法典》第71条等有关法律规定,在《全民所有制工业企业法》没有规定的情况下,可参照适用公司法的有关法律规定。

据此,债权人要求全民所有制企业清算义务人参照公司法关于清算程序、清算组职权、清算义务人民事责任等规定组织实施全民所有制企业的清算、行使职权、承担责任等,具有法律依据。

需要说明的是:法不溯及既往是法治的基本原则,但该原则主要适用于新旧法对同一问题都有规定但规定又有所不同的情形。此时,要根据行为时的法律来确定所应适用的法律:行为时民法总则尚未施行的,适用当时的法律即合同法的规定;行为时民法总则已经施行的,适用民法总则的规定。但该原则并非绝对,它有两个例外:一是某项制度民法总则有规定,而旧法如合同法没有规定的,如虚伪意思表示制度,此时因为旧法对此并无规定,而法院又不能拒绝裁判,就可以参照适用民法总则的规定。二是根据"有利追溯"原则,例外情况下允许新法具有溯及力。①

5. 债权人向全民所有制企业清算义务人主张权利的其他可行路径。

---

① 刘贵祥:《在全国法院民商事审判工作会议上的讲话(2019年7月3日)》,载简书网2019年7月29日,https://www.jianshu.com/p/babdc4b28812。

第一，依据《民法总则》《侵权责任法》《民法典》等相关法律规定，向全民所有制企业清算义务人主张侵权责任。

从上文援引的公司法有关法律规定来看，有限责任公司和股份有限公司清算义务人制度以及未清算承担责任的制度，其理论基础是《公司法》第 20 条规定的法人人格否认制度，是对股东有限责任的突破。这种突破是基于“规范公司的退出机制，保护债权人合法利益不受侵害”的价值考量。[①]《公司法司法解释二》第 18 条规定的未履行清算义务的股东所负民事责任，从本质上说，是一种侵权责任。因此，在本案中，一审、二审法院主要围绕是否符合侵权责任的构成要件进行审理。

尽管全民所有制企业清算义务人的民事责任认定不能直接依据公司法相关法律规定，但若全民所有制企业清算义务人在全民所有制企业清算程序中存在侵权行为，同时符合构成侵权责任的其他三个要件（清算义务人存在过错、债权人权益受损的损害结果、清算义务人的行为与债权人的损害结果之间存在因果关系），则债权人可依据《侵权责任法》相关法律规定要求该清算义务人承担侵权责任。

《民法总则》第 70 条第 3 款、《民法典》第 70 条第 3 款规定的“清算义务人未及时履行清算义务，造成损害的，应当承担民事责任”，从本质上来说，也是一种侵权责任，但适用于“清算义务人未及时履行清算义务，造成损害”此种特定的情形。

据此，债权人可以结合具体案件情况，依据行为时施行的《民法总则》第 70 条第 3 款、《侵权责任法》或现行有效的《民法典》第 70 条第 3 款等相关法律规定，向全民所有制企业清算义务人主张侵权责任。

需要注意的是：对于“如何才能认定为清算义务人未及时履行清算义务”“清算义务人应承担何种民事责任”等问题，《民法总则》第 70 条第 3 款、《民法典》第 70 条第 3 款未作明确规定。笔者认为，在依据前述法律规定向全民所有制企业清算义务人主张权利时，可参照适用公司法相关规定，以明确己方主张。

第二，在出现法释〔2008〕10 号《批复》规定的特定情形时，依据该批复向清算义务人主张承担相应民事责任。

根据法释〔2008〕10 号《批复》，在债权人对人员下落不明或者财产状况不清申请的债务人申请破产清算情形下，如债务人的有关人员不履行法定义务，法院可依据有关法律规定追究其相应法律责任；其行为导致无法清算或者造成损失，有关权

① 最高人民法院研究室编：《最高人民法院司法解释：正式文本 · 理解与适用》，法律出版社 2009 年版，第 113 页。

利人起诉请求其承担相应民事责任的,人民法院应依法予以支持。

法释〔2008〕10号《批复》的适用范围是前述特定情形,而且规定了较多的适用条件,《批复》第3款与《公司法司法解释二》第18条第2款规定的适格主体、行为要件、造成结果、责任范围、法律依据均存在差异。(见表3)

表3 《公司法司法解释二》第18条第2款与法释〔2008〕10号《批复》第3款比较

	《公司法司法解释二》第18条第2款	法释〔2008〕10号《批复》第3款
适格主体	有限责任公司的股东、股份有限公司的董事和控股股东	债务人的有关人员
行为要件	怠于履行义务	不履行法定义务
造成结果	导致公司主要财产、账册、重要文件等灭失,无法进行清算	债务人的有关人员不配合清算的行为导致债务人财产状况不清,导致无法清算或造成损失
责任范围	连带清偿责任	相应民事责任
法律依据	《公司法》第180条、第183条	《企业破产法》第15条、第126条、第127条、第128条

据此,如债权人适用法释〔2008〕10号《批复》向全民所有制企业的清算义务人主张权利的,应注意先行研究判断是否符合法释〔2008〕10号《批复》规定的适用条件。

需要注意的是:对于"债务人的有关人员""清算义务人应承担何种民事责任""是否应在破产程序终结前主张"等问题,《批复》也未作明确规定。由于对前述主体范围、责任类型、程序要求的把握,涉及《批复》内容的本意理解,必要时,可依法申请审理法院报请最高人民法院进一步明确。

四、经验启示

法律是维护国家稳定、保障各项事业蓬勃发展的最强有力的武器,也是捍卫人民群众合法权利和利益的工具。尽管《全民所有制工业企业法》对全民所有制企业清算义务人民事责任的规定不完善,但不代表全民所有制企业清算义务人便可为所欲为,也不代表债权人在全民所有制企业清算义务人侵害债权人合法权益时无法向其主张权利,债权人依然可在现有法律体系下找到维护自身合法权益的护盾。作为律师,也可在现有法律制度、司法实务、理论研究的基础上,结合办案经验,大胆假设,小心求证,深耕细作,梳理、洞察和探索更为开放、多样,同时具有实践意义的权利主张路径,以回应法律在社会实践中的更高要求和更大需求。

对清算注销后公司的债权追索

——以某清算责任纠纷案展开评析

许杰民

一、案情简介

2014 年 11 月，G 市某企业集团有限公司（以下简称 H 公司）因与 G 市某广告有限公司（以下简称 J 公司）广告合同纠纷，向法院起诉。法院于 2015 年 5 月判令 J 公司向 H 公司退还广告费 126 万元及利息。判决生效后，H 公司申请强制执行，因未发现 J 公司有可供执行的财产，法院于 2015 年 8 月裁定终结本次执行。

2018 年 8 月，H 公司无意中发现，J 公司已于 2017 年 8 月 8 日注销，其清算组成员为公司股东郭某和周某。H 公司认为郭某和周某作为 J 公司的股东及清算组成员，明知 J 公司与 H 公司有债务纠纷，且法院已作出生效判决及立案执行，但在处理 J 公司清算事宜时，却没有依法书面通知已知的债权人即 H 公司来申报债权。

为此，H 公司以股东清算责任纠纷为由起诉了郭某和周某，并通过诉讼保全查封了周某的财产。法院开庭后，周某主动与 H 公司达成了和解，向 H 公司支付了款项本金和大部分利息。H 公司原本以为执行无望的坏账款项得到了赔偿。

二、问题难点

本案争议源于公司合同纠纷，却以作为清算义务人的公司股东承担了赔偿责任而终结。

根据《公司法》第 3 条[①]的规定，公司以其全部财产对公司的债务承担责任，有限责任公司的股东以其认缴的出资额为限对公司承担责任。因此，公司间发生的合同纠纷，通常只能向公司追索，一旦公司无力偿债，则债权人可能会遭受债权无法实现的风险。若公司解散及破产时，无剩余财产可分配或清算义务人无任何违规之处，则该笔债权将随着负债公司的关闭而永远沦为坏账。

本案困难之处在于，在发现负债公司已解散的情况下，如何为呆滞坏账寻找生机，包括：首先，H 公司需要准确界定 J 公司的状态及情况，并选择适当的诉讼请求，否则可能会因为诉讼策略的不当而被法院驳回；其次，H 公司若需要绕开公司起诉其股东，则需要根据已选择的诉求，尽力搜集有关证据材料及财产线索，以充分证明 J 公司股东违反了何种法律义务，从而需要对公司债务承担赔偿责任。

三、法律评析

在债权处置陷入困境的时候，尽力寻找其他有效途径，包括向公司股东追索债务，值得引起债权人的高度重视。但对于有限责任公司而言，目前有可能追索公司股东责任的方式是受限的，主要包括两条：其一是股东滥用有限责任损害公司债权人利益，该等情况适用《公司法》第 20 条[②]规定的公司法人人格否认制度；其二是股东作为公司清算义务人时未依法履行清算义务，损害债权人利益，该等情况适用《公司法》第十章“公司解散和清算”的相关规定。

就本案而言，H 公司已对 J 公司提起合同纠纷诉讼并获胜，但在法院执行阶段却遇到无可供执行财产的障碍。因此，在发现 J 公司已解散的情况下，继续进行或申请恢复原执行程序已没有现实意义和可能性。H 公司只能把追索债务的目标投放到 J 公司的原股东或其他责任人身上，由此，H 公司必须审慎厘清股东责任的有关法律问题。

---

① 《公司法》(2018 年修正)第 3 条规定：“公司是企业法人，有独立的法人财产，享有法人财产权。公司以其全部财产对公司的债务承担责任。有限责任公司的股东以其认缴的出资额为限对公司承担责任；股份有限公司的股东以其认购的股份为限对公司承担责任。”注：本文中所称的《公司法》若无特别说明，均指 2018 年修正的《中华人民共和国公司法》。

② 《公司法》(2018 年修正)第 20 条规定：“公司股东应当遵守法律、行政法规和公司章程，依法行使股东权利，不得滥用股东权利损害公司或者其他股东的利益；不得滥用公司法人独立地位和股东有限责任损害公司债权人的利益。公司股东滥用股东权利给公司或者其他股东造成损失的，应当依法承担赔偿责任。公司股东滥用公司法人独立地位和股东有限责任，逃避债务，严重损害公司债权人利益的，应当对公司债务承担连带责任。”

（一）区分股东损害公司债权人利益责任和清算义务人责任

区分股东责任的性质是确定诉讼案由的前提，案由选择不同，则所有的诉讼理由及举证方向均有本质上的不同。

1. 股东损害公司债权人利益责任

依据现行的《公司法》，有限责任公司的股东以认缴的出资额为限对公司承担责任，但为了避免股东滥用公司的独立法人地位和股东的有限责任，从而损害债权人的利益，《公司法》第20条设定了公司法人人格否认制度，英美法系国家也将其称为“揭开公司面纱”。同时，基于股东的有限责任是现代有限责任公司的基石，有利于保护企业家的投资创业热情，法院对公司法人人格否认制度的适用制定了较为严格的条件。依据最高人民法院《全国法院民商事审判工作会议纪要》（以下简称《九民纪要》）关于公司纠纷案件审理部分第（四）条的规定，公司法人人格否认制度主要针对人格混同、过度支配与控制、资本显著不足等情况。

2. 清算义务人责任

该责任源于《公司法》第十章“公司解散和清算”。依据前述规定：在公司发生解散时，应在15日内成立清算组，有限责任公司的清算组由股东组成，清算组应当自成立之日起10日内通知债权人，并于60日内在报纸上公告。《公司法》第189条特别规定：“清算组成员因故意或者重大过失给公司或者债权人造成损失的，应当承担赔偿责任。”

由此可见，股东损害公司债权人利益责任是由股东自身滥用股东权利引起的，是对股东有限责任的平衡约束，因此实务中适用条件较为严格，对债权人的举证责任要求较高。但在负债公司的经营、解散过程中，只要债权人发现该公司股东有滥用股东权利、损害债权人利益的行为，债权人均可以起诉，其对股东有限责任的约束时间贯穿了负债公司的生命全周期。而清算义务人责任直接针对的并不是公司股东，而是公司清算组成员，只是目前的《公司法》直接将公司股东列为清算义务人，所以有人也将之称为股东清算责任。最高人民法院在（2015）民申字第1416号《民事裁定书》中也认为即使股东内部签署了股权转让协议，但在未进行工商登记变更前，公司的股权变更不能对抗债权人，不能改变原股东法定的清算义务人身份，原股东仍应承担清算的义务和责任。实践中，对清算组成员清算责任的认定及债权人的举证责任相对更具灵活性。但显然该责任只用来约束公司清算阶段清算义务人的行为，具有明显的期限性和针对性。

（二）确定清算义务人具体的责任

本案中，虽然H公司怀疑J公司的股东可能会有不当转移公司资产的行为，但苦于没有实质证据，因此，较难证明J公司股东存在滥用股东权利的情形。在意外获知J公司已解散的情况下，H公司只能着眼于调查是否存在不当清算的情形。

《公司法》第184条至第188条对清算组的职责作出了明确的规定。经过查询J公司的解散清算资料，H公司发现J公司在解散时成立了清算组，成员即为公司原股东郭某和周某，清算组在G市的市级报纸上发布了债权申报公告，并编制了清算方案等。但J公司在2017年清算时，显然应当知道J公司与H公司存在债务纠纷且法院已就此作出了生效判决，然而J公司清算组并没有将清算事宜书面通知已知的公司债权人H公司。

根据最高人民法院《关于适用〈中华人民共和国公司法〉若干问题的规定（二）》第11条规定："公司清算时，清算组应当按照公司法第一百八十五条的规定，将公司解散清算事宜书面通知全体已知债权人，并根据公司规模和营业地域范围在全国或者公司注册登记地省级有影响的报纸上进行公告。清算组未按照前款规定履行通知和公告义务，导致债权人未及时申报债权而未获清偿，债权人主张清算组成员对因此造成的损失承担赔偿责任的，人民法院应依法予以支持。"显然，J公司清算组未依法将清算事宜书面通知已知的债权人，且未将清算事宜刊登在省级报纸上，J公司清算组存在重大过错，损害了债权人的利益，应依法承担赔偿责任。

（三）清算义务人责任的性质

清算义务人应依法承担赔偿责任，因此，有必要厘清该责任的法律性质。

从上述的有关规定可以看出，清算义务人的责任源于清算义务的履行，因此，清算责任并不必然属于股东责任。目前股东成为清算义务人是基于法律的规定，但清算义务本质上与股东的投资行为并非直接关联的，将来若法律允许股东不担任清算组成员，则股东可以免除清算责任。

事实上，清算义务人之所以承担赔偿责任，是基于其过错行为而导致他人的合法权益遭受损害，本质上属于侵权责任，符合《民法典》第1165条关于"行为人因过错侵害他人民事权益造成损害的，应当承担侵权责任"的规定。清算义务人未履行清算通知义务，损害了债权人及时申报债权、参与及监督公司财产清算和依法获得财产分配的合法权益；清算义务人违反其他清算规定，亦可能损害债权人参与及监督公司财产清算和依法获得财产分配的合法权益。清算义务人需要对债权人承担侵权赔偿责任。

(四)清算义务人的无效抗辩

本案中,郭某作为清算组组长未出庭,周某则出庭应诉。周某在庭审中抗辩称其未参与公司经营及实际的清算活动,因此不知道存在 H 公司的债权,对未通知 H 公司不存在过错。但从保护债权人的角度,H 公司的债权已获得了法院判决的确认,清算义务人的该等抗辩显然是无效的。

实践中还存在的另一种常见纠纷是,公司清算时债权仍处于不确定状态,债权人认为存在债权,负债公司则不认可或自认为已付清,清算时因此未通知债权人。但根据最高人民法院《关于适用〈中华人民共和国公司法〉若干问题的规定(二)》第 11 条,所谓"已知债权人"显然并不以债权的实际确定为前提,所有清算义务人知道或者应当知道的债权人应认定为已知债权人。除非清算义务人有足够的证据证明债务不存在或已经清结,否则清算义务人单纯以债权未确定、合同管理不善导致不知道存在债权等作为抗辩理由,显然都是无效的,不能对抗善意的债权人。

四、经验启示

面对资不抵债的负债公司,债权的追索之路注定困难重重,若负债公司解散,则向清算义务人追索更像是债权追索的终极之路,成败在此一举,此后再无他途。

本案中,H 公司因合同纠纷追索债权遇挫后,仍然坚持不放弃,并最终索偿成功,作为 H 公司的代理律师,笔者认为有以下几点经验值得汲取:

第一,准确选择合适的诉讼案由。究竟是基于股东损害公司债权人利益纠纷来追究股东责任,还是基于清算责任纠纷来追究清算义务人责任,需要根据负债公司的具体情况,以及债权人掌握的证据材料来确定。

第二,积极寻找有可能承担赔偿责任之股东的财产线索。向股东或清算义务人追索的目的是获得赔偿,因此了解股东或清算义务人的财产赔偿能力是十分重要的,否则,可能在耗尽心思、起诉成功后,只是多了一个无法执行的判决而已。本案中,H 公司在起诉前,就通过多方渠道获得了 J 公司原股东周某的房产及银行账户线索,以确保起诉成功后获偿的可能性。

第三,及时进行诉讼保全。诉讼保全有助于提前锁定被告的赔偿能力,这对于避免胜诉无胜果有重要的作用,没有成功保全的案件即使胜诉,判决的可执行性始终存在不确定性。本案中,正是H公司成功保全了周某的足额财产,使得周某在庭审中发现对自身不利的情况下,才愿意与H公司主动协商和解并支付了大部分款项,从而避免了诉讼的拖延和降低了双方的损失,某种程度上,也属于皆大欢喜。

破产程序终结后，个别债权人能否起诉清算义务人追究其清算责任

——以A公司破产清算案为例

王春平　许伟伟

一、案情简介

2012年7月31日，B公司出资500万元、C公司出资400万元、D公司出资4100万元共同设立了A公司。2014年3月3日，因A公司长期拖欠E公司租金，E公司向某区法院提起诉讼。2015年9月，区法院作出民事判决书，判决A公司向E公司支付租金及房屋占用费、违约金、损失赔偿金、案件受理费、迟延履行金共计446万元。

后由于A公司一直未能履行前述生效判决确定的义务，E公司向区法院申请强制执行。因A公司无财产可供执行，2016年4月区法院裁定终结案件的本次执行。

2018年5月，A公司因无正当理由超过6个月未开业，被吊销了营业执照。

2019年10月，A公司股东向某市中院申请A公司破产，市中院受理并指定刘某某律师担任此案件的破产管理人。后E公司按要求向管理人刘律师申报了债权，且相应债权已获确认。

2021年2月，市中院召开了第一次债权人会议，A公司提供了“因停止经营时间过长，公司的印章和账簿、文书等资料都已经丢失，无法移交给破产管理人进行审查，亦没有任何财产进行移交”的说明，故管理人目前无法对A公司存在的债权、债务真实性、有效性进行核查。

2021年6月，管理人向E公司寄送了函件，声明不会追究A公司股东的清算责

任,并告知E公司,如想追究A公司股东的清算责任,请在破产程序中提出,参照相关法院的裁判观点,若在破产程序终结后提出,法院会依法驳回其诉讼请求。

二、问题难点

破产程序中管理人查明公司存在主要财产、账册、重要文件等灭失、无法清算的情形,管理人不起诉公司相关人员等清算义务人要求其承担清算责任。破产程序终结后,个别债权人能否依据最高人民法院《关于适用〈中华人民共和国公司法〉若干问题的规定(二)》(以下简称《公司法解释(二)》)第18条第2款、最高人民法院《关于债权人对人员下落不明或者财产状况不清的债务人申请破产清算案件如何处理的批复》(以下简称《批复》)第3款等相关规定起诉清算义务人要求其承担清算责任?

三、法律评析

2019年11月8日,最高人民法院发布《全国法院民商事审判工作会议纪要》(法〔2019〕254号,以下简称《九民纪要》),其中第118条规定:"人民法院在审理债务人相关人员下落不明或者财产状况不清的破产案件时,应当充分贯彻债权人利益保护原则,避免债务人通过破产程序不当损害债权人利益,同时也要避免不当突破股东有限责任原则。

人民法院在适用最高人民法院《关于债权人对人员下落不明或者财产状况不清的债务人申请破产清算案件如何处理的批复》第3款的规定,判定债务人相关人员承担责任时,应当依照企业破产法的相关规定来确定相关主体的义务内容和责任范围,不得根据公司法司法解释(二)第18条第2款的规定来判定相关主体的责任。

上述批复第3款规定的'债务人的有关人员不履行法定义务,人民法院可依据有关法律规定追究其相应法律责任',系指债务人的法定代表人、财务管理人员和其他经营管理人员不履行《企业破产法》第15条规定的配合清算义务,人民法院可以根据《企业破产法》第126条、第127条追究其相应法律责任,或者参照《民事诉讼法》第111条的规定,依法拘留,构成犯罪的,依法追究刑事责任;债务人的法定代表人或者实际控制人不配合清算的,人民法院可以依据《出境入境管理法》第12条的规定,对其作出不准出境的决定,以确保破产程序顺利进行。

上述批复第3款规定的‘其行为导致无法清算或者造成损失’，系指债务人的有关人员不配合清算的行为导致债务人财产状况不明，或者依法负有清算责任的人未依照《企业破产法》第7条第3款的规定及时履行破产申请义务，导致债务人主要财产、账册、重要文件等灭失，致使管理人无法执行清算职务，给债权人利益造成损害。‘有关权利人起诉请求其承担相应民事责任’，系指管理人请求上述主体承担相应损害赔偿责任并将因此获得的赔偿归入债务人财产。管理人未主张上述赔偿，个别债权人可以代表全体债权人提起上述诉讼。

上述破产清算案件被裁定终结后，相关主体以债务人主要财产、账册、重要文件等重新出现为由，申请对破产清算程序启动审判监督的，人民法院不予受理，但符合《企业破产法》第123条规定的，债权人可以请求人民法院追加分配。”

虽然《九民纪要》第118条规定明确了无法清算案件的审理与责任承担问题，在涉及《公司法》与《企业破产法》关于无法清算案件的交叉或边界有所不清的事务时具有较强的司法指导意义，但是，对于个别债权人在破产程序终结后可否依据《公司法解释(二)》第18条第2款规定或《批复》第3款规定提起诉讼，要求清算义务人承担清算责任并没有明确规定，在实践中操作起来仍存在很多的疑问与不便。

（一）个别债权人依据《批复》第3款规定要求清算义务人承担赔偿责任是否必须限定在破产程序内，破产程序终结后能否提起？

《〈全国法院民商事审判工作会议纪要〉理解与适用》中明确：“……由于相关主体不配合清算导致的债务人财产灭失，损失理论上属于债务人破产财产，应当由管理人依法追回后分配给全体债权人，不应在法院裁定终结破产程序后，由债权人个别进行追偿并用于清偿其自身债权。因此本条明确‘有关权利人起诉请求其承担相应民事责任’系指，管理人请求上述主体承担相应损害赔偿责任并将因此获得的赔偿归入债务人财产，或者在管理人未主张上述赔偿的情况下，由个别债权人代表全体债权人提起上述诉讼，并将因此获得的赔偿归入债务人财产。”①

尽管上述文献中将个别债权人提起诉讼要求配合清算义务人或破产申请义务人承担赔偿责任限定在破产程序中，但是在司法实践中，仍然存在很大的争议。

部分法院认为：尽管破产程序已经终结，但是这并不意味着管理人及债权人已经不具备诉讼主体资格。在破产程序终结后，个别债权人仍然可以代表全体债权

① 最高人民法院民事审判第二庭编著：《〈全国法院民商事审判工作会议纪要〉理解与适用》，人民法院出版社2019年版，第596页。

人依据破产法的相关规定提起诉讼。重庆市第五中级人民法院在(2020)渝05民终6066号案、台州市中级人民法院在(2020)浙10民终1899号案中均持上述观点。

就此,笔者认为:个别债权人依据《批复》第3款规定提起诉讼要求配合清算义务人或破产申请义务人承担赔偿责任限定在破产程序中是合理的,不宜允许在破产程序终结后提起。具体理由如下:

1. 从破产制度的设立目的来看,破产制度的首要功能是实现全体债权人之间的公平受偿,即破产程序的目的在于一举解决所有债权人与债务人之间的债务清偿问题。从这个角度来说,限定个别债权人依据《批复》第3款规定在破产程序中代表全体债权人提起诉讼,是发挥破产制度功能的应有之义,可以让没有经营价值的"僵尸企业"退出市场,及时净化市场主体,督促债权人积极行使权利,督促债务人的相关人员积极履行破产申请及配合清算的义务,将追回的财产进行及时分配。

2. 从破产制度的集体清偿功能来看,破产程序是当债务人资不抵债或者明显缺乏清偿能力时,通过破产管理人对破产财产的管理、分配,使债务人财产能够在全体债权人之间得到最大限度地、公平地分配。该程序是对债务人财产的概括执行程序,属于集体清偿程序,人民法院审理破产案件的时间虽然因个别债权人提起诉讼而延长,但是该等诉讼仍然是个别债权人代表全体债权人提起的诉讼,胜诉后执行到的款项需要在全体债权人之间进行分配。因此,限定个别债权人依据《批复》第3款规定在破产程序中代表全体债权人提起诉讼,符合破产程序集体清偿的功能,也可以缩短破产终结财产分配的时间,能够大大提高效率。

3. 从追究清算责任的必要条件来看,债务人的清算人员是否存在不履行配合清算义务与破产申请义务的行为,债权人是否存在损失,行为与损失之间有无因果关系等,该等事实在破产程序中均可以查明,不必以破产程序终结作为判断上述构成要件是否成立的必要条件,故没必要等到破产程序终结后再提起。

但不可否认的是,个别债权人依据《批复》第3款规定提起诉讼,在一定程度上会影响破产案件的审理期限,管理人必须要等诉讼结果出来后才能向法院申请终结破产程序。

(二)个别债权人能否在破产程序终结后依据《公司法解释(二)》第18条第2款规定提起诉讼要求清算义务人承担连带清偿责任?

肯定说认为:《公司法解释(二)》第18条第2款与《批复》第3款规定的适格主体、行为要件、造成结果、责任范围、法律依据均存在差异。(见表1)

表1　关于《公司法解释(二)》第18条第2款与《批复》第3款规定的对比

项目	《公司法解释(二)》第18条第2款	《批复》第3款
适格主体	有限责任公司的股东、股份有限公司的董事和控股股东	企业法定代表人、财务管理人员和其他经营管理人员
行为要件	怠于履行义务	配合清算义务、未及时履行破产申请义务
造成结果	导致公司主要财产、账册、重要文件等灭失,无法进行清算	债务人的有关人员不配合清算的行为导致债务人财产状况不清,造成无法清算及债权人损失
责任范围	连带清偿责任	相应民事责任
法律依据	《公司法》第180条、第183条	《企业破产法》第15条、第126条、第127条、第128条

《九民纪要》第118条也并没有对《公司法解释(二)》第18条第2款与《批复》第3款之间的关系予以明确。

就债权人而言,让清算义务人承担连带清偿责任当然比追究损害赔偿责任对自己更有利,故不能狭义地认为《九民纪要》第118条的出台排除了对《公司法解释(二)》第18条第2款的适用,破产程序终结后允许个别债权人依据《公司法解释(二)》第18条第2款规定提起诉讼并无不当。在司法实践中,部分法院亦认为:《批复》第3款规定的适格主体、承担责任的法律依据、造成结果、责任范围等均与《公司法解释(二)》第18条第2款不尽相同。在破产程序终结后,公司股东/董事是否对公司债务承担责任的前提是是否符合《公司法解释(二)》第18条第2款规定的假定条件、行为模式和法律后果。漳州市中级人民法院在(2020)闽06民终1886号案中持上述观点。

另外,清算责任纠纷实质上属于侵权责任纠纷。破产程序终结后,个别债权人能否依据《公司法解释(二)》第18条第2款就清算责任纠纷提起诉讼,主要看案件是否满足清算责任的一般侵权构成要件,即清算义务人是否存在怠于清算的行为,是否存在主要财产、账册、重要文件等灭失造成无法进行清算的情形,两者是否存在因果关系,清算义务人有无过错。只要满足上述一般侵权构成要件即可适用《公司法解释(二)》第18条第2款提起相关诉讼。台州市中级人民法院在(2020)浙10民终1891号案中持上述观点。

否定说认为:《公司法解释(二)》第18条第2款系“就人民法院审理公司解散和清算案件适用法律问题”作出的规定,公司清算程序的预设前提是债务人的财产可以清偿全部债务。而破产程序不同于清算程序,是在债务人财产不足以清偿全部债务时的概括清偿程序,具有彻底清理债务人债权债务的功能。债务人的相关人员不履行企业破产法规定的配合清算义务和破产申请义务所应当承担的责任,属于破产清算程序中的责任,应当在企业破产法框架下进行追究。相关主体不配合破产清算导致的债务人财产灭失,该损失理论上属于债务人破产财产,应当由管理人依法追回后分配给全体债权人,不应在法院裁定终结破产程序后,由个别债权人进行追偿并用于清偿其自身债权。《公司法解释(二)》第18条第2款规定的无法清算责任,一般在法定清算事由出现后,公司债权人知道或者应当知道公司无法进行清算之日起即可主张,但不能在破产程序中或破产终结后主张。广东省高级人民法院(2020)粤民再118号、上海市第二中级人民法院(2021)沪02民终485号、上海市金山区人民法院(2021)沪0116民初5202号、上海市第一中级人民法院(2020)沪01民终13940号、北京市朝阳区人民法院(2020)京0105民初4632号、江苏省南京市中级人民法院(2021)苏01民终862号、江苏省南京市建邺区人民法院(2019)苏0105民初8722号、江苏省南京市中级人民法院(2020)苏01民终9723号、重庆市九龙坡区人民法院(2020)渝0107民初1242号、重庆市渝北区人民法院(2020)渝0112民初12885号、浙江省永嘉县人民法院(2019)浙0324民初7778号、浙江省瑞安市人民法院(2019)浙0381民初11474号案件中均持上述观点。

我们认为(以有限责任公司为例):

1. 若公司在进入破产程序前已经出现解散事由,个别债权人一般会选择依据公司法相关规定向法院申请强制清算。若法院查明公司已经出现无法清算的情况时,债权人可以依据《公司法解释(二)》第18条第2款的规定自知道或者应当知道公司无法清算之日起起诉股东,要求股东对公司债务承担连带清偿责任。

2. 司法实践中,大量公司债权人没有向法院申请强制清算,当公司出现解散、破产等事由,执行程序终结后进入破产程序,此时《批复》第3款就可以理解为:公司的股东未依照《企业破产法》第7条第3款的规定及时履行破产申请义务,导致债务人的财产、账册、重要文件等灭失,致使管理人无法执行清算职务,给债权人利益造成损害。在这种情况下,根据《九民纪要》第118条的规定,进入破产程序后,个别债权人只能依据《批复》第3款及《企业破产法》的相关规定代表全体债权人追究有限责任公司股东的赔偿责任。即在进入破产程序至破产程序终结前不能依据《公司法解释(二)》第 18 条第 2 款的规定追究公司股东的连带清偿责任。

3. 在破产程序终结后,笔者认为不能依据《公司法解释(二)》第 18 条第 2 款的规定追究公司股东的连带清偿责任。理由如下:

(1)从《九民纪要》第 118 条的立法目的出发,在《九民纪要》出台之前,司法实践中债权人为了最大限度地保护自己的利益,一般在破产程序中直接依据《批复》第 3 款和《公司法解释(二)》第 18 条第 2 款追究公司股东的责任。《九民纪要》在第二部分第(四)项大篇幅对股东承担连带责任的要件进行了严格构造且第 118 条第 2 款明确规定了破产程序中不得依据《公司法解释(二)》第 18 条第 2 款的规定判定相关主体责任,可以看出《九民纪要》意在纠正股东责任盲目扩张的问题。肯定说主要考虑的点在于公司的法定代表人、财务管理人员和其他经营管理人员配合清算义务,忽视了前述人员还存在破产申请义务。肯定说完全将《公司法解释(二)》第 18 条第 2 款与《批复》第 3 款割裂开,实则是没有能够正确理解与适用《九民纪要》第 118 条的立法目的。

(2)从破产法的终局性、集体清偿性来看,破产制度是奉行及时止损、积极化解、自我拯救、自我修复的制度,破产程序是在债务人财产不足以清偿全部债务时的概括清偿程序,具有彻底清理债务人债权债务的功能。若允许债权人在破产程序终结后再行依据《公司法解释(二)》第 18 条第 2 款行使权利,会导致所有债权人都可以实现个别清偿,公司的责任就全部转嫁到股东身上,就会无限扩张股东责任,进而导致彻底突破公司股东的有限责任,届时破产制度也会形同虚设、彻底失去存在的意义。这既有悖于破产程序终局、不可逆的宗旨,亦有悖于债权债务集体清偿的理念。

四、经验启示

在现实生活中,不少公司因为经营不善、负债累累,最终被吊销营业执照。然而,公司股东往往因缺乏清算意识,任由公司自生自灭,使其相关财产、账册、重要文件没有得到妥善保管。公司一旦进入破产程序后,通常会因管理人无法获得完整的资料、公司名下又无可供分配的财产,法院不得不宣告公司破产,终结破产清算程序。在前述情况下怎么适用《公司法解释(二)》第 18 条第 2 款与《批复》第 3 款规定追究清算义务人的责任,在司法实践中一直存在争议。如何能够有效地平衡股东有限责任与债权人利益保护，实现各项制度设计之间的衔接，仍存在很大的探讨空间。

这就启示我们，当公司还未进入破产程序时，一旦出现清算事由要及时向法院申请强制清算，待清算组查明公司存在“主要财产、账册、重要文件灭失，无法清算”时及时依据《公司法解释（二）》第 18 条第 2 款提起诉讼，追究清算义务人的清算责任。一旦公司进入破产程序，就要在破产程序中督促管理人提起清算责任之诉，若管理人明确不提起，则个别债权人要在破产程序中代表全体债权人提起诉讼，不要错过机会，待破产程序终结后再后悔，为时已晚！

依法可否要求爷公司对孙公司直接承担清算责任

——以某清算责任纠纷案为例

王春平　吴耀宏

一、案情简介

韩国某公司(以下简称韩国公司)与某电业公司、某制衣厂借款合同纠纷一案,某市中院于2013年12月25日作出判决,判令电业公司偿还借款本金23万元给韩国公司,制衣厂承担补充清偿责任。前述判决生效后,因电业公司、制衣厂均未依法履行生效判决确定的义务,韩国公司向市中院申请强制执行,经市中院指定,由县法院执行。县法院于2015年6月24日作出《执行裁定书》,以"被执行人电业公司、制衣厂已多年停产、停业,未参加年检,被工商部门吊销其营业执照。经查未发现被执行人有财产可供执行"等为由裁定终结本次执行。

2018年4月2日,某投资公司与韩国公司签订《债权转让协议》,投资公司取得韩国公司对电业公司和制衣厂涉案债权及相关权利;同年7月4日,经投资公司申请,县法院作出《执行裁定书》,裁定变更投资公司为申请执行人。

2019年6月4日,投资公司向市中院申请对电业公司进行强制清算,市中院作出《民事裁定书》(以下简称强清裁定),以"电业公司已经停业,没有办公场所,没有财产,工作人员下落不明,因逾期没有申办年检,2000年7月28日被吊销营业执照,清算义务人没有成立清算组进行清算。……强制清算过程中,无法取得电业公司账册、重要文件,也无法联系到股东、实际控制人等直接责任人员;电业公司工作人员下落不明,没有账册和相关资料,也没有任何财产,不能支付清算费用,无法对电业公司进行清算,应当终结强制清算程序"等为由,裁定终结对电业公司强制清算程序。

因案涉债权长期未能获得清偿，投资公司通过调查研判发现：电业公司系中外合作经营企业，由某外经公司与香港某电业公司（以下简称“香港电业公司”）于1988年共同出资设立。2003年12月18日，外经公司被吊销了营业执照。外经公司的上级主管部门是某外经委。外经委后经政府机构改革先后变更为某经济和信息化局、某工信局。

2021年3月12日，投资公司向县法院提起诉讼，要求工信局对案涉债务承担清偿/赔偿责任。

2022年3月10日，县法院作出民事判决，以“电业公司停业及被吊销营业执照后，其出资人外经公司与香港电业公司未成立清算组启动清算程序对该公司进行清算，而是采取放任、消极的态度怠于履行义务，致使电业公司财产、账册、重要文件灭失，造成电业公司无法进行清算”等为由，根据最高人民法院《关于适用〈中华人民共和国公司法〉若干问题的规定（二）》（以下简称《公司法司法解释二》）第18条第2款的规定，认定外经公司与香港电业公司应对电业公司的债务承担连带清偿责任。同时，以“外经公司的设立机构是工信局，外经公司被吊销营业执照后，其权利和义务承继者为工信局”等为由，认定工信局应对电业公司的债务承担连带清偿责任。

二、问题难点

根据《公司法司法解释二》第18条第2款规定，在电业公司因其财产、账册、重要文件灭失导致无法进行清算而被法院裁定终结强制清算程序后，投资公司依法只能要求电业公司的股东外经公司与香港电业公司对案涉债务承担连带清偿责任，而不能直接要求外经公司的出资人工信局承担连带清偿责任。然而，一方面，香港电业公司为香港境外公司，且无法确认该公司是否仍然存续或是否有清偿能力。另一方面，外经公司也早已歇业、被吊销营业执照，没有清偿能力，但其出资人为政府部门，清偿能力强。

在此情形下，本案中如要帮助债权人实现债权，其关键难点可能就在于：电业公司的股东外经公司的上级主管单位和出资人依法应否就电业公司对投资公司的债务承担清偿/赔偿责任？

三、法律评析

在仔细研判案情基础上，针对本案中存在的前述问题难点，我们认为应当从

“工信局作为早已歇业、后被吊销营业执照的外经公司的上级主管单位、出资人、清算义务人，依法也是电业公司的清算义务人，对外经公司和电业公司怠于履行清算义务，造成电业公司无法清算”和“工信局怠于对外经公司和电业公司进行清算的行为损害了投资公司的合法债权，符合一般侵权责任的构成要件，依法应当对投资公司承担侵权责任”两个方面论证工信局依法应当对案涉债务承担清偿/赔偿责任。

1. 工信局作为早已歇业、后被吊销营业执照的外经公司的上级主管单位、出资人、清算义务人，依法也是电业公司的清算义务人，对外经公司和电业公司怠于履行清算义务，造成电业公司无法清算，依法应当对案涉债务承担连带清偿责任。

(1)外经公司虽对电业公司负有直接的清算义务，但因其早已歇业、后被吊销营业执照，实际上早已不具备对电业公司进行清算的能力和条件，无法实际履行清算义务。

市中院所作强清裁定查明：“电业公司已经停业，没有办公场所，没有财产，工作人员下落不明，因逾期没有申办年检，2000 年 7 月 28 日被吊销营业执照，清算义务人没有成立清算组进行清算。……强制清算过程中，无法取得电业公司账册、重要文件，也无法联系到股东、实际控制人等直接责任人”，遂以“电业公司工作人员下落不明，没有账册和相关资料，也没有任何财产，不能支付清算费用，无法对电业公司进行清算，应当终结强制清算程序”等为由，裁定终结对电业公司的强制清算程序。

本案中，某电业公司于2000 年7 月28 日被吊销营业执照，根据《民法通则》(现已失效)第47 条[①]、《民法总则》(现已被废止)第70 条第2 款[②]、《公司法》第183 条[③]、

① 《民法通则》第47 条规定：“企业法人解散，应当成立清算组织，进行清算。企业法人被撤销、被宣告破产的，应当由主管机关或者人民法院组织有关机关和有关人员成立清算组织，进行清算。”

② 《民法总则》第70 条第2 款规定：“法人的董事、理事等执行机构或者决策机构的成员为清算义务人。法律、行政法规另有规定的，依照其规定。”

③ 《公司法》第183 条规定：“公司因本法第一百八十条第(一)项、第(二)项、第(四)项、第(五)项规定而解散的，应当在解散事由出现之日起十五日内成立清算组，开始清算。有限责任公司的清算组由股东组成，股份有限公司的清算组由董事或者股东大会确定的人员组成。逾期不成立清算组进行清算的，债权人可以申请人民法院指定有关人员组成清算组进行清算。人民法院应当受理该申请，并及时组织清算组进行清算。”

《公司法司法解释二》第18条[①]、广东省高级人民法院《关于企业法人解散后的诉讼主体资格及其民事责任承担问题的指导意见》(现已被废止)第4条[②]等有关法律规定,有限责任公司的股东是其直接清算义务人,外经公司作为其中方股东,依法对其负有清算义务。

然而,根据外经公司的企业机读档案登记资料及其工商内档资料,外经公司早于1990年7月就已停止贸易活动,事实上处于歇业状态,且早于彼时就将其全部员工进行遣散安置,无保留任何全职员工:首先,工信局于1990年7月30日向县政府呈送的《关于外经公司停止贸易活动的请示》[×外经贸(1990)12号]载明:"一、停止外经公司从事贸易经营活动。因考虑该司对外已签订合作经营电业有限公司和化妆品有限公司两个中外合作企业合同,所以,该司停止贸易活动以后,不办理歇业手续,保留该司作为两个合作企业的法人代表。二、外经公司停止贸易活动以后,以兼职形式保留总经理、会计、出纳三人对该公司债权债务进行清理结账;并请县审计局进行经营审计,然后将经营情况书面上报县政府,公司其他人员八月十日前全部调入市对外经济发展公司某县分公司另行安排。"其次,针对工信局的请示,县政府办公室作出《关于外经公司停止贸易活动的请示的批复》[×府办批(1990)13号],指示:"一、同意外经公司停止贸易经营活动,但不办理歇业手续。……三、外经公司的债权债务由清债领导小组负责清算,按我国有关法律规定处理。"后因逾期未办理年检,县工商局于2003年12月18日作出×工商企管处字(2003)第3号《行政处罚决定书》,其中载明:"吊销外经公司的《企业法人营业执照》,其债权债务由主办单位、投资人或清算组织负责清算。"据此,该司于2004年4月24日被吊销营业执照,企业机读档案登记资料显示该司目前登记状态为"吊销,未注销"。

基于以上情况,外经公司在电业公司被吊销营业执照之前事实上就早已处于

---

① 最高人民法院《关于适用〈中华人民共和国公司法〉若干问题的规定(二)》第18条规定:"有限责任公司的股东、股份有限公司的董事和控股股东未在法定期限内成立清算组开始清算,导致公司财产贬值、流失、毁损或者灭失,债权人主张其在造成损失范围内对公司债务承担赔偿责任的,人民法院应依法予以支持。有限责任公司的股东、股份有限公司的董事和控股股东因怠于履行义务,导致公司主要财产、账册、重要文件等灭失,无法进行清算,债权人主张其对公司债务承担连带清偿责任的,人民法院应依法予以支持。"

② 广东省高级人民法院《关于企业法人解散后的诉讼主体资格及其民事责任承担问题的指导意见》第4条规定:"下列组织或个人为企业法人的清算义务人:(一)有限责任公司的股东;(二)股份有限公司的控股股东;(三)非公司制的国有企业的主管部门;(四)非公司制的集体企业的开办者或出资者;(五)法人型联营企业、中外合资企业法人、外商独资企业法人的投资者。"

歇业状态，且早就将其全部员工进行遣散安置，无保留任何全职员工。后于2004年被吊销营业执照，外经公司也早已面临被清算的处境和局面，早已不具备对电业公司进行清算的能力和条件，包括但不限于无法作为电业公司的中方股东与外方股东一起自行组成清算组对电业公司的资产和债权债务进行清理，早已无法实际履行清算义务。

（2）工信局依法也是电业公司的清算义务人，对外经公司和电业公司怠于履行清算义务，造成电业公司无法清算，依法应当对案涉债务承担连带清偿责任。

第一，在外经公司早已歇业、后被吊销营业执照的情形下，工信局作为外经公司的上级主管单位、出资人，依法是外经公司的清算义务人，应当对外经公司进行清算，包括但不限于清理外经公司的资产（含外经公司所持电业公司股权）和债权债务（含外经公司与电业公司之间的债权债务）。

第二，在外经公司早已歇业、后被吊销营业执照，早已不具备对电业公司进行清算的能力和条件之情形下，工信局依法也是电业公司的清算义务人。

电业公司和外经公司的工商内档资料显示：电业公司的上级主管机关和设立审批机关为工信局。《企业法人登记管理条例》（现已失效）第32条规定："企业法人被吊销《企业法人营业执照》，登记主管机关应当收缴其公章，并将注销登记情况告知其开户银行，其债权债务由主管部门或者清算组织负责清理。"《外商投资企业清算办法》（现已失效）第3条规定："企业能够自行组织清算委员会进行清算的，依照本办法关于普通清算的规定办理。企业不能自行组织清算委员会进行清算或者依照普通清算的规定进行清算出现严重障碍的，企业董事会或者联合管理委员会等权力机构（以下简称企业权力机构）、投资者或者债权人可以向企业审批机关申请进行特别清算。企业审批机关批准进行特别清算的，依照本办法关于特别清算的规定办理。企业被依法责令关闭而解散，进行清算的，依照本办法关于特别清算的规定办理。"第36条规定："企业进行特别清算，由企业审批机关或其委托的部门组织中外投资者、有关机关的代表和有关专业人员成立清算委员会。"根据前述法律规定及《民法通则》第47条、《民法总则》第70条第2款等有关法律规定，在外经公司早已歇业、后被吊销营业执照，早已不具备对电业公司进行清算的能力和条件之情形下，工信局依法也是电业公司的清算义务人。

可是，工信局怠于对外经公司（包括但不限于其对外投资企业电业公司）和电业公司进行清算，清理其资产和债权债务，造成电业公司无法清算，依据《民法通则》第47条、《民法总则》第70条第3款[①]、《侵权责任法》(现已被废止))第6条[②]及《公司法司法解释二》第18条第2款、第3款[③]等有关规定,其依法应当对投资公司案涉债务承担连带清偿责任。

2. 工信局怠于对外经公司和电业公司进行清算的行为损害了投资公司的合法债权,符合一般侵权责任的构成要件,依法应当对投资公司承担侵权责任,对其案涉债权不能受偿承担赔偿责任。

(1)债权属于受我国《侵权责任法》等有关法律保护的合法财产权益。

根据《民法通则》第5条[④]、第106条第2款[⑤],《民法总则》第118条第1款[⑥]、第120条[⑦],《侵权责任法》第2条[⑧]、第3条[⑨],《民法典》第1165条第1款[⑩],《公司法》第20条[⑪],《公司法司法解释二》第18条第2款等有关法律规定,债权属于受法律保护的合法财产权益。

无论是根据前述法律规定,还是依据当前我国理论界的主流观点,抑或按照司

---

① 《民法总则》第70条第3款规定:"清算义务人未及时履行清算义务,造成损害的,应当承担民事责任;主管机关或者利害关系人可以申请人民法院指定有关人员组成清算组进行清算。"

② 《侵权责任法》第6条规定:"行为人因过错侵害他人民事权益,应当承担侵权责任。根据法律规定推定行为人有过错,行为人不能证明自己没有过错的,应当承担侵权责任。"

③ 最高人民法院《关于适用〈中华人民共和国公司法〉若干问题的规定(二)》第18条第2款、第3款规定:"有限责任公司的股东、股份有限公司的董事和控股股东因怠于履行义务,导致公司主要财产、账册、重要文件等灭失,无法进行清算,债权人主张其对公司债务承担连带清偿责任的,人民法院应依法予以支持。上述情形系实际控制人原因造成,债权人主张实际控制人对公司债务承担相应民事责任的,人民法院应依法予以支持。"

④ 《民法通则》第5条规定:"公民、法人的合法的民事权益受法律保护,任何组织和个人不得侵犯。"

⑤ 《民法通则》第106条第2款规定:"公民、法人由于过错侵害国家的、集体的财产,侵害他人财产、人身的,应当承担民事责任。"

⑥ 《民法总则》第118条第1款规定:"民事主体依法享有债权。"

⑦ 《民法总则》第120条规定:"民事权益受到侵害的,被侵权人有权请求侵权人承担侵权责任。"

⑧ 《侵权责任法》第2条规定:"侵害民事权益,应当依照本法承担侵权责任。本法所称民事权益,包括生命权、健康权、姓名权、名誉权、荣誉权、肖像权、隐私权、婚姻自主权、监护权、所有权、用益物权、担保物权、著作权、专利权、商标专用权、发现权、股权、继承权等人身、财产权益。"

⑨ 《侵权责任法》第3条规定:"被侵权人有权请求侵权人承担侵权责任。"

⑩ 《民法典》第1165条第1款规定:"行为人因过错侵害他人民事权益造成损害的,应当承担侵权责任。"

⑪ 《公司法》第20条规定:"公司股东应当遵守法律、行政法规和公司章程,依法行使股东权利,不得滥用股东权利损害公司或者其他股东的利益;不得滥用公司法人独立地位和股东有限责任损害公司债权人的利益。公司股东滥用股东权利给公司或者其他股东造成损失的,应当依法承担赔偿责任。公司股东滥用公司法人独立地位和股东有限责任,逃避债务,严重损害公司债权人利益的,应当对公司债务承担连带责任。"

法实践普遍认可的裁判观点，债权也是受我国《侵权责任法》等有关法律保护的合法财产权益。具体可参见最高人民法院（2017）最高法民终 181 号民事判决书（《最高人民法院公报》2019 年第 3 期指导案例）、（2018）最高法民申 1952 号民事裁定书，广州市中级人民法院（2018）粤 01 民终 20528 号民事判决书等裁判文书中的司法裁判观点。

（2）工信局依法应当对投资公司承担侵权责任，对其案涉债权不能受偿承担赔偿责任。

第一，行为违法：工信局对外经公司和电业公司怠于履行清算义务的消极行为严重违反了相关法律规定。

如前所述，在外经公司早已歇业、后被吊销营业执照等情形下，工信局作为外经公司的上级主管单位、出资人，依法是外经公司的清算义务人，应当对外经公司进行清算，包括但不限于清理外经公司的资产（含外经公司所持电业公司股权）和债权债务（含外经公司与电业公司之间的债权债务）；在外经公司早已歇业、后被吊销营业执照，早已不具备对电业公司进行清算的能力和条件之情形下，工信局依法也是电业公司的清算义务人。据此，工信局怠于对外经公司和电业公司进行清算的行为严重违反了《民法通则》第 47 条、《民法总则》第 70 条第 2 款、《公司法》第 183 条、《公司法司法解释二》第 18 条、广东省高级人民法院《关于企业法人解散后的诉讼主体资格及其民事责任承担问题的指导意见》第 4 条、《企业法人登记管理条例》第 32 条、《外商投资企业清算办法》第 3 条及第 36 条等相关法律规定。

第二，主观过错：工信局怠于对外经公司和电业公司进行清算，造成电业公司无法清算，存在主观过错，具有重大过失。

首先，工信局明知或应知外经公司 1990 年即已歇业，但迟迟未能依照相关法律规定和按照县人民政府办公室的批复要求对外经公司进行清算［包括但不限于清理外经公司的资产（含外经公司所持电业公司股权）和债权债务（含外经公司与电业公司之间的债权债务）］，存在主观过错，具有重大过失。

其次，工信局明知或应知外经公司 2004 年被吊销营业执照，但仍迟迟未能依照相关法律规定对外经公司进行清算［包括但不限于清理外经公司的资产（含外经公司所持电业公司股权）和债权债务（含外经公司与电业公司之间的债权债务）］，存在主观过错，具有重大过失。

最后，工信局明知或应知外经公司早已歇业、后被吊销营业执照，早已不具备对电业公司进行清算的能力和条件，电业公司2000年也被吊销营业执照，其依法也是电业公司的清算义务人，但依旧迟迟不依照相关法律规定对电业公司进行清算，造成电业公司无法清算，存在主观过错，具有重大过失。

《全国法院民商事审判工作会议纪要》（法〔2019〕254号）第14条规定："公司法司法解释（二）第18条第2款规定的'怠于履行义务'，是指有限责任公司的股东在法定清算事由出现后，在能够履行清算义务的情况下，故意拖延、拒绝履行清算义务，或者因过失导致无法进行清算的消极行为。"据此，工信局在明知或应知"外经公司早已歇业、后被吊销营业执照，早已不具备对电业公司进行清算的能力和条件，电业公司2000年也被吊销营业执照，其依法也是电业公司的清算义务人"的情形下，违反相关法律规定，怠于对外经公司和电业公司进行清算，造成电业公司无法清算，存在主观过错，具有重大过失。

第三，损害后果：工信局对外经公司和电业公司怠于履行清算义务的消极行为造成了投资公司合法债权至今仍未获得清偿的损害后果。

案涉债权发生于1992年，经多次多种方式催收、诉讼且经法院强制执行后仍无法获偿。目前，债务人电业公司已被市中院以"电业公司工作人员下落不明，没有账册和相关资料，也没有任何财产，不能支付清算费用，无法对电业公司进行清算，应当终结强制清算程序"等为由，裁定终结对电业公司的强制清算程序。据此，工信局对外经公司和电业公司怠于履行清算义务的消极行为造成了投资公司合法债权至今仍未获得清偿的损害后果。

第四，因果关系：工信局对外经公司和电业公司怠于履行清算义务的消极行为与投资公司合法债权受到损害的结果之间具有直接因果关系。

如前，工信局怠于对外经公司和电业公司进行清算的行为直接导致了案涉债权的直接债务人电业公司无法清算，进而无法向投资公司清偿债务，致使投资公司合法债权无法获偿。工信局怠于对外经公司和电业公司进行清算的行为与投资公司合法债权受到损害之间具有直接因果关系。

综上，工信局怠于对外经公司和电业公司进行清算的行为侵害了投资公司的合法债权，符合一般侵权责任的构成要件，依法应当对投资公司承担侵权责任，对其案涉债权不能受偿承担赔偿责任。

四、经验启示

最高人民法院《关于审理公司强制清算案件工作座谈会纪要》（法发〔2009〕52

号)第29条规定:“债权人申请强制清算,人民法院以无法清算或者无法全面清算为由裁定终结强制清算程序的,应当在终结裁定中载明,债权人可以另行依据公司法司法解释二第十八条的规定,要求被申请人的股东、董事、实际控制人等清算义务人对其债务承担偿还责任。股东申请强制清算,人民法院以无法清算或者无法全面清算为由作出终结强制清算程序的,应当在终结裁定中载明,股东可以向控股股东等实际控制公司的主体主张有关权利。”

在不良资产处置案件中,经常会遇到债务人早已符合清算条件但尚未依法进行清算的情形。此时,债权人的一般救济路径为:先向法院申请对债务人进行强制清算,在获得法院以无法清算或者无法全面清算为由作出的终结强制清算程序的民事裁定后,另行要求债务人的股东、董事、实际控制人等清算义务人对其债务承担连带清偿责任。

然而本案债务人的股东或者为境外公司、难以追究责任,或者也早已歇业、被吊销营业执照、没有清偿能力,只有债务人的股东的出资人具有清偿能力。因而,本案中最为关键的难点在于,要论证债务人的股东的股东应对债务人直接承担清算责任,即要求爷公司对孙公司直接承担清算责任。

众所周知,股东有限责任与法人人格独立是有限责任公司的两大基石。正如美国前哥伦比亚大学校长巴特勒在19世纪初就曾断言,有限责任是当代最伟大的发明,以至于蒸汽机以及电的发明亦无法与其媲美。股东有限责任下,父公司对子公司的债权人承担责任尚且需要法定的特殊情形(如人格混同)才可以刺穿子公司面纱,穿透追究父公司责任。但以同样的法理对爷公司进行深层次的穿透,要求爷公司对孙公司的债权人承担责任,无异于难上加难。

但作为律师,受人之托,忠人之事,为了当事人利益,即使再难,也要迎难而上。据此,在父公司与孙公司均早已符合清算条件但爷公司怠于履行清算义务导致孙公司无法清算时,我们可以尝试从爷公司在特殊情形下也是孙公司的清算义务人和侵害债权两个角度来论证爷公司依法应当对孙公司承担清算责任,力争帮助债权人实现利益最大化。

强制执行、强制清算与破产清算程序如何衔接

——以某贸易公司破产清算案为例

王春平　许伟伟

一、案情简介

关于某贸易有限公司(以下简称贸易公司)与某市某科技有限公司(以下简称科技公司)买卖合同纠纷一案,某市A区人民法院(以下简称A区法院)作出第453号民事判决书,判令科技公司向贸易公司返还货款84万元、支付手续费137,400元及逾期付款违约金等。前述判决生效后,因科技公司未履行给付金钱义务,贸易公司依法向A区法院申请强制执行,该院予以立案执行。执行过程中,A区法院查封的科技公司名下5处房地产被某市D区人民法院依法拍卖,所得拍卖款520万元仍未能清偿某信用社优先受偿债权。A区法院以"无法查找到被执行人可供执行的其他财产"为由,对本案裁定终结本次执行。

科技公司系一家有限责任公司(自然人投资或控股),于2005年12月26日依法注册成立,目前工商登记状态为吊销,吊销日期为2009年12月10日。但工商档案材料中无任何对科技公司依法进行清算的证明材料。

贸易公司认为,科技公司自2009年12月10日被吊销营业执照至今一直未成立清算组进行清算,严重损害了债权人的合法权益。2021年7月20日,贸易公司作为科技公司的合法债权人依法向某市B区人民法院(以下简称B区法院)申请对科技公司进行强制清算。

B区法院于2021年11月2日召开了听证会,对是否受理前述申请进行了审查,科技公司未到庭参加听证,也未提交书面意见。经B区法院查明,科技公司尚有6个终结本次执行的案件,多次欠付人民法院生效裁判确定的债务,经法院强制

执行后未能发现有任何可供执行的财产，根据《企业破产法》等相关规定认为科技公司不能清偿到期债务且明显缺乏清偿能力，已经符合破产清算的条件。2022 年 1 月 10 日，B 区法院向贸易公司释明应当通过破产清算程序清理科技公司的债权债务，并以此为由驳回了贸易公司的强制清算的申请。

2022 年 2 月 22 日，贸易公司向 C 中院申请对科技公司进行破产清算，现案件正在审理中。

二、问题难点

在执行法院发现被执行人无可供执行的财产时，一般会作出终结本次执行的裁定。为了能够最大限度地实现债权，债权人会通过向法院申请强制清算或破产清算等方式来维护自己的合法权益。掌握强制执行、强制清算与破产清算程序如何衔接这一方法至关重要，想要彻底弄清楚三个程序之间的衔接关系，不可避免地会涉及以下问题：

1. 在什么情况下，执行不能案件，可以直接通过法院移送进入破产程序审查？
2. 在什么情况下，执行终本案件，债权人可以直接向法院申请强制清算？
3. 在什么情况下，执行终本案件，债权人可以直接向法院申请破产清算？
4. 债务人同时满足破产清算和强制清算条件，债权人应当如何选择？
5. 解散清算与破产清算如何衔接？

三、法律评析

（一）强制清算与破产清算的区别（见表 1）

表 1　强制清算与破产清算的区别

区分内容	强制清算	破产清算
主要法律依据	《民法通则》《民法总则》《民法典》《公司法》及相关司法解释、最高人民法院《关于审理公司强制清算案件工作座谈会纪要》（以下简称《强清纪要》）	《企业破产法》及相关司法解释
适用条件	解散事由出现后不依法及时成立清算组进行清算 （《民法通则》第 47 条、《民法总则》第 70 条、《民法典》第 70 条、《公司法》第 183 条）	企业法人不能清偿到期债务，并且资产不足以清偿全部债务或者明显缺乏清偿能力 （《企业破产法》第 2 条、第 7 条）

续表

区分内容	强制清算	破产清算
目的	有序结束公司存续期间的各种商事关系,合理调整众多法律主体的利益,维护正常的经济秩序 (《强清纪要》第1条)	规范企业破产程序,公平清理债权债务,保护债权人和债务人的合法权益 (《企业破产法》第1条)
申请人	债权人、股东、董事、理事等清算义务人,主管机关,利害关系人[《民法典》第70条、《公司法》第183条、最高人民法院《关于适用〈中华人民共和国公司法〉若干问题的规定(二)》(以下简称《公司法司法解释(二)》)第7条]	债权人、债务人、清算义务人 (《企业破产法》第7条)
债权申报期限	债权人应当自接到通知书之日起30日内,未接到通知书的自公告之日起45日内,向清算组申报其债权 (《公司法》第185条)	债权申报期限自人民法院发布受理破产申请公告之日起计算,最短不得少于30日,最长不得超过3个月 (《企业破产法》第45条)
执行与保全	清算组或申请人可以申请,对公司财产采取相应的保全措施 (《强清纪要》第27条)	进入破产程序后,债务人财产的保全措施应当解除,执行程序应当中止 (《企业破产法》第19条)
清偿顺序	公司财产在分别支付清算费用、职工的工资、社会保险费用和法定补偿金,缴纳所欠税款,清偿公司债务后的剩余财产,有限责任公司按照股东的出资比例分配,股份有限公司按照股东持有的股份比例分配 (《公司法》第186条)	破产财产在优先清偿破产费用和共益债务后,依照下列顺序清偿:(一)破产人所欠职工的工资和医疗、伤残补助、抚恤费用,所欠的应当划入职工个人账户的基本养老保险、基本医疗保险费用,以及法律、行政法规规定应当支付给职工的补偿金;(二)破产人欠缴的除前项规定以外的社会保险费用和破产人所欠税款;(三)普通破产债权。破产财产不足以清偿同一顺序的清偿要求的,按照比例分配。破产企业的董事、监事和高级管理人员的工资按照该企业职工的平均工资计算 (《企业破产法》第113条)

续表

区分内容	强制清算	破产清算
清偿程序	清算组制定清算方案,并报股东会、股东大会或者人民法院确认 (《公司法》第 186 条)	管理人拟订破产财产分配方案,提交债权人会议讨论表决,后提请法院裁定认可 (《企业破产法》第 115 条)
程序终结	公司强制清算中,清算组在清理公司财产、编制资产负债表和财产清单时,发现公司财产不足清偿债务的,除依据《公司法司法解释(二)》第 17 条的规定,通过与债权人协商制作有关债务清偿方案并清偿债务的外,应依据《公司法》第 188 条和《企业破产法》第 7 条第 3 款的规定向人民法院申请宣告破产 (《强清纪要》第 32 条)	破产人无财产可供分配的,管理人应当请求人民法院裁定终结破产程序。管理人在最后分配完结后,应当及时向人民法院提交破产财产分配报告,并提请人民法院裁定终结破产程序。人民法院应当自收到管理人终结破产程序的请求之日起 15 日内作出是否终结破产程序的裁定。裁定终结的,应当予以公告 (《企业破产法》第 120 条)

把握好强制清算与破产清算之间的区别,有利于选择对债务人进行清算的正确方式,更好地实现当事人各自不同的法律目的和利益诉求。

(二)执行程序与破产清算程序的衔接

执行程序与破产清算程序的有效衔接是全面推进破产审判工作的有力抓手,也是破解“执行难”的重要举措。二者之间的衔接主要有以下两种情形:

1. 执行不能案件直接通过法院移送进入破产程序

根据最高人民法院《关于适用〈中华人民共和国民事诉讼法〉的解释》第 511 - 512 条[①],最高人民法院《关于执行案件移送破产审查若干问题的指导意见》第 4

① 最高人民法院《关于适用〈中华人民共和国民事诉讼法〉的解释》第 511 条规定:“在执行中,作为被执行人的企业法人符合企业破产法第二条第一款规定情形的,执行法院经申请执行人之一或者被执行人同意,应当裁定中止对该被执行人的执行,将执行案件相关材料移送被执行人住所地人民法院。”

最高人民法院《关于适用〈中华人民共和国民事诉讼法〉的解释》第 512 条规定:“被执行人住所地人民法院应当自收到执行案件相关材料之日起三十日内,将是否受理破产案件的裁定告知执行法院。不予受理的,应当将相关案件材料退回执行法院。”

条[①]、第 5 条[②]、第 7 条[③],《全国法院破产审判工作会议纪要》第 40 - 44 条等相关规定,执行转破产是指在强制执行生效法律文书过程中,执行法院发现作为被执行人的企业法人具备破产原因的,经申请执行人之一或被执行人同意,裁定中止执行并将案件移送相应有管辖权的法院,有管辖权的法院在收到执行案件相关材料后进行审查处理的程序。(见图 1)

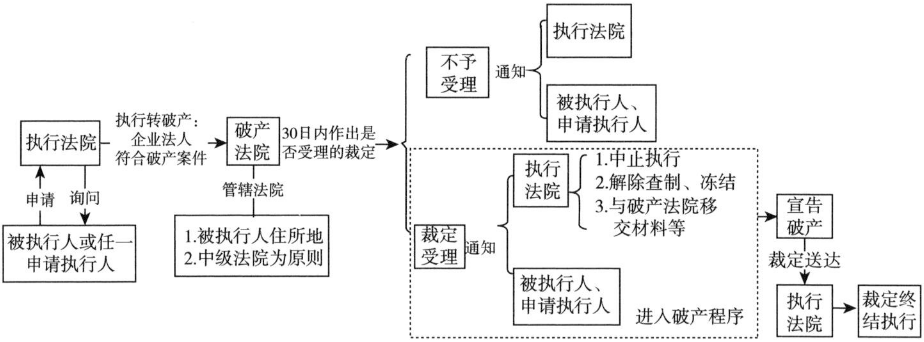

图 1 关于执行不能案件直接通过法院移送转入破产程序的流程

2. 强制执行终本后,债权人直接向法院申请破产清算

根据《企业破产法》第 2 条[④]、第 7 条[⑤],最高人民法院《关于适用〈中华人民共

---

① 最高人民法院《关于执行案件移送破产审查若干问题的指导意见》第 4 条规定:"执行法院在执行程序中应加强对执行案件移送破产审查有关事宜的告知和征询工作。执行法院采取财产调查措施后,发现作为被执行人的企业法人符合破产法第二条规定的,应当及时询问申请执行人、被执行人是否同意将案件移送破产审查。申请执行人、被执行人均不同意移送且无人申请破产的,执行法院应当按照最高人民法院《关于适用〈中华人民共和国民事诉讼法〉的解释》第五百一十六条的规定处理,企业法人的其他已经取得执行依据的债权人申请参与分配的,人民法院不予支持。"

② 最高人民法院《关于执行案件移送破产审查若干问题的指导意见》第 5 条规定:"执行部门应严格遵守执行案件移送破产审查的内部决定程序。承办人认为执行案件符合移送破产审查条件的,应提出审查意见,经合议庭评议同意后,由执行法院院长签署移送决定。"

③ 最高人民法院《关于执行案件移送破产审查若干问题的指导意见》第 7 条规定:"执行法院作出移送决定后,应当于五日内送达申请执行人和被执行人。申请执行人或被执行人对决定有异议的,可以在受移送法院破产审查期间提出,由受移送法院一并处理。"

④ 《企业破产法》第 2 条规定:"企业法人不能清偿到期债务,并且资产不足以清偿全部债务或者明显缺乏清偿能力的,依照本法规定清理债务。企业法人有前款规定情形,或者有明显丧失清偿能力可能的,可以依照本法规定进行重整。"

⑤ 《企业破产法》第 7 条规定:"债务人有本法第二条规定的情形,可以向人民法院提出重整、和解或者破产清算申请。债务人不能清偿到期债务,债权人可以向人民法院提出对债务人进行重整或者破产清算的申请。企业法人已解散但未清算或者未清算完毕,资产不足以清偿债务的,依法负有清算责任的人应当向人民法院申请破产清算。"

和国企业破产法〉若干问题的规定(一)》(以下简称《企业破产法司法解释(一)》)第1条①、第2条②、第4条③等相关法律的规定,当债务人符合"不能清偿到期债务,并且资产不足以清偿全部债务或明显缺乏清偿能力"的破产清算条件,债务人、债权人、清算义务人可以申请对其进行破产清算,将债务人现有所有财产公平清偿给所有债权人后,剩余无法清偿的债务便全部免除,破产程序终结后,债务人依法办理注销登记。

上述案例中,A区法院通过强制执行,未能发现科技公司有可供执行的财产,裁定终结本次执行后,经在国家企业信息公示系统等网络平台查询,未能查找到科技公司有其他终本的案件,故科技公司是否符合"不能清偿到期债务,并且资产不足以清偿全部债务或明显缺乏清偿能力"的破产清算条件并不明确。而因科技公司符合申请强制清算的条件,故贸易公司没有直接向法院申请破产清算,而是向B区法院申请对科技公司进行强制清算。

(三)强制执行程序与强制清算程序的衔接

根据《民法通则》第47条④,《民法总则》第70－71⑤条,《民法典》第70－72

---

① 最高人民法院《关于适用〈中华人民共和国企业破产法〉若干问题的规定(一)》第1条规定:"债务人不能清偿到期债务并且具有下列情形之一的,人民法院应当认定其具备破产原因:(一)资产不足以清偿全部债务;(二)明显缺乏清偿能力。相关当事人以对债务人的债务负有连带责任的人未丧失清偿能力为由,主张债务人不具备破产原因的,人民法院应不予支持。"

② 最高人民法院《关于适用〈中华人民共和国企业破产法〉若干问题的规定(一)》第2条规定:"下列情形同时存在的,人民法院应当认定债务人不能清偿到期债务:(一)债权债务关系依法成立;(二)债务履行期限已经届满;(三)债务人未完全清偿债务。"

③ 最高人民法院《关于适用〈中华人民共和国企业破产法〉若干问题的规定(一)》第4条规定:"债务人账面资产虽大于负债,但存在下列情形之一的,人民法院应当认定其明显缺乏清偿能力:(一)因资金严重不足或者财产不能变现等原因,无法清偿债务;(二)法定代表人下落不明且无其他人员负责管理财产,无法清偿债务;(三)经人民法院强制执行,无法清偿债务;(四)长期亏损且经营扭亏困难,无法清偿债务;(五)导致债务人丧失清偿能力的其他情形。"

④ 《民法通则》第47条规定:"企业法人解散,应当成立清算组织,进行清算。企业法人被撤销、被宣告破产的,应当由主管机关或者人民法院组织有关机关和有关人员成立清算组织,进行清算。"

⑤ 《民法总则》第70条规定:"法人解散的,除合并或者分立的情形外,清算义务人应当及时组成清算组进行清算。法人的董事、理事等执行机构或者决策机构的成员为清算义务人。法律、行政法规另有规定的,依照其规定。清算义务人未及时履行清算义务,造成损害的,应当承担民事责任;主管机关或者利害关系人可以申请人民法院指定有关人员组成清算组进行清算。"第71条规定:"法人的清算程序和清算组职权,依照有关法律的规定;没有规定的,参照适用公司法的有关规定。"

条①,《公司法》第 180 条②、第 183 条③,《公司法司法解释(二)》第 7 条④,《强清纪要》等有关法律规定,当债务人出现解散事由,债务人逾期不成立清算组或者自行清算过程中出现违法行为时,债权人、股东、董事、理事、主管机关、利害关系人都可以依法向法院申请强制清算。

上述案例中,A 区法院通过强制执行,未能发现科技公司有可供执行的财产,裁定终结本次执行后,科技公司自 2009 年 12 月 10 日被吊销营业执照至今一直未成立清算组进行清算,严重损害了贸易公司的合法权益,贸易公司作为债权人有权向法院申请对科技公司的强制清算。

(四)解散清算程序与破产清算程序的衔接

1. 同时满足破产清算和强制清算条件,债权人应当如何选择?

《全国法院民商事审判工作会议纪要》(以下简称《九民纪要》)第 117 条规定:“要依法区分公司解散清算与破产清算的不同功能和不同适用条件。债务人同时符合破产清算条件和强制清算条件的,应当及时适用破产清算程序实现对债权人利益的公平保护。债权人对符合破产清算条件的债务人提起公司强制清算申请,

---

① 《民法典》第 70 条规定:“法人解散的,除合并或者分立的情形外,清算义务人应当及时组成清算组进行清算。法人的董事、理事等执行机构或者决策机构的成员为清算义务人。法律、行政法规另有规定的,依照其规定。清算义务人未及时履行清算义务,造成损害的,应当承担民事责任;主管机关或者利害关系人可以申请人民法院指定有关人员组成清算组进行清算。”第 71 条规定:“法人的清算程序和清算组职权,依照有关法律的规定;没有规定的,参照适用公司法律的有关规定。”第 72 条规定:“清算期间法人存续,但是不得从事与清算无关的活动。法人清算后的剩余财产,按照法人章程的规定或者法人权力机构的决议处理。法律另有规定的,依照其规定。清算结束并完成法人注销登记时,法人终止;依法不需要办理法人登记的,清算结束时,法人终止。”

② 《公司法》第 180 条规定:“公司因下列原因解散:(一)公司章程规定的营业期限届满或者公司章程规定的其他解散事由出现;(二)股东会或者股东大会决议解散;(三)因公司合并或者分立需要解散;(四)依法被吊销营业执照、责令关闭或者被撤销;(五)人民法院依照本法第一百八十二条的规定予以解散。”

③ 《公司法》第 183 条规定:“公司因本法第一百八十条第(一)项、第(二)项、第(四)项、第(五)项规定而解散的,应当在解散事由出现之日起十五日内成立清算组,开始清算。有限责任公司的清算组由股东组成,股份有限公司的清算组由董事或者股东大会确定的人员组成。逾期不成立清算组进行清算的,债权人可以申请人民法院指定有关人员组成清算组进行清算。人民法院应当受理该申请,并及时组织清算组进行清算。”

④ 最高人民法院《关于适用〈中华人民共和国公司法〉若干问题的规定(二)》第 7 条规定:“公司应当依照民法典第七十条、公司法第一百八十三条的规定,在解散事由出现之日起十五日内成立清算组,开始自行清算。有下列情形之一,债权人、公司股东、董事或其他利害关系人申请人民法院指定清算组进行清算的,人民法院应予受理:(一)公司解散逾期不成立清算组进行清算的;(二)虽然成立清算组但故意拖延清算的;(三)违法清算可能严重损害债权人或者股东利益的。”

经人民法院释明，债权人仍然坚持申请对债务人强制清算的，人民法院应当裁定不予受理。”

在《九民纪要》出台之前，债权人在强制清算原因与破产清算原因竞合的情况下，更倾向于申请强制清算，其原因在于：法院裁定终结强制清算程序后，在债务人的清算义务人未及时成立清算组开始清算造成债务人财产损失，或怠于履行清算义务造成债务人无法清算时，债权人可依据《公司法司法解释（二）》第18条[①]的规定，要求清算义务人对其债务承担赔偿或连带清偿责任。然而，破产清算程序终结后并不会产生前述后果。因此，债权人更倾向于申请强制清算程序。

《九民纪要》对《公司法司法解释（二）》第18条关于清算义务人的责任予以明确和限缩后，将使无法清算后责任的承担更加公平合理，从而引导债权人更加理性地行使申请权。

上述案例中，B区法院在审查科技公司是否符合强制清算的条件时发现，科技公司不仅符合强制清算的条件，同时符合破产清算的条件，在二者竞合的情况下，B区法院向贸易公司释明，贸易公司仍然坚持走强制清算程序，B区法院裁定驳回了贸易公司的强清申请。

2. 解散清算如何转化为破产清算？

在对债务人进行解散清算（含自行清算和强制清算）的过程中，如果发现其符合破产清算的条件，就要考虑如何由解散清算向破产清算转化的问题，以使清算程序更加规范，债权人和债务人的合法权益得以更好地保障。

（1）解散清算转化为破产清算

根据相关法律规定及司法实践，解散清算应依法转化为破产清算主要发生在以下两种情形：

其一，解散清算过程中发现企业法人的资产不足以清偿债务。

《企业破产法》第7条第3款规定：“企业法人已解散但未清算或者未清算完

① 最高人民法院《关于适用〈中华人民共和国公司法〉若干问题的规定（二）》第18条规定：“有限责任公司的股东、股份有限公司的董事和控股股东未在法定期限内成立清算组开始清算，导致公司财产贬值、流失、毁损或者灭失，债权人主张其在造成损失范围内对公司债务承担赔偿责任的，人民法院应依法予以支持。有限责任公司的股东、股份有限公司的董事和控股股东因怠于履行义务，导致公司主要财产、账册、重要文件等灭失，无法进行清算，债权人主张其对公司债务承担连带清偿责任的，人民法院应依法予以支持。上述情形系实际控制人原因造成，债权人主张实际控制人对公司债务承担相应民事责任的，人民法院应依法予以支持。”

毕，资产不足以清偿债务的，依法负有清算责任的人应当向人民法院申请破产清算。”

《公司法》第187条规定：“清算组在清理公司财产、编制资产负债表和财产清单后，发现公司财产不足清偿债务的，应当依法向人民法院申请宣告破产。公司经人民法院裁定宣告破产后，清算组应当将清算事务移交给人民法院。”

《公司法司法解释(二)》第17条规定：“人民法院指定的清算组在清理公司财产、编制资产负债表和财产清单时，发现公司财产不足清偿债务的，可以与债权人协商制作有关债务清偿方案。债务清偿方案经全体债权人确认且不损害其他利害关系人利益的，人民法院可依清算组的申请裁定予以认可。清算组依据该清偿方案清偿债务后，应当向人民法院申请裁定终结清算程序。债权人对债务清偿方案不予确认或者人民法院不予认可的，清算组应当依法向人民法院申请宣告破产。”

《强清纪要》第32条规定：“公司强制清算中，清算组在清理公司财产、编制资产负债表和财产清单时，发现公司财产不足清偿债务的，除依据公司法司法解释二第十七条的规定，通过与债权人协商制作有关债务清偿方案并清偿债务的外，应依据公司法第一百八十八条和企业破产法第七条第三款的规定向人民法院申请宣告破产。”

据此，在清算过程中，若发现企业法人的资产不足以清偿债务的，应由清算组向人民法院申请破产清算。

需要说明和强调的是：企业法人破产清算的条件还包括“明显缺乏清偿能力”这一情形，前述法律规定仅明确“清算过程中发现企业法人的资产不足以清偿债务的，清算组应向人民法院申请破产清算”。笔者认为：清算过程中若发现企业法人明显缺乏清偿能力，亦应由清算组向人民法院申请破产清算。至于前述条件是否成立，可由人民法院依法进行审查。相关法律规定日后有待进一步完善。

其二，强制清算过程中其他权利人申请破产清算。

《强清纪要》第33条规定：“公司强制清算中，有关权利人依据企业破产法第二条和第七条的规定向人民法院另行提起破产申请的，人民法院应当依法进行审查。权利人的破产申请符合企业破产法规定的，人民法院应当依法裁定予以受理。人民法院裁定受理破产申请后，应当裁定终结强制清算程序。”

据此，在强制清算过程中，如有其他债权人依据企业破产法向人民法院申请债务人破产清算，且债务人符合破产清算条件的，人民法院应当裁定受理其他债权人的破产清算申请,并裁定终结强制清算程序,破产清算程序实质上吸收了强制清算程序。

(2)清算组向破产管理人的转化、清算事务的移交及其效力的确认

在解散清算向破产清算转化过程中,不可避免地会涉及清算组如何向破产管理人转化、清算事务如何移交及其效力如何确认的问题。

关于清算组向破产管理人的转化。《强清纪要》第34条规定:"公司强制清算转入破产清算后,原强制清算中的清算组由《人民法院中介机构管理人名册》和《人民法院个人管理人名册》中的中介机构或者个人组成或者参加的,除该中介机构或者个人存在与本案有利害关系等不宜担任管理人或者管理人成员的情形外,人民法院可根据企业破产法及其司法解释的规定,指定该中介机构或者个人作为破产案件的管理人,或者吸收该中介机构作为新成立的清算组管理人的成员。上述中介机构或者个人在公司强制清算和破产清算中取得的报酬总额,不应超过按照企业破产计付的管理人或者管理人成员的报酬。"

关于清算事务的移交及其效力的确认。《强清纪要》第35条规定:"上述中介机构或者个人不宜担任破产清算中的管理人或者管理人的成员的,人民法院应当根据企业破产法和有关司法解释的规定,及时指定管理人。原强制清算中的清算组应当及时将清算事务及有关材料等移交给管理人。公司强制清算中已经完成的清算事项,如无违反企业破产法或者有关司法解释的情形的,在破产清算程序中应承认其效力。"

综上,在强制清算与破产清算事由出现竞合时,不仅债权人与债务人之间存在利益冲突,不同的债权人之间也会产生利益冲突。此时如果不转入破产清算程序,这些利益冲突就不能得以有效解决。上述案例中,当B区法院驳回贸易公司的申请后,贸易公司即依据《企业破产法》及其司法解释的相关规定向C中院申请了对科技公司的破产清算。

四、经验启示

处理好强制执行程序、强制清算程序、破产清算程序之间的衔接问题是完善司法工作机制,从制度上打通解决部分"执行难"问题"最后一公里"的需要;是公平保护债权人和债务人合法权益,维护司法公正和司法公信力的需要;是彻底解决"执行难",践行正当法律程序的需要。处理好三者之间的关系有利于建立和完善市场

主体救治和退出机制。

实践中，无论是作为法律服务需求者还是法律服务提供者，如果我们牢牢把握了上述三者之间的联系和区别，就能快速找到解决问题的正确的法律救济途径，最大限度地实现自己的目的、利益和诉求。

破产管理人在哪些情况下选择继续履行合同

——以某大型装备公司破产清算案为例

任晓雨

一、案情简介

广州市中级人民法院于2021年受理了某大型装备有限公司（以下简称装备公司）的破产清算申请，指定广东广信君达律师事务所担任管理人，负责人为肖小俊。管理人接受指定后，全面展开对装备公司的债务清理和资产清查工作，发现装备公司为国企，负债高达9亿多元，且直至法院受理破产清算申请时，该公司仍在正常经营中，有大量合同正在履行或等待履行。管理人接管装备公司后，逐步排查装备公司的经营情况，了解正在履行的合同情况，包括但不限于合同的类型、目的、解除的后果等。经过管理人的调查，装备公司正在履行的合同主要有如下几种类型：

1. 盾构机的租赁或融资租赁合同。这类合同主要是将公司所有的盾构机租赁给其他项目使用，使用盾构机的项目主要是地铁修建项目。

2. 服务合同。这类合同主要用于某大型设备公司厂区及仓库的看管、保护及对外出租的盾构机的日常维修工作。

3. 财产保险合同。装备公司向中国人民财产保险股份有限公司广州市分公司投保机器损坏险以及财产一切险。

4. 盾构机设备等采购合同。装备公司尚未向法院申请破产之前，为维持公司正常运营，制造并维护盾构机，向其他公司采购盾构机设备及盾构机部分零件。

二、问题难点

本案中存在各种各样且复杂的合同，各合同中又存在预定金、押金、预付款等各种款项，同时合同的处理又涉及破产公司的后续款项回流、破产公司债权的增加及相关资产的处置问题。此等情况下，应当如何选择需要继续履行的合同？此外，装备公司与测量公司签订的合同属于一方已经履行完交付义务的合同，若装备公司完成合同款的给付义务，则合同当然履行完毕，但是截至法院受理装备公司的破产申请，装备公司尚未支付全部合同款，此时这类合同又应当如何进行认定？是否应当继续予以履行？

三、法律评析

《企业破产法》第 18 条第 1 款规定：“人民法院受理破产申请后，管理人对破产申请受理前成立而债务人和对方当事人均未履行完毕的合同有权决定解除或者继续履行，并通知对方当事人。管理人自破产申请受理之日起二个月内未通知对方当事人，或者自收到对方当事人催告之日起三十日内未答复的，视为解除合同。”根据该条法律规定，管理人有权从破产公司尚未履行完毕的合同中选取需要继续履行的合同及需要解除原有合同关系的合同。破产公司管理人对破产公司申请破产前尚未履行完毕的合同拥有解除权，这项解除权是一种特殊的法定合同解除权。[①]是否解除破产公司申请破产前尚未履行完毕的合同涉及破产公司后续的公司运营问题，过重的履行义务会影响破产公司的破产财产。是否履行合同决定了该合同债权在企业破产程序中的清偿顺位，与债务人及其他债权人的权益息息相关，必须审慎选择。

结合装备公司的合同履行情况，管理人主要从以下几个方面综合考虑应当如何选择需要继续履行的合同。

（一）财产价值最大化原则

财产价值最大化原则是管理人在破产程序中一直秉持的主要原则。破产公司的财产是破产程序中的重要问题，继续履行合同的选择关乎破产财产的增值、保值、减值等问题。在装备公司继续履行的合同选择过程中，管理人亦会首先考虑破产公司的财产价值问题。本案中，针对财产保险合同及服务合同是否继续履行的问题，管理人便是基于财产价值最大化的原则进行考虑。

1. 财产保险合同。《财产保险合同》主要是针对装备公司的全部资产进行投

---

① 余延满、年亚：《破产法上待履行合同的选择规则》，载《广东社会科学》2021 年第 6 期。

保,包括但不限于正在使用或暂停使用的大型机械设备、办公楼、公司各类办公设备等。财产保险合同是为了防止因为意外情况装备公司的财产遭受不必要的损失,为保护装备公司财产,管理人决定继续向保险公司投保机器损坏险以及财产一切险。同时,在了解了投保的具体要求后,管理人根据实际情况对保险合同按月进行了续保的工作,既保证了公司财产不受影响,也保证了后续破产程序的顺利进行。

2. 服务合同。首先,装备公司与合同相对方公司签署有《护卫服务劳务合同》,约定合同相对方公司向装备公司提供护卫人员用以保障工期厂区安全。装备公司厂区内存放有公司的各类资产,仓库中亦存放有大量难以搬运的大型设备等。同时,装备公司厂区附近尚有一码头出租使用。其合同主要目的是保护装备公司厂区内的秩序及财产安全,避免装备公司的财产在破产过程中因第三方原因遭受毁损、贬值。因此,无论是出于维护债权人合法权利的目的,还是保护现场秩序及财产安全的目的,该合同都应当继续履行,故管理人报债权人会议同意后,决定继续履行该合同,以保护装备公司的财产不受损害。其次,装备公司与另一公司签订有《劳务承揽合同》,约定由该公司为装备公司的盾构机的维修和保养提供劳务服务,装备公司虽已停止生产,但依然有6台盾构机还在出租使用中,需要进行及时的维修和保养,以确保盾构机的正常运行。同时,对于已经停止使用的盾构机,依然需要进行定时的保养,否则容易出现故障,导致财产加速贬值。因此,管理人报债权人会议同意后,决定继续履行该合同。

（二）合同相对方利益衡量

《企业破产法》第1条规定:"为规范企业破产程序,公平清理债权债务,保护债权人和债务人的合法权益,维护社会主义市场经济秩序,制定本法。"根据该立法宗旨,在企业破产过程中也应当将债权人的合法权益考虑其中。破产管理人在选择继续履行合同时,不仅需要考虑债务人的利益,也应当考虑合同相对方的权益,避免合同相对方因此遭受超出预期的损失。

本案中,装备公司与中垠公司之间有一份正在履行的《融资租赁合同》,约定由装备公司将盾构机卖给中垠公司,再从中垠公司处回租该盾构机,合同期限为3年,按季度支付款项。中垠公司已在合同签订时按照约定向装备公司支付了盾构机采购费用,装备公司截至申请破产时已支付了6期租赁费。如若管理人此时选择解除与中垠公司的《融资租赁合同》,则中垠公司无法按照合同约定收回剩余6期租金甚至失去盾构机的所有权，在中垠公司已经完成合同约定的主义务的情况下，这种选择显然会对中垠公司造成不成比例的损害。天津市高级人民法院审结的(2015)津高民二终字第0070号案件中也存在相似的问题，针对承租人众意公司破产管理人提出的解除融资租赁合同的主张，法院不予支持，但是在该案件中，出租人已经在先提起了诉讼，要求承租人支付租金，与本案存在不同情况。本案中，装备公司以融资租赁的方式回租盾构机后，又将盾构机出租给地铁项目用于地铁的修建，管理人综合考虑了地铁修建的特殊情况及合同相对方的利益，经债权人会议同意后，决定继续履行该合同。

(三)维护社会公共利益

管理人在行使继续履行合同选择权的时候，不仅要考虑债务人的财产价值和合同相对人的利益，也要兼顾社会公共利益，尤其是涉及社会公共服务的相关合同。

本案中，装备公司破产时尚有多个盾构机租赁合同处于未履行完毕的状态。管理人详细了解了盾构机的具体租赁情况、后续跟进要求、解除合同所面临的相关损失。

盾构机全名为盾构隧道掘进机或全断面隧道掘进机，是一种使用盾构法的隧道掘进机具。该机具有一次开挖即可实现隧道成型的特色，从开挖、推进、撑开全由该机具完成，可将地铁暗挖功效提高8倍到10倍。盾构机是特殊的工程设备，进入地下后，只有始发站和终点站，如果终止盾构机租赁合同以及融资租赁合同，将盾构机提出，则每台盾构机都需要上亿元的花费。反之虽需对盾构机的租赁进行后续跟进及维护，但项目结束后会有相应的租金收入，可以增加债务人的资产。

而且，上述盾构机租赁合同的承租方均为地铁项目组。地铁项目关乎民生，与社会公共利益有着不可分割的关系。因为地铁建设本身的特殊性，盾构机进入地铁工程后，除入洞口与出洞口外，盾构机无法随意从中间出洞，一旦中途提出盾构机也会影响地铁工程的后续修建，还会造成大量超出预估范围的额外支出。

因此，针对装备公司签订的所有尚未履行完毕的盾构机租赁合同及融资租赁合同，经过与合同相对方的友好协商，管理人决定继续履行。

与之相似的是《劳务承揽合同》，该合同涉及盾构机的后续维护、正常工作，故管理人也决定继续履行该合同。

相较于上述管理人经过谨慎考虑后决定继续履行的合同，还存在其他管理人决定不予继续履行而决定解除的合同。如盾构机设备等采购合同。装备公司在向法院申请破产后便全面停工停产，公司职工均已解除劳动合同。即使将盾构机设备等物资采购回来，也无法完成盾构机的制造，增加装备公司的资产，同时存放这部分资产还会占用装备公司的仓库空间等。因此，管理人分别向合同的相对方送达了解除合同的通知，并告知他们申报债权。

针对《企业破产法》第 18 条规定的双方均未履行完毕的合同，管理人通常会依据上述三项原则选择是否继续履行合同。但是，在本案中也出现了一种特殊的合同，便是装备公司与测量公司之间的合同，这是一种典型的双方均未履行完毕、正在履行的合同。装备公司与测量公司签订有三份《工矿产品购销合同》，根据合同约定，装备公司向测量公司采购导向系统并由其负责安装到盾构机上。直至法院受理装备公司的破产申请，测量公司已完成全部导向系统移交及安装工作，装备公司装有导向系统的三台盾构机均已在正常使用中。按照《民法典》的相关规定，在测量公司完成导向系统的移交及安装后，上述合同应当属于一方已经完成履行义务的合同，不属于双方均未履行完毕的合同。但是，该合同又存在其他特殊情况：虽然测量公司已经完成了给付义务，却可以随时通过远程的方式暂停导向系统的工作，管理人已经无法将该合同简单地定义为一方已经履行完毕的合同从而解除该合同。此时，管理人从另外的角度，即合同解除的后果角度衡量合同是否应当继续履行。首先，盾构机的导向系统类似于人的眼睛，用于指引盾构机精准掘进，如果没有导向系统或导向系统出现故障，盾构机将无法根据设定方向掘进且极易导致安全事故，造成无法挽回的损失。装备公司用于出租的盾构机均在使用测量公司的导向系统，如一旦解除与测量公司的采购、维护合同，测量公司可以远程停机，正在工作中的盾构机便无法正常进行，且测量公司在导向系统技术领域中具有垄断优势地位，装备公司在短时间内难以快速找到可替代的供应商。管理人通过调查发现，导向系统对于盾构机的正常工作具有不可替代性，测量公司同样具有不可替代性。其次，盾构机的租赁可以保证破产公司财产的增加，符合财产价值最大化原则。最后，盾构机的租赁是用于地铁的修建，与社会公共利益相关。综合多种情况，本案中的管理人经债权人会议同意后，决定继续履行与测量公司的合同。据此，管理人报债权人会议同意后，决定继续履行与测量公司的上述三份合同，并将相关合同款列为共益债务优先清偿。

综上所述，管理人在对需要继续履行的合同进行抉择时，会综合考虑继续履行合同或解除合同所带来的不同结果,既要保证破产公司的财产不因履行行为遭受不当的损失,也要保证合同相对方的利益不遭受不平衡的损失,同时避免作出与社会公共利益相悖的决定。

四、经验启示

破产案件情况复杂,每一个案件都有其特殊性,不同的破产企业申请破产前尚未履行完毕的合同种类、情况也不尽相同。管理人在破产程序中有着极为重要的地位,审慎地抉择需要继续履行的合同是管理人的应尽职责。本案中,管理人在选择需要继续履行的合同时,总结出如下经验启示:

第一,合同的履行是公司经营内容的一部分,任何情况下都无法独立地判定某一份合同是否需要继续履行,而应当将合同的目的、内容放到破产公司本身的实际情况中进行考量,从实际出发来判定这份合同应不应该继续履行,值不值得继续履行。

第二,合同之间是存在关联性的,合同设立之目的在于让一个企业存续下去且不断增加其资产,因此一个合同的设立可能是为了让另一份合同能够得以更好地履行,或者几份合同同时履行才能保证单份合同实现其设立目的。管理人在接管破产公司之后,应当做好全面的了解工作,不仅包括公司本身的经营范围,还包括各类经营活动相互之间的关系,以便更好地判定合同是否需要继续履行。

管理人选择继续履行合同的过程亦属于一种商业判断和决策过程,虽然破产公司在申请破产时已经处于资不抵债的状态,但是难免尚存部分经营活动,因此对于继续履行合同的选择无论如何都不可能是完全孤立的,无法只通过合同本身的内容决定合同是否需要继续履行。继续履行合同的选择是一个复杂的过程,本文也只是就案例中所遇到的情况进行简单的剖析,实务之中还是需要全面考虑实际情况,作为管理人要妥善抉择,并与法院及时沟通,依法合理履行自己的职责。

破产清算中以权利质权设定担保的优先受偿权认定

——以某工程公司破产优先债权确认纠纷案为例

杨嘉霁　沈　笑

一、基本案情

（一）案情简介

在广州市某工程有限公司（以下简称工程公司）破产清算案中，有一债权人广东省某公路集团有限公司（以下简称公路集团公司）向破产管理人（以下简称管理人）申报了债权，申报债权的类型为有担保的优先债权，主张在破产程序中享有优先受偿权。

经管理人审查相关材料后得知：2010 年 3 月，公路集团公司经投标取得一建设施工任务，并成立项目经理部专门负责全部施工任务。2010 年 6 月，公路集团公司将一部分工程分包给 A 公司（实际承包人欧某）。2010 年 11 月，A 公司又将其承包项目中的一部分工程分包给工程公司。后来发现欧某因违反法律规定以不存在的 A 公司的名义与公路集团公司签订分包协议，经法院判决确认该协议无效。工程公司遂起诉欧某及公路集团公司，要求其支付工程款，经法院判决欧某须向工程公司支付 600 余万元及利息，公路集团公司在欧某未付的范围内承担清偿责任（以下简称诉讼一）。2012 年 12 月，公路集团公司为尽快恢复施工，其下属项目经理部与工程公司签订《某公路项目临时工程借款及修复工作协议》（以下简称《工程借款工作协议》），公路集团公司同意以借款方式支付欧某与工程公司分包协议的尾款，工程公司同意继续施工并将其与欧某合同产生的债权及现场的施工材料作为借款的担保。公路集团公司陆续借予工程公司借款 600 万元。后双方发生纠纷，公路集团公司于 2016 年起诉工程公司返还借款，法院判决工程公司向公路集团公司返还借款

600万元及利息(以下简称诉讼二)。公路集团公司于2018年起诉工程公司请求确认担保关系有效,法院判决确认了工程公司将其与欧某签订的合同及由合同产生的债权向公路集团公司借款600万元的担保关系有效。

后经法院执行,工程公司在诉讼一中执行得款900余万元,但工程公司在诉讼二被执行财产前进入了破产清算程序,上述的900余万元由执行法院移交至工程公司的破产管理人。

管理人进行审核后,认为公路集团公司与工程公司虽有担保关系,但不足以对其他债权人产生优先权。故最后确认公路集团公司普通债权600余万元,劣后债权(民事惩罚性赔偿金)100余万元。

在第一次债权人会议中,管理人依法提交债权表给债权人会议核查。公路集团公司表示有异议,认为由于存在担保,其对工程公司未分配的900余万元执行款应享有优先受偿的权利,但管理人认为异议不成立。故公路集团公司向法院提起了普通破产债权确认纠纷,请求法院判令将上述的普通债权及劣后债权移出破产债权表,并确认其对900余万元的执行款项享有优先受偿权。

(二)争议焦点

本案的争议焦点是:公路集团公司是否对该900余万元款项享有优先受偿权。

公路集团公司主要观点为:其与工程公司在《工程借款工作协议》中约定,以工程公司与欧某的合同及由该合同产生的债权为公路集团公司对工程公司的借款提供担保。该担保合同关系已经生效判决确认有效,且该担保属于非典型担保,无须办理登记手续。

管理人不确认公路集团公司享有优先受偿权,主要观点为:工程公司为公路集团公司的借款提供的担保应为典型担保中的应收账款质押而不是非典型担保。首先,工程公司是以其对欧某享有的合同权利给公路集团公司作担保,而该合同权利是收取工程款,即工程公司是以应收工程款作担保。其次,该应收账款质押权未设立,不能对抗第三人。公路集团公司没有对其应收账款办理质押登记,而抵押人工程公司已经进入破产程序,其债权不能对抗工程公司的其他债权人,应定性为普通债权。

(三)法院判决

一审法院判决结果为:"根据最高人民法院《关于适用〈中华人民共和国民法典〉时间效力的若干规定》第二条及《中华人民共和国物权法》第二百二十三条、第二百二十八条第一款的规定,驳回公路集团公司的全部诉讼请求。”

关于双方当事人之间的担保类型,法院认为:因双方在签订的《工程借款工作协议》中约定以工程公司与欧某“签订的合同及由合同产生的债权”作为借款担保,在工程公司与欧某之间的合同项下,工程公司对欧某享有的权利是收取工程款,故可用于担保的权利即为工程公司对欧某的应收工程款。依照《物权法》(现已被废止)第223条规定,应收账款可以出质。因此,《工程借款工作协议》约定的担保类型为应收账款质押担保,公路集团公司主张该担保属于非典型担保,不予采纳。

关于该应收账款出质是否享有优先受偿权,法院认为:虽已有生效判决确认双方的担保条款合法有效,但根据《物权法》第228条第1款规定,“以应收账款出质的,当事人应当订立书面合同。质权自信贷征信机构办理出质登记时设立”。故公路集团公司的质权须经登记才设立生效。虽担保合同设立时工程公司的应收账款金额尚未确定,但此后经过诉讼一一案,欧某应向工程公司支付的工程款及利息已经生效判决确认,且公路集团公司亦为该案当事人。但公路集团公司与工程公司至今未在中国人民银行征信中心办理上述应收账款质押登记,故该质押权利尚未设立生效,公路集团公司主张对案涉900余万元款项享有优先受偿权,缺乏依据,不予支持。

二、问题难点

本案难点之一是较为复杂的法律关系。工程公司与公路集团公司既有分包关系,也有借贷关系;公路集团公司既要连带承担偿还欧某对工程公司的工程款,同时工程公司也要偿还公路集团公司借款。当中最重要的是案涉担保类型的认定,包括本案中争议标的涉及的担保是典型担保还是非典型担保;若为典型担保,又为何种类的典型担保;该种类型担保的生效条件是否满足;在破产清算程序中是否享有优先受偿权等。

难点之二是工程公司破产清算案的实际问题。本案标的额大,公路集团公司请求优先受偿的债权金额达700余万元,但工程公司可供分配的财产仅为900余万元,占比超过75%。根据受理工程公司破产清算案件的法院出具的确认无异议债权的民事裁定书,共裁定确认了工程公司10余位债权人的债权,债权总额超过人民币7000万元。工程公司的破产清算案件中债权人较多,涉及的利益主体较多,涉及的金额较大。若最终确认了公路集团公司的优先受偿权,则工程公司可供分配给普通债权人的财产将会大幅减少，清偿率将大大降低。故对于公路集团公司是否享有优先受偿权的认定，将对普通债权人的权利产生重大影响。

三、法律评析

（一）案涉法条、裁判评析

1. 最高人民法院《关于适用〈中华人民共和国民法典〉时间效力的若干规定》第2条规定："民法典施行前的法律事实引起的民事纠纷案件，当时的法律、司法解释有规定，适用当时的法律、司法解释的规定，但是适用民法典的规定更有利于保护民事主体合法权益，更有利于维护社会和经济秩序，更有利于弘扬社会主义核心价值观的除外。"

由于引起本案纠纷的法律事实发生在《物权法》适用期间，在《民法典》施行之前，亦即2021年1月1日之前，且本案不属于可适用《民法典》的特殊情形。因此本案适用《物权法》的相关规定更为妥当。

2.《物权法》第223条规定："债务人或者第三人有权处分的下列权利可以出质：（一）汇票、支票、本票；（二）债券、存款单；（三）仓单、提单；（四）可以转让的基金份额、股权；（五）可以转让的注册商标专用权、专利权、著作权等知识产权中的财产权；（六）应收账款；（七）法律、行政法规规定可以出质的其他财产权利。"第228条第1款规定："以应收账款出质的，当事人应当订立书面合同。质权自信贷征信机构办理出质登记时设立。"

上述《物权法》第223条及第228条明确规定应收账款是可以出质的权利，但未对此作详细规定。2021年12月中国人民银行发布的《动产和权利担保统一登记办法》第3条关于"应收账款是指应收账款债权人因提供一定的货物、服务或设施而获得的要求应收账款债务人付款的权利以及依法享有的其他付款请求权，包括现有的以及将有的金钱债权，但不包括因票据或其他有价证券而产生的付款请求权，以及法律、行政法规禁止转让的付款请求权。本办法所称的应收账款包括下列权利：……（五）其他以合同为基础的具有金钱给付内容的债权"的规定，对应收账款的含义和种类等作出了明确说明。

按照公路集团公司的观点，本案争议标的涉及的担保是非典型担保。非典型担保主要包括让与担保和所有权保留，是除典型担保之外的，对主合同具有担保作用的担保，是指当事人约定的以特定物为担保标的，用以保障特定债权实现的法律制度。一般的做法是提前将标的物的所有权或其他权利移转给担保权人，作为对债权的担保，由此担保权人已经实际拥有了标的物的所有权或权利本身，待担保人履行债务后，再把所有权或者权利返还给担保人。

对比本案中的担保，明显与非典型担保的模式不一样。根据《动产和权利担保统一登记办法》规定可知，本案公路集团公司享有的是“其他以合同为基础的具有金钱给付内容的债权”所作的担保，该债权是应收账款的种类之一，因此应参照上述法律规定将案涉担保理解为应收账款质押的典型担保更为合理。

另外根据《物权法》及《动产和权利担保统一登记办法》的规定，以应收账款出质的，除订立合法有效的合同外，还须自在信贷征信机构即中国人民银行征信中心办理出质登记后才能设立。故应收账款作为权利出质必须经过登记才具有公示效力，否则会出现质押人用同一标的进行多次担保的风险，最终无法确定谁才是真正的质押权人。如果没有依法登记，该质押仅在质押人与质押权人之间生效。因此在本案中，虽然公路集团公司享有的担保合法有效，但因没有登记不能对抗第三人。

3.《企业破产法》第 109 条规定：“对破产人的特定财产享有担保权的权利人，对该特定财产享有优先受偿的权利。”

该优先受偿权在《企业破产法》中一般被称为别除权，是指在破产程序中，对于债务人的特定财产享有担保物权的债权人，可以不依照《企业破产法》第 113 条规定的清偿顺序进行分配，而对被依法设定担保的物权进行优先受偿。在破产程序开始后，享有担保权的权利人有权直接请求就该特定财产行使优先受偿权，并在无担保的债权人按照破产财产分配方案受偿之前随时进行清偿。

优先受偿权的基础性权利为担保物权，根据《民法典》担保物权分编的规定，该基础性权利主要分为抵押权、质权及留置权等。随着银行金融业的发展以及知识产权等其他财产权利的扩充与适用，出现了越来越多以汇票、基金、知识产权、应收账款等作为“质押物”设定担保物权的情况。从市场经济的发展来看，债权作为一种以实存利益为基础的财产，具有交换价值，使其逐渐发展成为一种重要的交易对象，为投资流动所不能缺少的条件，以债权为标的而设立的质权应运而生，即为债权质权。

在质押中，作为标的的动产与权利须进行转移占有。在质押合同设立后，债务人要将标的交付债权人占有，动产要交付占有，而权利也要交付权利证书或进行登记公示，才能起到担保的效果。因为权利质权移转权利的特殊性，破产管理人在收到疑似以权利质权设定担保的债权后，应当对该债权的性质进行严谨审核，判断其是否应当被认定为权利质权担保或其他担保，若将其认定为权利质权担保，权利质权否已经设立并生效，其是否符合《企业破产法》的要求作为优先债权进行清偿等。

4. 最高人民法院《关于适用〈中华人民共和国民法典〉有关担保制度的解释》第54条规定："动产抵押合同订立后未办理抵押登记，动产抵押权的效力按照下列情形分别处理：……（四）抵押人破产，抵押权人主张对抵押财产优先受偿的，人民法院不予支持。"在本案中，质押人工程公司已经进入破产程序，而公路集团公司没有对其应收账款办理质押登记，其债权不能对抗工程公司的其他债权人，其主张的优先受偿权也不能得到支持，应按照普通债权来认定参与分配。

5. 参照最高人民法院（2021）最高法民终858号《民事裁定书》中的裁判观点："出质人以应收账款质押的，质权人负有向应收账款债务人核实应收账款真实性及通知应收账款已经设立质权的事实的义务。"由此看出，最高院对于应收账款质押提出了更高的要求，除依法设立外，质权人还应当及时通知应收账款债务人该质权设立的事实以及核实应收账款是否真实存在，以维护自身质权的合法性及真实性。

（二）破产清算中以权利质权设定担保的优先权的认定思路

首先，在破产清算程序中，管理人在收到主张优先权的债权申报材料后，应判断该债权是否设立了担保物权。根据《民法典》第388条关于"设立担保物权，应当依照本法和其他法律的规定订立担保合同。担保合同包括抵押合同、质押合同和其他具有担保功能的合同。担保合同是主债权债务合同的从合同。主债权债务合同无效的，担保合同无效，但是法律另有规定的除外"的规定，管理人首先应判断申报材料中是否存在主债权债务合同及担保合同；合同是否合法成立；合同是否有相应的原件以及主合同是否符合债务人的正常经营范围。

如在本案中，债权人公路集团公司向管理人提交的债权申报材料中附有其与工程公司签订的《工程借款工作协议》，该协议是双方的真实意思表示，且工程公司具备施工资质，未违反法律与行政法规的强制性规定，应认定为合法有效。双方因该借款合同发生纠纷后，已有法院生效判决确定工程公司与公路集团公司之间的债权债务关系，即从初步材料看，担保条款有效。

其次，应判定该担保物权的性质，性质的判定涉及后续对其生效要件是否具备的判断。若管理人与债权人对担保物权性质判断有不同意见，很容易产生争议，如在本案中，双方产生争议的最大焦点在于对担保物权性质认定的不同。债权人公路集团公司认为,因协议中约定以工程公司与欧某之间的合同及由合同产生的债权为其提供的借款提供担保,该担保合同关系已经生效判决确认有效,且该担保属于非典型担保,无须办理登记手续。而管理人认为,协议中约定的担保条款属于应收账款质押,因未办理登记导致质押权尚未设立。该案中双方因对担保物权性质认定有上述不同意见,故对公路集团公司是否享有优先受偿权产生了争议。

对于可以出质的权利的范围,《民法典》第 440 条规定:“债务人或者第三人有权处分的下列权利可以出质:(一)汇票、本票、支票;(二)债券、存款单;(三)仓单、提单;(四)可以转让的基金份额、股权;(五)可以转让的注册商标专用权、专利权、著作权等知识产权中的财产权;(六)现有的以及将有的应收账款;(七)法律、行政法规规定可以出质的其他财产权利。”即法律对于可以出质的权利作出了明确的规定,管理人在审核担保物权是否属于权利质权时,可将担保合同或相应担保条款中约定的担保标的物根据上述《民法典》规定的七大种类进行甄别和区分。在本案中,对应到《物权法》的规定,管理人将担保标的物确定为第(六)种,认为案件所涉及的担保标的物为工程公司现有或将有的应收账款,该认定具有合理性。因为虽然担保条款设定时工程公司的应收账款金额尚未确定,但此后工程公司与欧某经过诉讼,欧某应向工程公司支付的工程款及利息已经生效判决确认,具有特定性,且法律明确规定可以对“将有的”应收账款出质。

最后,若管理人经过审核,认定债权属于以权利质押设定担保的类型,下一步应判断该权利质押担保物权是否已成立并生效。《民法典》第 441 条至第 446 条明确规定了各类以权利质押设定担保物权的设立条件,其中第 445 条规定当事人以应收账款出质的,质权自办理出质登记时设立。《物权法》第 228 条亦规定以应收账款出质的,当事人应当订立书面合同,并且质权自信贷征信机构办理出质登记时设立。本案中,在已认定工程公司以应收账款为公路集团公司债权设定担保的前提下,公路集团公司仍需要对质权进行登记。在生效判决确认欧某应向工程公司支付的工程款及利息后,公路集团公司至今未在中国人民银行征信中心办理上述应收账款质押登记,故该质押权利尚未设立生效,因此公路集团公司主张对案涉 900 余万元款项享有优先受偿权,缺乏依据。另外,根据最高人民法院《关于适用〈中华人民共和国民法典〉有关担保制度的解释》第 54 条关于“动产抵押合同订立后未办理抵押登记,动产抵押权的效力按照下列情形分别处理:……(四)抵押人破产,抵押权人主张对抵押财产优先受偿的,人民法院不予支持”的规定,公路集团公司没有对质押人应收账款办理质押登记，而质押人（工程公司）已经进入破产程序，公路集团公司债权不能对抗工程公司的其他债权人，应按照普通债权参与分配。

四、经验启示

因优先受偿权在破产程序中有优先受偿、随时清偿的“特权”，认定权利质权设定的担保是否具有优先受偿权也一直是破产清算案件中的“重点难点”。故管理人在收到有主张担保的债权申报材料后，必须秉持更加严谨、审慎的原则进行审核，否则，若将无担保的债权认定为有担保，将大大损害其他债权人的合法权益；若将应当认定为有担保的债权认定为无担保，亦将损害担保权人的合法权益。在可能涉及以权利质权设定担保的优先受偿权的认定时，应从债权是否有设立合法有效的担保物权、担保物权的性质、该以权利质权设定的担保是否成立且生效几个方面来考虑。破产案件中的法律关系错综复杂，管理人只有在事实依据和法律依据充分的情况下，方可认定以权利质权设定的担保享有优先受偿的权利，尽可能全面地维护债权人的合法权益。

打通实现债权之路

Chapter 4

第四部分　债务重组

国有企业股东如何主导和操作拟破产企业的债务重组

——以某房地产国企债务重组案为例

谢　昕　钟嘉慧

债务重组是指企业陷入债务危机时，债务人与债权人通过协商、谈判或根据法院的裁定，由债权人就债务偿还条件做出让步，通过改变原有的偿债条件，缓解企业的债务困境和资金压力。就法律角度而言，债务重组是对陷入债务危机的企业进行债权债务的变更，通过变更、转让、免除、清偿等多方式对债权债务关系进行重新安排。由于债务关系背后往往牵扯重大且复杂的利益纠纷，企业面对巨大债务危机时，通过合理的债务重组方案可以避免直接进入破产，转危为机，最终摆脱困境，实现扭亏为盈。

国有企业债务重组是为了解决企业因为债务问题产生的经营危机，同时帮助提升国有企业的经营及盈利能力。在此过程中，应注意避免国有资产流失和衍生影响社会不稳定运行等现象。本文从某困境国有房地产企业股东的主体视角出发，通过债权受让、减债削债方式改善托管经营的下属困境企业A公司的资产负债情况，并逐步解决其债务困境，从而达到处置、盘活优质国有资产的目的。

一、案情简介

(一)A公司背景、资产情况及其股东B公司的情况介绍

1. A公司是成立于1987年，由广州市某区人民政府国有资产监督管理局全资设立的、具有房地产开发经营资质的国有企业，B公司为广州市某国有资产经营管理集团有限责任公司。2019年，由于A公司债务问题日益严重，上级部门将A公司移交给B公司委托管理，B公司成为A公司的全资股东及直接上级管理单位。

2. A 公司名下的资产主要为某房地产项目二期用地的 3 号楼、4 号楼，以及尚未开发的三期用地。该房地产项目于 1999 年开始开发并投入建设，因 A 公司外部债务问题于 2002 年时烂尾停工。2014 年，A 公司与市级国企 H 房地产开发公司合作复建 3 号楼、4 号楼，约定由 H 公司出资主导复建，A 公司不作任何投入，仅作配合工作。2018 年，H 公司对 4 号楼房屋申请了商品房预售许可证，并对外销售了 10 套房屋。2018 年 7 月，经 A 公司的外部债权人申请，法院查封了某房地产项目 3 栋、4 栋在建工程。该项目 3 号楼、4 号楼评估价值约为 3.4 亿元。

（二）A 公司面临的债务困境

1. 由于某房地产项目 3 号楼、4 号楼在建工程被查封，H 公司无法继续销售房屋。H 公司在 2019 年 5 月向法院起诉 A 公司，请求解除双方签订的《合作协议》并要求 A 公司赔偿其直接损失及预期利益损失，一审判决 H 公司对 A 公司的债权金额约为 2.5 亿元。但是，该案目前尚未审结。H 公司向审理法院申请财产保全，轮候查封了 A 公司名下的某房地产项目 3 号楼、4 号楼。

2. 根据承办律师核查及核算，A 公司共有 9 笔债务，债务本息金额暂合计约 5.96 亿元，其中包括外部债务共 6 笔，本息合计约5.19亿元；内部债务共 3 笔，本息金额合计约 7700 万元。（见表 1）

表 1　A 公司债务情况

序号	性质	债权人	债权本息暂计（单位：万元）	抵押/查封情况	占比
1	外部债务	债权人①（个人）	13,000	（1）查封某项目二期用地的土地使用权 （2）查封二期用地的地上建筑物 4 号楼共 60 套房屋	87.1%
2		债权人②	4000	（1）查封某项目 3 号楼、4 号楼在建工程 （2）查封某项目 3 号楼共 60 套房屋	
3		债权人③	2250	无	
4		债权人④	1800	无	
5		债权人⑤	5900	无	
6		债权人⑥（H 公司）	25,000（暂定债权）	（1）轮候查封某项目 3 号楼共 60 套房屋 （2）轮候查封某项目 4 号楼共 60 套房屋 （3）查封某项目 4 号楼 1 号房、2 号房	
小计			51,950	/	/

续表

<table>
<tr><th>序号</th><th>性质</th><th>债权人</th><th>债权本息暂计（单位：万元）</th><th>抵押/查封情况</th><th>占比</th></tr>
<tr><td>7</td><td rowspan="3">内部债务</td><td>债权人⑦</td><td>6550</td><td>无</td><td rowspan="3">12.9%</td></tr>
<tr><td>8</td><td>债权人⑧</td><td>1000</td><td>无</td></tr>
<tr><td>9</td><td>债权人⑨</td><td>150</td><td>无</td></tr>
<tr><td colspan="6">注：债权人⑦⑧⑨均为B公司下属管理企业</td></tr>
<tr><td colspan="3">小计</td><td>7700</td><td>/</td><td>/</td></tr>
<tr><td colspan="3">合计</td><td>59,650</td><td>/</td><td>/</td></tr>
</table>

3. 另外，根据会计师事务所出具的专项审计报告，某房地产项目 3 号楼、4 号楼未结算的建设工程价款共计 600 万元。

4. 另外，由于某房地产项目 4 号楼已对外销售 10 套房屋，A 公司与该 10 户房屋买受人均已签订《认购书》，共已收取待退还给买受人房屋销售价款 2000 万元（房屋买受人均已支付至少 50% 的房屋销售价款）。

二、问题难点

1. 某房地产项目 3 号楼、4 号楼的评估市场价值为 3.4 亿元，而 A 公司总负债已高达 5.9 亿元。A 公司外部债务数量多，且债务金额占总债务比例高，内部债务金额占比低。如多个债权人对 A 公司申请强制执行，债权人①及债权人②将享有“在先查封在先受偿”的权利，债权金额最高的 H 公司享有轮候查封权利，则 A 公司将无剩余财产可供清偿内部债权人的债权，最终导致国有资产流失的风险较高。

由前述债务统计表可知，A 公司所拖欠的 9 笔债务中，外部债务数量多，且债务金额占总债务比例为 87.1%，而内部债务金额占比仅 12.9%。经本团队律师核查，A 公司的外部债务还具有债务积淀时间长、债务形成原因复杂等特点，债务清理的难度较大。

根据最高人民法院《关于人民法院执行工作若干问题的规定（试行）》（2020 年修正）第 55 条第 1 款①及最高人民法院《关于适用〈中华人民共和国民事诉讼法〉的

① 最高人民法院《关于人民法院执行工作若干问题的规定（试行）》（2020 年修正）第 55 条第 1 款规定：“多份生效法律文书确定金钱给付内容的多个债权人分别对同一被执行人申请执行，各债权人对执行标的物均无担保物权的，按照执行法院采取执行措施的先后顺序受偿。”

解释》第514条[①]规定,如多个外部债权人同时对A公司申请强制执行,在优先清偿工程款后(关于工程款的优先受偿权,本文不予讨论),债权人①作为某项目4号楼房屋的第一顺位查封权利人、债权人②作为某项目3号楼第一顺位查封权利人,将在查封/扣押/冻结的普通债权中享有在先查封在先受偿的权利,H公司作为3号楼、4号楼房屋将享受作为第二顺位的查封受偿权利。

因此,即便按照A公司名下某房地产项目二期用地3号楼、4号楼3.4亿元的市场价值,全部房屋销售完毕(扣减相关销售费用)后,也不足以清偿A公司面临的全部负债,A公司内部债权人的债权得到清偿的可能性极低,最终导致国有资产流失的风险较高。

2. 由于A公司已存在明显的资不抵债情况,根据我国《企业破产法》相关规定,如A公司进入破产重整阶段,也可能因重整不成功而存在进入破产清算的法律风险。

根据我国《企业破产法》第2条[②]规定,企业资产不足以清偿全部债务、明显缺乏清偿能力或者有明显丧失清偿能力可能的情况,可以申请破产重整。根据《企业破产法》第70条[③]规定,债权人或A公司、A公司的股东B公司均可以向法院申请破产重整。如A公司未能重整成功,最终将进入破产清算程序,法院将通过拍卖、变卖某房地产项目占用土地及地上建筑物的方式,将所得款项用于清偿A公司的破产债务届时土地及建筑物上的保全措施将全部解除[④],上述①至⑨笔债权均属于普通破产债权。在破产程序中,A公司清偿完毕享有优先权的债权、破产费用和共益债务、破产人所欠员工工资及社保等费用、破产人所欠税费之后,以破产财产对上述①至⑨笔债权按照债权比例进行分配。

---

① 最高人民法院《关于适用〈中华人民共和国民事诉讼法〉的解释》(2022年修正)第514条规定:"当事人不同意移送破产或者被执行人住所地人民法院不受理破产案件的,执行法院就执行变价所得财产,在扣除执行费用及清偿优先受偿的债权后,对于普通债权,按照财产保全和执行中查封、扣押、冻结财产的先后顺序清偿。"

② 《企业破产法》第2条规定:"企业法人不能清偿到期债务,并且资产不足以清偿全部债务或者明显缺乏清偿能力的,依照本法规定清理债务。企业法人有前款规定情形,或者有明显丧失清偿能力可能的,可以依照本法规定进行重整。"

③ 《企业破产法》第70条规定:"债务人或者债权人可以依照本法规定,直接向人民法院申请对债务人进行重整。债权人申请对债务人进行破产清算的,在人民法院受理破产申请后、宣告债务人破产前,债务人或者出资额占债务人注册资本十分之一以上的出资人,可以向人民法院申请重整。"

④ 《企业破产法》第19条规定:"人民法院受理破产申请后,有关债务人财产的保全措施应当解除,执行程序应当中止。"

因此，如B公司不对A公司进行债务重组或减债处置，A公司严重资不抵债的局面将无法改变，则即便通过上述强制执行或破产重整程序，A公司名下的某房地产项目资产即便全部拍卖或变卖，也无法清偿完毕所有债务，最后可能导致A公司破产。

3. 对小债权人——10名房屋买受人的权益保护问题。

在本案中，如该10名房屋买受人未取得法院排除强制执行措施及/或确认债权优先权的判决文书，或虽然申请了但未得到法院的支持，则其债权在A公司的强制执行程序和破产程序中均为普通债权，根据法律法规的规定，其债权清偿顺序在法律层面上不具有优先性。

由于A公司已存在严重的资不抵债情况，即便在B公司对A公司的债务进行了积极的减债处置和债务重组之后，A公司现有资产仍不排除存在无法全部清偿完毕所有债权人（包括普通债权人）的债权的情况。而该10名房屋买受人对A公司所享有的债权，在没有取得优先权判决的情况下，只是普通债权，如果严格按照法律规定的清偿顺序来清偿，在执行程序和破产程序中，该10名房屋买受人能够受偿的金额都将寥寥无几或者可能得不到任何清偿。

因此，该10名房屋买受人均不同意A公司以退还购房款的方式作为偿债方式，而是要求城建公司继续履行房屋买卖合同、交付房产。但是，由于某项目3、4号楼房产均由A公司外部债权人查封，且A公司与H公司的诉讼案件仍未最终判决，履行房屋买卖合同及交付房产、办理产权证均不具有现实可行性。为表达诉求，10名房屋买受人已纷纷通过信访、上访方式维权，A公司及B公司因此面临较大的社会维稳压力。

三、法律评析

1. B公司作为A公司股东及上级管理单位，通过债权受让、债权清偿方式对A公司进行债务重组及减债削债，提高A公司内部债务金额占总债务的比例，并随之取得对A公司部分资产的第一顺位查封权益，提升国资债权话语权。

为防止国有资产流失、保障国有资产增值保值，本团队律师建议B公司发挥集团优势，对A公司进行债务重组或减债削债。因此，B公司对A公司的债权进行如下处置：

（1）通过债权受让的方式取得外部债权人①、③、④、⑤对A公司享有的4笔债

权,B 公司为此垫资约 8000 万元;

(2)通过债权清偿的方式消除外部债权人②对 A 公司享有的债权。

经过债权转让及减债削债处置后,A 公司的债务情况如下:(见表 2)

表 2 经债权转让及减债削债处置后 A 公司的债务情况

序号	性质	债权人	债权本息暂计(单位:万元)	抵押/查封情况	占比
/	外部债务	债权人②	清偿完毕	无	44.92%
1	外部债务	H 公司(原债权人⑥)	25,000(暂定债权)	(1)查封某项目 3 号楼共 60 套房屋 (2)轮候查封某项目 4 号楼共 60 套房屋 (3)查封某项目 4 号楼 1 号房、2 号房	
小计			25,000		
2	内部债务	B 公司(原债权人①)	13,000	(1)查封某项目二期用地的土地使用权 (2)查封二期用地的地上建筑物 4 号楼共 60 套房屋	55.08%
3		B 公司(原债权人③)	2250	无	
4		B 公司(原债权人④)	1800	无	
5		B 公司(原债权人⑤)	5900	无	
6		债权人⑦	6550	无	
7		债权人⑧	1000	无	
8		债权人⑨	150	无	
注:债权人⑦⑧⑨均为 B 公司下属管理企业					
小计			30,650	/	/
合计			55,650	/	/

经本所律师核查,B 公司本次受让外部债权人①、③、④、⑤对 A 公司享有的 4 笔债权,整体上真实、合法、有效。经过债权转让及清偿部分债务后,B 公司及下属

管理企业对A公司的债权共计为30,650万元,H公司对A公司的债权(暂按照一审判决结果)为25,000万元,即A公司目前仅有B公司、H公司两名债权人,债权比例为B公司55.08%,H公司44.92%。

B公司受让原债权人①对A公司享有的债权后,相应享有对某项目二期用地4号楼之上60套房屋的"在先查封在先受偿"的权利,就4号楼之上的房屋价值先于H公司受偿。B公司已就该部分债权向人民法院申请强制执行。同时,由于原债权人②的债权已消灭,该债权之上的查封措施也随即消灭,某房地产项目二期用地3号楼的原轮候查封人H公司转为正式查封,其享有3号楼之上60套房屋的"在先查封在先受偿"的权利,就3号楼之上的房屋价值先于B公司受偿;此外,H公司仍为4号楼的轮候查封权利人。

2. 由于A公司与H公司的诉讼案件仍未审结,某项目二期用地3号楼、4号楼之上共120套房屋仍处于查封状态而无法处置变现。为盘活国有资产,B公司与H公司进行了积极的债务重组谈判及博弈,并最终与H公司达成了债务清偿方案。在拟定双方对A公司债权比例接近1∶1,且双方各自对A公司名下部分资产享有优先查封权利的情况下,双方同时对3号楼、4号楼共120套房屋解除查封并进行共同监管销售,在达成一定条件时,扣除成本费用后先行分配销售款项,之后根据B公司、H公司以生效法律文书确认的对A公司的债权金额进行"多退少补"结算债务,从而早日实现B公司、H公司对A公司的债权。

经过了上述债权转让及减债削债后,解决A公司债务问题的最大阻力仍是A公司与H公司的未决诉讼,这导致某项目3号楼、4号楼房屋长期处于查封状态而无法处置变现,A公司的资金困境无法得到根本性解决。

但是,此时A公司与H公司进行债务重组谈判的筹码已显著增加。对H公司而言,一旦A公司进入破产清算程序,其获得的债权清偿率可能极低;但对B公司而言,即使双方无法和谈成功,B公司也可以根据《企业破产法》第70条①规定向法院申请破产重整。即使重整不成功进入破产清算,B公司获得清偿的债权也应与H公司接近1∶1比例。B公司与H公司经过多次来回协商谈判,最终为兼顾两方债权人的权益,并避免国有资产折价,尽快处置A公司名下3号楼、4号楼房产,二者对A公

① 《企业破产法》第70条规定:"债务人或者债权人可以依照本法规定,直接向人民法院申请对债务人进行重整。债权人申请对债务人进行破产清算的,在人民法院受理破产申请后、宣告债务人破产前,债务人或者出资额占债务人注册资本十分之一以上的出资人,可以向人民法院申请重整。"

司名下持有的债权达成了债务重组和债务清偿方案,清偿条件及原则包括以下四点:

(1)在三方确认B公司、H公司对A公司的暂定债权金额分别为30,650万元、25,000万元,且确认A公司已无其他债权人的基础上,B公司、H公司同时对某项目二期用地的土地及地上建筑物解除查封;

(2)A、B、H三方共同销售3号楼、4号楼共120套房屋(此前已销售的10户除外),设立收取售房款的资金监管专户,由B、H两方债权人共同监管;

(3)在销售房屋所得款项满足三方约定的一定条件时,在扣除欠缴税费、未付工程价款、销售费用等必要支出后,就资金监管专户余款按照1∶1比例先行清偿B、H两方债权人的债权;

(4)上述先行清偿债务方案,不影响B公司、H公司经人民法院生效法律文书确定的对A公司的债权金额。因此,在A公司与H公司的诉讼案件审理完结后,H公司在先行已获清偿金额的基础上与A公司进行"多退少补"的债务结算。

B公司和H公司通过上述对A公司名下房产以"查封房产解封→销售→先行分配→多退少补"为原则的债务重组和债务预清偿方案,有效实现了国有企业债务重组中对各方主体的利益协调。对A公司而言,不但尽早实现了3号楼、4号楼共120套房屋的处置变现,避免了价值3.4亿元的房产迟迟得不到销售可能产生的严重国有资产流失风险,达到盘活优质国有资产的目的,也促使A公司及早实现了资金回笼,解决A公司濒临破产的困境。

对B公司而言,其为收购A公司外部债权所前期垫资的近8000万元资金得到了弥补,防止了产生新的国有资产流失问题。对H公司而言,其对A公司的25,000万元的暂定债权也得到部分提前清偿,避免了A公司因资不抵债进入破产清算而仅能获得极低清偿率的风险。最后,早日实现房屋解封及销售处置,有利于顺利解决房屋买受人的房屋网签、办证问题,维护人民群众的切身利益。

对于H公司而言,在其对A公司的债权尚未取得最终生效判决文书确认的情况下,根据预估债权金额,根据B公司及A公司的协商,亦通过前述以"查封房产解封→销售→先行分配→多退少补"为原则的债务重组和债务预清偿方案,提前收回了对A公司的主要债权,待其与A公司的诉讼案件得到最终判决后,再根据"多退少补"的原则进行结算,最终完成其对A公司债权清偿的结算。

3. 对于10名房屋买受人所购买房屋的特别处置方案。

为了顺利推进A公司债务重组项目的顺利进行,并出于国有企业的社会责任和维稳压力考虑，A公司和B公司积极与10名房屋买受人协商沟通。即使房屋买受人未取得法院排除强制执行措施及/或确认债权优先权的生效法律文书，A公司也承诺继续履行原签订的购房合同，并取得房屋买受人的同意，在该10套房产解封且完成办理房产证手续后向房屋买受人交付，而不将该10套房产作为A公司用以清偿债务的资产。通过这种处理方式，也保护了已购买房屋的准业主的合法权益。

四、经验启示

1. 国有企业债务重组应当注重多重目标、多方主体的协调，包括但不限于使企业摆脱债务困境、挽回/盘活优质国有资产、保护国有资产债权、实现全体债权人之间的公平清偿等目标。

2. 在本文介绍的国有企业债务重组模式下，B公司通过清偿方式消灭了A公司的部分外部债务，与此同时，B公司作为A公司的股东通过债权转让方式取得了除H公司以外的A公司外部债权。而该等债权项下的享有第一顺位查封权益的财产为优质的可待盘活的国有资产，避免了国有资产受外部债权人查封并因“在先查封在先受偿”权利而最终导致资产流失的结果。

3. B公司在取得与H公司相当的债权比例后，掌握了与H公司进行债务重组谈判及博弈的筹码。基于债权人通过破产清算程序所能获得的清偿率极低，H公司在权衡之下最终同意与A公司、B公司达成了以“查封房产解封→销售→先行分配→多退少补”为原则的庭外债务清偿方案。该方案不但实现了A公司名下资产处置变现，避免了严重的国有资产流失风险，化解了A公司资金危机，也使B公司、H公司的债权得到提前清偿，避免发生因A公司“一破了之”而最终无法实现债权的困局。

4. 此外，A公司对小债权人（未实际取得房屋的买受人）履行原购房合同的特殊处置方式，体现了对小债权人权益的公平性保护，体现了国有企业良好的社会责任担当。

债转股过程中如何合理作价

——以某公司决议效力确认纠纷案为例

张凤媚

一、案情简介

2007 年 4 月 9 日，广西某医疗美容医院有限公司（以下简称医疗美容医院）依法成立，注册资本为人民币 150 万元。其中，股东黄某 1 持股 55%，出资 82.5 万元；黄某 2 持股 15%，出资 22.5 万元；苏某 1 持股 20%，出资 30 万元；苏某 2 持股 10%，出资 15 万元。

2018 年 5 月 15 日，医疗美容医院召开股东会，以扩大医院经营规模、搬迁装修新址为由，一致决议通过注册资本由原来的 150 万元增资至 800 万元，各股东按照原股权比例实际认缴了相应增资。同日，医疗美容医院在广西某区工商行政管理和质量技术监督局办理了变更注册资本登记手续。

2019 年 12 月 15 日，医疗美容医院作出股东会决议，内容包括：确认公司增加注册资本、房屋租赁、装修搬迁至新的经营场所投入共 2300 万元，明确 2300 万元分别为增加注册资本 650 万元及房屋租赁、装修搬迁等费用合计 1650 万元，该款项由各股东按股权比例承担。其中股东苏某 2 股权比例为 10%，应承担 230 万元（增资 65 万元、装修搬迁费 165 万元）；苏某 1 股权比例为 20%，应当承担 460 万元（增资 130 万元、装修搬迁费 330 万元）；黄某 1 股权比例为 55%，应当承担 1265 万元（增资 357.5 万元、装修搬迁费 907.5 万元）；黄某 2 股权比例为 15%，应当承担 345 万元（增资 97.5 万元、装修搬迁费 247.5 万元）。

2020 年 9 月 23 日，医疗美容医院向各股东发送《关于召开临时股东会的通知》，定于 2020 年 10 月 15 日上午召开临时股东会，并将相关会议议案发送给各股东,该通知已于2020年9月26日送达。

2020年10月15日上午,医疗美容医院召开临时股东会,股东黄某1、黄某2出席会议,股东苏某1、苏某2缺席会议。合计持有医疗美容医院70%表决权的股东黄某1、黄某2形成以下临时股东会决议,将2018年股东个人借入公司的款项及代公司支付的各类款项转为股东对公司的增资即流动资金:第一,公司的增资即流动资金的原因和依据为2018年因公司搬迁新址、公司装修购买设备、支付房租等,各个股东代公司支付即转入了公司各类款项。第二,2018年公司股东个人借入公司的款项及代公司支付的各类款项的确认情况:现经公司财务汇总统计并核定,黄某1代公司支付及转入公司的各类款项合计13,247,089.74元,苏某1代公司支付及转入公司的各类款项合计2,408,561.77元,苏某2代公司支付及转入公司的各类款项合计4,817,123.54元,2019年和2020年合计已返还1,755,538元,即实际为3,061,585.54元,黄某2代公司支付及转入公司的各类款项合计3,612,842.66元,4个股东代公司支付及转入公司的各类款项合计22,330,079.7元。第三,股东所投入款项数额确定和分配4个股东的股权情况:上述情况已用于公司搬迁、装修、购买设备、支付房租等,为了体现股东的权益,将股东个人代公司支付及转入公司的各类款项转为股东对公司的增资及流动资金,并以股东所投入款项数额确定和分配4个股东的股权。以此计算,黄某1的股权比例变更为59.3%,黄某2的股权比例变更为16.2%,苏某2的股权比例变更为10.8%,苏某1的股权比例变更为13.7%,并以此股比进行分红。

股东苏某1明确表示反对上述债转股事宜,认为股东会决议内容违法,遂于2021年1月11日依法向广西某区人民法院起诉,请求依法确认上述2020年临时股东会决议无效。2021年6月10日,法院判决确认关于债转股的第二项和第三项两项股东会决议内容无效。

二、问题难点

公司作为商业运营主体,在生产经营过程中基于运营资金需要,由股东或第三方向公司借款或代垫相关款项属于普遍存在的情形。若经股东或债权人同意,将持有公司的相关债权依法合规实现债转股,既能充实公司的资本,增加现金流通,促进公司进一步扩大规模发展,又能降低公司的负债率,减轻公司债务负担,且有利于增加公司其他债权人受偿的机会。但如何合法合规实现债转股、如何保障全体股东的合法权益,特别是在债转股中如何合理定价,从而保障新旧股东的权益,往往成为债转股过程中的难点和痛点。

三、法律评析

笔者认为,本案的法律争议难点包括三个方面:如何确定可以进行债转股的债权数额、如何对公司股权合理作价以及重新计算各股东股权比例过程中如何保障其他股东合法权益。其中,关键点在于债转股过程中如何对股权合理作价。合理公允的股权定价,是确保各股东所持股权不被低价增资、稀释股权权益价值的重要手段,也是债转股过程中各股东的关注焦点和操作难点。

(一)如何确定可以进行债转股的债权数额

债转股,即债权转股权,公司的债权人通过将公司的债权转为对公司的股权,从而以代替股东出资的方式实现债权债务的消灭。因此,债转股首先应重点审查债权的真实性。

对拟进行债权转为股权的债权来源进行审查,债权人与债务人之间的基础法律关系、合同文件、债权标的、往来凭证、相关单据以及公司账簿等资料,综合判定债权出资的真实性、合法性,避免虚假债权的存在,才能有效维护公司、股东和债权人的合法权益。

关于债转股过程中是否必须进行评估,能否根据最高人民法院《关于适用〈中华人民共和国公司法〉若干问题的规定(三)》第 9 条等规定得出“债转股必须评估作价”之结论,未经评估作价是否影响出资行为的效力,司法实践中仍存在争议。

部分人认为,公司实施债转股实质属于公司增资的范畴。《公司法》第 27 条规定:“股东可以用货币出资,也可以用实物、知识产权、土地使用权等可以用货币估价并可以依法转让的非货币财产作价出资;但是,法律、行政法规规定不得作为出资的财产除外。对作为出资的非货币财产应当评估作价,核实财产,不得高估或者低估作价。法律、行政法规对评估作价有规定的,从其规定。”最高人民法院《关于适用〈中华人民共和国公司法〉若干问题的规定(三)》第 9 条规定:“出资人以非货币财产出资,未依法评估作价,公司、其他股东或者公司债权人请求认定出资人未履行出资义务的,人民法院应当委托具有合法资格的评估机构对该财产评估作价。评估确定的价额显著低于公司章程所定价额的,人民法院应当认定出资人未依法全面履行出资义务。”债权并非等同于货币,债权人以债权入股本质上属于一种非货币财产的出资方式，根据上述法律规定，债权人将持有目标公司的债权用于非货币形式出资时，须对债权进行评估作价方能确定可以进行债转股的债权数额。①

部分人则认为，根据国家工商行政管理总局（现已被撤销）于2014年2月20日发布的国家工商行政管理总局令第64号《公司注册资本登记管理规定（2014）》（现已被废止）第23条的规定，该文件施行后，2011年11月23日国家工商行政管理总局公布的《公司债权转股权登记管理办法》同时废止，且第7条规定，债权人可以将其依法享有的对在中国境内设立的公司的债权，转为公司股权。

至于最高人民法院《关于适用〈中华人民共和国公司法〉若干问题的规定（三）》第9条规定，这条规定的内容表明：其一，股东以非货币出资的，未依法评估作价不是其履行出资义务的前提条件；其二，只有当公司、其他股东或者公司的债权人向法院主张以非货币出资的股东未全面履行出资义务时，法院才会启动评估作价程序。② 即债权转为股权是否需要评估及增资是否需要验资，法律、行政法规或部门规章对此不再作出强制性要求。③

现行有效的广东省工商行政管理局（现已被撤销）关于修订《商事登记提交材料规范》和《商事登记申请文书规范》的通知［粤工商企字（2016）472号］（2018年又作了修订）附件中所列需要提交的材料也并未包括评估报告。

笔者认为，对于金钱债权，若各方对于债权数额、利息、违约金等计算方式约定清晰，合同、银行流水、财务凭证等已形成完整证据链的，在相关法律法规已不再对债转股的评估作价作出强制性要求的背景下，可考虑免去评估程序，简化手续。但对于实物和无形资产债权，虽然未经评估作价并不必然影响出资行为的效力，也未必被法院认定为未全面履行出资义务，但评估过程能够为债转股过程提供价值参考依据。虽然各股东之间可以针对非货币资产出资协商达成一个一致的价格，完成相关过户登记手续或交付后即视为完成出资义务，但各股东之间针对非货币资产的价值可能存在非常大的分歧，往往难以达成一致意见，而评估作价则可以为各股东之间的协商和达成一致意见提供一个很好的数据支持和参考价值。同时能避免低估非货币资产价值而被法院认定为未全面出资的风险，能更好地保障各方利益。

① 广西壮族自治区南宁市西乡塘区人民法院民事判决书，（2021）桂0107民初855号。

② 最高人民法院民事判决书，（2013）民申字第2479号。

③ 最高人民法院民事判决书，（2020）最高法民终303号。

（二）如何对公司股权合理作价

公司作为商业运营主体，公司资产与注册资本并非一直保持等同状态，而是随着公司运营情况处于不断变动中，公司资产和注册资本也会不同。因此，在目标公司增资时，债权人并非按照原持股价格认缴出资的，新的出资应当根据目标公司增资时基准日的公司资产价值决定每股价格。若公司资产价值高于注册资本，目标公司增资方取得相同比例的股权，不仅要根据注册资本缴纳出资，还要根据目标公司资产溢价部分支付资本公积。同理，若目标公司资产价值低于注册资本，则仅需按照低于注册资本的股权价格即可获得相同比例股权。

由以上可知，债转股过程中，每股股权的合理价格所依赖的基础在于对目标公司价值的评估。股东所持有的全部股权的价格是由目标公司的价值决定的，这就意味着，在可转换为股权的债权数额确定的情况下，增资方所能够折抵的目标公司股权比例，由每股股价决定，而想要确定每股价格就必须先确定目标公司的价值。不同的评估方法，对公司价值的确定差别很大。目前通行的做法有三种：资产法、收益法和市场法。

1. 资产法①

资产法主要是通过评估目标公司资产的方式确定公司的价值，根据公司的价值来确定股权价格的方法。资产法主要有两种方法：账面价值法和资产重置成本净价法。

其一，账面价值法，即某时点公司所拥有的资产总额减去公司的负债，它从静态的角度提供了一种确定合理价格的方法。但是，账面价值法对市场的波动性和未来收入的资产无法进行测评考量，因此仅仅是纸上谈兵，并不能十分准确反映出公司实际的资产或负债情况，甚至对商誉这些无形资产价值都不在评估考虑的范围，所以公司评估价值略失公允。但现实生活中，往往有不少公司股东采用此种方法，因为此种方法操作起来比较简单直接。

其二，资产重置成本净价法，即首先计算出公司重置全新资产所需要的成本，这种计算成本的依据是市场价格；其次计算出该项资产累积的折旧额；最后用重置成本减去资产累积的折旧额得出公司价值。在此基础上确定公司价值，由此可见，上述方法并未把技术进步因素、通货膨胀及通货紧缩考虑在内，因此公司价值的计

① 张新颖：《股权回购价格确定的法律问题研究》，中央民族大学2015年硕士学位论文，第21－22页。

算结果可能虚高或者可能低估，进而造成公司价值判定不准的不利后果。现实中，部分亏损的企业较多采用此方法。

2. 收益法①

收益法采用的思路为收益还原，指资产的价值是利用它可以得到的未来收益的现值，它的折现率反映了投资该项资产并且取得收益的风险回报率。收益法便是通过对目标企业未来盈利的预测，综合考虑取得这些收益过程中所要面临的风险以及所要求的回报率进行折现，进而得到目标企业的当前价值。企业收益有两种表现形式，即利润和现金流，因此收益法有现金流量折现法和经济利润法。因为利润受到会计处理方式的影响较大并且企业价值最终由现金流决定，所以，估算公司价值更加客观、准确的方法是现金流量折现法。

3. 市场法②

市场法采用市场比较的理念，亦称相对价值法，是利用类似企业的市场定价来估计被评估企业价值的一种方法，也称价格乘数法、可比交易价值法。相对价值法的前提是：存在一个支配企业市场价值的主要变量（如净利润等），被评估企业利用该变量的比值能推断出它的市场价值。相对价值法的基本做法是：首先，寻找一个影响企业价值的关键变量，如净利润；其次，确定一组可以比较的类似企业，计算这些类似企业的市价与关键变量的平均值，如计算这些类似企业的市价与净利润的比率，得出平均市盈率；最后，用被评估企业的关键变量乘以类似企业的平均值，如用被评估企业的净利润乘以平均市盈率，计算得出被评估企业的评估价值。

采用相对价值法评估企业价值运用的关键指标很多，包括市盈率、市净率、收入乘数、实体价值与息前税后利润的比率、实体价值与实体现金流量的比率、实体价值与投资资本的比率、实体价值与销售额的比率等。③

市净率法，是每股价格与每股净资产的比率，该比率反映出公司股权价格与账面价值之间的比率关系。在一般情况下，如果一个公司的股票价格大于账面价值时，则说明这个公司的经营状况较好，发展潜力较大。若是股票价格低于账面价值时，则说明该企业的经营状况出现问题，企业资产质量较差。④

---

① 张新颖：《股权回购价格确定的法律问题研究》，中央民族大学 2015 年硕士学位论文，第 22 页。
② 李霞：《运用"市盈率法"评估企业的价值》，载《会计师》2012 年第 17 期。
③ 李霞：《运用"市盈率法"评估企业的价值》，载《会计师》2012 年第 17 期。
④ 王远：《股票投资价值分析——以天宇股份为例》，载《新经济》2022 年第 4 期。

目前,市盈率、市净率和收入乘数三种比率以股权市价为基础,更具有公允性。特别是市盈率法,被广大民众和 PE 机构所认可,评估出来的价值具有广泛的接受性。

以上各种公司价值评估方法,均是利用公司的关键数值指标,运用一定的科学方法作出的公司价值的估算,并非被评估企业的准确无误的内在价值,而是一个相对价值。因为每个公司的股权价格还会受到行业特征、供求关系、资本结构等诸多因素的影响。因此在债转股的过程中,债权人与各股东之间应当依据上述方法评估出目标公司价值,在此基础上综合判定公司价值,从而确定出一个尽可能接近公司内在价值的"合理的股权价格"。

(三)重新计算各股东股权比例过程中如何保障其他股东合法权益

根据《公司法》第 34 条关于"股东按照实缴的出资比例分取红利;公司新增资本时,股东有权优先按照实缴的出资比例认缴出资。但是,全体股东约定不按照出资比例分取红利或者不按照出资比例优先认缴出资的除外"之规定,债转股实际上属于增资的范畴,在增资的过程中原股东有权按照实缴出资比例同比例增持股权。股东的优先认缴权是股东固有的、非经股东自身同意不可剥夺的权利。因此,在债转股过程中,为保证全体股东的合法权益,应当依法保障其知情权和行使同比例增持股权的权利。第一,公司应当向全体股东如实披露债转股整体过程,包括前期债转股的计划方案、相关评估报告以及债转股方案中股权价格、债权数额、债权人情况等。原股东充分了解债转股的整个过程,既是股东对公司运营事项知情权的固有部分,也能有效降低原股东对债转股过程的疑虑和抵触心理。第二,原股东有权按照债转股方案中同等价格、同等比例增持股权,以保障自身股权比例不被稀释和降低。债转股过程中,原股东最为关心的是在转股的过程中,其所持股权比例是否下降从而侵害自身权益,因此必须充分保障各股东按照同比例增持股权的权利。否则,债转股过程将存在法律瑕疵,面临被部分股东起诉认定为无效的法律风险。

当然,原股东的权益保障也是有相应条件的:第一,原股东应当按照债转股时的股权价格同价进行增持股权,不能强行要求按照公司注册资本或原入股价格进行增持,以保证同一次增资过程中各股东同股同价。第二,原股东若既不同意增持,也不同意债转股,若能达到公司章程约定的相应表决权的股东通过,债转股方案也能继续实行,原股东股权比例相应下降。因为在实践中,部分股东由于种种原因不愿意对公司增加投资,但公司经营发展需要持续的投入,公司不可能因为个别股东不愿投资而停止发展，因此依法达到相应表决权股东通过的，债转股方案还是能够依法进行的。

四、经验启示

债转股既可以在短期内迅速降低公司的负债率，缓解公司的债务压力，克服阶段性的经济困难，又能促进公司资本结构的改善，拓宽再融资的渠道，有利于公司的健康发展。但在实践过程中，公司和各股东往往由于法律意识不强，只是简单粗暴地按照公司注册资本进行折算，加上债权数额不清、程序不合法、部分股东未能行使优先认缴权同比例增持股权等情形，导致诸多纠纷出现，甚至部分债转股被法院认定为无效，最终未能充分利用好债转股方式为企业发展助力。

若债权人同意将债权转为股权或者其他投资方同意投资目标公司，则证明公司的价值是被认可的，公司具有发展潜力。对此，关键在于如何对股权合理作价，只有充分体现当期公司的价值，才能既保护好股东和债权人的权益，也保护好公司的利益。文中提及的市盈率法、市净率法、现金流折现法等方法，均是利用一定的科学方法对公司价值的评估，从而为确定合理的股权价格提供参考。债权人与各股东应当在公司评估价值的基础上，通过充分的沟通协商，依照法律规定的程序，综合考虑公司实际行业情况和市场发展前景等因素，拟定债转股的合理价格，无论是债权折抵还是增资，均按照统一股权价格进行，才能充分保障各方的权益，也从一定程度上反映出当期公司的价值，才能为后续增资或股权转让等提供良好的价值参考。

被执行人不履行执行和解协议，申请执行人能否按执行和解协议申请恢复执行，还是需另行起诉

——以某民间借贷纠纷案为例

许红学

一、案情简介

赵某欠孙某借款200万元及利息一直未归还，后孙某向法院提起诉讼。经法院审理，判决被告赵某在判决发生法律效力之日起10日内向原告孙某偿还借款200万元及利息，如果被告赵某未按判决指定的期间履行给付金钱义务，应依照《民事诉讼法》第260条之规定，加倍支付迟延履行期间的债务利息。

上述判决生效之后，被告赵某未按判决履行义务，原告孙某无奈之下，向法院申请对赵某强制执行。双方在执行过程中达成并签订了《执行和解协议》，约定：赵某每月偿还孙某借款10万元，直至借款全部清偿完为止；若赵某未按照《执行和解协议》的约定履行义务，则赵某除清偿借款本息之外，还需向孙某支付违约金20万元。

在上述《执行和解协议》签订之后，赵某仅向孙某偿还了20万元借款，之后就再也未按照《执行和解协议》的约定继续履行相应义务。孙某随后向法院申请要求按照《执行和解协议》恢复执行，请求强制执行赵某未偿还的本息、迟延履行期间的债务利息以及违约金20万元，双方产生纠纷。

二、问题难点

本案中，在判决生效后的执行过程中双方当事人达成和解并签订《执行和解协议》，孙某能否向法院申请要求按照《执行和解协议》恢复执行，请求强制执行赵某

未偿还的本息、迟延履行期间的债务利息以及违约金20万元？还是孙某只能另行向法院就《执行和解协议》提起诉讼？

三、法律评析

在司法实践中，此类案件不在少数，而对此类案件，存在两种不同的观点：

第一种观点认为，《执行和解协议》系双方当事人协商一致后签订，是双方当事人真实的意思表示，也是基于民事主体意思自治下私权利的合意，应当遵循诚实信用原则。故在被执行人赵某不履行《执行和解协议》的情形下，申请执行人孙某可以直接向法院申请按照《执行和解协议》恢复执行，要求赵某支付未偿还的本息、迟延履行期间的债务利息以及违约金20万元。此外，该观点还认为，如果需要孙某另行就《执行和解协议》起诉并取得法院生效判决后，才能申请法院强制执行，则会造成法院司法资源的极大浪费。

第二种观点认为，《执行和解协议》本质上为双方当事人经协商一致签订的民事协议，其本身不具备强制执行力。在被执行人赵某未按照《执行和解协议》的约定履行义务的情形下，申请执行人孙某不能直接向法院申请按照《执行和解协议》恢复执行，只能就《执行和解协议》另行向法院提起诉讼，在取得法院生效的判决后，才能再次向法院申请强制执行，这样才能彰显司法公平、公正。

笔者赞同第二种观点，理由如下：

其一，根据《民事诉讼法》第243条、第244条、第245条的规定，申请人民法院强制执行的依据是发生法律效力的民事判决、裁定、调解书及其他应当由人民法院执行的法律文书（包括仲裁裁决书、公证机关依法赋予强制执行效力的债权文书）。而《执行和解协议》是在执行的过程中，申请执行人和被执行人经协商一致后对据以执行的依据——生效判决、裁定及其他法律文书进行的变更（包括变更生效法律文书确定的权利义务主体、履行标的、期限、地点和方式等内容）。因此，从本质上来说，《执行和解协议》就是民事协议的一种，而民事协议不属于《民事诉讼法》规定的可以申请强制执行的法律文书，不具有强制执行力，即不能成为人民法院强制执行的依据。

其二，《民事诉讼法》第237条规定："在执行中，双方当事人自行和解达成协议的，执行员应当将协议内容记入笔录，由双方当事人签名或者盖章。申请执行人因受欺诈、胁迫与被执行人达成和解协议或者当事人不履行和解协议的，人民法院可以根据当事人的申请,恢复对原生效法律文书的执行。”可见,该条规定在当事人不履行和解协议的情形下,申请人可以申请法院恢复对原生效法律文书的执行。

其三,最高人民法院《关于执行和解若干问题的规定》(以下简称《执行和解规定》)第9条规定:“被执行人一方不履行执行和解协议的,申请执行人可以申请恢复执行原生效法律文书,也可以就履行执行和解协议向执行法院提起诉讼。”故孙某可以申请恢复执行原生效法律文书,也可以就履行《执行和解协议》向执行法院提起诉讼,但不能直接以《执行和解协议》向人民法院申请恢复执行。

其四,在执行程序中,执行法院对执行和解协议往往采取的是形式审查,如孙某直接以《执行和解协议》向人民法院申请恢复执行,则剥夺了赵某寻求救济的权利,如答辩权、辩论权、上诉权等,有违司法程序的公平、公正。

四、经验启示

执行和解,是在执行程序中,双方当事人在自愿协商、互谅互让的基础上,就如何履行生效法律文书确定的内容达成协议,从而结束执行程序的制度。在此过程中,双方当事人所达成的协议即为执行和解协议。基于私权自治原则的考量,对于产生效力的法律文书所确定的实体权利义务,法律赋予当事人自由处分的权利。执行和解协议只要不存在欺诈、胁迫等无效或可撤销的情形,即在当事人之间产生约束力。当事人一方不履行执行和解协议时,双方就同一债权债务关系便存在原法律文书和执行和解协议两份内容不同但均合法有效的履行方式。

《执行和解规定》赋予了执行和解协议以可诉性,申请执行人在被执行人不履行执行和解协议时,一者可申请恢复执行原生效法律文书,二者可以执行和解协议为据提起诉讼。赋予执行和解协议可诉性主要是基于执行和解协议一般表现为延长债务履行期限、减少金钱给付数额、变更债务履行方式等,即债权人对债务人作出一定让步,以求得债务人尽快履行,从而破解执行僵局的情形。

此种赋予债权人多种救济途径选择权的规定,旨在最大限度上尊重当事人的意愿。在强制执行法律规范中,将选择权交由债权人行使,符合执行程序迅速及时的要求,也更加契合执行程序的内在规定性。

由此,我们可以得出以下经验启示:

1. 针对未按执行和解协议履行的被执行人,依据上述相关法律规定,申请执行人的救济途径有二:一是申请恢复执行原生效法律文书;二是就执行和解协议的履行另行起诉。申请执行人的以上两种救济途径相互排斥,只能择其一,但申请执行人不能直接按照执行和解协议内容,申请人民法院恢复执行。

2.《执行和解规定》第13条规定:"恢复执行后,对申请执行人就履行执行和解协议提起的诉讼,人民法院不予受理。"第14条规定:"申请执行人就履行执行和解协议提起诉讼,执行法院受理后,可以裁定终结原生效法律文书的执行。执行中的查封、扣押、冻结措施,自动转为诉讼中的保全措施。"第16条规定:"当事人、利害关系人认为执行和解协议无效或者应予撤销的,可以向执行法院提起诉讼。执行和解协议被确认无效或者撤销后,申请执行人可以据此申请恢复执行。被执行人以执行和解协议无效或者应予撤销为由提起诉讼的,不影响申请执行人申请恢复执行。"

依据上述规定,申请执行人是恢复执行,还是另行就履行执行和解协议提起诉讼,各有利弊,申请执行人需要依据案件的具体情况自行判断,并作出有利于自己的选择。同时,执行和解协议被确认无效或者撤销后,申请执行人也可以申请恢复执行,以保障自己的合法权益。

3. 司法实践中还存在另外一种情形是,在申请执行人与被执行人达成执行和解协议后,被执行人迟延履行执行和解协议,期间债权人申请恢复执行原判决,但后来被执行人又按照执行和解协议履行完毕,此种情形下,申请执行人是否有权要求法院按原判决执行?答案是肯定的,最高人民法院也有相关的案例,申请执行人是可以要求被执行人按照原判决履行的,但已经按照执行和解协议履行的部分应予以扣除。

为此,对于当事人达成执行和解协议后的偿付行为,应注意债务人能否在偿付期限内履行支付义务:从维护债权人权益的角度分析,债务人未按照执行和解协议约定完成支付义务或迟延履行支付义务,该执行和解协议并不能产生阻却执行的法律效果,债权人仍可向执行法院申请执行原生效法律文书。从保护债务人权益角度分析,债务人依执行和解协议约定履行期限完成支付义务,即便债权人未如期收到款项,但已完全履行执行和解协议约定的义务的债务人不应对债权人在约定期限届满后才收到执行款承担不利后果及责任;债务人未按照约定期限履行执行和解协议中约定的义务,在债权人申请恢复执行原生效法律文书后才实际履行,此后债务人以剩余款项已按照执行和解协议全部履行完毕为由,主张阻却恢复执行原生效法律文书的,法院将不予支持。

打通实现债权之路

Chapter 5

第五部分 跨境追收

开创性跨境追收，多元化执行手段有效破解“执行难”

——某省属国企执行难案十年历程回顾

王春平　黎月梅

一、案情简介

某省贸易集团公司系省国资系统某省属资产公司绝对控股的一家子公司。

2012年年初，省贸易集团公司诉某发电公司、某经济发展公司、某建材公司买卖合同纠纷案一审判决生效，法院判令发电公司、经济发展公司、建材公司向省贸易集团公司清偿债权本金1200多万元并支付违约金。在生效判决确定的履行期限内，三债务人未偿还任何债款。省贸易集团公司遂向法院申请强制执行，但由于三债务人早已人去楼空、负债累累，财产多已被设置抵押，或已被银行或其他债权人先行多次查控，即便处置也恐难有分获，案件执行长期没有实质性进展，省贸易集团公司面临巨大的债权清收压力。

为了打破僵局，省贸易集团公司拟寻求专业律师代理和协助，但最初接触的数名律师均表示难度太大，不愿意代理。在几近灰心的情况下，省贸易集团公司找到代理律师并极力说服其接办案件，代理律师急当事人之所急，最终接受委托。

执行过程中，代理律师一方面采取多元化的办案思维和执行策略，积极申请原执行法院对已发现的三债务人名下不动产、股权等财产实施查控，进一步深挖三债务人新的财产，申请追加三债务人的股东、实际控制人等为共同被执行人，以扩大被执行主体范围，灵活运用刑事控告、信用惩戒等多种法律手段；另一方面努力争取省高院将案件指定由被执行主要财产所在地的中院执行，努力推进中院加大执行处置的力度，极力拓展执行工作的深度，为案件的执行创造有利的条件。代理律师还开创性地开展跨境合作追收，巧妙破解跨境追收法律障碍，大力拓宽债权追收工作的广度。

经过长期坚持不懈的努力，通过参与分配、追加和处置三债务人的实际控制人财产、境外追收处置债务人财产，现已成功帮助省贸易集团公司先后收回债权逾1500万元。

二、问题难点

近年来，我国法院全力攻坚，基本解决了群众反映强烈的“执行难”问题，基本形成中国特色执行制度、机制和模式，促进了法治建设和社会诚信建设。目前，全国法院系统正乘势而上，不断加大执行力度，努力向“切实解决执行难”迈进。

本案执行立案于2012年年初，彼时及之后的一段时间，执行制度尚不完善、不规范，执行的力度、深度、广度、关注度均不如现在，执行难既是压在当事人心中的一座大山，也是压在法院执行局里的一座座大山。

当执行遇阻之时，如何想方设法深挖被执行人财产、扩大被执行主体范围、加大执行处置的力度和深度，以破解执行困境？——这是长期困扰省贸易集团公司和执行法院的根本难题。

在执行中成功追加三债务人的实际控制人何某、邓某后，2016年经香港合作团队深挖，发现被执行人邓某在香港尖沙咀拥有一处海景豪宅。当时，我国内地和香港对于民商事案件判决的互认和执行适用的是最高人民法院2008年7月3日发布的最高人民法院《关于内地与香港特别行政区法院相互认可和执行当事人协议管辖的民商事案件判决的安排》（以下简称《安排（2008）》）①。按照该文件有关规定，因本案当事人之间未订有“书面管辖协议”，直接申请香港法院承认和执行内地裁决这条路明显走不通。

如何打破因为当事人之间未订有《安排（2008）》中规定的“书面管辖协议”而形成的僵局，不错过新发现的被执行人的香港财产，成功开展境外追收，以实现债权回收？——这是执行过程中新产生的一大难题。

---

① 2019年1月18日，最高人民法院和香港特别行政区政府签署了《关于内地与香港特别行政区法院相互认可和执行民商事案件判决的安排》（以下简称《安排（2019）》），明确《安排（2019）》生效之日，《安排（2008）》同时废止，如《安排（2019）》生效前，当事人已签署《安排（2008）》所称“书面管辖协议”的，仍适用《安排（2008）》。

三、法律评析

1. 解决执行难是一项系统工程，在执行工作遭遇困境无法进一步推进时，不妨尝试转换办案思维和执行策略，灵活运用多种不同的法律手段，坚持不懈地努力，或许能为执行找到新的出路，使得死案回生、难案办活。

长期以来，“执行难”一直是司法实践中的一个老大难问题，是一个难以消除的社会顽疾，是人们心中挥之不去的永远的痛。十八大以来，党和国家高度重视“执行难”问题，将解决执行难作为全面依法治国的重要内容，大力推进国家治理体系和治理能力现代化，推进社会诚信体系建设。为响应党的号召和贯彻落实党中央决策部署，在社会各界支持下，最高人民法院通过推动构建综合治理执行难工作格局、加大强制执行力度、规范执行行为、加快执行信息化建设、推动完善社会诚信体系、加强法治宣传教育等举措，为解决“执行难”创造了有利的法治环境和司法条件。最高人民法院还先后出台、修订了《关于限制被执行人高消费及有关消费的若干规定》《关于公布失信被执行人名单信息的若干规定》《关于审理拒不执行判决、裁定刑事案件适用法律若干问题的解释》《关于民事执行中变更、追加当事人若干问题的规定》《关于民事执行中财产调查若干问题的规定》《关于依法制裁规避执行行为的若干意见》等司法文件，该院执行局还汇编整理形成《人民法院办理执行案件规范》等书目，为破解“执行难”提供了有力的法律依据和支撑，提供了诸多新的思路和路径。

本案中，三债务人名下看似资产很多、实力雄厚，但因其负债累累，财产多已被设置抵押，或已被银行或其他债权人先行多次查控，因此，执行处置根本难以入手，处置后也将难有分获。省贸易集团公司数寻律师，却无人愿意代理，本案执行难可想而知。

在前述情形下，要想进一步推动本案执行，必须转换思路、另辟蹊径。为此，代理律师经过缜密考虑，形成了初步的执行工作思路，有条不紊、循序渐进地展开有关执行代理工作。

首先，开展详尽、细致的债权法律尽职调查，全面诊断债务人财产真实情况，加大财产调查深度，优化债权清收方案。

法律尽职调查多用于企业上市、并购重组、资产收购、不良债权投资等交易活动。

进行债权法律尽职调查,对于清收债权意义重大:一方面可以帮助债权人、投资者弄清债务人及其财产的有关真实情况,全面诊断债务人及其关联企业或人员的客观状况与关系,查找、挖掘、发现债务人藏在冰山之下的财产线索;另一方面可以提供更全面、更准确、更扎实的信息、数据、证据,帮助债权人、投资者解决信息不对称的问题,以利于正确确定和优化债权清收方案,确保债权清收方案和决策更具有可行性,提高债权回收率,有效实现债权清收,同时也可以发现其中的瑕疵或风险,帮助债权人、投资者进行合理评估,防范和化解债权清收过程中可能存在的法律风险。

因此,在省贸易集团公司找到代理律师时,代理律师没有急于答应接受委托,而是提出先对涉案债权进行全面、详尽和细致的法律尽职调查。

调查内容主要包括:债务人的设立、变更、存续、经营、财务、财产(包括但不限于房屋、在建工程、土地使用权、知识产权、对外投资股权、债券等)、债权债务、重大合同、涉讼、仲裁、行政处罚等情况;债务人股东或出资人的出资情况、实际控制人的有关情况;债务人是否存在无偿或以不合理的低价转让财产或放弃到期债权、被执行人是否存在混同等情况;其他必要情况。

调查手段主要包括:网络检索及初查、查阅和研究相应诉讼案件卷宗材料、实地调查、访谈、向相关单位和行政机关进行调查取证或申请政府信息公开等。如案件已经进入执行程序,还可借助申请执行法院通过网络执行系统调查、采取搜查措施、强制开启、委托审计、公告悬赏等方式,以弥补当事人在财产调查方面的弱势。

通过前期的尽调,代理律师发现债务人名下有大量不动产、股权等财产,只不过因负债太多而难以处理,且原有执行力度不够,应通过多元化手段实现清收效果,包括但不限于:向省高院申请将案件移送至债务人主要财产所在地中院处理;追加债务人的股东、实际控制人邓某、何某为共同被执行人,以扩大被执行主体范围;以虚假出资为名对实际控制人邓某、何某进行刑事控告;向法院申请对实际控制人邓某、何某进行信用惩戒,限制其出境和高消费;与境外律师团队合作,扩大被执行财产范围;等等。

其次,在前期法律尽职调查的基础上,制定缜密、多元化且行之有效的执行工作方案,坚持不懈地努力落实,同时注意动态优化和更新。

一方面,代理律师结合自身在不良资产处置方面丰富的办案经验,采取多元化的办案思维和执行策略,灵活运用各种娴熟的办案技巧和多种法律手段,大力拓宽执行工作的广度，主要包括：

(1)积极申请原执行法院对已发现债务人名下的不动产、股权等财产实施查控，先后查控、轮候查控了债务人名下20多处房屋、土地使用权、10多家公司的股权；

(2)先后通过三个执行追加案件将发电公司股东及债务人的实际控制人邓某、何某追加为被执行人，将被执行主体由3个增加到7个，大大拓宽了执行工作的广度；

(3)通过申请参与分配，短时间内帮助省贸易集团公司先行回收债权近100万元；

(4)积极通过各种途径深挖被执行人新的财产线索，发现被执行人何某名下位于本市核心区的一套宅基地房产；

(5)以虚假出资为名对邓某、何某进行刑事控告，获刑事立案，迫使他们两次联系省贸易集团公司寻求和解(后因商事登记改革和法律修改，刑事程序未能继续推进)；

(6)申请法院对邓某、何某进行信用惩戒，对其限制出境和限制高消费，等等。

另外，努力争取省高院将案件指定由被执行人主要财产所在地中院处理，由更为专业和业务能力更强的执行机构及其人员助推案件的执行，努力推进法院加大执行处置力度，极力拓展执行工作的深度。

(1)指定执行后，很快推进中院对已发现被执行人何某名下位于本市核心区的宅基地房产实施了查控，其后先后推进鉴定、测绘、评估、拍卖等有关工作，通过拍卖该宅基地房帮助省贸易集团公司实现债权400多万元；

(2)积极跟踪被执行人对外享有的债权清收等有关情况，通过申请法院截留、划扣被执行人在其债务人破产案中的可分配债款及未来应分配债款，成功帮助省贸易集团公司实现债权100多万元；

(3)发现并及时推进中院对新发现被执行人何某名下位于外市核心区的一套房产实施查控和处置，成功帮助省贸易集团公司实现债权600多万元；

(4)现正积极推进中院对新发现的被执行人名下另一房产实施查控和处置，并积极推进对被执行人在其债务人破产案中未来应分配债款的查控处置工作，省贸易集团公司债权有望获得进一步的实现。

2. 开创性地开展跨境合作追收，在香港成功发现被执行人的财产，巧妙破解跨境追收法律障碍，通过处置境外财产成功实现部分债权。

在成功追加了债务人的实际控制人邓某、何某之后，结合前期法律尽职调查的情况，代理律师发现他们两人早就移民香港，大量财产应已转移至香港，遂产生尝试开展债权跨境追收合作的想法。后与一香港法律团队取得联系并建立合作关系。2016年，香港合作法律团队通过调查和挖掘，发现邓某在香港尖沙咀拥有一处海景豪宅。

因香港与内地分属不同法系，法律制度不同，两地生效民商事裁决的互认和执行机制尚不健全，给两地间的司法交流与合作造成一定的障碍，特别是在民事判决的相互认可和执行问题上，不能在另一法域获得当然的承认和执行。因此，香港成为不少债务人的离岸避险港。

面对已发现的被执行人邓某在香港的前述价值应当不菲的房产，该如何开展追收处置工作，是接下来最大的难题。

根据彼时施行有效的《安排(2008)》，如债权人与债务人之间存在符合《安排(2008)》规定的管辖约定，可据此直接申请香港法院承认和执行内地裁决，否则，债权人及其代理律师将不得不重新考虑如何解决跨境追收债务人在港财产的问题。

本案中，因省贸易集团公司与邓某之间不存在符合《安排(2008)》规定的管辖约定，适用《安排(2008)》直接申请香港法院承认和执行内地裁决这条路明显走不通。经与香港法律合作团队充分研究论证，最终确定以境内成功追加邓某的生效执行裁定作为依据，在香港高等法院对邓某另行提起诉讼。诉讼过程中，因邓某没有出庭应诉答辩，在相对较短的时间内，帮助省贸易集团公司获得了香港高等法院裁令邓某偿还省贸易集团公司债权本息2000多万港元的裁决。

在裁决生效后，香港合作律师依法及时向香港高等法院申请颁发对邓某名下房产的禁止令，禁止邓某未经同意擅自处置前述房产。为配合香港法律合作团队的工作，防止邓某往返香港非法处置前述房产，代理律师在内地持续向法院申请对邓某限制出境。

就在香港法律合作团队准备对前述房产进行处置变现之时，前述房产的抵押权人财务公司提出由其对前述房产进行处置变现，变现金额扣减其债权金额后如有剩余的，省贸易集团公司才能分得剩余金额。香港法律合作团队唯有依据香港法律等待财务公司对前述房产进行处置变现的结果。在前述房产处置变现过程中，为最大限度地为省贸易集团公司争取其应得权益，代理律师要求香港法律合作团队及时关注并跟进处置变现的情况。在处置变现后，又要求香港法律合作团队及时与财务公司联系，取得了其债权明细。经与香港法律合作团队分析论证，发现财务公司存在虚加债权本息的情形。为此，代理律师积极配合香港法律合作团队，提供所需相关证据材料，由香港法律合作团队与财务公司进行交涉，经多轮斗智斗勇的谈判，最终迫使财务公司作出最大限度地妥协和让步，帮助省贸易集团公司分得债款 140 多万港元。

本案跨境合作追收虽经历一波三折，但在两地法律合作团队的不懈努力下最终取得了不错的效果，也为解决境外追收难题提供了一种新的思路和借鉴。

需要说明和强调的是：随着两地民间相互往来的不断增加，科技、文化、经贸交流的深入，两地间需相互认可和执行判决的民商事案件日益增多，对《安排（2008）》进行修订的呼声越来越多。2019 年 1 月 18 日，最高人民法院和香港特别行政区政府签署了《关于内地与香港特别行政区法院相互认可和执行民商事案件判决的安排》（以下简称《安排（2019）》）。

对比《安排（2008）》，对于当事人申请香港法院承认和执行内地民商事案件判决的条件，《安排（2019）》不再将当事人之间签署符合规定的“书面管辖协议”作为前提条件之一。同时，《安排（2019）》第 21 条明确规定：“被申请人在内地和香港特别行政区均有可供执行财产的，申请人可以分别向两地法院申请执行。应对方法院要求，两地法院应当相互提供本方执行判决的情况。两地法院执行财产的总额不得超过判决确定的数额。”这不仅让跨境追收债权变得更为简便、快捷、经济，也为债权追收处置法律服务提供了更广阔的市场空间、更丰富多样的手段和途径。

四、经验启示

当事人通常将律师当成他们的救星，通常在遇到困难无法解决的时候才会找律师帮忙。在很多经济纠纷案件当中，律师帮当事人打赢了官司实际上只帮了当事人一半，只有帮其拿回钱才算真正帮到了当事人。在当前全球经济衰退下行、企业发展甚至生存困难、居民消费能力下降等情况下，要解决“执行难”，实现债权回收目标，更是难上加难。尽管如此，律师更要站得高、看得远、想得周全，善于开拓新的视野和思路，从困境中寻找打破僵局的重大机会，尤其是从国家政策的调整和战略的布局中寻找突破点，采取多元化的办案思维和执行策略，灵活运用各种办案技巧和多种法律手段。当一个帮当事人实现债权的机会摆在面前，当需要面对一个新的执行领域时，律师还要善于把握良机、知难而进、敢为人先，从法律服务中推动其不断创新。

破产程序中如何进行跨境追收

——以广东某玩具有限公司清算案为例

肖小俊

一、案情简介

广州市某人民法院于2020年5月8日裁定受理了某纸业有限公司对广东某玩具有限公司(以下简称玩具公司)的破产清算申请,并指定广东广信君达律师事务所担任管理人,案号为(2020)粤01破126号。本案中,广东广信君达律师事务所在深入调查玩具公司债权债务关系后,发现境外财产线索,通过破产跨境追收,最终追回了近千万元人民币的货款,实现了职工债权的全额清偿,并挽回国家巨额税收损失,得到了人民法院和债权人的高度评价。

案件受理之初,本所开展了对玩具公司的债务清理和资产清查工作。一方面,通过前往各政府机关、金融机构调查取证,发现玩具公司除旧商务车一辆外,没有任何其他财产。另一方面,管理人经审核确认玩具公司欠缴税款超过2亿元,并欠付职工债权400余万元,国家和职工利益遭受了严重损害,债权的清偿率直接影响着社会稳定。

随着调查工作不断深入,管理人发现玩具公司在经营期间主要从事玩具的进出口贸易业务,常年将内地生产的玩具销售至香港进而赚取外汇,公司账面的其他应收款存在余额,但没有明细,不清楚应收款的对象是谁。综合这些现象,管理人推测公司可能在海外仍存在货款未收回。但境外追收破产债权并非易事:一方面,内地与香港之间的律师资格互不通用,内地管理人不能在香港直接参与诉讼活动;另一方面,人民法院的破产裁判文书能否在香港法院获得承认与执行存疑。

本案的破产企业位于内地,交易对方均为香港公司,主要的资产在香港,如果管理人能在香港法院起诉和申请执行，则可以回避判决承认与执行的问题。通过公开渠道，管理人联系上香港的欧阳. 郑. 何. 田律师行，该律师行立即组织力量在当地了解玩具公司的商业历史和诉讼经历。经调查，玩具公司在香港存在两笔货款，但需要取得胜诉判决并向香港法院申请“披露令”和“支付令”后才能强制划扣。为保护债权人利益，管理人立即将相关事项向债权人会议汇报，债权人会议表示支持管理人与香港律师行进行跨境破产合作。由于破产领域的跨境追收极少有先例参考，只能在个案中进行尝试。随后，管理人向香港高等法院介绍了破产企业的历史沿革、内地跨境破产政策等。经香港高等法院审查，最终认可内地破产法律文书的效力及破产管理人的主体资格，并批准管理人授权委托香港律师代为参与诉讼。经过半年追索，香港律师代表管理人追回了货款150余万美元，并通过国际结算系统汇入到了内地管理人的账户。至此，本案职工债权受偿400余万元，清偿率100%，同时税务机关的税款也得到了清偿，挽回了巨额国家利益损失。

二、问题难点

在管理人发现玩具公司可能在境外有未收回的货款时，香港与内地间司法制度的不同导致内地管理人难以直接介入境外货款的追收工作，内地破产管理人的主体身份能否得到香港法院认可存疑。也就是说，本案的难点主要有两点：一是内地破产管理人的主体身份是否能到香港法院的承认；二是内地管理人需要以什么样的方式在香港开展相关破产工作。

三、法律评析

（一）两地破产管理人身份的彼此认同

1. 香港法院对内地破产程序的承认

《企业破产法》第5条规定：“依照本法开始的破产程序，对债务人在中华人民共和国领域外的财产发生效力。对外国法院作出的发生法律效力的破产案件的判决、裁定，涉及债务人在中华人民共和国领域内的财产，申请或者请求人民法院承认和执行的，人民法院依照中华人民共和国缔结或者参加的国际条约，或者按照互惠原则进行审查，认为不违反中华人民共和国法律的基本原则，不损害国家主权、安全和社会公共利益，不损害中华人民共和国领域内债权人的合法权益的，裁定承认和执行。”

上述规定可从两个层面理解，首先内地法院受理的破产案件对于破产企业境外的财产能够产生法律效力；其次，境外法院作出与破产相关的判决、裁定或涉及境内的资产的执行文书，只要不违反我国法律基本原则，不损害国家主权、安全和社会公共利益及债权人合法权益，我国法院都予以承认和执行。有学者认为，《企业破产法》第5条虽为原则性规定，难以解决个案当中遇到的实际问题，但在国家法律层面体现了对跨境破产的认可态度，填补了跨境破产领域的空白。

香港法院对于跨境破产也没有明确指引和规定。香港高等法院的夏利士法官在2019年曾对这个问题进行过说明。夏利士法官认为，“承认”与“协助”问题在跨境破产审判实务中日益凸显，原因有三个方面：一是国际商业的现况和对处理跨国破产清盘工具的需要；二是平等对待来自全球的无抵押、非优先债权人的观念为越来越多的人所接受；三是从效率和成本效益的角度考虑，需要对“承认”与“协助”问题制定明确的规则，为回收海外资产提供可靠保障。结合香港处理的第一起大陆法系的破产承认与协助案例，夏利士法官详细讲解了香港的跨境破产制度。他介绍，由于香港不是《联合国国际贸易法委员会示范法》的签署方，香港关于公司破产与清算事宜的机制是建立在英国法律、英国和其他英联邦普通法辖区法庭制定和发展的规则基础上。对不在香港注册成立的公司进行跨境破产清算，必须与香港有足够的联系，法官对“足够的联系”的认定具有裁量权，但对裁量权必须谨慎行使，跨境将外国公司清算属于特殊情况。因此，认可和协助作为代替方法更加具有实用性，因为其程序上更简单，也更加快捷和便宜。夏利士法官提到，内地与香港就破产及管理人、债务重组程序中的相互认可达成协定准则对双方经贸往来日趋重要，内地与香港之间应当加强沟通交流，推动两地之间尽快形成具有明确性和一致性的协议或准则。①

具体到本案，就是对《企业破产法》第5条第1款及夏利士法官“自由裁量权”理论在个案层面的适用。诉讼过程中，管理人向香港高等法院提交了广州市中级人民法院的破产裁判文书，并以“玩具公司破产管理人”的公章签订了全英文版的授权委托文件、起诉材料、“支付令”及“披露令”申请等法律文书，均得到香港法院认可，最终强制执行了近900万元的货款。

① 深圳市中级人民法院：《来，一起交流跨境破产实务》，载微信公众号“深圳市中级人民法院”2019年7月24日，https://mp.weixin.qq.com/s/SHXWJ6Va948Zhbqe_7Px_w。

2. 内地法院对香港破产程序的协助

2021 年 5 月 14 日，最高人民法院发布了《关于内地与香港特别行政区法院相互认可和协助破产程序的会谈纪要》（以下简称《纪要》），从制度层面建立起两地跨境破产的合作机制。《纪要》规定：“为贯彻落实《中华人民共和国香港特别行政区基本法》第九十五条的规定，进一步完善内地与香港特别行政区司法协助制度体系，促进经济融合发展，优化法治化营商环境，最高人民法院与香港特别行政区政府结合司法实践，就内地与香港特别行政区法院相互认可和协助破产程序工作进行会谈协商，达成以下共识：…… 二、香港特别行政区破产程序的清盘人或者临时清盘人可以向内地试点地区的有关中级人民法院申请认可依据香港特别行政区法律进行的公司强制清盘、公司债权人自动清盘以及由清盘人或者临时清盘人提出并经香港特别行政区法院批准的公司债务重组程序，申请认可其清盘人或者临时清盘人身份，以及申请提供履职协助。三、内地破产程序的管理人可以向香港特别行政区高等法院申请认可依据《中华人民共和国企业破产法》进行的破产清算、重整以及和解程序，申请认可其管理人身份，以及申请提供履职协助。”

香港森信洋纸有限公司清盘人于 2021 年 8 月向深圳市中级人民法院提交申请并于 12 月 15 日获得认可协助，成为首例内地法院认可和协助香港破产程序的案件。2021 年 12 月 15 日，深圳市中级人民法院作出裁定，认可森信公司香港破产程序，同时认可香港清盘人的身份，并基于案件情况准予森信公司清盘人的跨境破产协助申请。自此，香港清盘人在深圳中院的协助下，在内地全面开展接管公司财产、以森信公司名义追收应收账款并处置内地资产等各项相关工作。

综上可见，香港的破产“清盘人”的身份同样能得到内地法院的认可。值得注意的是，内地与香港间互相协助的方式存在差异。前述玩具公司案中，破产管理人委托了香港律师代为参与诉讼活动，获得了胜诉判决后由香港法院开具“划扣令”强制执行。而森信案是内地破产法院赋予了香港“清盘人”与内地破产管理人相同的法律职权，可以直接在内地履行破产管理人的职责。

（二）内地管理人在香港开展破产工作的形式

1. 委托境外代理人参与诉讼活动

不同国家、地区的语言文化和法律体系都不相同，即使近如我国香港地区，由于特殊的殖民历史，司法程序与内地有很大不同：民事诉讼的语言是英文，适用的法律是英美法系的法律，甚至连聘用的法官都是外籍的。对此，一旦在境外启动民事诉讼程序，内地破产管理人因路途遥远，资质、语言不同，难以深度参与，更不用说取得良好诉讼结果。因此，笔者建议破产管理人启动境外破产追收的诉讼程序时，可以委托当地的律师，并将境外律师的简历、背景向债权人会议及人民法院报备，将专业的事交由专业的人处理。

2. 委托相关咨询机构、审计机构

上文所述的跨境破产协助主要针对债权的追收，实际上，在我国改革开放的几十年浪潮中，很多内地企业在境外的企业设立公司，资产的表现形式主要为股票、股权或分红等。内地管理人可以聘请当地的审计机构、咨询机构对相关企业进行登记信息查询、审计、清算等工作，以妥善处理境外破产事宜。

3. 委托境外媒体发布相关破产信息

对存在涉外业务的破产企业来说，难免有境外的债权人或者债务人，另外许多批量出清的“国有僵尸企业”是中外合资浪潮下的产物，因此清算相关事宜必须在境外通知、公告。这时管理人可以委托境外媒体代为发布破产公告，一来可以方便又及时地向相关主体告知权利和义务，二来体现了破产管理人的勤勉尽职，降低执业风险。

4. 建立跨境破产协助信息库

最高人民法院在双边合作框架的基础上出台规范性文件，推动法院在跨境破产司法协助业务方面有关工作的有序有效开展。实务层面，笔者建议人民法院考虑建立与破产相关的境外律师及其他机构的信息库，一方面加强不同地区经办人员的学习和交流，另一方面破产管理人可以及时与境外律师、相关机构办理委托事宜，避免因信息不对称延误案件办理。

四、经验启示

从本案办理的过程可见，内地与香港间的破产程序已经很大程度上得到彼此的认可与协助。但是，跨境破产追收的成本是高昂的，玩具公司在香港追收破产债权过程中支付了“法院杂费”、律师费等费用超过百万元；而森信公司破产案更是经过内地严格的审理与论证，投入了大量的司法资源。为避免增加债权追收成本，破产管理人应当从全体债权人利益的角度出发，对是否有必要进行跨境破产做好调查和识别。本案中，管理人获得了较为明确的境外财产线索，境内没有资产，全体债权人追收境外债权的需求是迫切的。森信案的清盘人同样获得了债务人在内地的资产信息,跨境追收在经济上具有合理性。但在其他案件中,如果财产线索不明确,或者追收财产的价值十分有限,甚至不能覆盖启动程序费用,那么反而在经济上给债权人造成了损害,属于权利和程序的滥用。因此,管理人在开展境外破产债权追收工作前应该进行充分的调查和识别,判断是否存在追收的必要性,进而制定合理可行的方案。

债权人可否依据未经批准或登记的跨境担保合同向担保人主张债权

——以非银行机构跨境保证担保下债权主张为视角

张　灵

一、案情简介

(一)非银行机构[①]的内保外贷保证担保(以下简称案例)

2018年1月18日,债权人A公司(本案原告,香港注册企业)与案外人D公司签署《贸易销售合同》;同日,A公司与D公司及债务人B公司(本案被告一,香港注册企业)共同签署《补充合同》,约定A公司向D公司采购货物,A公司将B公司作为验货人与收货人。2018年1月24日,A公司与B公司签署《贸易销售框架合同》(以下简称《框架合同》)及《补充合同》,约定A公司向B公司指定的供应商(D公司)采购B公司向A公司发送的订单中订购的货物。同日,为确保《框架合同》的履行,A公司与B公司、C某(本案被告二,境内[②]个人)签署《保证合同》,由C某为B公司在《框架合同》项下对A公司的全部或部分债务承担连带保证责任,保证期间为主合同债务人(B公司)履行债务的期限届满之日起两年。前述合同约定适用中华人民共和国法律,约定管辖法院为合同签署地人民法院,合同签署地约定在中国境内。《保证合同》签署后,境内担保人C某未在当地外汇管理局(以下简称外汇局)办理内保外贷担保核准登记手续。

2018年1月至5月,A公司根据B公司发送的订单要求,通过B公司指定的供

① 根据《跨境担保外汇管理规定》第16条的规定,境内个人可作为担保人并参照非银行机构办理内保外贷业务。

② 本文所称境内,不包括我国港澳台地区。

应商D公司,向B公司交付了订单中所采购的货物,A公司向D公司支付了全部货款,A公司与B公司之间约定的付款期限为货物验收之日起45日内。但截至本案起诉之日(期间A公司按月为单位向债务人及担保人催款),B公司仍未按照合同约定向A公司及时足额支付货款,担保人亦未履行担保责任。A公司遂以债务人B公司、担保人C某为被告提起诉讼。

(二)非银行机构的其他形式跨境保证担保(以下简称案例二)

A公司(日本注册企业)、B公司(日本注册企业)、C公司(我国香港地区注册企业),分别与D公司(境内注册企业)、E某(境内个人)于2014年12月5日、2016年4月5日、2016年4月27日签订《代理进口基本合同》《总代理店基本合同》和《出口代理基本合同》,前述合同约定了原被告之间关于家具产品销售的委托代理关系。在合同实际履行过程中,A公司、B公司及C公司因按D公司及E某的指示垫付货款,D公司及E某在日本的客户以产品存在质量问题为由拒付货款及主张抵销货款等,而对D公司及E某享有债权折合约3000万元人民币。其后,各方在2017年6月20日签订《还款合同》,对相应的债权债务关系、还款方式与期限予以明确,同时约定由E某作为实际控制人的F公司(境内注册企业)、G公司(境内注册企业)就D公司、E某所负债务承担连带清偿责任。此外,基于前述业务合作关系,2017年4月18日,A公司向F公司(境内注册企业)出借融资款10万美元,并于2017年7月6日签订《还款协议》明确各方债权债务关系,约定由G公司、H某(境内个人)、E某就A公司向F公司支付的融资款本息承担连带清偿责任,保证期间至主债务全额实际偿还之日为止。前述合同各方当事人未约定解决争议适用的法律,但主要合同行为发生在中国境内,根据最密切联系原则,本案适用中华人民共和国法律;主要合同订立地在中国境内,中国法院具有管辖权。相关合同签署后,各担保人均未在当地外汇局就担保条款办理核准登记手续。

由于上述债务人和担保人均未依约定偿还款项,债权人A公司、B公司、C公司以D公司、E某、F公司、G公司为被告提起了诉讼,案由为委托合同纠纷;债权人A公司以G公司、F公司、H某、E某为被告提起了诉讼,案由为借款合同纠纷。

二、问题难点

上述案例,分别涉及境内个人为境外债务人对境外债权人的债务提供跨境保证担保的情形(案例一),以及境内个人和非银行机构为境内债务人对境外债权人的债务提供跨境保证担保的情形(案例二)。无论属于哪一种情形,当主合同债务人出现资信异常从而导致逾期还款等违约情况出现时,保证人未及时履行保证义务的,债权人即有权启动跨境债务追索,要求债务人履行债务,同时请求或单独请求连带责任保证人在其保证范围内承担保证责任。

当债权人请求连带责任保证人承担保证责任时,必然涉及跨境保证担保合同的效力问题。《外汇管理条例》第19条规定:"提供对外担保,应当向外汇管理机关提出申请,由外汇管理机关根据申请人的资产负债等情况作出批准或者不批准的决定;……申请人签订对外担保合同后,应当到外汇管理机关办理对外担保登记。"《个人外汇管理办法》第21条规定:"境内个人向境外提供贷款、借用外债、提供对外担保和直接参与境外商品期货和金融衍生产品交易,应当符合有关规定并到外汇局办理相应登记手续。"但在由普通企业及/或个人等非银行机构作为担保人的情况下,无论是担保人为非融资性付款义务所提供的担保(如本文案例一中基于货物买卖、案例二中基于委托代理而产生的履约责任保证担保),还是担保人为融资性付款义务所提供的担保(如本文案例二中基于普通借款而产生的责任保证担保),相关责任主体未能依法向外汇管理机关办理对外担保登记等相应手续的情况均屡见不鲜①。在法院审理相关争议的诉讼案例中,担保人以相关跨境担保条款未经外汇主管机关的审批登记为由,对其效力进行抗辩的情形时有发生。为此,本文将以上述案例为蓝本,对相关问题展开探讨。

三、法律评析

作为一项涉及外债履约、资金跨境收付及/或资产所有权跨境转移等事项的风险缓释措施,有关部门曾针对跨境担保外汇管理事项制定发布过若干文件,这些文件主要有:中国人民银行于1996年9月25日发布并自同年10月1日起施行的《境内机构对外担保管理办法》[银发(1996)302号,已于2014年废止]、国家外汇局于1997年12月11日发布并自1998年1月1日起施行的《境内机构对外担保管理办法实施细则》[汇政发字(1997)第10号,已于2014年废止]、国家外汇局于2010年7月30日发布并自同日起施行的《关于境内机构对外担保管理问题的通知》[汇发(2010)39号,已于2014年废止]、国家外汇局于2013年4月28日发布并自同年5

---

① 在境内银行作为担保人的内保外贷中,银行会直接向外汇局报送业务相关数据,一般也无须专门办理登记手续。

月13日起施行的《外债登记管理办法》[汇发(2013)19号,已被修改],等等。

关于未经审批或登记的跨境担保合同的法律效力,《境内机构对外担保管理办法》第17条第1款规定:“担保人未经批准擅自出具对外担保,其对外出具的担保合同无效。”其后,最高人民法院于2000年12月8日发布并自同年12月13日起施行的最高人民法院《关于适用〈中华人民共和国担保法〉若干问题的解释》(法释〔2000〕44号,已于2021年废止),又以司法解释的形式,为《境内机构对外担保管理办法》及其实施细则所规定的担保合同无效情形提供了审判依据。根据该解释第6条第1款第1项的规定,未经国家有关主管部门批准或者登记对外担保的,对外担保合同无效。因此,在过往的司法实践中,跨境担保合同未在当地外汇主管部门办理批准登记手续的,法院或仲裁机构一般会认定担保合同无效,但前述文件已然被废止。

取而代之的,分别是国家外汇局于2014年5月12日发布并自同年6月1日起施行的《跨境担保外汇管理规定》[汇发(2014)29号,以下简称29号文]及其操作指引①,以及最高人民法院于2020年12月31日发布并自2021年1月1日起施行的最高人民法院《关于适用〈中华人民共和国民法典〉有关担保制度的解释》(法释〔2020〕28号,以下简称《担保制度司法解释》),而《担保制度司法解释》并未对跨境担保合同的效力问题作出任何规定。

其中,29号文首次以条文的形式赋予了“跨境担保”明确的定义②。29号文第2条规定:“本规定所称的跨境担保是指担保人向债权人书面作出的、具有法律约束力、承诺按照担保合同约定履行相关付款义务并可能产生资金跨境收付或资产所有权跨境转移等国际收支交易的担保行为。”29号文第3条按照担保当事各方的注册地,将跨境担保划分为:内保外贷、外保内贷和其他形式跨境担保。其中,内保外贷,是指担保人注册地在境内、债务人和债权人注册地均在境外的跨境担保(“内+外+外”的担保结构);外保内贷,是指担保人注册地在境外、债务人和债权人注册地均在境内的跨境担保(“外+内+内”的担保结构);其他形式跨境担保,是指除前

---

① 该规定全文可参考国家外汇局官网(网址:http://www.safe.gov.cn/safe/2014/0519/5643.html)。

② 29号文施行前,关于跨境担保,一般使用的是《境内机构对外担保管理办法》第2条所规定的“对外担保”这一概念。29号文对跨境担保重新定义,未沿用“对外担保”这一概念,并将跨境担保分为内保外贷、外保内贷和其他形式跨境担保。

述内保外贷和外保内贷以外的其他跨境担保情形[①]。

回到案例一，该案属于涉港商事纠纷案件，担保人C某为境内个人，债权人A公司与债务人B公司均为香港注册企业，因此担保人提供的担保，属于29号文规定的内保外贷（“内+外+外”）情形。案件审理过程中，担保人提出案涉买卖合同的签订目的是当事人规避相关法律规定，应为无效合同，主合同无效则《保证合同》亦无效的抗辩意见，但其未提交相关证据予以证明，审理法院未予采信。担保人亦提出抗辩，称案涉《保证合同》因未向外汇管理机关办理相关报批手续，应为无效合同。对此，审理法院认为，案涉《保证合同》涉及跨境担保事项，依照我国外汇管理的相关规定，应当办理向国家外汇管理机关报批和登记的手续，该案中并没有证据证明合同双方已经办理了上述相关报批手续。但根据29号文第29条关于“外汇局对跨境担保合同的核准、登记或备案情况以及本规定明确的其他管理事项与管理要求，不构成跨境担保合同的生效要件”之规定，未办理相关报批手续并不影响合同的效力。最后，审理法院判决担保人对该案确定的债务人对债权人所负担的债务承担连带保证责任，担保人在承担保证责任后有权在承担保证责任范围内向债务人追偿。

再看案例二，由于涉及不同的基础法律关系，笔者代理该案时，将其拆分为两件合同纠纷进行起诉，其中的委托合同纠纷，属于涉外（港）商事纠纷案件，担保人F公司和G公司均为境内注册企业，债权人A公司、B公司为日本注册企业，C公司为我国香港地区注册企业，债务人D公司和E某分别为境内注册企业和境内个人，因此担保人提供的担保，属于29号文规定的其他形式跨境担保情形中的“内+外+内”；而其中的借款合同纠纷，则属于涉外商事纠纷案件，担保人G公司、H某、E某分别为境内注册企业和境内个人，债权人A公司为日本注册企业，债务人F公司为境内注册企业，担保人提供的担保，同样符合“内+外+内”这一其他形式跨境担保结构。案件审理过程中，部分担保人提出抗辩，称该案系虚假贸易融资行为。对此，审理法院认为，从双方提供的证据来看，案涉合同有真实的交易背景，基于各方的真实意思表示而签订，且内容未违反现行法律法规的强制性规定，在委托合同纠纷

---

① 根据《跨境担保外汇管理操作指引》第四部分第1条的规定，其他形式跨境担保包括但不限于以下几种情形：（1）担保人在境内、债务人与债权人分属境内或境外的跨境担保（分别有“内+外+内”和“内+内+外”两种担保结构）；（2）担保人在境外、债务人与债权人分属境内或境外的跨境担保（分别有“外+外+内”和“外+内+外”两种担保结构）；（3）担保当事各方均在境内，担保物权登记地在境外的跨境担保；（4）担保当事各方均在境外，担保物权登记地在境内的跨境担保。

中,原告依约履行了案涉合同项下的各项义务,而在借款合同纠纷中,原告也实际支付了款项,不属于虚假融资行为。担保人亦提出抗辩,称根据《外汇管理条例》第19条关于“提供对外担保,应当向外汇管理机关提出申请,由外汇管理机关根据申请人的资产负债等情况作出批准或者不批准的决定;……申请人签订对外担保合同后,应当到外汇管理机关办理对外担保登记”之规定,结合有关立法意图和法律规定,我国属于对外汇有严格管理和审批的国家,未经相应外汇管理部门批准或者登记的跨境担保,显然违背立法本意和法律规定,应认定无效。对此,审理法院认为,29号文中明确,跨境担保是指担保人向债权人书面作出的、具有法律约束力、承诺按照担保合同约定履行相关付款义务并可能产生资金跨境收付或资产所有权跨境转移等国际收支交易的担保行为。29号文第9条第3款规定,担保人为非银行金融机构或企业的,应在签订担保合同后15个工作日内到所在地外汇局办理内保外贷签约登记手续。同时29号文第29条和第31条又分别规定,外汇局对跨境担保合同的核准、登记或备案情况以及本规定明确的其他管理事项与管理要求,不构成跨境担保合同的生效要件。对未按本规定及相关规定办理跨境担保业务的,外汇局根据《外汇管理条例》进行处罚。由此可见,跨境担保的登记或备案手续不是效力性规定,而是管理性规定,该案当事人未就跨境担保合同进行登记或备案,不影响担保合同的效力。最终,审理法院认定该案中的担保条款有效,担保人对债务人的还款义务承担连带清偿责任,并在承担清偿责任范围内有权向债务人追偿。

此外,针对此类案件,笔者亦进行了大数据检索,发现自29号文发布后,最高人民法院及地方各级法院在处理未经批准或登记的跨境担保合同效力认定的问题上,基本持肯定态度。例如,在浙江省高院(2017)浙民终716号案件中,审理法官认为,2014年国家外汇管理局发布施行的《跨境担保外汇管理规定》及《国家外汇管理局关于〈跨境担保外汇管理规定〉的通知》,明确外汇管理部门对跨境担保合同的核准、登记或备案等外汇管理要求,不构成跨境担保合同生效要件。在此背景下,未经批准的跨境担保行为实质上不会涉及国家外汇管理秩序,并不构成对我国社会公共利益和社会经济秩序的违反,涉案担保合同不宜再被认定为无效。虽然《个人外汇管理办法》要求个人为境外提供担保必须符合有关规定并办理相应登记手续,但该管理规定系中国人民银行发布的行政规章,内容也未要求个人为境外提供担保必须事先得到批准。

从结论上而言,在29号文及《担保制度司法解释》颁布施行后,未经国家外汇主管机关批准或登记的对外担保,原则上应为有效担保。从原担保法司法解释(法释〔2000〕44号)被废止后,现行《担保制度司法解释》中并未对跨境担保合同的效力情形作出规定这一角度来看,我国立法机关有意厘清和解决由国家外汇局所制定的部门规范性文件(29号文)与《担保制度司法解释》之间可能存在的冲突,也进一步明确了外汇主管部门的担保审批或登记已不再系跨境担保合同的效力认定依据。

四、经验启示

值得说明的是,实践中,并非所有类型的跨境担保,都被要求在各方签订跨境担保合同时办理批准或登记手续。根据29号文第6条第1款"外汇局对内保外贷和外保内贷实行登记管理"之规定,以及第25条关于"境内机构提供或接受除内保外贷和外保内贷以外的其他形式跨境担保,在符合境内外法律法规和本规定的前提下,可自行签订跨境担保合同。除外汇局另有明确规定外,担保人、债务人不需要就其他形式跨境担保到外汇局办理登记或备案"之规定,跨境担保是否需要办理批准或登记手续,应分为三种情况:第一种情况即内保外贷跨境担保和第二种情况即外保内贷跨境担保,需要到外汇局办理登记或备案手续,而第三种情况即其他形式跨境担保,在符合境内外法律法规和29号文规定的前提下,可自行签订跨境担保合同,不需要到外汇局办理登记或备案手续。

如前所述,上述案例二中,无论是委托合同纠纷,还是借款合同纠纷,均符合"内+外+内"的跨境担保结构,应归属于其他形式跨境担保。这种情况下,针对担保人所提出的该案担保条款因未向外汇管理机关办理相关报批手续而应认定为无效合同的抗辩,笔者认为引用29号文第25条之相关规定,主张该案中的跨境担保条款并未涉及需要办理相关审批登记手续的义务当更为适宜。

而对于跨境担保中的内保外贷和外保内贷两种类型,则应依据29号文中的相关规定,在签订担保合同或发生境外担保履约后,及时到外汇管理部门办理签约登记或备案手续。29号文第31条中明确规定:"……对未按本规定及相关规定办理跨境担保业务的,外汇局根据《中华人民共和国外汇管理条例》进行处罚。"

由此可见,尽管我们认为跨境担保的批准登记相关规定,已从效力性强制性规定转化为管理性强制性规定,外汇主管部门的核准、登记或备案,也已不再构成跨境担保合同的生效要件,但如果跨境担保合同中的相关责任主体疏于履行外汇管理合规义务,仍将在后期担保合同的履约环节中产生不利影响。

债权人在跨境债务执行中香港公司债务人解散的救济

黄善端

一、问题的提出

在跨境的债务执行及其他法律程序中,往往会出现作为债务人的香港公司已经解散的情形(在香港公司注册处网上查册中心的注册信息显示为“已告解散”)。此情形会产生若干与债权人利益密切相关的疑问,比如,已经解散的香港公司债务人是否仍然具有主体资格?是否可以在内地的诉讼或仲裁中以该公司为被告或被申请人?该公司在解散后债权人是否可以追究公司董事或股东的责任?简单而言,就是在遇到香港公司债务人已经解散的情形时,债权人如何行使权利,如何获得救济。

二、香港公司解散的相关法律规则

(一)香港公司解散的方式

根据香港法律,香港公司可通过三种方式解散:剔除注册(除名)、撤销注册及清盘。清盘相当于内地法律中的清算,属于最常规的公司解散方式,但程序及法律关系也最为复杂。至于剔除注册和撤销注册,两种均属于未经或未完成清盘程序而进行的解散。其中,前者是由公司注册处在公司不运营或未完成清盘程序时依职权(独立或经法院命令)将公司解散(《公司条例》第744条以下);后者则是公司或其成员(股东)、董事不运营公司并承诺公司不存在债务的情形下自行将公司解散(《公司条例》第750条以下)。

(二)香港公司解散后的法律后果

公司解散的最主要法律后果首先体现为主体资格方面的法律后果。根据香港法律,公司解散后公司主体资格不再存在,亦无诉讼资格。然而,此项规则来自历史悠久的英国判例,在香港特别行政区的立法中并无体现,但此规则反复地在香港法院的判例中获得确认,如 Integrated Marketing Communications Limited and Another v. Registrar of Companies [2015] 5 HKLRD 362, Lau Yun Lin v. Kwan Tseung Co. Ltd. [2017] 2 HKLRD 596。

在公司因解散而丧失主体资格的基础上,《公司条例》第 752 条规定:"公司无论因剔除注册、撤销注册还是清盘而解散,其解散前所拥有的财产及权利,均归属于政府所有。"至于公司在解散前所承担的义务和责任,香港立法并未规定其承受,而在上述的 Lau Yun Lin v. Kwan Tseung Co. Ltd. [2017]2 HKLRD 596 中法院更明确确认公司的义务及责任不由任何人继受。

三、香港公司债务人解散后债权人的救济

(一)以未清盘为由追究董事或股东的责任

根据内地法律,在公司未经清算而解散时,债权人可追究股东或董事等责任人员未依法清算的责任。因此面对香港公司债务人已经解散的情形,内地债权人一般亦会主张追究香港公司股东或董事的责任。就清盘解散的情形,公司实际上是已经经过最常规的清盘程序解散,过程中亦已包含了通知或公告债权人的程序,债权人在公司经清盘解散后主张权利,原则上均被视为放弃或丧失权利。至于剔除注册和撤销注册,此二种解散方式确实属于未经清盘的解散方式,但均属于"依法"不经清盘的解散方式。如前所述,香港立法并未规定公司义务和责任在解散后的承受,判例反而确立了公司义务及责任无人继受的规则。因此,在香港法律下,公司经剔除注册或撤销注册而解散的,债权人均不能以股东或董事等责任人员未依法清盘而承担公司的义务及责任。这是香港法律与内地法律在公司解散问题上的一项重大差异。

(二)依据《公司条例》第 756 条规定追究责任

香港法例《公司条例》第 756 条规定:"公司解散后,公司的每名董事、经理及成员的法律责任(如有的话)仍然持续,并可强制执行,犹如公司不曾解散一样。"基于此项规定,在实务中一些债权人在遇到香港公司债务人已经解散的情形时,会认为其可根据此规定追究公司董事、经理及股东(成员)的法律责任。这实际上是对本条文规定的误解。

首先，根据此项规定，公司解散后仍然持续的法律责任，是董事、经理及股东本来已经承担的法律责任。债权人所享有的债权，所对应的是“公司的”法律责任，而不是董事、经理及股东的法律责任。本项规定并不具有使公司的责任转移由董事、经理及股东承担的效力。其次，董事、经理及股东所承担的是“如有”的责任，只有在公司解散前董事、经理及股东基于某种法律理据“已经承担”的责任，才能根据此项规定持续。债权人的债权所对应的责任，显然并非董事、经理及股东已经承担的责任。假设在公司解散前，存在股东未履行的出资义务，或董事因违反董事义务而对公司承担相应的责任，这些义务和责任方可成为依据《公司条例》第756条规定仍然持续的法律责任。由此可见，若香港公司债务人已经解散，债权人也无从根据此项规定向董事、经理及股东主张其债权。

（三）主要救济方式：恢复注册

在香港法律下，债权人虽然不能如同在内地法律下就其债权追究股东或董事等责任人员的责任，但是，香港法律设有专门的恢复注册制度，以作为债权人及其他利害关系人的权利救济方式。《公司条例》第764条、第768条规定：“经恢复注册后，公司视为一直存续，如同从未解散。”因此，一旦恢复了已解散公司的注册，债权人即可如常向公司主张其债权。

根据香港法律，恢复注册分为行政恢复及法院命令恢复两种方式。先就行政恢复而言，行政恢复主要适用于经剔除注册解散的公司（《公司条例》第760条）。对于经撤销注册而解散的公司，则仅限于因公司注册处的错误而撤销注册的公司，才可适用行政恢复程序（《公司条例》第763条），否则均应适用法院命令恢复程序（下详）。申请行政恢复的主体限于公司董事及股东，以及公司注册处处长（《公司条例》第760条）。至于公司债权人，则不属于有权申请行政恢复的主体。因此，行政恢复并不属于债权人获得救济的方式。

至于法院命令恢复，其情形相对复杂一些，涉及较多不同的情形。首先，法院命令恢复既可适用于因剔除注册而解散的公司，也可以适用于因撤销注册而解散的公司。其次，也是更重要的，申请主体除公司董事及股东外，还包括债权人及其他利害关系人（或因解散而受损害的人），此与行政恢复存在很大差异。根据现行《公司条例》被剔除或撤销注册的，申请主体包括董事、股东、债权人及利害关系人。若是根据旧《公司条例》被撤销注册的，申请主体为因撤销而感到受屈的人（受损害的人）；根据旧《公司条例》被剔除注册的，则为感到受屈的董事、股东或债权人。由此可见，通过申请法院命令恢复公司注册，是香港公司债务人已经解散的情形下，债权人获得救济的重要以至唯一方式。

香港法律对申请法院命令恢复注册的时间设有限制，债权人或利害关系人一般须在公司解散之日起 20 年内提出申请（《公司条例》第 766 条）。在申请法院命令恢复注册的条件方面，因公司是经剔除注册而解散还是经撤销注册而解散而异。经剔除注册而解散的公司（无论根据旧《公司条例》还是现行《公司条例》），其恢复的条件为：（1）剔除时公司实际上处于运营状态；或（2）有其他恢复的正当理由。根据旧《公司条例》被撤销注册的公司，其恢复条件为有恢复的正当理由（而不要求一定存在撤销注册登记条件未满足的情况），这实际上是属于授予法院根据自由裁量权决定是否恢复注册的条款。

至于根据现行《公司条例》被撤销注册的公司，其恢复注册的条件为不符合《公司条例》第 750（2）条所列的任何一项撤销条件，或具有其他正当理由。该等条件包括：（1）全体股东同意；（2）公司未开始运营或中止运营超过 3 个月；（3）公司无未清偿债务；（4）公司并非任何法律程序中的一方；（5）公司资产不包括位于香港的不动产；（6）如公司有任何子公司，其子公司的资产不包括位于香港的不动产。

若法院作出准许恢复公司注册的命令，公司在该命令登记于公司注册处时视为恢复注册（《公司条例》第 767 条）。

（四）"代位"追偿股东或董事的责任

由于申请法院命令恢复注册程序相对复杂，时间和金钱成本亦较高，因此在实务中债权人往往也会提出能否代位行使公司对第三方的权利以实现债权。其中，最典型的为公司因股东未履行出资义务而对股东享有的债权（支付出资），又如，公司因董事或其他管理人员未基于任何法律理据违反对公司义务（如董事违反董事义务而对公司承担的赔偿义务）而享有的请求赔偿或其他金钱给付的权利。

遗憾的是，香港法律中并不存在一般性的债权人代位权制度，因此即使公司因诸如上述的原因而对股东、董事或其他第三人享有债权，债权人亦并非当然可代位公司行使该等债权。不过，可作探讨的是，债权人能否要求法院命令将公司对第三人所享有的债权归属于债权人，从而使债权人通过直接行使该债权而实现自己的债权。

首先，依前文所述，董事、经理及股东在公司解散前已对公司负有的法律责任在公司解散后"仍然持续"（《公司条例》第 756 条）。这意味着公司对该等人员的权利并不因公司解散而消灭。其次,同依前文所述,公司解散的其中一项法律后果是,公司的财产及权利均归政府所有。在概念及逻辑上,公司就董事、经理及股东的法律责任所享有的权利,亦理应因公司的解散而归政府所有。关于公司解散后的法律后果,《公司条例》尚有两项规定:(1)公司注册处可根据利害关系人的申请,通过发出"卸弃公告"放弃因解散归属于政府的财产及权利(《公司条例》第753条)。(2)利害关系人可向法院申请将公司注册处放弃的财产及权利归属于自己(《公司条例》第755条)。可见,通过"公司注册处放弃+法院命令归属"的方式,债权人亦可实现类似于行使代位权的目的。

但是要指出的是,笔者至今尚未看到香港法院处理此类申请的案例,相信债权人通过此路径主张债权在实务中十分罕见(如存在)。

四、总结

关于在作为债务人的香港公司已经解散的情形下,债权人在香港法律下如何获得救济的问题,可总结如下:

其一,对于香港公司债务人经清盘解散的情形,债权人原则上被视为已经丧失其对债务人的债权;对于经剔除注册或撤销注册的情形,债权人的主要救济方式为通过恢复注册程序中的法院命令恢复,恢复债务人的主体资格,以继续如常行使其对债务人的债权。

其二,未经恢复注册,香港公司债务人在解散后即丧失主体资格,其财产及权利归政府所有,但义务及责任则无人继受。

其三,香港公司债务人的股东及董事等人员,原则上无须就公司解散前的债务承担任何清偿或补充清偿责任,债权人无法直接追究该等人员的责任。

其四,公司解散前,若股东、董事或经理等人员对公司负有某种法律责任,该等责任不因公司解散而消灭。对于公司就该等责任对股东、董事或经理等人员享有的债权或其他权利,在香港法律下虽不存在一般性的代位权制度,但债权人或许可以通过依次向公司注册处申请通过卸弃公告放弃该等权利及向法院申请将该等权利归属于债权人的方式,以主张其对前述人员的权利。

综上所述,对于香港公司债务人已经解散的情形,债权人享有一定的救济途径。然而,这些救济途径均涉及向香港法院申请相关的命令,过程颇为复杂、曲折。从实务的角度看,这些救济方式无论在时间上还是金钱上均存在较高的成本。因此,在跨境交易中,债权人有必要具备更高的风险意识,必须在交易前通过尽职调查等方式对作为相对人的香港公司进行充分的风险评估,具备条件时必须采取足够的前期维权举措(如要求相对人或其董事、股东提供相应的担保等)。

作者简介

王春平律师

北京大学法学学士、中山大学岭南(大学)学院MBA研究生，广东广信君达律师事务所高级合伙人、战略与发展研究委员会委员、入退伙审查委员会委员、第三届管委会联席主任、债权保护法律研究中心主任。曾任或现任全国律协宪法与行政法专业委员会委员、广东省律师协会行政法律专业委员会委员、广东省律师专家库行政法律事务律师专家、广东省国家税务局行政复议委员会专家委员、广州仲裁委员会仲裁员、广东省北京大学校友会副会长等。专注于民商事诉讼/仲裁、行政复议/诉讼及民行交叉案件、公司银行金融、房地产/建设工程、债权处置与强清破产等领域。

黎月梅律师

华南师范大学法学学士，广东广信君达律师事务所合伙人、第一届债权保护法律研究中心秘书长。原任广东广信君达律师事务所第七党支部书记(第一届)，现任广东省律师协会民事法律专业委员会委员。专注于疑难复杂的民商事诉讼/仲裁、行政复议/诉讼及民行交叉案件、房地产/建设工程、公司金融、不良资产处置等领域。

钟智芬律师

广东财经大学法学学士，广东广信君达律师事务所合伙人、第三届管委会成员、第一届债权保护法律研究中心联席主任。广州仲裁委员会仲裁员，广东省律师协会不良资产处置法律专业委员会副主任，广州市律师协会执行与资产处置业务专业委员会委员，香港特别行政区政府《CEPA》项下投资争端解决之指定调解员。专注于金融债权、不良资产处置、特殊机会投资、疑难民商事诉讼/仲裁等领域。

向金波律师

华南理工大学法学博士，广东广信君达律师事务所高级合伙人、第一届债权保护法律研究中心联席主任。深耕民商事诉讼/仲裁法律业务，在重大疑难民商事诉讼/仲裁领域为客户提供高效的法律争端解决方案，在金融与投资、房地产与基础设施建设、体育事业等领域为各大公司和政府部门提供优质的法律服务。

许红学律师

中山大学法学学士，广东广信君达律师事务所合伙人、房地产与基础建设法律业务三部副部长、第一届债权保护法律研究中心联席主任。现任广州市荔湾区人民法院特邀调解员、广州市天河区人民法院律师调解员、广州市工会职工法律服务律师团成员、广州市荔湾区“七五”普法讲师团成员、广州市海珠区劳动人事争议三方联合调解中心调解员。专注于公司投资与并购、房地产与基础设施建设、劳动人事等法律领域。

郑璇律师

广东外语外贸大学法律硕士，广东广信君达律师事务所合伙人。广州市律师协会电子商务与物流业务专业委员会秘书长。专注于民商事诉讼/仲裁、建设工程与房地产、电子商务、互联网及直播、短视频行业等领域。

吴耀宏律师

暨南大学法学硕士，广东广信君达律师事务所专职律师、债权保护法律研究中民主副秘书长。曾任暨南大学教育学院外聘教师。专注于疑难复杂民商事诉讼/仲裁、民事行政交叉案件、股权投融资与公司治理、不良资产交易处置等领域的研究与实务。

黄丽榆律师

广东财经大学法律硕士，广东广信君达律师事务所专职律师、人才培养与发展工作委员会委员。专注于建设工程、房地产、公司法、不良资产处置、疑难复杂的民商事诉讼、刑事诉讼等领域。

骆书屏

广东广信君达律师事务所律师助理。主要致力于不良资产交易处置、民商事诉讼研究与实务。

黄恒律师

西南政法大学法律硕士，广东广信君达律师事务所合伙人、监事会监事、第八党支部书记。广东省、广州市律师协会民事法律专业委员会委员，肇庆、茂名、河源仲裁委员会仲裁员，天河区法律援助专家委员会委员，广州市、番禺区劳动人事争议仲裁委员会仲裁员，广州国际商贸商事调解中心调解员，广东省西南政法大学校友会理事、仲元教育发展促进会理事。专注于重大疑难复杂商事争议解决、劳动与社会保障、公司治理、金融等专业领域。

李珺律师

暨南大学法学硕士，广东广信君达律师事务所专职律师。现任广州市律师协会执行与资产处置业务专业委员会委员。主要致力于民事强制执行、不良资产处置、金融类诉讼/仲裁、刑事诉讼、婚姻家庭继承类诉讼以及各类疑难复杂的再审案件。

许伟伟律师

山东烟台大学法学硕士，广东广信君达律师事务所专职律师。主要致力于疑难复杂的不良资产交易处置、民商事诉讼/仲裁、公司银行金融等领域的研究与实务。

韩秀律师

广州大学法律硕士，原广东广信君达律师事务所专职律师。专注于行政复议/诉讼、民行交叉案件、民事诉讼、不良资产交易处置等领域。

王琦璇律师

北京大学法学学士，原广东广信君达律师事务所专职律师。专注于疑难复杂的民商事诉讼及仲裁、不良资产交易处置、公司银行金融等领域的研究与实务。

谢昕律师

华南理工大学法学硕士，广东广信君达律师事务所合伙人、投融资部副部长。广东省律师协会公司法律专业委员会委员、广州市律师协会证券法律专业委员会委员、广东省涉外律师库新锐人才、广东省法学会知识产权法学会理事。专注于证券、企业重组、股权投资并购与股权激励、国企法律服务、公司法律事务、国际贸易、知识产权、公司商事诉讼与仲裁等业务的研究和法律服务。

钟嘉慧律师

英国布里斯托大学法律硕士，广东广信君达律师事务所专职律师。专注于国际贸易争议解决、证券与资本市场、股权投融资并购与股权激励、企业法律服务、公司重大商事诉讼与仲裁等业务的研究和法律服务。

肖小俊律师

清华大学法律硕士，广东广信君达律师事务所合伙人、清算与破产业务部负责人。曾就职于某央企湖南公司，现任广州市破产管理人协会副会长、广东省法学会破产法学研究会常务理事，广州市法学会、广州市不良资产管理协会“金融稳定专家委员会”委员。专注于破产清算与重整、国资运营、不良资产投资、复杂民商事诉讼等领域。

张泽宇律师

美国埃默里大学法学硕士、中国青年政治学院法律硕士，广东广信君达律师事务所专职律师。专注于破产清算与重整、不动产与建设工程、房地产投资与并购、复杂民商事诉讼等领域。

付　星

山东工商学院经济学学士，广东广信君达律师事务所律师助理。专注于自行清算、强制清算、破产清算、破产和解等领域。

许杰民律师

南开大学法律硕士，广东广信君达律师事务所专职律师。广州市律师协会第八届、第九届、第十届民事法律专业委员会委员。具有超过17年的律师执业服务经验，主要致力于疑难复杂的民商事诉讼/仲裁、公司事务、股权架构设计与激励、房地产、合同纠纷、信托等方面的研究与实务。

任晓雨

西南政法大学法学学士，广东广信君达律师事务所实习人员。专注于复杂民商事诉讼/仲裁、破产清算与重整等。

杨嘉霁律师

暨南大学法学学士、经济学学士，广东广信君达律师事务所澳门居民律师。专注于破产清算、股权收购及民事诉讼/仲裁等领域。

沈　笑

肇庆学院法学学士，广东广信君达律师事务所实习人员。专注于破产清算、民商事诉讼/仲裁等领域。

张凤媚律师

中山大学法律硕士，广东广信君达律师事务所专职律师、广东广信君达律师事务所第五党支部副书记。专注于疑难复杂民商事诉讼、房地产法律事务、并购/资产重组等资本市场领域的研究和实务。

张灵律师

日本庆应义塾大学法学硕士，广东广信君达律师事务所合伙人。广东省涉外律师新锐人才库成员、广州市涉外律师领军人才库成员，现任第十届广州市涉外法律专业委员会委员。专注于涉外法律事务、民商事争议解决、企业法律顾问、外商投资、企业设立及破产清算等领域。

黄善端律师

北京大学法学硕士，华商林李黎（前海）联营律师事务所专职律师，港籍内地律师。现任深圳市政协委员、全国港澳研究会会员、深圳市前海“一带一路”法律服务联合会副秘书长、香港特区政府律政司法治教育督导委员会课程和教材设计工作小组成员。先后在香港的英资、美资及本地律所工作，积累了丰富的跨境民商事法律服务经验；先后参与《关于内地与香港特别行政区法院相互认可和执行民商事案件判决的安排》《关于内地与香港特别行政区法院就仲裁程序相互协助保全的安排》《关于内地与香港特别行政区法院相互认可和执行婚姻家庭民事案件判决的安排》等区际司法协助安排的相关论证、调研工作，出版专著《内地判决的认可与执行：香港判例纵述》。

后　记

著书写文章并非一件易事,律师著书写文章更非一件易事,尤其是想要著好书写好文章,更尤其是在繁忙的工作之余还要将书著好将文章写好。

自中心今年4月发布“组织出版专业书籍,公开征集意见建议和征稿”的通知以来,获得了多方的关注和支持,中心的同事踊跃报名、投稿,积极提出了宝贵意见和建议。截至截稿日,中心合计收到投稿文章50多篇,有的同事一人投稿多篇。后中心组织编委会对投稿文章进行了两轮评审,并将修改意见和建议反馈给了作者,作者也进行了多次修改调整。最终,经过一再认真的审核校对,本书得以付梓出版。

在此,我谨代表中心对在百忙之余仍对组织编辑出版本书给予关心和支持的律所名誉主任王晓华律师、主任邓传远律师及其他各位高级合伙人、管理合伙人,对工作繁忙仍不吝赐稿的中心高级顾问黄善端律师,对参与组织编辑出版等有关具体工作的中心管理团队每位成员、每位作者、每位编委、每位参与者,以及对本书的组织编辑出版付出过努力的律所每位同事和支持者,致以最诚挚的感谢!

我要尤其感谢我们善讼团队的黎月梅、许伟伟、韩秀、王琦璇、吴耀宏、骆书屏、王莹这一帮年青的小伙伴们,他们为我分担了大量的工作,他们不仅要处理好手头跟办的案件或在办的事项,还要协助我处理好中心组织出版此书的有关事情,认真负责、任劳任怨,有了他们的帮助,团队和中心的工作才能两不耽误,也才能在一起经历艰辛后共同见证此书出版那一刻的喜悦。感恩在这段艰苦且快乐的日子里有你们同在!

我也要感谢法律出版社的王斓编辑及其他工作人员,他们对于本书的顺利出版也付出了大量的劳动和心血。

自2019年中心正式成立三年以来,在多方的关心和支持下,经过我们长期不懈的努力，中心各项工作均取得了明显的进步和发展。我们坚信，只要我们团结一心，脚踏实地，朝着正确的方向坚定走下去，中心的工作开展会越来越好，事务所的发展也会越来越好，由此为我国的法治事业贡献我们的一份力量！

广东广信君达律师事务所

债权保护法律研究中心

主任　王春平

广信君达律师事务所及债权保护法律研究中心简介

广东广信君达律师事务所成立于1993年1月,是广东省较早成立的合作制律师事务所之一。2012年11月,该所合并改制为广东省第一家特殊普通合伙律师事务所。2016年11月,该所成立广东省首家律师事务所党委。

广信君达总部位于广州,在广州第一高楼——周大福金融中心办公,面积近9000平方米,在我国北京、上海、武汉、深圳、海南、珠海、中山、东莞、清远、佛山、梅州、平远、南沙、横琴、花都、黄埔、白云、西藏工布江达县等地和美国、日本、澳大利亚、马来西亚、泰国、柬埔寨设有24家办公室,以汉、英、日、德、法、韩、葡等语言,为境内外客户提供优质法律服务。截至目前,总部员工逾千人,律师700多人,已成为华南地区规模较大的律师事务所之一,曾连续5年入围《亚洲法律杂志》(ALB)"亚洲最大50家律所"30强。

广信君达是广东省首批涉外律师事务所库单位、"一带一路"律师联盟首批成员单位,"一带一路"十佳律师事务所。本所及律师代理了多起颇有影响的涉外诉讼、仲裁案件,其中包括全国第一单国际航空器留置权案、国内首宗涉"一带一路"建设案件、国内首个外国政府贷款的"海绵城市建设"项目、中国最大的航运企业及其保险人处理与某国航运公司两船碰撞事故等,帮助上百家企业境外挂牌上市、境外发行债券/票据、投资、并购重组等,与多家世界500强企业保持紧密的合作关系,为300多家企业提供涉外法律服务,为中国企业走出去保驾护航。

1993年以来,广信君达获得了上百项荣誉资质,其中包括司法部"全国法律服务行业文明服务窗口"、司法部"部级文明律师事务所"、全国律协"全国优秀律师事务所"、全国律师行业党委"全国律师行业先进党组织"、广东省委"广东省先进基层党组织"、广东省司法厅党委"广东省律师行业党的建设工作省级示范点"、广州市律师协会"广州市优秀律师事务所",及国际权威法律评级机构《亚洲法律杂志》(ALB)"中国南部最佳律师事务所"、《商法》(China Business Law Journal)"卓越综合实力律所(大湾区)”、The Legal 500“广东广州值得推荐律所 Tier 1”、2021“中国律所品牌价值100强”榜单第七等多项荣誉。

广信君达债权保护法律研究中心由130多名律师组成,由高级合伙人王春平律师领衔,与其他多名高级合伙人、合伙人、律师组成管理团队、专家顾问团,主要整合债权交易处置与清算破产两个领域的业务,按债权交易处置主要手段的不同具体划分成五个板块:不良资产板块、债权清收板块、债务重组板块、清算破产板块、跨境追收板块主。该中心是广信君达在债权交易处置领域设立的一个增强资源对接与整合、增加业务机会与创收、增进专业研习与交流的平台,致力于为客户提供高效优质的债权及相关法律服务。